法学之书　The Law Book

法 学 之 书

[美] 迈克尔·H.罗弗 著

李章仙 译

重庆大学出版社

法 学 之 书

The Law Book

From Hammurabi
to the International Criminal Court,
250 Milestones
in the History of Law

从《汉谟拉比法典》
到国际刑事法院，法学史上的
250个里程碑

目 录

V

推荐序

　　本书是一本法学类通识读物。以世界上最早的成文法典——《乌尔纳姆法典》为开端，作者精心选取了法学发展史上 250 个具有里程碑意义的事件，为读者展现了一幅法律历史形塑的完整图景。以时间为序，书中不仅详细介绍了凝聚人类智慧结晶的多部重要法典，也将推动社会进步的重大法律事件娓娓道来。翻开这本书，映入我们眼帘的有《汉谟拉比法典》中"以眼还眼，以牙还牙"的古老规定，苏格拉底审判中的慷慨陈词，有米兰达警告的经典内容，辛普森案件的轰动审判，也有美国总统大选的戏剧性角逐，可谓是精彩纷呈。作者带领我们跨越了法学发展的历史，从过去走向未来，并启发读者去思考：法律是什么？我们为什么需要法律？法律如何影响我们的生活？

　　法学是一门精英的科学，其渊源深远，学派繁多，可谓是"法学之大，无所不包"。但同时，法学又是一门大众的科学，它来源于人民群众的实践，又能动地影响着人民群众的社会生活。通过作者的描述，我们可以直观地感受到，法律并非遥不可及、高高在上，它早已融入了日常生活的方方面面。法律不仅明确规定了公、检、法机关应当如何依法进行侦查、起诉、审判，以惩罚犯罪，维护国家安全和社会稳定，而且清晰地划定了人们行为的准则与界限。可以说，生命从孕育开始就已经处在法律的规范之下，大到婚姻、继承、雇佣、选举，小到买卖、入学、出行、娱乐，皆与法律息息相关。这无疑会在潜移默化中强化读者的知法、懂法、守法意识。

　　英国、美国属于英美法系国家，德国、法国则代表着大陆法系国家。两大法系虽然在法律渊源、诉讼程序、法学教育等方面相差甚远，但二者所求皆一脉相承，那便是"为了公平正义，哪怕天崩地裂"。只有实现公正，社会才能长治久安；只有重视法治，国家才能国泰民安。本书为我们研究与借鉴域外法治国家的成功经验与成熟做法提供了丰富的素材。我们在顺应法律发展潮流，追求普适法律价值的同时，也要立足中国实际，实现科学立法、严格执法、公正司法和全民守法。

　　更难能可贵的是，作为一本科普读物，作者对法制史内容的介绍并非枯燥、机械地简单叙述，而是运用鲜活生动的语言、趣味性的故事和精美的插图来大大激发读者，特别是青少年读者的求知欲，对他们探索法律的学科魅力大有裨益。感谢重庆大学出版社和译者的努力，为国内读者了解法律科学提供了一本通俗易懂的好书。

陈光中

中国政法大学终身教授

国家"2011 计划"司法文明协同创新中心首席科学家

2021 年 4 月 7 日

前言

　　法律无处不在。人们的日常饮食，甚至是呼吸的空气都受到法律的影响。法律如影随形。它划定了我们在生活、工作和交往中人际关系的界限，也规范着我们的家庭、学校、办公室乃至经营场所。法律悄无声息地融入了我们生活的方方面面，甚至关乎死亡。法律的这些影响究竟是如何产生的？相信本书会给出完美的诠释。

　　据史学家的追溯，大约在公元前 2100 年，苏美尔的国王颁布了世界上最早的成文法典《乌尔纳姆法典》（*Code of Ur-Nammu*）。几个世纪后，古巴比伦国王制定了著名的《汉谟拉比法典》（*Code of Hammurabi*），法典中关于"以眼还眼"（eye for an eye）的说法闻名至今。此后，诸多著名的法典相继出现，如《圣经》中的"十诫"（Ten Commandments），《梭伦法典》（*Laws of Solon*），罗马《十二铜表法》（*Twelve Tables*）和《查士丁尼法典》（*Justinian Code*）。早在 1066 年的"诺曼征服"（Norman Conquest）前，英国法就已经存在了，但从现代法律框架来看，其发展始于 1215 年的《大宪章》（*Magna Carta*），以及在 1275 年和 1285 年施行的威斯敏斯特第 1 和第 2 条例（Statute of Westminster Ⅰ and Ⅱ）。17 世纪初，英美法在美国殖民地初见雏形，为 1787 年美国宪法的颁布奠定了根基。

　　数个世纪后，美国法开始生根发芽。在其发展与成熟的进程中，也产生了两个相悖的原则：法的稳定性和法的可变性。在变幻莫测的世界中，法律是一种稳定的规则，但同时世界的瞬息万变又挑战着这种稳定性。美国法传统的标志性特征便是遵循先例，同类案件的先前判决往往是现有司法裁决的基础。正如美国联邦最高法院（Supreme Court）大法官本杰明·卡多佐（Benjamin Cardozo）所评价的那样，"先前判决所设定的规则绝不会在一夜间被推翻，因为既有法律的确定性和统一性是不允许轻易被抛诸脑后的"。然而，法律的确在改变。奴隶制从允许到废除，死刑从禁止到恢复，出版物也从被禁止到获得宪法的保护。反复无常的变化似乎让人难以捉摸，但这些变化本身就蕴含着法学家罗斯科·庞德（Roscoe Pound）的经典论断——"法律必须保持稳定，但却不能停滞不前"。

　　对本书所列内容，我是有所侧重的。即将展现在你眼前的这 250 个具有里程碑意义的事件，主要是以美国法的历史为基础，并且大部分的篇幅都是在讲述过去两个世纪所发生的事件，因为这些事件向我们直观地展示了：无论是在遥远的过去还是更近的现在，法律的发展都留下了哪些不可磨灭的印记。它们中有法庭曾作出的重大判决，也有重要的法律规定。故事的讲述多是围绕着那些早已为历史长河所铭记的法律事件（包括那些"不见经传"的审判），也有少数阐释了塑造法律思想和理论的句句箴言。

以《克拉伦登法令》（*Assize of Clarendon*）和《大宪章》为例，这些基础性篇章中所涉及的内容，要么为法庭上防范法的恣意施行和政治权利肆意膨胀的诸多程序性保障奠定了历史性基础，要么破除了五花八门的歧视。以路易十四（Louis XIV）编纂并颁布"黑法"（Black Code）为开端，奴隶制立法直到两个世纪以后才在全球范围内被废除；为获得认同与公平对待，早在 19 世纪 70 年代初，妇女们便在伊利诺伊州的律师协会进行了首次维权斗争，而后积极争取工厂中的投票资格，再到法庭上捍卫身体隐私权并极力消除社会歧视，开始了她们漫长而艰辛的法律博弈；1890 年，《哈佛法律评论》（*Harvard Law Review*）刊载的一篇论文首次提出了隐私权这一法律概念，其涉及对避孕和节育的管理，并在同性婚姻的"拉锯战"中扮演了至关重要的角色。

版权法的产生是为了保护作者和其他创作者的权利，随后也开始探讨其正当使用的性质及限度。在规范言论表达方面，法律不仅开始允许煽动性言论和有煽动性风险的言论存在，允许一些粗鄙和不适当的表达，也逐步授权政府去规制社会公众接触这些无礼和不适当的言论。

在雇佣关系领域，早在 1842 年，工会的存在就得到了法律的认可，但雇员和工会几乎耗费了近百年的时间，才通过一系列的谈判取得与雇主公平对等的话语权。国会也通过立法赋予了工人公正的对待、公平的报酬，并在工作场所给他们提供了额外保护。在和金融交互重叠的领域，法律也在"理财"方面凸显出了自身的独特之处。与英国 1799 年就颁布了历史上第一部所得税法不同的是，美国直到 1913 年才建立起个人所得税制度。十五年后，华尔街（Wall Street）股票暴跌，引发了经济大萧条（Great Depression）。大约七十五年后，国会出台了一大批鼓励和扶持次级按揭贷款行业的法律规范，随着这一行业的崩溃，美国又经历了经济大衰退（Great Recession）。

另外，本书中的一些重要事件不仅反映了法律致力于个人的保护，以防他人行为的侵害，也在一定条件下保护个人免受自身行为的侵扰。"蓝色法律"（blue laws）古来有之，但新近立法也开始涉及饮用酒、鸦片、酒精和烟草。

同样，许多法律的存在也造成了不少臭名昭著的审判。例如，塞勒姆镇女巫审判案（Salem Witchcraft Trials）；美国众议院北美调查委员会（HUAC）出于对共产主义的政治迫害，传讯了大批好莱坞电影界人士等，造成了历史上的"好莱坞十人案"（Hollywood Ten）；辛普森案（O.J.Simpson trial）的审判，开创了美国庭审直播的先河。

法律可谓包罗万象，涉猎甚广。虽然我力求以那些具有代表性和广泛吸引力的重要话题为样本，唯恐错失法律的包容性，但本书所呈现的 250 个标志性事件也未必都能称得上是法律发展史上的里程碑。肯定会有部分理性的读者对书中一些特定法律事件和法律发展的重要性，以及它们在法制历史长河中所扮演的角色产生这样或那样的怀疑，毕竟对某一事件是否具有里程碑式的影响，本身就是仁者见仁智者见智。但是，我相信，本书所提及的绝大部分内容都已经在历史上留下了积极或消极的烙印，并且每一个事件都展示了法律历史形塑的新结构或新路径。

通过此书，我不仅想向读者展示法律发展过程中那些最有意义和影响力的阶段，也希望阐明其中的某一步为何能成为里程碑。有些事件的意义是不言自明的，而还有些事件的影响是需要进一步厘清的。同时，我还想让读者对法律领域一些基础性原则的形成有一个大体的认知，并将这些原则最终与相关法律事件的产生联系起来。对此，本书的介绍只能简洁明了，无法面面俱到。甚至，部分内容如蜻蜓点水般只提到了某位法官和学者在思想、灵感和著作方面已经做出的巨大贡献，以及即将带来的深远影响。但是我非常希望这一篇篇的短文和文中所描绘的种种意境能够激发起你的好奇心，吸引你进一步去挖掘那些引人入胜的知识领域。

在结构安排上，本书以时间为序展开描述，重在突出法律诸多基本准则间的内在关联，以便读者能够在阅读过程中进行相互参照。尽管每一章的整理都为所涉及的内容标注了具体的年份，但本书所选取的众多法律发展或法律事件实际上都经历了一定的时间跨度。同时，书中提到的所有立法时间都指的是法律所颁布的时间，不一定是某部法律的生效时间。

最后需要说明的是：所有条目的撰写并未包含或提供任何的法律意见。

致谢

套用奥利弗·温德尔·霍姆斯（Oliver Wendell Holmes）的话来讲，这本书的生命不在于逻辑，而在于经验，以及它经历过什么。这本书的问世始于我的表兄，代理人阿尔·朱克曼（Al Zuckerman），他让我有机会向斯特灵出版社呈交这本书的出版计划。他的积极回应让我感到非常高兴，并给了我莫大的鼓励，同时，我还要由衷地感谢他此后的坚定支持。

这本书能够走进读者的视野，许多人功不可没。我很幸运地得到了纽约法学院许多学生的热情帮助。在做研究助理的过程中，他们表现出了多样的才华，每个人都为前期的资料收集和书稿起草提供了可贵的帮助。我要特别感谢梅根·拉隆德（Meghan Lalonde）、泰勒·莫里斯（Taylor Morris）和劳伦·迈赫罗夫斯基（Lauren Majchrowski）。他们每个人都兴致勃勃地参与其中，倾注了心血，并且任劳任怨，所有这些都让我感激不尽。同时，我也要真诚地感谢丽娜·马利克（Rena Malik）和金莱德·马提亚古（Gillad Matiteyahu），他们也做出了重要贡献。

此外，我感到非常荣幸的是，能够在卡米尔·布劳萨德（Camille Broussard）的指导下，充分利用纽约法学院门迪克图书馆（Mendik Library）的丰富资源。当然，其他图书馆也给我的研究提供了相当大的便利，包括纽约州立图书馆（New York State Library）、美国国会图书馆（Library of Congress）、圣路易斯华盛顿大学的奥利图书馆（Olin Library），等等。特别感谢现在和之前与我一起在门迪克图书馆工作的同仁们，他们答疑解惑，帮助我查找和借阅所需要的任何资料，对我有求必应。不仅如此，对我偶尔的神经质行为，他们也相当包容。在此，我想要特别提及法拉·纳格瑞姆帕（Farrah Nagrampa），她从一开始就利用个人时间为我提供无私的帮助，总是以她一贯的麻利和娴熟，处理所遇到的任何工作。

此处，斯特灵出版社的两位优秀编辑——詹姆斯·哈约（James Jayo）和梅兰妮·马登（Melanie Madden），值得特别地表扬和衷心地感谢。詹姆斯是一位精明且周到的编辑，其广博的知识和专业水平不止一次地让我避免出现潜在的尴尬错误。他将我平铺直叙的表达进行梳理，突出文章的焦点，纠正行文中不当的措辞和表达。梅兰妮从一开始就支持这本书的出版，一路稳扎稳打，熟练地处理各项事宜。我还要感谢文字编辑凯瑟琳·弗曼（Katherine Furman）和图片编辑亚历山德拉·布洛德斯基（Alexandra Brodsky），他们为本书的出版付出了辛勤的劳动。

在编写这本书的过程中，我得到了许多朋友和家人无微不至的关怀。他们总是不厌其烦地问我，书的进度如何，并适时地给我加油和鼓励。他们给予我的友谊、关爱和支持，我万分感激。在此我要特别感谢霍华德（Howard）和丽塔（Rita），感谢他们的亲情与慷慨。

我的女儿吉利安（Jillian）帮助我检索并草拟了条目列表，她即将踏入法学院的大门。她的鼓励，包括那句写在闹钟表盘上，每天都在提醒我的话——"时不我待"（Write Now），给我的写作带来了诸多欢乐，每每想到此，我都嘴角上扬，笑容满溢。我的儿子本（Ben），是我们的专业摄影师，他提供了书中许多条目的配图，也从技术角度给了我很多专业性意见。他们的所有努力、兴趣以及付出的心血，我将永远引以为荣。我也期待着他们人生中的所有重要时刻赶快到来。最后，我要特别感谢我的妻子苏珊（Susan），所有的溢美之词都无法表达我对她的感激。她的耐心和善解人意胜过一切的评价和批判。如果没有她，这一切都将无从谈起。

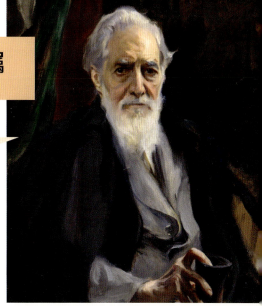

最古老的书面遗嘱

弗林德斯·皮特里（Flinders Petrie，1853—1942）

图为 1934 年，匈牙利艺术家菲利普·阿里克修斯·德·拉斯洛（Philip Alexius de László）为纸草文的发现者——弗林德斯·皮特里所画的肖像，纸草文记录了迄今为止人们所知的最古老的遗嘱。

梭伦立法（前 594 年），《十二铜表法》（前 450 年），《查士丁尼法典》（529 年）

1889 年 12 月 26 日，《伦敦标准晚报》（*London Standard*）刊登消息，宣布发现了迄今为止为人们所知的最古老的书面遗嘱。英国著名考古学家、埃及古物研究学者、现代考古学之父——弗林德斯·皮特里，在埃及古城卡洪城（Kahun）发现了纸草文。卡洪城位于现在的法尤姆绿洲（Al-Fayyūm），距开罗南部约 60 英里。根据《伦敦标准晚报》记者的说法，这一发现"不同寻常地反映了法律方法的延续性"。

在皮特里的这一发现之前，历史学家和法学研究者只能通过后世文明中的相关记载去研究古代遗嘱的存在与演变。例如，公元前 6 世纪，古雅典政治家、立法者梭伦（Solon）的言论中对古雅典遗嘱的介绍；对罗马法中遗嘱的记载则出现在公元前 5 世纪的《十二铜表法》和 6 世纪中叶的《查士丁尼法典》中。尽管如此，此次发现的古文明遗嘱更显卓越之处在于它"格外现代化的表述方式"。《伦敦标准晚报》的文章评价道"这一点几乎可以让它等同于现今经法律认证的遗嘱"。

这份遗嘱大约发生在公元前 2548 年，记载了一个名为赛坤（Sekhenren）的人将"他兄弟给他的全部财产"都留给妻子特塔（Teta）。遗嘱中写明，禁止妻子"拆掉"（pulling down）他兄弟为自己修建的房屋，但妻子有权将这些房屋分配给她的任何一个孩子。该遗嘱中还包括了一项见证条款，即有两名记录人员将见证这份遗嘱的执行。

最令评论人员感到惊讶的是，在那个被现代人们视为妇女无权获得或行使财产权利的时代，丈夫居然会将财产留给自己的妻子。这一意外发现同样颠覆了长久以来人们对父系社会只会将财产留给长子的认知。在报道看来，"由于这一发现硬生生背离了传统意义上人们对古社会风俗习惯的认知，我们需要重新审视氏族家庭的发展历史……这似乎将法律的演变时间往前推了近两千年"。■

约公元前 2550 年

《乌尔纳姆法典》

乌尔纳姆（Ur-Nammu，前 2112—前 2095）

图为乌尔纳姆当政时期，用苏美尔文（即楔形文字）在碑牌上刻下的圣歌，内容是赞美这位国王和他神圣的权力。

《汉谟拉比法典》（前 1792 年），《德拉古法典》（前 621 年），《十二铜表法》（前 450 年）

约公元前 2100 年

众所周知，美索不达米亚平原（Mesopotamia），也就是现今的伊拉克、叙利亚和土耳其东南部地区，孕育了最早的人类文明。约公元前 2350 年，萨尔贡王（King Sargon）在这片地区建立起第一个帝国——阿卡德帝国（Akkadian Empire）。在那之后，国王乌尔纳姆统一了苏美尔和阿卡德城邦，建立了乌尔第三王朝（The Third Dynasty of Ur），该王朝一直存续至约公元前 2004 年。

研究古巴比龙尼亚（Babylonia）和阿西里亚（Assyria）地区的杰出学者克拉斯·温霍夫（Klaas Veenhof）认为，乌尔纳姆对后世最大的贡献就是他的《乌尔纳姆法典》，这直接影响了后续两位国王，即里皮特－伊什塔（Lipit-Ishtar，约公元前 1930 年）和汉谟拉比（约公元前 1792 年）对法典的制定，也促使后来的美索不达米亚北部城邦颁布了《埃什努那法典》（Code of Eshnunna，约公元前 1800 年）。除《汉谟拉比法典》外，我们对《乌尔纳姆法典》以及后来的其他两部法典知之甚少，因为它们只有极少数残篇留世。虽然现有的司法历史记录显示，早在公元前 2400 年，就已经有两位国王埃美特纳（Emmetena）和乌鲁卡基那（Urukagina）颁布了相关的法令，但在温霍夫看来，《乌尔纳姆法典》才是"第一部真正意义上的立法文件"。对此，考古学家也提出了相应的质疑：颁布这部法典的到底是乌尔纳姆本人，还是他的儿子兼继承人舒尔吉（Shulgi）。

《乌尔纳姆法典》以楔形文字著成，包括序言和正文。正文中以附条件的方式规定了约 40 条法律文本，即"如果 X，那么 Y"。其中，X 指的是符合条件的法律行为，Y 则代表了特定法律行为将会产生的法律后果。通过对特定的违法行为预设相应的法律后果，该法典实现了对阿卡德和苏美尔地区人民的统治。序言中暗示，乌尔纳姆颁布这些法律是得到了神的授意，同时，他在结尾处也宣称："我会扼杀邪恶与暴力，让人们对正义的呐喊悄无声息。"

与《汉谟拉比法典》提倡"以牙还牙"这一报应刑理念不同的是，《乌尔纳姆法典》规定，伤害他人身体要处以罚金刑。例如，乌尔纳姆要求，剜去他人眼球，应当支付半迈纳（half a mina）白银。在其他条文中，作伪证将被课以 15 锡克尔（shekels）罚金；强奸他人女奴，罚 5 锡克尔；斗殴中打断他人一根骨头，罚 10 锡克尔；第一次离婚，罚 1 迈纳白银。同时，该法典也强调，对于犯罪行为要施加比非犯罪行为更为严厉的惩罚，如谋杀和强奸要处死，绑架要坐牢并且罚款。在现存资料中，绑架也是唯一一个被该法典施以监禁刑的罪名。■

图为 7.4 英尺高的大石柱上，用阿卡德人的楔形文字雕刻的关于《汉谟拉比法典》的部分内容。

《汉谟拉比法典》

汉谟拉比（Hammurabi，前 1810—前 1750）
古斯塔夫·贾奎尔（Gustave Jéquier，1868—1946）

《乌尔纳姆法典》（约前 2100 年），《十二铜表法》（前 450 年），
《查士丁尼法典》（529 年），恢复死刑（1976 年）

对人类历史上的第一部法典，或许我们已经无从考证，但在法学家和史学家们眼中，《汉谟拉比法典》就是现存的最古老、最完整的成文法典。

1901 年 12 月至 1902 年 1 月，一支法国科考队在一个名叫苏萨（Shush）的古城旧址上进行考古挖掘。苏萨是古埃兰帝国城邦，位于今天伊朗的胡齐斯坦省。其中，一位名叫古斯塔夫·贾奎尔的队员，挖出了一根高度超过 7 英尺的黑色玄武岩大石柱。

石柱上雕刻的内容，是迄今所知的最完整的《汉谟拉比法典》版本，其立法者是古巴比伦第六世国王——汉谟拉比。在石柱的上方，刻着古巴比伦的正义之神——太阳神（Shamash）正在将法律交给汉谟拉比，让其公之于臣民。法典的序言中写明，汉谟拉比立法的最终目的是"禁止强者欺凌弱小，孤儿寡母也有权获得正义"。

法典的正文部分共有 282 个法律条款，涉及诉讼、财产、军事、债务、家庭关系、人身伤害等领域。根据加害人和受害人社会地位的不同，法律对同一违法行为施加不同的处罚，当时的民众也被相应地划分为三类：一是富人，拥有财产的上层人士；二是贫民和杂役；三是奴隶。

其中一条最著名的条款确定了一项基本法律原则："倘人毁他人之目，则亦毁其目；倘人断他人之骨，则亦断其骨……倘人碎他人之牙，则亦碎其牙。"这种通过同态复仇来实现正义的方式，在早期社会的行为准则中占据至关重要的地位，但对于现代法律体系而言，其规范作用已逐渐消弭。不过，现今主张死刑的论者还常常援引这一准则，作为死刑存在的正当性依据。

在法典的结语部分，汉谟拉比还信誓旦旦地诅咒那些将来会把他的话当耳旁风并漠视其裁决的统治者。目前，该石柱被收藏于巴黎卢浮宫。■

约公元前 1792 年

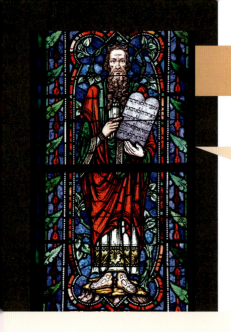

十诫

图为彩色玻璃窗上绘制的摩西画像，摩西用手握住被视为"整个人类历史上最有名的法律"之一的"十诫"。

 《塔木德经》（约 180 年）

约公元前 1300 年

在法律与宗教交叉的领域，往往争议不断，然而二者确实紧密相连，如影随形。对此，"十诫"所确立的法律原则便是最佳的例子。在"十诫"之前，或许还有其他调整人们行为的法律规范，但对于多数人，特别是犹太教和基督教国家而言，戒条中的准则为后续所有法律的制定奠定了基础。例如，美国联邦最高法院东厅（面朝院子）的三角门楣上，正中雕刻着摩西（Moses）手持"十诫"；通往法庭的大橡木门上，每一个都刻着"十诫"；法院的大理石饰带雕刻着 18 位杰出的立法者，在南庭饰带上，摩西也手持"十诫"，赫然在列。

在宗教传统中，人们一直信奉摩西，这位希伯来领袖直接得到了以色列先知的授意，登上西奈山（Mount Sinai），得到了两块石板，石板上由神亲自写下了戒条。同时，他获得指示，要将这些规则带给他的子民们，作为人们道德和日常生活的准则。著名的英国法学家、民事上诉法庭首席法官、英国高等法院首席大法官爱德华·科克（Edward Coke）爵士，称摩西是"世界上第一位传播并写下法律的人"。

每一条戒文尤外乎都规范了两种关系：一个是纯粹宗教意义上的神与人的关系；另一个是世俗范围内人与人的关系。对于后者，戒条中写明不可偷盗，此为现代物权法的基石；不可杀人，这一条通常被理解为禁止不正当杀人，即便是今天，不正当的杀人行为仍然会受到严惩；不可作假证陷害他人。寥寥几条却足以看出，约公元前 1300 年"十诫"提出的行事准则在今天仍然具有旺盛的生命力。

令人哭笑不得的是，在公共场所如何适当地张贴或展示"十诫"这一法律问题，却给美国联邦最高法院带来了很多苦恼。2005 年，联邦最高法院以 5∶4 的投票比例，在同一天对两个相关案件作出了截然不同的裁决，内容都涉及各州在哪些特定的环境中，对"十诫"及其有关内容的展示才是合法的，才不违背美国宪法所确立的条款。■

《德拉古法典》

德拉古（Draco，约前 650—约前 600）

图为约公元前 621 年，德拉古建立的法官议事会，雅典地方法官在阿瑞斯山（Ares' Hill）山顶上集会。

梭伦立法（前 594 年），《十二铜表法》（前 450 年），《查士丁尼法典》（529 年）

在成文法出现之前，知识、习惯或法律靠着人们的记忆口口相传，代代维系。法制史学者威廉·西格尔（William Seagle）曾评价道，法律就是"在成文的文字上生存的科学"，其中，"这些文字作为科学的主体，它们本身就是法律"。公元前 621 年，德拉古作为雅典政治家、统治者或是地方执政官员，将成文法带到了雅典和古希腊，这也被不少人视为是世界上成文法律的源头。

通过德拉古的记忆所传承的具体法律条文，历史上知之甚少，它们留给后世最深的印象，便是严刑峻法。古希腊传记作家和历史学家普鲁塔克（Plutarch）指出，在德拉古制定的法典中，几乎所有的违法行为都会被处以死刑。据说，雅典演说家狄马德斯（Demades）早前也曾指责过，德拉古的法律不是用墨水写成的，而是用鲜血浇灌出来的。当被问到为何要对轻微的违法行为也施加极刑的时候，德拉古所作的最多的回答便是："即便是最轻的违法行为也完全够得上死刑，那么对那些更大的犯罪便没有比死刑更严重的处罚了。"

《德拉古法典》的制定是当时底层人民思想觉醒的结果，自由民、本地人和拥有土地的人们认为，法律应当公之于众，所有人都有权查阅。在这之前，按照勒内·阿尔伯特·沃姆瑟（Rene Albert Wormser）教授的说法，法律"是靠贵族和神父凭记忆进行解读的，因此一个普通民众根本就不可能指着法律的某一页或某一句话说'这是我的权利'"。《德拉古法典》中最著名的条款就在于，区分了故意杀人和非故意杀人，这也是当代过失杀人罪立法的前身。同时，在个人复仇的案件中，对那些更为轻微的犯罪处以流放刑。

尽管"德拉古"一词现在已经逐渐被人们用来形容极其严苛的立法或是极端残酷的刑罚，但有部分专家认为，法典中的法律条文未必都是德拉古本人亲自制定的。相反，他对后世的贡献在于负责将传统的法律换成了文字，落实到纸面上，并且使用了一定的修辞。■

公元前 621 年

图为梭伦的雕像，坐落在华盛顿特区，是美国国会图书馆雕刻的"希腊七人智者"雕像之一。

《德拉古法典》（前 621 年），《十二铜表法》（前 450 年），
《查士丁尼法典》（529 年）

公元前 594 年

德拉古在希腊进行第一次立法后，不到三十年的时间，阿提卡（Attica），这个包括雅典在内的更大城邦地区继续陷入动乱，内战一触即发。为了调和贵族与平民间的矛盾，中产阶级的商人转而选择梭伦为执政官，开始了梭伦改革。虽然是贵族出身，但梭伦本人的性格和名声，让他不论在平民还是在贵族群体中，都赢得了相当的信任。对此，普鲁塔克认为，"上层社会同意选择梭伦，是因为他很富有，而穷人则是因为相信其坦诚"。公元前 594 年，梭伦被任命为古雅典的执政官。

梭伦通过立法废除了《德拉古法典》中绝大部分严苛的法律规定，其最大的贡献在于为雅典社会颁布了新的法律，并打破了固有旧俗。梭伦以"平等无战争"（equality bred no war）为信条，在贵族与平民之间达成了一种新的权力平衡。他不仅取消了自耕农的债务，废除了以人身抵债的"债务奴隶"，同时，也为民众寻求公正提供了诸多便利。一方面，所有公民对自身或是他人受到的人身伤害，都有提起诉讼的权利；另一方面，针对地方长官作出的裁决，民众有权提出上诉。负责听取上诉的是公民大会（ecclesia），即最高法庭——民众法庭（Heliaea）。另外，梭伦还创建了立法会议（boule），该机构由来自各阶层的代表组成，负责在公民大会进行投票前讨论有关的立法问题。历史学者们认为，梭伦的功绩和成就在于奠定了雅典民主政治的基础，特别是他将官员选举的准入资格自由化，使平民也有机会参选。

梭伦立法的条文被刻在名为"阿克宋"（axones）的可旋转木板上和名为"库尔贝斯"（kyrbeis）的石柱廊中。后者立于公共场所，让每个人都能够知晓其中的内容。《梭伦法典》中的绝大多数条款一直在雅典沿用了近五个世纪，并为古希腊其他城邦国家的立法树立了标杆。■

《格尔蒂法典》

图为雕刻在石灰岩墙上的《格尔蒂法典》，它在公元前 5 世纪为克里特岛人生活的方方面面都设定了法律界限。

↱ 《德拉古法典》（前 621 年），梭伦立法（前 594 年），《十二铜表法》（前 450 年）

格尔蒂城（Gortyn）坐落在今天的伊拉克利翁地区（Heraklion），是公元前 67 年罗马征服希腊前，希腊克里特岛最有影响力的城市之一。19 世纪 50 年代，考古学家驻扎在此，开始对一条溪流附近的石灰岩体进行考古发掘。据发现，石灰岩体上用多利安式铭文雕刻着一系列法律条文，内容可追溯到公元前 480 年至公元前 460 年，也就是我们今天所熟知的《格尔蒂法典》（Gortyn Code）。整部法典有近 600 行文字，被分别雕刻在 12 根大石柱上，共同构成了某个古建筑圆形墙体的一部分，该建筑也被考证为曾经是法院的所在地。

这部法典的特别之处就在于，其列明了旧法、修法和新法，反映了当时立法的变迁，同时还重点涉及了有关家庭法的内容。主要强调以下内容：婚姻关系；包括离婚妇女在内的财产权利和家庭财产的出让；异族通婚所生子女；收养关系；在没有遗嘱的情况下，依继承权发生的财产继承关系；强奸、诱奸和通奸；奴隶的所有权与奴隶婚姻；妇女作为其已故父亲的唯一继承人，所涉及的婚姻和遗产继承关系。

与一千多年前的《汉谟拉比法典》一样，《格尔蒂法典》也将人分为三个不同的社会阶层：自由民、无特权之人（包括自由奴隶和其他没有政治权利的人）、奴隶。阶层不同，会受到的罚款数额也不同，奴隶往往处以最少的罚金。同样，对于不同的阶级，法律也规定了不同的证据要求：一个自由民需要有四名证人进行相互印证；无特权之人只需要两名证人；对于奴隶，则需要其主人和另一个人一起作证。此外，该法典也对性别和年龄作出不同区分：男性被分为未成年人、成年人或是"抛头露脸之人"（runners），女性则只有未成年人与成年人两种。男性、女性成年的标准是其是否达到青春期，男性一旦获得在公共竞技馆锻炼的权利后，便可成为"抛头露脸之人"，这一年龄通常是 17 ～ 20 岁。研究克里特岛的学者罗纳德·魏礼泽（Ronald Willetts）认为，《格尔蒂法典》的独特之处"就在于其广度、深度，以及将社会生活的方方面面都置于法律的调整范围中"。■

约公元前 480 年

图为罗马广场（Roman Forum）遗迹照片，摄于约 1895 年，其中左边是古罗马萨图尔诺农神庙（Temple of Saturn），右边是塞维鲁凯旋门（Triumphal Arch of Septimius Severus）。前面最显眼的地方则是古罗马讲演台残迹，上面雕刻着《十二铜表法》。

《德拉古法典》（前 621 年），梭伦立法（前 594 年），《查士丁尼法典》（529 年）

公元前 450 年

与其他古文明一样，罗马法最开始也是通过传统习惯法的口口相传延续下来的。公元前 5 世纪中叶，罗马的贵族和平民达成妥协，成立了由十位法学家组成的委员会，即十人团（decemviri），以求将法律统一化和法典化。由此诞生了古罗马首部成文法典，即《十二铜表法》。

古罗马贵族和平民阶层之间矛盾的持续激化，是《十二铜表法》产生的根本原因，因为平民们非常反感贵族随心所欲地解释和执行法律。他们相信，若要维持现状，则需要将法律白纸黑字地写下来，才能缓和冲突与矛盾。此后，法律被刻在 12 块木板或铜板（历史学家并不认同）上，立于集会广场，公之于众。著名的法制史学者亨利·梅因（Henry Maine）先生曾评价，《十二铜表法》的价值不在于对条文的分门别类，也不在于"表达方式的简洁和精练，而在于其公开性，将条文以普遍认知的方式提供给每个人，让他知道自己可以做什么，不可以做什么"。

《十二铜表法》中涵盖了实体法和程序法的诸多内容。其中，程序性的规定涉及以口头传唤的方式起诉，如何对待证人和在其他章节中穿插的关于判决执行的内容。在实体法规范方面，废除梭伦改革中的规定，保留传统习惯法原则，允许以奴役的方式抵消未清偿的债务。并且，对故意和非故意谋杀都规定了相应的处罚。例如，在故意谋杀案中，受害人的家属可以决定惩罚方式，其中就包括了为被害人之死复仇。同时，该法也明确，要对人身伤害和财产损坏进行赔偿。在《十二铜表法》中，有三项犯罪行为要被处以死刑：行贿、叛国和诽谤。

古罗马人将《十二铜表法》奉若圭臬。威廉·布莱克斯通（William Blackstone）在其《英国法释义》（Commentaries）一书中，提到了西塞罗那句经常被引用的话，即"青年们都有义务将《十二铜表法》作为必不可少的一课，用心加以学习，这样才能在他们懵懂的心智中留下对法律和本国宪法的初步印象"。数百年来，法典中的条文仍然发挥着巨大影响，经久不衰。■

苏格拉底的审判

苏格拉底（Socrates，约前 470—前 399）

图为 1787 年法国新古典主义画家雅克·路易斯·大卫（Jacques-Louis David）绘制的画作《苏格拉底之死》（*The Death of Socrates*），讲述的是苏格拉底选择死刑而非流放后，正准备饮下毒酒。

《德拉古法典》（前 621 年），梭伦立法（前 594 年），恢复死刑（1976 年）

公元前 399 年

苏格拉底的审判讲述了一个"矮胖、丑陋、赤脚，双眼凸出、嘴唇肥厚、还挺着一个大肚子的男人"与雅典民主政治的信条进行抗争的故事。这位受人敬仰的师尊、哲学家，被指控犯"大不敬"（impiety）之罪，即藐视雅典神的存在，引进新神论，腐蚀雅典青年思想并威胁城邦安全。

苏格拉底一直以雅典"牛虻"的角色自居，但雅典民众对他高冷的民主立场已经逐渐失去了兴趣。他认为只有智者，也就是只有哲学家，才有资格统治城邦。对苏格拉底的非难始于他之前的两个门生——亚西比德（Alcibiades）和克里提亚斯（Critias），通过两次政变削弱了雅典的实力。公元前 411 年，在一次远征锡拉库萨（Syracuse）以占领西西里岛的计划后，亚西比德倒戈，转而让斯巴达人取得了胜利。这激起了雅典民众对他和他老师的敌意。几年后，克里提亚斯领导了"三十人僭主集团"，对雅典进行了恐怖统治。而苏格拉底对此没有作出任何反对。

按照雅典立法的规定，民众有权开启刑事诉讼程序，苏格拉底很快就被起诉了。对他的审判在公共广场进行，没有律师，也没有法官。最终裁决结果由一个 501 人组成的陪审团确定，陪审团成员由 30 岁以上的男性公民自愿报名，通过抽签的方式产生。控告人花了三小时提出控诉，苏格拉底也被给予同样多的时间予以回应。但是他并没有做任何辩护，而是重申了自己的立场和主张。

判决结果：281 人投票有罪，220 人投票无罪。苏格拉底被判处死刑，但允许以流放替代。对此，他表示拒绝，因为他只想过自己选择的生活。面对陪审团时，苏格拉底慷慨陈词，他承认"只要一个人敢说、敢做，那么他确实会有许多逃避死亡之策"。但对于苏格拉底自己而言，其所要做的"不是逃避死亡，而是撇开罪恶"。

该判决，即使经不住今时今日对正义的拷问，但仍然是当时的法庭作出的合法判决。更何况，苏格拉底在审判中的所言所语，本身也足以构成对国家法律的逾越。判决后，苏格拉底进行了最后一次沐浴，并道别亲友。狱卒端来一杯毒酒，在友人们惊恐的注视下，苏格拉底坦然地将其一饮而尽。最后，他选择遵守城邦法律，走向死亡，即使他并不认同这些规定。∎

图为画作《研习塔木德经》(*The Talmud Hour*)，由德国画家 J. 沙谢克 (J.Scheich) 绘于约 1900 年。画中展现的是学习和讲授《塔木德经》的经典方式：朗读、学习、讨论和问答。

 十诫（约前 1300 年）

约 180 年

犹太人的立法以《圣经·旧约》(*Hebrew Bible*) 的前五卷为基础：创世记、出埃及记、利未记、民数记和申命记。公元前 6 世纪之前，犹太人一直在不断反思、讨论这前五卷经和其中的教义，用口口相传的方式让这些已成文的内容得以延续。之后，整个犹太民族便开始了数年的逃亡和流放，他们一开始是落入巴比伦人之手，最后是被罗马人所统治。在此过程中，对经卷教义的语言传承变得摇摇欲坠，智者和哲人们便开始记录相关内容，最终产生了《塔木德经》。

将口传律法的记载汇编在一起，便形成了《密什那》(*Mishnah*) 一书，时间跨度从约 70 年至约 200 年。几个世纪以来，人们一直致力于用文字的方式对《密什那》进行分析、理解和传授。5 世纪，这些对《密什那》的阐述和评注就形成了《塔木德经》，也称《革马拉》(*Gemara*)。随着时间的推移，《塔木德经》也出现了两个版本：一是《耶路撒冷塔木德》(*Jerusalem Talmud*)，二是两个世纪后的《巴比伦塔木德》(*Babylonian Talmud*)。后者所述更清晰，涵盖内容更广，因而也更为权威。《塔木德经》研究者亚丁·史坦萨兹 (Adin Steinsaltz) 认为：

其集结了律法、神话和哲学，囊括了历史、科学和趣闻轶事，逻辑严谨且通俗易懂，可谓是包罗万象。同时，它本身也隐藏着一组悖论：一方面，其框架结构井然有序、富有逻辑，每一个单词和用语都经历了几个世纪的缜密编排；另一方面，它仍然是以内容的自由结合为基础的，这种对万千知识的和谐融聚会使人们不由得想起现代的意识流小说。

在谈到法律的起源和历史时，史学家罗伯特·谢弗 (Robert Shaffern) 认为"希伯来人的法律如今已经被犹太人和基督教徒的宗教文化所传承"，不仅如此，"甚至是当代世界的凡俗民众，也能够将其奉行的基本法律原则追溯至古代以色列"。在他看来，这些律法"很可能是世界历史上最重要、最具影响力的法律资料的汇总"。■

第一所法学院

图为古罗马部分遗迹，位于今天黎巴嫩的贝鲁特城，原有的贝利图斯法学院就在此附近。

 梭伦立法（前594年），《十二铜表法》（前450年），《查士丁尼法典》（529年），法学院的改革（1870年）

在博洛尼亚大学设立西方第一所法学院（约1088年），以及在美国康涅狄格州的利奇菲尔德（Litchfield）建立起第一个法学院（1784年）之前好几个世纪，法律课程和标准化的法学教育就已经在叙利亚罗马省（今黎巴嫩贝鲁特城）的贝利图斯法学院（Law School of Berytus）繁荣发展起来。经典作品研究者、法学家安登·赫尔曼·克鲁斯特（Anton Hermann Chroust）认为，该法学院代表了罗马从皇帝戴克里先（Diocletian，284—305）到查士丁尼（Justinian，527—565）时代顶尖的法学教育水平，虽然在四百二十五年后罗马和君士坦丁堡（Constantinople）就已经有了自己的法学院校。534年，查士丁尼禁止在除这三所院校以外的机构教授法律，由此提高了皇家法学院的地位。

在贝利图斯法学院学习法律总共需要五年的时间，毕业生找工作没有任何困难。在校生不仅要在课堂上学习盖尤斯的《法学阶梯》（*Gaius's Institutes*）四卷本，也要学习与婚嫁、监护、遗嘱和遗产相关的汇编作品。533年，《查士丁尼法典》颁布后，课程安排发生了很大的变化。除《法学阶梯》外，第一年的课程还增设了查士丁尼《学说汇纂》（*Digest*）的前四本书，接下来三年的学习则围绕着《学说汇纂》的其余内容展开。在最后一年，学生则要学习罗马帝国宪法和《查士丁尼法典》中的法律规定。授课一开始是用拉丁语，但在5世纪时变为希腊语，同时，这一时期也引领了教学方式的创新。授课的重点从案例教学和单纯的解释说明，转向对译文的阅读和评论说理。

当时，贝利图斯法学院吸引了超过20个省的学生前来学习，按照经典作品研究者凯斯林·麦克纳尼（Kathleen McNamee）的说法，可谓是"从伊比利亚到亚美尼亚"。551年，一场大地震摧毁了这所学校，成千上万的居民丧生。震后，法学院虽然在距贝利图斯南部25英里的腓尼基城——西顿（Sidon，今黎巴嫩西南部城市）重建，但已经无法重拾往日的辉煌。■

约250年

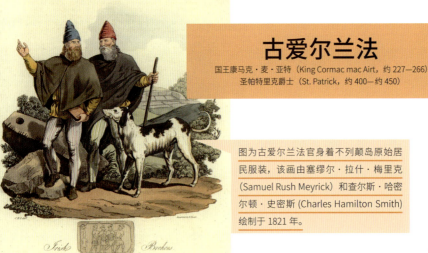

古爱尔兰法

国王康马克·麦·亚特（King Cormac mac Airt，约 227—266）
圣帕特里克爵士（St. Patrick，约 400—约 450）

图为古爱尔兰法官身着不列颠岛原始居民服装，该画由塞缪尔·拉什·梅里克（Samuel Rush Meyrick）和查尔斯·哈密尔顿·史密斯（Charles Hamilton Smith）绘制于 1821 年。

爱尔兰版权案（561 年）

约 250 年

著名的法史研究者、法学家亨利·梅因爵士将古爱尔兰法，这一统治爱尔兰一千二百多年的法律，称为"一个非常古老的法律体系，从起源来讲就不同凡响"。该法律中并不包括具体的立法条文，而是由古爱尔兰法官所作出的一系列判决组成的。在古爱尔兰，法官作为裁断者，负责用传统习惯来解决纠纷。法学家约西亚·H. 布莱克默 II（Josiah H. Blackmore II）认为，这些人所扮演的角色远不止法官，他们还是"立法者，当地习惯法的讲授者，法律传统的讲解人、释明者和坚守者"。

在书面文字广泛传播开来之前，古爱尔兰法通过口头讲述代代传承，经历了数个世纪的发展。为了强化人们的记忆，使之更好地延续下去，该法逐渐以诗歌的形式展现，因为相较一般的文字，诗歌不易于更改、变动。250 年前后，即国王康马克统治时期，该法第一次以书面形式汇编为成文法典。两百年后，圣帕特里克爵士专门任命九个人对法律进行了修改，使其与基督教教义保持一致。经修改，441 年，《爱尔兰法律全书》（Senchas Már）问世。这次对法典的修改可谓是影响深远，直至 7 世纪它才被英国法彻底取代。

对此，一篇发表在《法制社会》（Law Society Journal）研究爱尔兰法律的论文曾有过如下描述："古爱尔兰法的一大亮点就在于其神圣的威严……该法一经公布，便获得了所有人的认可，在这片土地上被人们毫无保留地遵守下去。"该法的核心内容在于不当行为应当如何进行赔偿，在条文中，包括侵权、撕毁合同、犯罪在内的任何不当行为都被认定为违法行为。对这些行为的补救方式，是由古爱尔兰的法官来决定缴纳一定数额的罚金，其中也包括了需要向法官支付的费用。法官自行作出判决，不受任何官僚左右。同时，在判定具体罚金数额之前，法律允许事先扣押债务人的财产。20 世纪 30 年代，在《法制社会》期刊所发表的一篇论文中，作者休·A. 卡尼（Hugh A. Carney）认为，对于具体问题的处理而言，"古爱尔兰法官所作出的判决是一定会得到执行的，因为他们身后是所有公众的支持……逃避法律的唯一办法恐怕就只有跑路了"。■

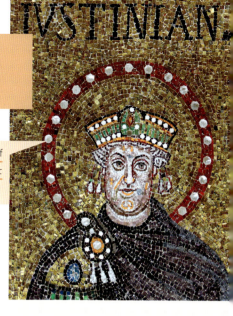

《查士丁尼法典》

查士丁尼一世（Justinian I，483—565）
特里波尼安（Tribonian，约 485—545）

图为意大利拉文纳城新圣亚坡理纳圣殿（Basilica of Sant'Apollinare Nuovo in Ravenna）中所镶嵌的查士丁尼一世肖像。

《德拉古法典》（前 621 年），梭伦立法（前 594 年），《十二铜表法》（前 450 年），第一所法学院（约 250 年）

529 年

尽管《十二铜表法》是第一部成文的罗马法，但随后以国家名义颁布的众多法律出版物也变得越来越重要。正如美国国会图书馆研究专家约翰·赫斯勒（John Hessler）所言，《查士丁尼法典》"当之无愧，是从古代流传至今的对民法和世俗法律最重要和最有影响力的作品。其所包含的一系列法律文本成形于 6 世纪，活灵活现地展示了整个罗马法的历史，因此也被众多学者视为后世西方各法学体系的摇篮"。

从 527 年起，查士丁尼就开始担任拜占庭帝国皇帝，一直到 565 年其死亡。在任期间，他不仅想收回罗马帝国在 476 年被哥特人（Goths）占领的西部领土，也想在几世纪的消沉后重振罗马法昔日的辉煌。查士丁尼将紊乱不堪的大量法律材料进行了详细的整理，去除了那些过时、冗余、晦涩难懂的部分，并让剩下的法律原则系统化。通过这种方式，他试图将罗马帝国散落在各处的法律汇编成一套官方的作品，供所有有需要的人查阅。

汇编工作由法学家特里波尼安主持，编纂时间从 528 年持续到 534 年。这一系列出版物被官方用拉丁语统称为《查士丁尼民法大全》（Corpus Juris Civilis），包含了以下四个重要的组成部分：（1）《法典》，共 12 卷，汇总了帝国的一系列法律法规；（2）《学说汇纂》，共 50 卷，辑纳了历代罗马法学家的论文，并抽取了编纂者对法律的评注中最具学习价值的内容，《学说汇纂》也被后世视为《查士丁尼法典》中最重要的组成部分，（3）《法学阶梯》，虽然只是针对罗马法的法学教科书，但本身也被赋予了法律效力；（4）《查士丁尼新律》，包括了《民法大全》编纂完成之后，查士丁尼对法律的修改和陆续颁布的新法。

在被拜占庭帝国的新法取而代之之前，罗马东部的人们在好几个世纪一直遵循着《查士丁尼法典》。对于西部的民众而言，其同样产生着广泛的影响，在 11、12 世纪，《学说汇纂》还成为法律教育的基础性教科书，并在博洛尼亚和欧洲其他地方繁荣发展起来。■

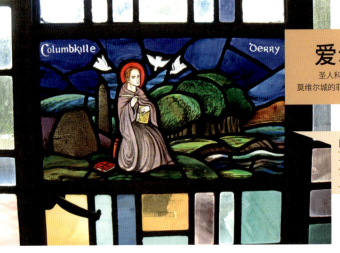

图为圣人科伦巴，他引发了历史上第一例著作权纠纷，并以书的名义发动了领主战争。

古爱尔兰法（约 250 年），《安妮法令》（1710 年），《伯尔尼公约》（1878 年），谷歌图书与合理使用（2010 年）

561 年

　　塔拉（Tara）的国王迪尔木特·麦克·舍贝尔（Diarmait mac Cerbaill）对我们今日所称的侵犯著作权案件，作出了第一个已知的裁决。该案的纠纷源于科尔姆·希乐（Colm Cille），这位被后世称为圣人科伦巴的爱尔兰修道士，在拜访他之前的导师——莫维尔城修道院的住持菲尼安时，偷偷地誊抄了一本圣诗集。当时，科伦巴被人们尊为传教士、手稿的收集者以及多产的抄写员，因为他经常在拜访学者时，将别人的作品抄写下来。当菲尼安知道此事后，这位修道院的住持坚决要求科伦巴将抄写本归还，并强调抄写本应当归自己这位原创者所有。但科伦巴拒绝了这一要求。

　　这件事很快就争吵到了国王面前，按照古爱尔兰法，国王有权处理这一纠纷。国王迪尔木特的裁决造就了那句著名的格言："牛犊之于每一头奶牛，正如副本之于每一本书。"前半句话后来还成为一句广为流传的爱尔兰谚语。同时，这一裁决也在一定程度上具备现代版权法的特征，限制对原创作品的复制。判决结果让科伦巴惊愕不已，他抗议裁决的不公正，并发誓要复仇。之后，他离开塔拉，到北方寻求自己宗族的支持。561 年，族人随科伦巴返回塔拉，发动了所谓的"为书之战"（Battle of the Book），废黜了国王，造成 3000 人死亡。科伦巴赢得了这场战役，但是他的行为惹怒了其他教士，也因此被开除教籍。虽然这一开除决定最终被撤回，但科伦巴还是离开了爱尔兰，前往苏格兰的伊奥那岛（Lona）。在那里，他建造了著名的修道院，并成功地让基督教在苏格兰的皮克特人（the Scottish Picts）中间得到广泛的传播。

　　位于都柏林的爱尔兰皇家学院认为，科伦巴誊抄圣诗手稿本身就意味着斗争或者战斗。学院将手稿的第 58 页，即抄写圣诗第 31 行至第 106 行的部分作为"现存最古老的爱尔兰圣诗手稿以及最早的爱尔兰语书写体例"。■

唐律

唐律中规定了身体刑的五种类型：笞、杖、徒、流、死。图为 1864 年画家埃米尔·贝阿德（Émile Bayard）所绘制的描述唐律死刑的石版画，发表于法国《环游世界》（*Le Tour du Monde*）杂志。

中华文明是世界上最古老的文明之一，从大约四千年前开始，就通过不同的朝代延续，直至 20 世纪初。其中，最为重要的朝代便是唐朝（618—907 年），世人公认，这一时期的中国不论在政治还是文化方面，都达到了至高无上的顶峰。唐朝诞生了唐律（*The Tang Code*），在华莱士·约翰逊（Wallace Johnson）看来，唐律"当之无愧是整个东亚历史上影响最为深远的法律作品"。华莱士是东亚语言与文化的高水平研究者，也是最早将唐律译为英文的其中一名学者。

唐律包括两个部分，共 502 条法律条文。第一部分中提出了刑法的一些基本原则，第二部分则确切地阐明了具体的违法行为和相应的处罚。在当时道德约束作用有所下滑的情况下，颁布唐律的核心目的就在于通过对不适当行为进行威慑来维护社会秩序。汉朝哲学家董仲舒认为，人类与自然社会紧密相连，这一主张极大地影响了唐律的发展。唐律的核心思想在于，任何一个违法行为都会对社会造成危害，而平衡之道就是通过恰当的惩罚，或是在某些特定案件中，用自首或者赔偿的方式来弥补这种危害。在进行具体惩罚时，唐律不仅会考虑到个人的社会阶层与地位，在某些特殊的违法行为中，详细列明了减轻处罚的具体情节。同时，唐律中也规定了诸多从轻处罚的情节，在相应案件的轻缓处刑中，将年龄、性别、精神和身体状况作为基础性考量因素。

自颁布后，唐律直接影响了中国近千年，至少之后的三个朝代——宋朝（960—1279 年）、元朝（1206—1368 年）、明朝（1368—1644 年）都深受其"波及"。不仅如此，它的影响力还广泛传播到各外邦，为日本、韩国、越南等国刑法的制定提供了借鉴与参考。正如约翰逊教授所言："唐律是东亚历史上最具影响力的立法。"■

624 年

图为一张描绘亲属关系的彩色表格，摘录于一本法语版的《格拉提安教令集》（约1170—1180年），直观地阐明了家庭关系。这类表格主要用于帮助教会处理有关继承和婚姻合法性的事务。

十诫（约前1300年），《塔木德经》（约180年）

1140年

在很多人看来，教会法（canon laws）不论是在起源还是本质上都带有宗教色彩，并且始于天主教。但应看到的是，教会法不仅强调对神的崇拜，关注的是神职人员和教堂，其对世俗法律而言，同样具有不可忽视的广泛影响。正因为如此，教会法得到了法制史学者的赞誉，被称作西方法律传统的核心组成部分。

从11世纪末和12世纪初开始，绝大多数欧洲国家的运转都被置于两套法律体系之下：罗马法和教会法。教会法受到了来自罗马法的影响，同时，两套法律体系既有掣肘，又相互弥补。教会法起初是来自基督教的基本行事原则和教会的教义，后来也逐步囊括了世俗问题。

1140年，在意大利博洛尼亚，一位名叫格拉提安的本笃会修士完成了对教会法的规范性汇编，有近3800条文本，其中包含了对教规的重要且实质性的解析。教规的发展历经数年，且来源复杂，格拉提安便着力协调其中出现的矛盾、不一致和完全冲突的地方。他的编纂最终形成了《教会法规谬误订正》（*Concordance of Discordant Canons*），这是官方的正式称谓，人们更习惯将其称为《格拉提安教令集》（*Decretum Gratiani*）。法学家哈罗德·J.伯尔曼（Harold J. Berman）将其评价为"西方历史上，甚至是人类历史上第一本综合性、系统性的法学专著"。

尽管这本《格拉提安教令集》并不是由教会发布的官方出版物，但按照法学家威廉·W.巴塞特（William W. Bassett）的说法，它却成为"最基本的、为人们广泛传阅的教会法作品，也为教会的后续发展打下了基础"。事实也证明，这本书成为欧洲大陆各高校通用的研究教会法的权威版本。其价值主要在于对现有法律规范的编排和分析方式，并根据来源的不同，创造性地将法律界分为三种类型：一是神圣的法（divine law），反映的是神之意志；二是自然法（natural law），即通过人之理智和意识去感知神之意志所形成的法；三是实在法（positive law），即人类所制定的法。在巴塞特看来，"这一对法律的系统性划分，第一次清晰地表达了现代法律和民主政府的诸多基本原则"。■

《克拉伦登法令》
亨利二世（Henry II，1133—1189）

图为坎特伯雷大教堂（Canterbury Cathedral）所雕刻的英国国王亨利二世的雕像，他颁布了《克拉伦登法令》。

《大宪章》（1215 年），星室法庭（约 1350 年），布歇尔案（1670 年），约翰·彼得·曾格案（1735 年），《权利法案》（1791 年），陪审团选拔中的无因回避（1986 年）

根据历史学家的考证，现代法律体系中的大陪审团可以追本溯源至 20 世纪的英国，一个皇家狩猎场。在威尔特郡（Wiltshire）的克拉伦登宫（Clarendon Palace），国王亨利二世颁布了《克拉伦登法令》，为刑法中的一个至关重要的审理程序搭建了基本框架。

根据惯例，在英格兰对他人的犯罪行为，任何人都有权起诉，尽管提起诉讼的通常是案件中的被害人。1166 年，亨利二世改变了这一传统，他为了取代教会法庭的角色，强化王权，制定了《克拉伦登法令》。表示法令、巡回法庭的"Assize"一词可以粗略地翻译为"去解决"或是"去判断"，它要求每个地区都挑选 12 名男子宣誓并公开说出他们所相信的犯有谋杀、抢劫、盗窃或是包庇罪的犯罪人。之后，被起诉的人将会面临神明裁判，他们往往以死亡告终。十年后，北安普敦地区的巡回法庭扩大了涉罪范围，增加了伪造和纵火两项罪名。随着时间的推移，几乎所有严重犯罪的审理都要经过这一程序。

14 世纪时，这一程序被修正，逐步演变为由县治安官（county sheriff）挑选 24 名爵士进行起诉。之前巡回法庭所设定的 12 人团体则有了新的职能，成为人们所熟知的小陪审团（petit jury），他们负责在法庭审判后作出被诉人有罪或是无罪的判决。18 世纪晚期，威廉·布莱克斯通便在《英国法释义》一书中写道，《大宪章》要求案件的审理需由一个大陪审团（grand jury）确定起诉是否具有合理根据，然后由一个小陪审团在审判时投票决定，是否有充分的证据证明被诉人有罪。

随着时间的流逝，大陪审团的角色也在逐渐变化着，到 17 世纪时，其已不再是王权的执行者，转而成为公民防范恣意起诉的利器。17 世纪中期，英国的陪审制度传入美洲殖民地，并很快在《权利法案》（*Bill of Rights*）中占有一席之地。■

1166 年

商人习惯法

图为弗里茨·瓦格纳（Fritz Wagner，1872—1967）所绘制的荷兰小酒馆中的商人。

《大宪章》（1215 年），国会对商业的管理权（1824 年），《关税与贸易总协定》（1948 年）

13 世纪，随着文艺复兴从南欧蔓延，贸易兴旺，商业繁荣。伴随着交易的不断扩大，商人之间在已有商贸习惯和实践的基础上产生了一种非正式的商业规范。在跨国贸易沿线，这些被统称为商人习惯法（lex mercatoria）或商人法的规范，逐渐成为商事法庭处理贸易纠纷的主要依据。其所凸显的一个很重要的优势便是，规则的统一性降低了跨国商事贸易的不确定性。

在《大宪章》的影响下，英格兰的商业活动蓬勃发展，正因为如此，在整个欧洲大陆均萌生了商业习惯的背景下，商人法却在英格兰迅速成长起来。《大宪章》中明确规定，所有商人都可以"安全无虞地下榻英格兰，在英格兰停留和旅行"，也可以"自由地进行买卖，不受任何非公正的限制"。同时，和欧洲其他国家一样，英格兰也从全国各地丰盛的集市年会与商品贸易中获益匪浅。由于这些交易活动中所缴纳的特许经营税给王室带来了巨额财富，因此对于国王而言，很有必要为商人专门提供一种快速解决贸易纠纷的途径。商人们往往不去普通法法庭，而是将争端诉诸专门处理交易争端的集市法庭（Courts of Piepowders）和贸易中心的城镇法庭（Courts of the Staple）——前者源于法语"带泥的脚"（pieds poudrés），意指商人拖着布满灰尘的双脚，从一个集市辗转到另一个集市；后者则源于 1353 年颁布的《重要商品条例》（Statute of the Staple），该条例创立了一些专门经营特定商品的贸易中心（该词源于古法语中对集市中心的称谓）。同时条例还规定，在此类法庭中，商人可以担任法官并适用商人法处理纠纷。

如今，1952 年颁布的《美国统一商法典》（Uniform Commercial Code）对全美商品买卖合同进行了统一规定，该法典直接吸收了商人法的有关内容，认为缔约双方之间的协议"包括……交易习惯和贸易惯例"。与此同时，在经济全球化的大趋势下，对于钻研国际法和商业交易结构的当代法学学者而言，商人习惯法也占据着一席之地。实际上，在国际《商事合同通则》（UNIDROIT Principles of International Commercial Contracts）的序文中就已经明确提及过商人法。■

《大宪章》

亨利一世（Henry Ⅰ，约 1069—1135）
国王约翰（King John，1167—1216）
斯蒂芬·兰顿（Stephen Langton，约 1150—1228）
爱德华一世（Edward Ⅰ，1239—1307）

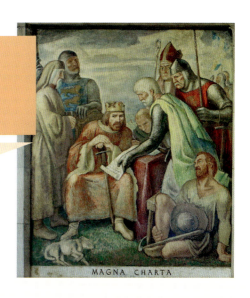

图为 1937 年波德曼·罗宾逊（Boardman Robinson）所绘制的约翰国王和《大宪章》，这幅画被挂在美国华盛顿特区司法部大楼中。

 布歇尔案（1670 年），《人身保护法》（1679 年），布莱克斯通的《英国法释义》（1765 年），美国宪法（1787 年），《权利法案》（1791年），《世界人权宣言》（1948 年）

　　1100 年，英格兰国王亨利一世继承王位，除别的事项外，他签发了《自由宪章》（*Charter of Liberties*），也称《加冕宪章》（*Coronation Charter*），目的在于修正其兄弟威廉二世（William Ⅱ）滥用权力，通过下达皇帝指令来干涉封地中的贵族和教会事务。但是，该宪章很快就被国王自己抛之脑后了。

　　一百年后，亨利的曾孙约翰丧失了绝大部分的法国领土，并在试图收回这些领土的过程中损失了大量财富。1214 年，他向贵族人征收兵役免除税，以补贴其在法国的一次最终以失败告终的军事行动。次年，即 1215 年，一群贵族对约翰一再违反封建法和传统习惯的做法恼羞成怒，起兵反抗。随后，在温莎城堡（Windsor）和叛军驻扎地石头城（Staines）之间的兰尼米德城（Runnymede），国王同意签署《大宪章》。

　　坎特伯雷的大主教斯蒂芬·兰顿作为中间人起草了《大宪章》，全文共 63 个条款，确保了贵族议会和教会的权利，保护其免受非法拘禁、任意诉讼和税收限制，也因此成为凌驾于皇权之上的至高无上的宪法性文件。《大宪章》在其最著名的条款，即第 39 条中规定："任何自由人，非经其同侪之依法裁判和国法之合法审判，不得被逮捕、监禁、没收财产、剥夺法律保护权、流放或被施加其他任何损害。"这一简明但彻底的禁止性规定，最终成为法律中正当程序的基础。在法律记者詹姆斯·波杰斯（James Podgers）看来，"约翰国王对这份文件的签署力证了一点，即任何人，即使是国王凌驾于法律之上的日子已经一去不复返了"。法律学者 A.E. 迪克·霍华德（A. C. Dick Howard）也认为，这份文件"对我们所珍视的一个最宝贵理想的发展产生了巨大的推动作用，那就是法治乃是政府之治，而非人治"。

　　但是，国王和贵族们最终并未遵守《大宪章》，教皇英诺森三世（Pope Innocent Ⅲ）也否认其合法性，由此引发了第一次贵族战争。之后，《大宪章》历经各国王的发布、忽视和再发布，直到 1297 年，国王爱德华一世正式将其确立为永久性的法律规范。以此为开端，《大宪章》奠定了英美宪法的根基，甚至在其问世 8 个世纪后，还被美国联邦最高法院在 2008 年涉及敌方战斗人员和 2011 年公民请愿自由的案件中进行明确的引用。■

《威斯敏斯特法案》

爱德华一世（Edward I，1239—1307）

图为威斯敏斯特宫，坐落在泰晤士河北岸，自爱德华一世当政后便一直是英格兰以及后来大不列颠议会的所在地。

《查士丁尼法典》（529 年），《克拉伦登法令》（1166 年），《大宪章》（1215 年），美国宪法（1787 年）

1275 年

现在，我们常用法规（statute）一词来表示法案，或者按照《布莱克法律词典》（*Black's Law Dictionary*）的解释，该词的意思为"由立法主体所通过的法律"。但是，根据英国历史学家 H.G. 理查森（H. G. Richardson）和乔治·塞尔斯（George Sayles）的研究，这一单词直到 13 世纪末才得到普遍应用，在那之前，法律法规通常被称为规定（provisions）或者条款（établissements）。

在第九次十字军东征后不久，国王爱德华一世即位，并于 1275 年在威斯敏斯特召集了他的第一届议会，由此诞生了《威斯敏斯特第一法案》（*Statute of Westminster I*）。该法案用盎格鲁－诺曼语（Anglo-Norman），即古法语书写而成，共 51 条，全面涵盖了实体法和执法领域的规定。英国历史学家威廉·斯塔布斯（William Stubbs）曾在 1877 年时评价过该法案，他认为这一法案"本身几乎就是一部完整的法典"，因为它赋予所有人以普遍权利，并规定了自由选举。大约在同一时间，法制史学者乔治·克拉布（George Crabb）高度赞扬了爱德华一世的功绩，将其奉为"英国的查士丁尼"。

《威斯敏斯特第二法案》（*Statute of Westminster II*）于 1285 年制定，共 50 个条款，因其创立了两项重要原则而闻名：一是不动产附着于土地，即将土地的所有权限制在原始所有者的继承人手中，以此来保证家庭通过后代的延续来维持对土地的所有权；二是根据先例审理类似案件，即对习惯法和其他现有法规中没有明确规定的损害赔偿，根据先前类似案件的审理来确定赔偿数额。《威斯敏斯特第三法案》（*Statute of Westminster III*）于 1290 年颁布，正式宣布废除封建的领地分封制。在此之前，领地的租户会将他们所享有的部分土地出租给其他人并收取报酬，这样就会损害原有领主和其继承人的权利。

直至今日，原有的威斯敏斯特法案仍然发挥着影响力。2009 年，在一个涉及律师欺瞒法庭的案件中，纽约上诉法院（New York Court of Appeals）还引用了其中一条关于法律解释的规定，并指出早在 1787 年美国宪法制定时，纽约立法机关所采取的立法语言竟然与中世纪法案有着惊人的相似。■

星室法庭

图为星室法庭的天花板，目前悬挂在里索威城堡。

《克拉伦登法令》（1166 年），布歇尔案（1670 年），《人身保护法》（1679 年），
法律援助协会（1876 年），在州法院获得律师辩护的权利（1963 年）

法律学者伊丽莎白·G. 索恩伯格（Elizabeth G. Thornburg）认为，"今时今日，若给一个案件贴上'星室法庭诉讼'（Star Chamber Proceeding）的标签，那将是一种极大的侮辱，是对程序极端不公和滥用公权力的一种谴责。但事实是，历史上真正星室法庭的故事相当复杂"。历史学家将星室法庭的起源追溯到 14 世纪后叶，按照主流学者的说法，因其法庭的屋顶装饰有中世纪风格的金色星形图案而得名。

星室法庭一开始是作为国王御前议会（King's Council）的延伸机构，当公民经过现有法庭无法寻求到法律帮助时，少数幸运儿便可以通过星室法庭向富人索赔。1487 年，国王亨利七世（Henry Ⅶ）将法庭的结构正规化，从国王的御前议会中剥离出来，成员由 7 名男子组成：主教、大臣、两名法官、掌玺大臣、领主和财政大臣。然而，随着星室法庭的发展，由于其本身就代表着王权的延伸，它开始创造新的法律。例如，它创制了诽谤罪、伪证罪和反叛罪。尽管此类法律规定的存在是合适且必要的，但其程序在客观上压制了持不同政见者，使某些言论表达非法化。由星室法庭审理的案件通常会剥夺被告人充分的程序性权利，包括由陪审团进行审判。

到了 17 世纪初，星室法庭便不再是代表正义的光荣机构。相反，它成为一个由国王操纵的政治俱乐部，用来镇压反对派，惩罚政治不满者。1640 年，长期议会在十一年前被查尔斯一世（Charles Ⅰ）解散后进行了首次集会，用人身保护令废除了星室法庭。

现实中的法庭坐落在威斯敏斯特宫（在美国更多地被称作议会大厦），直到 1806 年被拆除。赋予法庭以"星室"之名的天花板如今挂在柴郡（Cheshire）的里索威城堡（Leasowe Castle）内，但其恶名尤在，不容小觑，仍然象征着秘密作出严酷、恣意武断的法律或政府决定。■

约 1350 年

圣女贞德的审判

圣女贞德（Jeanne d'Arc，1412—1431）
皮埃尔·科雄（Pierre Cauchon，1371—1442）
卡利克斯特三世（Callixtus Ⅲ，1378—1458）

图为圣女贞德，她后来被天主教会封为圣徒，是受宗教迫害的典型代表人物之一。该图绘于 1898 年，展现的是贞德站在比利时安特卫普大教堂的祭坛边。

苏格拉底的审判（前 399 年），塞勒姆女巫审判案（1692 年）

1431 年

在圣女贞德 12 岁那年，她自称看到了神迹，圣人们鼓励她去帮忙结束血腥的百年战争——一场在英格兰金雀花王朝（Plantagenet England）和法国瓦鲁瓦王朝（Valois France）之间持续了数年，只为争夺瓦鲁瓦王朝统治权的激烈战争。16 岁时，她开始请愿参军。关于她在战场上率军战斗的事迹，虽然现存历史资料一片空白，但她戏剧性的出现确实帮助法国人扭转了战争局势。然而，一连串的军事挫败最终导致她被捕，并在博韦地区（Beauvais）的主教——皮埃尔·科雄的主导下，于法国鲁昂（Rouen）一座由英国扶持的教堂中被指控为异教分子。

在审判过程中，教会的审查人员怀疑贞德是一名女巫或魔法师，因为她有男性化倾向并且极度不配合，拒绝回答任何问题。尽管指控贞德为异端邪教的证据寥寥无几，但她对神示的回忆和她不情愿穿女人的衣服——可能是怕在监牢里被强奸，足以使教会官员相信她拥有邪恶的本质。从法律角度来看，贞德的审判漏洞百出：她面对的是有偏见的法庭组织的秘密审判；她从未被告知指控的具体内容，也未获得与不利证人对质的机会；她不能要求自己的证人出席，也无法获得律师为自己辩护，同时还被剥夺了任何上诉的权利。

在审判的最后，贞德被判处死刑，后世的学者将这一审判结果视为对正义的严重扭曲。1431 年 5 月 30 日，贞德被绑在木柱上活活烧死，理由是她违反了圣经《申命记》（Deuteronomy）第 22 章第 5 节的教义，即"妇女不可穿戴本属男人所穿戴的……因为这样都是耶和华神所憎恶的"。

二十五年后，要求推翻这一判决的呼声四起，教皇卡利克斯特三世下令重审。最终，教会承认了自己的错误。1456 年，教会上诉法庭在之前处死贞德的相同证据基础上，宣告她无罪。1920 年，教皇本笃十五世（Pope Benedict XV）正式宣封贞德为圣徒。■

利特尔顿的《论占有》

托马斯·德·利特尔顿 （Thomas de Littleton，约 1422—1481）

图为托马斯·德·利特尔顿，他撰写了第一本法律教科书《论占有》。

 《古法律词汇》（1527 年），布莱克斯通的《英国法释义》（1765 年），《菲尔德法》（1848 年），判例汇编与法律出版（1872 年）

15 世纪中叶印刷机的问世，让整个欧洲在文化和社会各个方面都产生了革命性的变化。它传播印刷材料的能力——从单页的小册子到庞杂的多卷本，无处不充实着知识——为千百年来许多意义深远的进步奠定了基础。法律界也同样察觉到了这些革命性的变化，虽然它最初确实也抵制过印刷的教材。

早在印刷机出现之前，英国的两位偶像级法律人士就编写过著名的法律教科书。一位是拉努尔夫·德·格兰维尔（Ranulf de Glanville），亨利二世统治时期的首席司法官，他编写了《论英格兰王国的法律和习惯》（*Treatise on the Laws and Customs of the Kingdom of England*）。另一位是英国法学家亨利·德·布拉克通（Henry de Bracton），他在 1235 年前后撰写了《论英国的法律与习俗》（*On the Laws and Customs of England*），制定了确定犯罪意图和国王合法统治的基本框架。但法律史学家们认定，1481 年托马斯·德·利特尔顿出版的《论占有》（*Treatise on Tenures*）一书，才是第一本真正的法律专著，因为它包含了叙事性的阐述和分析，而不是将该话题的主要材料纯粹地叠加在一起。利特尔顿的《论占有》收获了巨大的好评。英国法学家爱德华·科克勋爵 1628 年撰写的《评利特尔顿》（*Commentary on Littleton*）就是很好的例子，他认为《论占有》这本书"是普通法的点缀，也是人类科学史上写过的最完美的、绝无仅有的著作"。19 世纪法律史学家 F.W. 梅特兰（F. W. Maitland）也对利特尔顿的《论占有》给出了如下评价："在将经典普通法的轮廓描绘得如此清晰这方面，任何著作都不能与之媲美。"

利特尔顿给未来的学者著书立说提供了一个可仿效的模型。通过对法律准则进行全面且权威的阐述，即便是在案件和成文法数量激增的情况下，他们也能展现出法律的条理和价值。■

1481 年

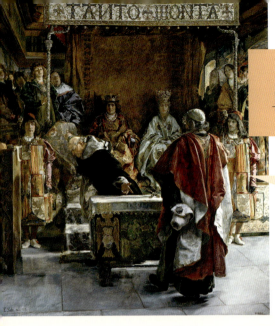

阿尔罕布拉法令

阿拉贡国王费迪南二世（Ferdinand Ⅱ of Aragon, 1452—1516）
卡斯蒂利亚女王伊莎贝拉一世（Isabella of Castile, 1451—1504）
西班牙国王胡安·卡洛斯（Juan Carlos of Spain, 1938— ）

图为埃米力欧·萨拉（Emilio Sala，1850—1910）
的画作，该图绘于 1889 年，展现的是 1492 年托尔
克马达将驱逐法令交给费迪南和伊莎贝拉时的场景。

 《排华法案》（1882 年），希特勒掌权（1933 年），
《纽伦堡法案》（1935 年）

1492 年

费迪南和伊莎贝拉为当今人们所熟知的一点，便是任命了克里斯多夫·哥伦布（Christopher Columbus）的探险，寻找一条从西方到东方的贸易路线。1492 年 8 月 3 日，这位热亚那的水手从西班牙扬帆起航，但偏偏在几个月前，他的皇家赞助人发布了驱逐法令，也称阿尔罕布拉法令（Alhambra Decree），命令"任何年龄阶段的所有犹太男女"，要么接受洗礼皈依基督教，要么离开此国。

15 世纪时，一场新的反犹太主义的浪潮蔓延开来。为了防止迫害和能够从事被禁止的活动，许多西班牙的犹太人改信基督教。作为一个特殊的群体，皈依的新教徒们不断在商业和大学中活跃开来，但是他们事业上的成功同时也孕育了愤怒和不满。1478 年，费迪南和伊莎贝拉创建了神圣罗马教会（Congregation of the Holy Roman）和普世裁判所（Universal Inquisition），也称宗教法庭（Holy Office），但人们更喜欢把它叫作西班牙宗教裁判所（Spanish Inquisition）。裁判所由二人而非教皇控制，目的在于曝光和惩罚那些他们认为还在秘密保留自己犹太信仰的新教徒。在托马斯·德·托尔克马达（Tomás de Torquemada）的带领下，西班牙宗教裁判所煽动起反犹太主义的火焰，无情地催生了驱逐法令。

学者们对驱逐法令发布后到底有多少犹太人逃离了西班牙持不同意见，一般认为大约每 100 万人口中就有 10 万人仓皇而逃。1492 年 8 月 2 日，最后一波犹太人乘着一艘"悲哀船舰"（fleet of woe）离开了西班牙。恰好在第二天，哥伦布带领着三支船队开始了不平凡的航海之旅。对此，史学家们曾悲伤地讽刺道，在劝说费迪南和伊莎贝拉赞助哥伦布航海大业时，那些皈依基督教、有经济实力的新教徒们功不可没，就连哥伦布所依赖的海上仪器和天文表都是犹太人提供的。

1968 年，军事独裁者弗朗西斯科·佛朗哥（Francisco Franco）的法西斯政府象征性地宣布阿尔罕布拉法令无效。在法令颁布的五百年后，即 1992 年，西班牙国王胡安·卡洛斯正式撤销了先辈的这一法令，并于 2014 年，在他退位的几个月前，他所领导的政府为之前被法令驱逐的犹太后裔提供了公民权。■

《古法律词汇》

约翰·拉斯特尔（John Rastell，约 1475—1536）

图为《古法律词汇》其中的一页，源于这一开创性作品在 17 世纪的版本。

LES TERMES DE LA LEY:

OR

Certaine difficult and obscure Words and Termes of the Common Lawes and Statutes of this Realme now in vse expounded and explained.

Newly imprinted, and much inlarged and augmented.

With a new Addition of aboue two hundred and fifty words.

HOR. *Multa renafcentur quæ jam ceridere, cadetque Quæ nunc funt in honore vocabuls, fi volet vfus.*

LONDON,
Printed by the Affignes of *Iohn More* Efquire. 1636.

 利特尔顿的《论占有》（1481 年），布莱克斯通的《英国法释义》（1765 年），《菲尔德法》（1848 年），判例汇编与法律出版（1872 年）

当你阅读这本书时，你可能会需要一本字典来查询生词的含义。字典的存在能够增进人们对一门语言或特定知识的了解，从而丰富人们的思想和见识。今天，我们在很大程度上将查阅字典看成一件理所应当的事情。但试想一下，在字典出现之前，人们会通过何种方式来查询新单词的意思？

1527 年，一名英国执业律师、作家约翰·拉斯特尔出版了英国历史上第一部法律词典：《盎格鲁法律词汇解释》（*Expositiones Terminorum Legum Anglorum*），后世常将其称为《古法律词汇》（*Les Termes de la Ley*）。该词典共收录了 208 个词条，按照字母顺序排列，一边是拉丁语，另一边则是古法语，即盎格鲁–诺曼语。1530 年，词典再版时增加了英文翻译。拉斯特尔的这本书不仅是第一本法律词典，它还是第一部专业的英文词典。其出现早于《斯里·托马斯·埃里奥特·克尼特字典》（*The Dictionary of Syr Thomas Eliot Knyght*）十多年，也早于罗伯特·考德里（Robert Cawdrey）编写的《字母索引表》（*Table Alphabeticall*）七十五年。甚至两百年后才出现了塞缪尔·约翰逊（Samuel Johnson）所著的《英语大辞典》（*Dictionary of the English Language*）。

拉斯特尔的词典旨在发挥教育功能，除了律师和法学院学生，他更希望自己的词典对普通民众起到影响和教育作用。在他看来，只有培养全体公民见多识广，才能实现法律所追求的终极社会目的。

1729 年，贾尔斯·雅各布（Giles Jacob）出版了《新法律词典》（*New Law-Dictionary*），他改变了法律词典的编纂形式，使其朝着百科全书的方向发展。尽管有着此类新潮字典的冲击，拉斯特尔的法律词典在 1527—1819 年间仍然延续了 29 版。文献学家霍华德·杰·格雷厄姆（Howard Jay Graham）将这本《古法律词汇》视为"任何英美法词典和法律百科全书的终极源头"，并且认为它"像英国历史上的其他法律书籍一样，或许已经产生了永恒的、决定性的影响"。■

图为伊丽莎白一世，她负责颁布了第一部强调贫困人口经济需求的综合性法律。

星室法庭（约 1350 年），法律援助协会（1876年），国会有权征收所得税（1909 年），《社会保障法》（1935 年）

1601 年

　　虽然法律的制定通常并不会区分富人与穷人，但在一些特殊情况下，法律确实会专门为穷人而设，以此来彰显国家勇于承担责任，为其子民提供福利保障。如果国家并非天生就是利他主义者，那么这种做法往往是受到宗教传统或教化的影响。在 16 世纪末，整个英格兰的教会，特别是修道院和教区的牧师都对穷人关怀有加。济贫的花销主要源于教区居民的无偿捐赠和缴纳的宗教税，即什一税。1535 年，议会通过了一项惩治流浪汉和乞讨者的法案，次年，国王亨利八世开始实施解散修道院的法令，这一法令为世人所诟病，导致了教区资助锐减，贫困人口激增。

　　1601 年，在女王伊丽莎白一世去世的前几年，议会颁布了第一部综合性法律，即《济贫法》（*Act for the Relief of the Poor*），该法案尤其强调要照顾贫困人口的经济需求，而非一味地惩罚。这部法律也被称作《伊丽莎白济贫法》（*Elizabethan Poor Law*），以亨利八世的已有立法为基础，其标志性贡献就在于将行政管理的运行主体从教会转移到了政府。慈善资金不再以教区居民的自愿捐赠为主，而是由政府强制征收济贫税。同时，该法律也规范性地划分了贫困人口的具体类型，并加以法律层面的区别对待。例如：年老或丧失劳动力者，有权直接在家接受救济，从国家征缴的税收中领取救济金。身体健全、有劳动力的穷人则要参加工作，通常是在监工的协助下参与生产活动。至于那些懒汉，即身体健全却拒绝劳动的人，则会被关进监狱。贫困儿童会被送去作学徒。除此之外，这部法律的另一个重要特征就是在父母、祖父母和儿童之间增加了经济上要相互扶持的义务。

　　根据政治科学家、加利福尼亚州社会保障协会前主席雅各布斯·坦布鲁克（Jacobus tenBroek）的说法，《济贫法》"对救济贫困人口的本质为何所作出的规定，不仅对英国，也对美国产生了三个世纪的影响。直至今日，在美国所有州的各种福利保障项目中，仍然能看到它的影子"。■

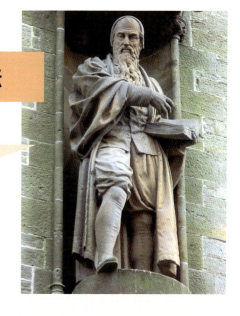

027

义务教育法

图为约翰·诺克斯（John Knox，约1514—1572），他领导了苏格拉的新教改革（Protestant Reformation），同时，他撰写的《教会规范》（Book of Discipline）一书也推动了1616年建校法案的通过。

《退伍军人安置法》（1944年）

1616年

马克·吐温（Mark Twain）曾说过："我从来不让学校的学习干扰我的教育。"但是，随着国家的发展，人们逐渐意识到标准化教育的深刻影响力，并用义务教育法来确保教育的普及。

1616年，苏格兰通过《枢密院建校法案》（Privy Council's School Establishment Act），成为第一个实施综合性义务教育的国家。在此之前，1496年的教育法曾经规定，所有男爵和自由民的儿子都要去文法学校接受教育，但这部1616年的法案强制性地规定了每一个郡以下的行政区都要建立一个公立的、由教会进行监督的学校，以此来宣扬基督新教，重拾已经消失的苏格兰盖尔语（Scottish Gaelic）。然而，该法案的规定收效甚微，直到1633年和1646年教育法授权主教向私人领主征税，从而为学校提供资金支持。

一百多年后，普鲁士国王腓特烈威廉一世（Frederick William I）强令，"未经另行说明"，除了有私人教师或者就读高级中学的学生外，所有儿童都要到初级学校就读。此后，他的儿子兼继承者——腓特烈大帝（Frederick the Great）延续了这一政策，并在此基础上于1763年颁布了《乡村学校规范细则》（General Regulations for Village Schools）。

美国关于义务教育的法律可以追溯到殖民地时代，但也只涉及如何建立和维持免费的公立学校，在入学方面仍然是自愿的。马萨诸塞州于1852年颁布《强制入学法》（Compulsory Attendance Act），成为美国第一个真正意义上颁布义务教育法的州，规定8～14岁的儿童每年至少要在学校学习三个月，其中至少有六个连续不断的周。

至于英国和法国，19世纪晚期才有了关于强制入学的规定。在英国，强势的上流社会不愿意与工人阶级分享现有的教育资源，直到1880年才有了相应的规定。在法国，宗教和政府当局间的冲突成了强制入学的绊脚石。1880年，朱尔·费里（Jules Ferry），即后来的公共教育部长，在立法机关的引导下通过了两项法案，号召对所有儿童建立起免费且强制入学的初级教育制度。在此推动下，1881年免费的初级教育的规定成为法律，而关于强制接受初级教育的规定，也在公立学校消除了宗教影响后，于1882年初写入法律。■

法学之书 The Law Book

《战争与和平法》

胡果·格劳秀斯（Hugo Grotius，1583—1645）

图为 1886 年荷兰雕刻家弗朗西斯·莱昂纳德斯·斯塔克（Franciscus Leonardus Stracké）所雕刻的胡果·格劳秀斯雕像，该雕像坐落于荷兰代夫特城的中央集市广场。

教会法和《格拉提安教令集》（1140 年），《威斯特伐利亚合约》（1648 年），《权利法案》（1791 年），《日内瓦公约》（1864 年），殖民主义与战后独立（1947 年）

1625 年

随着科技、通信和运输持续不断的发展，世界各国人民之间的联系愈加紧密，在全球范围内建立起统一的国际法体系就显得尤为重要。5 世纪，罗马帝国没落后不久，便出现了最早的国际法雏形，但直到 17 世纪中叶，欧洲经过三十年战争的蹂躏后，正式的国际法规范和理论才开始崭露头角。

在这一问题上影响最大的思想家便是荷兰学者、思想家胡果·格劳秀斯。1625 年，尼古拉斯·本（Nicolas Buon）出版了格劳秀斯的经典法学著作《战争与和平法》（On the Law of War and Peace）。尽管现在有部分学者对格劳秀斯"国际法之父"的名头颇有质疑，但是没有人能够对他在理论上的贡献指指点点。在法学家约翰·杜加特（John Dugard）看来，"毋庸置疑，不论是当代国际人权运动，还是人权法案的产生，都可以追溯到格劳秀斯的这本巨著中"。

格劳秀斯对现代自然法理论的发展功不可没，他将国际法从神学的桎梏中解放出来。重要的是，他坚信国家和个人一样，都应当统一受法律规范。因而，他主张国与国之间的平等、独立和自治。在此基础上，他发展出了不论是战争时期还是和平年代，国与国之间相互交往都应当遵循的一系列原则。正因为如此，杜加特将《战争与和平法》一书的魅力归结于它"把排斥国家利益至上作为国际关系的基本前提，并一直试图将道德、公正和理想主义贯穿到国际法律秩序中去"。

对于格劳秀斯而言，只有出于维护、恢复或捍卫国家主权等理由所发动的战争才是合理的，同时，他坚决否认先发制人的战争具有正当性。只有在行使权利的基础上才能进行军事侵略，并且要合乎诚信，在合法范围内进行，通过这种方式在国际范围内将战争纳入道德评价的范畴。■

第一部 "蓝法"

君士坦丁大帝（Constantine the Great，约272—337）
萨缪尔·彼得斯（Samuel Peters，1735—1826）
J. 哈蒙德·特伦布尔（J. Hammond Trumbull，1821—1897）

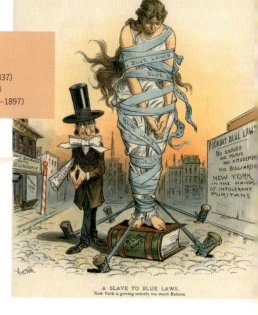

图为 1895 年的一幅政治漫画，描绘的是清教徒式的"蓝法"给人们带来的束缚。

A SLAVE TO BLUE LAWS.
New York is getting entirely too much Reform.

教会法和《格拉提安教令集》（1140 年），禁止非法麻醉品（1915 年），禁酒令（1918 年），废除禁酒令（1933 年），大麻的合法化（1996 年）

1629 年

禁止在礼拜日从事特定世俗活动的法律，在古代时就已经存在，但是给这些法律冠以颜色的称谓，却是后来才出现的。评论者指出，罗马帝国的皇帝——君士坦丁大帝于 321 年，下令要求城市居民"在神圣可敬的太阳日"应当休息，从而成为第一个颁布法律禁止在星期天营业的人。1629 年，弗吉尼亚州下议院通过了美国第一部禁止在周末营业的法案，规定"一般而言，在任何场所工作或是在各地旅行，都是对安息日的亵渎"。

但是，词源学者将"蓝法"（blue laws）一词的使用追溯到了 1755 年 3 月 3 日，《纽约水星杂志》（New-York Mercury）对康涅狄格州公理会教友的讽刺："自从……我们古老的'蓝法'重见天日以来，我们很高兴看到上帝的工作卓见成效。"英国国教的评论员、神父萨缪尔·彼得斯在其《康涅狄格简史》（General History of Connecticut）一书中，借由对这些公理会教友的猛烈批判，将"蓝法"一词进一步普及。彼得斯坚持认为"纽黑文殖民地的立法者取缔了极端的、肆无忌惮的暴虐和压迫行为，以至于那些波士顿的铁杆狂热者和赫特福德（Hertford）的狂徒，都将被置于窘到脸红的境地，也因此得名蓝色法规，即严格的法律"。同时，在彼得斯看来，"蓝法"中的"蓝"实际上是"血腥"（bloody）一词的委婉说法，用来描述那些因不服从而受到惩罚的背叛者的境遇，并且在今天的英国人看来，该词仍然带有咒骂之意。但是彼得斯的这种解释缺乏史料的支撑。1876 年，康涅狄格州的历史学家 J. 哈蒙德·特伦布尔就"蓝法"一词给出了另一种合理的词源解释："纯正的蓝色"（true blue）实际上是"忠贞不移"的意思，代表着永不消退，是忠贞和坚定不移的象征。"在'蓝法'复苏后，"特伦布尔认为，"最不受人们待见的……便是道德上的始终如一和对责任与信念的坚守。'纯正的蓝色'，即'忠贞不渝'，开始用来表示专门批评、指责清教徒……变成'蓝色'就意味着变得'严格'（puritanic），极端恪守法律和宗教义务。"

在美国，几乎每一个州都有或这或那的"蓝法"存在，但随着商业的发展和贸易竞争的加剧，法庭开始为"蓝法"中的严格规定增加诸多例外情形，有时甚至是废除某项规定。步入 20 世纪后，这类法律开始越来越不受欢迎，大多数州选择通过立法来废除这些规定，只有极少数州仍然保留。■

图为 1648 年由杰拉德·泰尔·博赫（Gerard ter Borch）绘制的画作，描绘的是 1648 年 3 月 15 日，西班牙帝国和荷兰共和国之间签订合约的场景。

 《战争与和平法》（1625 年），《利维坦》（1651 年），欧盟与《巴黎条约》（1951 年）

1648 年

《威斯特伐利亚合约》（*Peace of Westphalia*）是指 1648 年在威斯特伐利亚地区的明斯特（Münster）和奥斯纳布吕克（Osnabrück）签订的三份条约。其中，《明斯特合约》（*Peace of Münster*）结束了西班牙与荷兰长达八十年的战争，确立了荷兰共和国的独立地位。《明斯特条约》（*Treaty of Münster*）和《奥斯纳布吕克条约》（*Treaty of Osnabrück*）结束了神圣罗马帝国、法国、瑞典和其联盟各邦之间持续了三十年的战争。这一战争的发动主要在今天的德国境内，起因是宗教冲突和普遍的领土扩张。

国际法和国际关系学者里奥·格罗斯（Leo Gross）将《威斯特伐利亚合约》比作《联合国宪章》（*United Nations Charter*），因为它力图"在国家对其领土享有无拘束的主权，并不受制于任何世俗权威的基础上建立起统一的国际秩序"。历史学家则把《威斯特伐利亚合约》视为国家主权从教会权威和建立在神权基础上的君主统治制度中独立出来的开端。这种与宗教剥离所带来的影响并非立竿见影，但随着时间的流逝，它逐渐孕育出共和政体，并最终促成了国家主权源于人民这一政治理论的形成。

这一新理论所强调的核心原则在于，在国家权力平衡的基础上，每个国家在其各自的主权范围内都是平等的。如此一来，便形成了国际法学家伊恩·布朗利（Ian Brownlie）所称谓的"国际法的基本宪法性原则"。

然而，事实的真相往往不尽如人意。历史学家赫伯特·罗文（Herbert Rowen）指出，合约虽然结束了宗教层面的战争，但"在人们赤裸裸地追求权力和领土的扩张面前，转而让他们陷入了非意识形态的战争"。国与国之间这种实际意义上的不平等也就意味着《威斯特伐利亚合约》充其量只是一纸停战协定，这种外交上的妥协最终也只能换取暂时的和平"。

第二年，即 1649 年，在欧洲三十年战争中支持瑞典对战神圣罗马帝国的俄国沙皇阿列克谢一世（Tsar Alexis I），颁布了《1649 年会典》（*Sobornoe Ulozhenie*）。俄国法权威威廉·巴特勒（William Butler）将这部俄国法典称作"俄国法制史的一个转折点，它对欧洲外交和国际法的影响与《威斯特伐利亚合约》同样重要"。■

《利维坦》

托马斯·霍布斯（Thomas Hobbes，1588—1679）

图为《利维坦》一书的卷首插图，由法国艺术家亚伯拉罕·柏斯（Abraham Bosse）所绘。该图以被斩首不久的国王查尔斯一世为原型，描绘的是君权由人民构成，因而君主的统治权也直接源于人民。

《战争与和平法》（1625 年），《美国宪法》（1787 年），《人权宣言》（1789 年），《世界人权宣言》（1948 年）

1651 年

能让一本书成为巨著的通常不是书中内容有多么的发人深省，而是这些内容产生于何种时代背景之下。最好的例子便是托马斯·霍布斯在 1651 年出版的《利维坦》（*Leviathan*）一书。那时，英国国内持续了九年的内战接近尾声。动乱成为社会和政治的常态，法律更是一团乱麻，各种理论学说交杂，毫无凝聚力。按照政治学家加里·麦克道尔（Gary McDowell）的说法，即便是在如此混乱的处境中，仍然存在着一个凌驾于一切之上的整体性框架："基督教强势的、无处不在的影响力。"《利维坦》向传统基督教理论中关于人、法律和政府的理论开炮，在当时引起了轰动，不仅让法学理论的发展出现了巨大的转折点，也为法律在其后整整百年的发展奠定了重要基础。

这本书的书名源于希伯来语中的"缠绕"（coiled）或"扭曲"（twisted），是希伯来圣经中用来形容海怪的词语。霍布斯认为，要想建立联邦，远离人本性中的畏惧和暴力，就必须与国家订立契约，以遵守法律来换取国家的保护，保护其免受天生暴力之人的侵害。霍布斯提出的这种在国家和个人之间进行交易的设想，为社会契约论阐释国家和法律背后的基本原理提供了支撑。

《利维坦》问世后遭到了猛烈的抨击。与霍布斯同时代的一些人对他进行了指责，认为他提出的人性本恶之观点是对人性的曲解，与基督上帝参照自己的形象造人这一仁慈的预设不符。同时，在霍布斯的理论中，法律是因为人们希望与国家订立契约而产生的，而并非源于神的指示，这一点更加引起了信奉基督教的读者们的反感。《利维坦》虽然在早期饱受质疑，但书中提出的诸多原则经受住了时间的考验。正如洛里特·梅提娜（Loreta Medina）在《美国宪法的诞生》（*The Creation of the U.S. Constitution*）一书中所提到的那样，从霍布斯这里，美国的开国元勋们"学到了人民主权原则，即政府统治的正当性依赖于被统治者的一致同意"。今天，仍然有不少学者将霍布斯视为当代立宪主义的支柱。■

图为让·里昂·杰罗姆·费里斯 (Jean Leon Gerome Ferris，1863—1930) 所画的《1680 年宾夕法尼亚州的诞生》(*The Birth of Pennsylvania*)，描绘的是英国国王查尔斯二世 (Charles Ⅱ) 在怀特霍尔宫殿 (Palace of Whitehall) 将土地赠予威廉·佩恩的场景。

 《克拉伦登法令》(1166 年)，《人身保护法》(1679 年)，约翰·彼得·曾格案 (1735 年)，陪审团选拔中的无因回避 (1986 年)

法庭只是陪审团的听众，而陪审团只对选出他们的民众负责。

——哈珀·李 (Harper Lee)，《杀死一只知更鸟》(*To Kill a Mockingbird*)

1670 年

1670 年 8 月，威廉·佩恩——这位未来宾夕法尼亚州的奠基人——和威廉·米德 (William Mead) 被指控在伦敦的恩典堂大街"非法、喧闹"集会，并以贵格会的名义布道、施教。该案以"国王诉佩恩和米德案"为案件名，在老贝利 (Old Bailey，英格兰与威尔士中央刑事法院) 受审，审理结果为：陪审团认定米德无罪，佩恩有罪。法官对这一结果非常不满，要求陪审团重新考虑证据。当陪审团再次得出同样的裁定后，他们又被"送"回讨论室，并被法官胁迫道："在得出法庭所接受的裁定前，你们将不会被解散。你们会被关起来，没有吃的、喝的，没有火也没有烟草……愿上帝保佑，我们最终会获得裁判结果，否则你们就只有饿死在这里。"

两天后，陪审团归来，这次他们认为两位被告人均无罪。法官立即以藐视法庭的罪名关押了 12 名陪审员。其中一名陪审员爱德华·布歇尔 (Edward Bushel) 拒绝支付罚金来换取自由，相反，他对自己被监禁的合法性提出异议，申请高等民事法庭颁发人身保护令。高等法院颁发了这一令状，两个月后，布歇尔获释。

布歇尔案对陪审团角色的定位产生了里程碑式的影响。首席大法官沃恩 (Vaughan) 宣布，该案中强加给陪审团成员的罚金和监禁均是违法的。同时，他坚持认为，陪审团不能因其裁定而受到任何处罚，这样才能避免法官因自身的政治立场来操纵审判结果，并建立起陪审团的独立权。陪审团的独立也被布莱克斯通称为"实现自由之神圣堡垒"。此外，布歇尔案奠定了陪审团否决权的基础，也就是说，即便陪审团严格根据法律的具体规定，认为被告人是有罪的，它也可以基于其认为法律规定不适当，拒绝适用法律，从而宣告被告人无罪。■

《人身保护法》

图为英国国王查尔斯二世的肖像画，由约翰·莱里（John Reilly，1646—1691）绘制于约 1683 年，查尔斯二世主持通过了《人身保护法》（*The Habeas Corpus Act*）。

《克拉伦登法令》（1166 年），布歇尔案（1670 年），美国宪法（1787 年）

1679 年

普通法体系中的人身保护令这一"伟大的令状"最早出现在 12 世纪英国的《克拉伦登法令》中，其设置的目的是将人交由法庭审理。从字面含义来看，"人身保护令"的意思就是"你必须要有（人的）身体（出现在法庭上）"。作为一项极富特权的令状，在其产生之初，只有国王才能颁发。

慢慢地，这一令状逐渐演变成让入狱之人可以挑战关押合法性的法律武器，即便实践证明，最开始时它起不到多大作用。就像历史学家海伦·努汀（Helen Nutting）解释的那样，"拖延和逃避几乎架空了保护令的适用效果"，因为"对于所颁发的第一次令状而言，法庭根本就无法保障其得到强制实施"，同时，"只有在第三次颁发令状时，法庭才会附带惩罚性措施……这样一来，在法律程序所能忍受的范围内，监狱的看守……可以一直拖到他收到法庭第三次签发令状，才将被羁押之人带到法官面前"。为了拯救此种混乱局面，英国议会于 1679 年通过了《人身保护法》。

政治学家尼尔·道格拉斯·麦菲利（Neil Douglas McFeeley）将新的人身保护令视为"为保护……自由而设的最有力的武器"，"给刑事指控中任何监禁的合法性"提供"快速的司法审查"，"也为被羁押的候审之人"提供"获得快速审判的机会"。它要求在三天之内对羁押的合法性进行审查，除非有证据显示被囚之人"是经对刑事案件有司法管辖权之法院，通过合法的程序签发的命令或令状而受到关押"，否则他将会被释放。很明显，保护令并不适用于那些已经被刑事判决判处监禁之人。

这部 1679 年的法律并未传入美洲殖民地，但英国普通法却得以传播，这使得当时的许多殖民地都在各自的宪法中规定了与保护令有关的内容。的确，保护令的重要性不言而喻，以至于制宪会议的代表们几乎毫无争议与冲突，就将其写入了美国宪法第 1 条："获得人身保护令的权利不能被暂缓，除非在叛乱或被入侵的情况下，出于保护公共安全的需要而为之。"正如法制史学者 G. 爱德华·怀特（G. Edward White）所言，"制宪者们想要讲清楚的一点是，即便已经被关押，人们仍然能够继续挑战监禁的合法性"。■

路易十四的《黑人法典》

路易十世（Louis X，1289—1316）
路易十四（Louis XIV，1638—1715）
马克西米安·罗伯斯庇尔（Maximilien Robespierre，1758—1794）
拿破仑·波拿马（Napoléon Bonaparte，1769—1821）

图为路易十四画像，他统治法兰西七十余年。

"阿姆斯达"号案件（1839年），德雷德·斯科特判决（1857年），《解放黑奴宣言》（1863年），废除奴隶制（1865年），巴西奴隶解放法（1888年）

尽管路易十世在1315年废除了法兰西的奴隶制，但是这一宣告对于几世纪后建立起来的法国殖民地而言并无任何作用。哥伦布和其他尾随其后到达新大陆的人，最初是控制当地土生土长的美国人充当翻译员，但到后来也奴役他们在西印度群岛与非洲奴隶一起劳动。几十年后，许多欧洲国家开始依赖奴隶制所带来的巨大经济利益。1625年，法国在圣基茨岛（St. Kitts）建立起了他们第一个固定的殖民地——加勒比海殖民地，两年后，非洲的奴隶也开始往这里输送。到1685年，整个法国殖民地上奴隶数量激增，其中就包括了今天的马提尼克（Martinique）、瓜德罗普（Guadeloupe）、法属圣多明戈（St. Domingue，即海地）和其他岛屿。同年，路易十四签署了一部《黑人法典》（*The Black Code*），成为令人毛骨悚然的奴隶制历史发展中最重要的一部法典。

这部法典中的规定涉及民法、刑法和宗教领域，并设定了主人和奴隶之间的法律关系。奴隶们要受洗为天主教徒并灌输天主教信仰，这一规定源于路易十四本身所坚持的宗教立场，也是他制定《黑人法典》最主要的初衷。奴隶被视为主人的个人财产，因而他们既不能拥有自己的财产，也无法享有其他民事权利。与此同时，法典也要求奴隶主应供养奴隶，在某些情况下要保护自己的奴隶。条文中细致地规定了奴隶们应享受的食物和服装补贴，要求奴隶主必须为其提供医疗服务。禁止酷刑和强迫婚姻。允许奴隶主和奴隶之间通婚，当主人和奴隶结婚后，奴隶和她的孩子就会获得自由。

《黑人法典》的颁布让奴隶们的处境有所好转，但随着启蒙时代的到来，欧洲诸国开始意识到奴隶制的残酷和虚伪。1794年，马克西米安·罗伯斯庇尔上台后，废除了整个法国殖民地范围内的奴隶制。过了不到十年的时间，拿破仑又将其重新恢复。但是《黑人法典》的精神和诸多条款在法属路易斯安那仍然适用，以法令的方式施行。同时，包括阿肯色州和密苏里州在内的美国殖民地也深受法国的影响，在路易斯安那被美国购买后，《黑人法典》也为这些地方奴隶法的制定提供了参考。■

1685年

塞勒姆女巫审判案

威廉·菲普（William Phips，1651—1695）
科顿·马瑟（Cotton Mather，1663—1728）

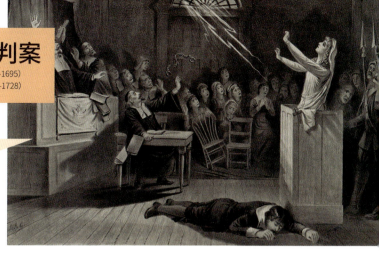

图为约瑟夫·E. 贝克（Joseph E. Baker，1837—1914）于 1892 年绘制的平版印刷画，该画戏剧性地描绘了发生在马萨诸塞州塞勒姆镇一个女巫受审时的场景。

  苏格拉底的审判（前 399 年），圣女贞德的审判（1431 年）

法律并非时时刻刻都在捍卫正义。对塞勒姆女巫的审判就是其中一个极端的反面教材，该案中的法律被群体性的歇斯底里所压倒，最终得出了极度不公正的判决结果。

在马萨诸塞州的塞勒姆镇，有超过 200 人被指控使用巫术，他们被法庭下令进行严刑拷打，被判处漫长的刑期，甚至是处死。这类案件始于 1692 年 1 月，起因是当地一名牧师的女儿开始大发脾气，发出奇怪的尖叫声，同时身体也不断抽搐。经镇上的医生"诊断"，她是受到了巫术的蛊惑。很快，镇上的其他年轻女孩也开始出现类似的症状，并控告某些妇女对她们进行了诅咒。很快，数十名男性和女性被带走问话。

到了 1692 年 5 月，随着恐惧和猜疑逐渐蔓延开来，总督威廉·菲普设立了特别审判法庭（Court of Oyer and Terminer），专门负责与巫术有关的案件。然而，被委以重任的法官中，没有任何一个人接受过专门的法律训练。在第一个案件的审理中，被控者名叫布里吉特·比绍普（Bridget Bishop），是镇上一个爱搬弄是非的老妇人，即使证据不足，她最终也被判为有罪。该案中，牧师科顿·马瑟的一句话就足以证明审理程序是多么的草率，即"本案中被告人使用巫术几乎不用去证明，这对于旁观群众而言都是显而易见遭人唾弃的"。

1692 年秋天，随着案情的不断扩大，人们开始怀疑法庭指控的合法性。当总督的妻子——菲普女士（Lady Phips）也沦为嫌疑人后，总督开始遏制歇斯底里的民众，禁止实施进一步的抓捕，并解散了特别审判法庭。1693 年，他下令赦免所有在押的巫术案嫌疑犯。无论潜在原因为何，对塞勒姆镇这些被视为"异己"的人施加的不公正迫害，反映了在疯狂的舆论指控面前，法律对被控者的保护是多么的苍白无力。1992 年 8 月 5 日，在该事件发生三百年后，塞勒姆镇为巫术受害者纪念馆举行落成典礼，以纪念那些被控告和处刑的人。2001 年，马萨诸塞州议会通过一项与 1692 年巫术审判有关的法令，进一步为受波及的所有受害者恢复名誉。■

1692 年

《许可证法》的失效

约翰内斯·古登堡（Johannes Gutenberg，约 1398—1468）
约翰·洛克（John Locke，1632—1704）

图为所罗门·亚历山大·哈特（Solomon Alexander Hart，1806—1881）所画的英国学者、诗人约翰·密尔顿（John Milton，1608—1674）。1644 年，为抗议 1643 年颁布的（出版）许可令，他撰写了一本名为《论出版自由》（*Areopagitica*）的论辩小册子，最终，《许可证法》（*Licensing Act*）于 1695 年失效。

 星室法庭（约 1350 年），《安妮法令》（1710 年），美国第一部版权法（1790 年），《伯尔尼公约》（1878 年），《版权法》（1976 年），版权的扩张（2001 年）

1695 年

5 世纪中叶，古登堡发明了铅字印刷术，这一发明给欧洲提供了一个新的关注点——控制印刷。1476 年，这项新技术传入英国，威廉·卡克斯顿（William Caxton）在威斯敏斯特创办了一家出版社，但发展十分缓慢。1557 年，玛丽一世（Mary I）给皇家特许出版公司（Stationers' Company）颁发了皇家许可证，赋予其在出版行业的垄断地位。1586 年，玛丽一世的妹妹伊丽莎白一世针对印刷专门颁布了星室法庭法令，严格控制出版业。半个世纪后，查尔斯一世于 1637 年继续针对印刷颁布了第二项星室法庭法令。之后，限制出版的法案和法令一直持续了数年。

1662 年，英国议会颁布了《许可证法》，正式地"防止反政府、叛国和无许可证的书籍与宣传册泛滥成灾，规范印刷和出版物"。该法律以书刊的出版、进口和销售为调整对象，明确列举了禁止出版的范畴，并设立了许可出版的具体要求。只有皇家特许出版公司和两家大学的出版商获得了印刷许可，其他新的印刷商获得出版许可则受到了严格的控制。皇家特许出版公司的这种垄断经营，也为法律的进一步改变提供了契机。

1695 年，当《许可证法》的效力需要更新之际，英国下议院对特许出版集团的垄断感到不满，而出版公司也丝毫不肯让步，这一僵局的出现导致《许可证法》失去了法律效力。在反对该法律继续适用的声音中，属约翰·洛克的意见最具说服力，在向下议院提交的备忘录中，他严厉斥责了特许出版商滥用垄断权。但具有讽刺意味的是，这场争论中从未提及言论或出版自由。对言论自由的发展历史，罗伯特·哈格里夫斯（Robert Hargreaves）在其《第一自由》（*The First Freedom*）一书中写道："出版自由理念早已渗透到整个英国，只不过是歪打正着地消除了商业垄断。"不过，"随着专业审查机构对出版物进行预先审查制度的出现，王权对出版的控制就一去不复返了"。很快，伦敦当地的各类新闻报纸井喷式地增长，其中最有名的要数 1702 年发行的英国第一报——《每日新闻》（*Daily Courant*）。■

037

《安妮法令》
安妮女王（Queen Anne，1665—1714）

图为英国女王安妮。她在任期间，《联合法案》（*Act of Union*）将英格兰和苏格兰统一起来，并以她的名字命名了第一部版权法。

美国第一部版权法（1790 年），《伯尔尼公约》（1878 年），《版权法》（1976 年），版权的扩张（2001 年）

一般来说，创作作品的所有权，也称复制权或著作权，依法属于作者或创造者，但是其可以授权、许可他人使用或将所有权出售。

然而，作者和其他创造者的作品并非从一开始就享受到正式的保护。在古登堡的铅字印刷术和印刷机问世之前，教会的僧侣充当着抄写员的角色，通常是以手抄的方式对文本进行复制。正如前国会图书馆管理员丹尼尔·布尔斯廷（Daniel Boorstin）所言："此时，'作者'的时代并未到来。"商业印刷在英国出现后，女王玛丽一世于 1557 年向一个存在已久的行业公会——皇家特许出版公司颁发了皇室许可证，赋予其垄断出版的权利。同时，认定出版公司中的个体出版商而非出版物的作者对出版物享有版权。

这种状态一直持续到 1710 年，英国议会颁布了第一个保护作者权利的法令，即《安妮法令》（*Statute of Anne*）。该法令正式要求在一定期限内将图书的印制权授予印本的作者或者买主，以鼓励学术研究。这是第一次在法律层面承认作者的权利，重要的是，赋予作者独占作品的复制权，而并非将权利自动归属于出版商或销售商。

然而，这些原始的版权也要受到一定的限制。《安妮法令》通过后来的修订在原有基础上延长了十四年的保护期限，最终保护作者享有二十八年的出版权，同时，对于每部出版物，作者都必须无偿捐献 9 本，赠送给皇家图书馆和包括牛津大学、剑桥大学在内的一些大学图书馆。此外，该法令还规定，在作品出版之前，版权所有者应当在皇家特许出版公司将作品登记注册，以此才能作为向涉嫌违法者追偿的依据。正因为如此，法令中也要求每本出版物都要在书中写明，该书已经由特许出版公司登记注册。

毫不夸张地说，《安妮法令》为后来出现在大不列颠（比将英格兰和苏格兰统一起来的《联合法案》早了三年）、美国和世界其他国家的版权法奠定了基石。■

1710 年

图为詹姆斯·卡特（James Carter）所雕刻的伦敦交易所（London's Exchange Alley），该雕刻以爱德华·马修·沃德（Edward Matthew Ward）的绘画为原型，生动地展示了南海泡沫所带来的投机狂热。

 华尔街监管（1933年），《证券交易法》（1934年），《萨班斯－奥克斯利法案》（2002年），华尔街改革（2010年）

1720年

经济危机的出现并不能单纯怪罪到某一个特定的经济或财政体系头上，但它们最终都可以归咎于人类的贪婪之心。

英格兰以及后来的大不列颠卷入了西班牙王位继承战争（War of the Spanish Succession，1701—1714年），这场战争主要在英国、荷兰共和国与法国之间展开，争夺的焦点在于西班牙的王位继承权和西班牙殖民地上的经济控制权。事实证明，这场战争花销不菲，英国议会需要筹集资金。其中一个办法便是向商人们兜售债务。1711年，一群投资者联合成立了南海公司（South Sea Company），该公司是一个合股公司，股份可以转让，并获得了议会签发的许可证。以承担战争债务为交换条件，南海公司在加勒比地区和南美的西班牙殖民地范围内被授予了贸易独占权。

1713年，当大不列颠从战争中抽身后，南海公司便只能从其贸易垄断中获得极少的利益，因为西班牙仍然保留了对这些殖民地的统治权。直到今天，南海公司是否真的是靠贸易营生这一点仍是存疑的，因为它的迅速壮大，靠的是与持有政府债券的人交换其股票。对于能持有这家当红公司的股权，新股东们都感到喜出望外。

1719年，议会授权南海公司可以通过置换股权的方式承担更多的国债。由于南海公司投机性地大肆吹捧其在南海的贸易机会与成功，该公司的股票迅速增值。南海贸易股权热卖，南海泡沫也因此而产生，并不断扩大。

1720年，议会通过了后来被人们所称作的"泡沫法案"（Bubble Act），要求所有的股份公司都必须持有皇室的许可证，将经济泡沫推向了顶峰。时至今日，历史学家们仍然无法确定，制定这项法案的初衷到底是为了保护粗心的投资者在股票交易中免受欺骗，还是南海公司自己耍手段，想借助立法来妨碍其他"泡沫公司"壮大投资，因为这样就会有更多的钱流向南海的股权贸易。不管怎样，接踵而来的都是泡沫被戳破，南海公司股价大跌，导致了英国金融历史上最严重的市场崩溃之一，并且在很长一段时间内挫伤了投资者的信心。■

约翰·彼得·曾格案

约翰·彼得·曾格（John Peter Zenger, 1697—1746）
威廉·科斯比（William Cosby, 1690—1736）
安德鲁·汉密尔顿（Andrew Hamilton, 约1676—1741）

图为 1733 年，英国殖民者公开烧毁约翰·彼得·曾格所创办的《纽约周报》。

《权利法案》（1791 年），对诽谤的法律认定（1964 年）

纽约总督威廉·科斯比是一个腐败且贪婪的窃者，他控制了纽约当地的唯一一家报纸，防止出现诋毁自己的言论。一名反对党的领导鼓励印刷商约翰·彼得·曾格创办一份新的报纸，以传递他们的愤怒之声。在此情况下，《纽约周报》（Weekly Journal）应运而生，它的第一篇社论就是曝光总督的政治腐败。科斯比决定取缔这份自命不凡的新报纸，并下令将其全部焚毁。接着，他逮捕了曾格，并以诋毁政府为由指控其犯煽动诽谤罪。

按照当时殖民地法律的规定，凡是中伤（政府）的言论，不论内容是否属实，一律视为诽谤，并由一名法官来判定是否具有诽谤性。在该案中，陪审团的义务是确定这些中伤性的言论是否由被告人所出版，对此，曾格从未否认。来自费城的著名律师安德鲁·汉密尔顿出庭为曾格进行辩护。在总结法庭辩论时，汉密尔顿以娴熟的辩护技巧和滔滔不绝的言论，让陪审团成员相信，他们有权决定自由的本质为何。

这个问题的结果……也许会影响每一个居住在……美国领土上的自由民……那便是对自由孜孜不倦的追求……每一个想要追求自由生活而摆脱奴役命运的人，都将会为你们祝福，以你们为尊，只要你们阻挡住专横的权力，同时……奠定一个高尚的基础，以保障……人们享有自由的权利，通过陈述事实真相……来揭发和抵制专制独裁。

尽管困难重重，陪审团最终仍判定曾格无罪，强化了陪审员至高无上的权力 最大限度地改变个人和社会的命运。将曾格无罪释放的 12 名陪审员奠定了言论自由和出版自由的基础，也使得两项自由在五十年后被正式且明确地写入《权利法案》。的确，正如美国开国元勋和制宪者之一的古弗尼尔·莫里斯（Gouverneur Morris）所言，曾格案是"美国自由的萌芽，是使美国发生彻底变革的自由的启明星"。■

1735 年

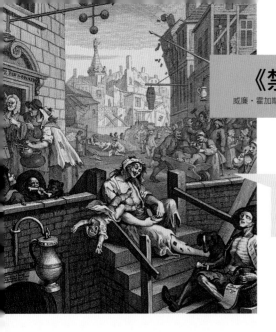

《禁酒法案》

威廉·霍加斯（William Hogarth，1697—1764）

图为威廉·霍加斯的《金酒街》，描绘了18世纪因无限制的售卖金酒而导致的疫病在伦敦城蔓延。

禁酒令（1918年），废除禁酒令（1933年）

金酒（gin）一词是一个英语化词汇，是对荷兰语中杜松子酒（genever）的简称，指的是杜松莓果和烈酒中主要的调味剂。这种清澈的液体在17世纪末引入伦敦，是从欧洲大陆战争中归来的英国士兵们在行李中携带的。它很快便风靡起来，到17世纪80年代时，从荷兰的进口量达到了1000万加仑。随后，为鼓励国内的酒业生产，英国在1689年禁止从国外进口烈酒。这就刺激了国内酿酒企业的发展，金酒开始变得便宜，种类也丰富起来，改变了不列颠民众的饮酒习惯。金酒取代啤酒和麦芽酒，成为人们触手可得的社交乐趣，工人阶级对此尤为热衷。

18世纪20年代，金酒流行的弊端逐渐凸显：伦敦的犯罪率上升，死亡率变高，出生率下降。为了解决这一问题，议会分别于1729年、1733年和1747年颁布了杜松子酒取缔法，即禁酒令（Gin Acts），向贩卖杜松子酒的酒馆征税并收取许可费，但是都以失败而告终。来自制酒行业的压力和"瘾君子们"的纷纷抗议，让每一次的禁酒令都形同虚设，随之而来的便是整个城市更加疯狂地饮酒。英国艺术家威廉·霍加斯在其版画《金酒街》（Gin Lane）中成功地捕捉到了当时的混乱场景，其中就包括一个小酒馆头上悬挂的招牌："一分钱喝个饱／两分钱喝个倒／穷小子来喝酒，一分钱也不要。"

直至1750年，伦敦面临了一场真正的流行病。对此，议会颁布了1751年禁酒法案，与以往不同的是，此次法案成功实现了禁酒。除了税收和许可费用外，酿酒者不能将酒进行零售，而且只能卖给持有许可证的买家，这一措施几乎清除了所有的小酒馆。同时，对于拒不履行者，该法案中首次规定了严厉的刑事处罚，包括鞭打、监禁，甚至是驱逐出境。这些规定成效显著。据估计，18世纪50年代早期，英国国内金酒的消费量为800万加仑，而到1760年时，这一数值急剧下降为不到200万加仑。

历史学家M.多罗西·乔治（M. Dorothy George）将1751年的这部《禁酒法案》视为"伦敦社会历史上的转折点"。对于该法案是否靠一己之力就降低了当时的失业率、犯罪率以及社会动乱，人们尚有争议，但这部法案确实是为数不多的，通过立法禁酒来遏制内乱的成功典例。■

041

搜查令案件

乔治二世（George II，1683—1760）
詹姆斯·奥蒂斯（James Otis，1725—1783）

图为大不列颠即爱尔兰国王乔治二世，
其死亡引发了搜查令案件。该画绘于
约 1750 年。

《大宪章》（1215 年），美国宪法（1787 年），
《权利法案》（1791 年）

在美国宪法第四修正案规定禁止无理由搜查和扣押的三十多年前，英国政府通过搜查令的方式，几乎可以不受限制地对美国民众的私人财产进行搜查。对这类令状的抗议导致了美国革命战争的爆发。

在法印战争，特别是"七年战争北美战场"之后，英国开始聚焦殖民地与其他国家间的商业贸易。为了防止走私，英国启用了搜查令，也就是一种普遍性的搜查许可证。该令状一经签发，便允许海关人员可以完全自由地搜查船只、仓库、商店和住宅。搜查令可以重复使用，只要签发令状的君主活着，它们便一直有效。同时，搜查令中并未载明具体的搜查对象，因而税务人员可以对任何未报关的进口物品进行搜查。

1760 年 10 月，国王乔治二世去世，这为殖民地民众挑战搜查令提供了机会。英国授权马萨诸塞州最高法院对国王死后六个月到期的搜查令进行更新。其中一份符合更新条件的令状为波士顿港的调查员——查尔斯·帕克森（Charles Paxton）所持有。许多商人便聘请了波士顿有名的律师——詹姆斯·奥蒂斯，代表他们反对这些令状的效力。奥蒂斯在法庭的最后辩论整整持续了四小时。他质疑搜查令的效力，认为它们与《大宪章》格格不入，并将这些令状视为"霸权最糟糕的手段，是翻开英文法律书籍后所能找到的，对英国之自由和法律之基本原则最严重的破坏"。

法院在获得英方指示，知晓英国是如何适用搜查令之前，其拒绝作出判决。10 个月后，法院得到了关于搜查令合法性的答复，签发了新的令状。尽管奥蒂斯输了这场官司，但是他的表现赢得了约翰·亚当斯（John Adams）的赞赏。在观察了奥蒂斯的辩论后，亚当斯写道："当时当地，他打响了反对大不列颠恣意专权的第一炮。美国独立就诞生在那个时刻。"

1761 年

图为威廉·布莱克斯通先生的肖像（约 1755 年），该画像被悬挂在伦敦国家肖像馆（London's National Portrait Gallery）。

法学院的改革（1870 年），判例汇编与法律出版（1872 年）

1765 年

尽管威廉·布莱克斯通有着丰富的职业生涯——律师，高校管理人员，牛津大学讲座教授，议会议员，总检察长，英国王座法庭和高等民事法庭法官，但他最具影响力的贡献和久负之盛名则是源于其《英国法释义》一书。

1765—1769 年，牛津的克拉伦登出版社先后出版了这一巨著的四卷本。书中将整个英国的普通法划分为四个组成部分：1. 个体的权利（包括家庭关系、雇主与仆人、父母与子女、监护人与被监护人、婴儿）；2. 物的权利（财产法）；3. 侵害个人的不法行为（侵权行为，包括人身侵害、诽谤、非法拘禁、意外死亡）；4. 公共不法行为（刑法）。这些内容源于布莱克斯通早前在牛津大学开设的讲座课，被评价为"与律师的学习一样，穷尽了文人的用字技巧"，不仅如此，"他的作品还成为牛津生活的一大特色"。对于布莱克斯通，爱尔兰财政法庭的首席法官巴里·耶尔弗顿（Barry Yelverton）认为："他是第一个让法律步入科学殿堂的人。他让法律变得有血有肉，焕发着活力、色彩与生机。在他的拥抱与呵护下，那些冷冰冰的内容开始变得年轻、丰富且迷人。"布莱克斯通最初的目的是撰写一本外行人和法学生都能读懂的专著，《英国法释义》一经问世便迅速取得成功，其地位至今无法撼动。

正如前国会图书馆管理员丹尼尔·布尔斯廷（Daniel Boorstin）所言，"在美国制度史上，除了圣经外，没有一本书能够与之匹敌"。《英国法释义》很快便成为执业律师的必修课，但在布尔斯廷看来，"在美国独立的第一个百年内，《英国法释义》绝不仅仅只是学习法律的一种方法；对于大部分律师而言，它本身就代表着法律的全部"。

《英国法释义》一书在美国法建立的过程中所扮演的非凡角色，贯穿了整个 19 世纪末和 20 世纪初。第二次世界大战后，其于英国再版，以供学生使用。同时，《英国法释义》至今仍然被美国联邦最高法院的判决意见所引用（包括 2013—2014 年）。■

美国宪法

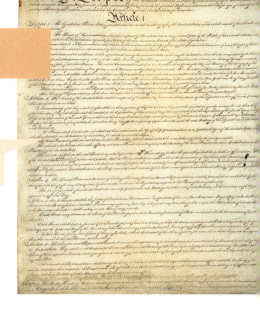

图为记载着美国宪法的四页羊皮纸中的第一页。

↳ 《大宪章》（1215 年），《权利法案》（1791 年），
司法审查权（1803 年）

尽管美国的大多数法律都没有建立在宪法的基础上，但美国本身却是如此。美国独立战争结束后，同年，作为第一批成功独立的殖民地，美国的 13 个州迅速根据《邦联条例》（*Articles of Confederation*）创建了政府管理体制。1777 年，《邦联条例》通过，并于 1781 年被 13 个州中的最后一个州正式批准后生效。事实证明，条例并未建立起一个强大的中央政府。但是，该条例确实为制度的后续发展提供了框架。

为革除《邦联条例》的弊端，亚历山大·汉密尔顿（Alexander Hamilton）和詹姆斯·麦迪逊（James Madison）在 1786 年秋天召集会议，以"寻求政府的组织方式能足以应付国家出现的紧急状况"。尽管这次会议最初的决议是起草《邦联条例》的修正案，但在 13 个州中，来自 12 个州的 55 位代表几乎很快就投入讨论，并最终决定重新起草一部宪法。

1787 年 9 月 17 日，在费城第一次制宪会议召开后的四个月，各州的代表完成了他们的工作，签署了一份有四页羊皮纸，共 4000 个单词的文件。这份在后来很快成为美国宪法的文件，以立法、行政和司法三权分立的方式创造了一个新的政府。这一"伟大的妥协"解决了代表们对于各州席位的争论：在立法院（参议院）中，每个州都可以选出两名议员，并拥有相同的投票权；在下议院（众议院），则要按照每个州的人口数量分配议员名额。尤为重要的一点是，文件中规定了明确的修宪流程，而且还特地将标准定得很高。自 1791 年第一批被统称为《权利法案》的 10 个修正案获得批准以来，美国宪法只经历了另外 17 次修正。

1789 年 3 月 4 日，在获得 13 个州中的 11 个州的批准后，美国宪法正式生效，确立了联邦政府和各州政府同时运作的双轨政治体系。宪法学者理查德·伯恩斯坦（Richard Bernstein）认为，美国宪法的历史"在很多方面看来就是美国这个国家的历史，因为美国的国家特质就在于与其政治选择和政治原则，而这些内容都被美国宪法具化并写入了法典"。■

1787 年

图为霍华德·M. 梅琴鲍姆联邦法院大楼（Howard M. Metzenbaum U.S. Courthouse）东法庭的内景，该法庭位于俄亥俄州克利夫兰市（Cleveland），是《司法条例》生效后成立的其中一个联邦法庭。

 美国宪法（1787 年），《权利法案》（1791 年），司法审查权（1803 年）

1789 年

美国的法律体系建立在习惯法，而非成文法的基础之上，这就意味着，其法律规则源于先前类似案例的判决。在这些可援引的先例背后，是作出裁决的法官和法官进行审判的法庭。但是在美国建国之初，设立联邦法院和任命联邦法官都是必须的。

1787 年，在费城召开制宪会议（Constitutional Convention）期间，各州代表都赞成要建立统一的国家司法机构体系，但在具体的运作方式上各执己见。正如亚历山大·汉密尔顿在《联邦党人文集》（*The Federalist Papers*）中所提到的那样，"若没有法庭的解释，没有法庭来限定其真正的含义，保障其施行，那么法律将成为一纸空文"。美国宪法在第 3 条中规定了联邦法院系统的大致框架，但具体的设置事宜则授权给新的国会："合众国的司法权属于一个最高法院以及由国会随时下令设立的低级法院。"法院的司法权适用于"宪法，合众国法律之下发生的……一切案件"。

国会很快便有所作为。新的立法院给出了第一个提案，即在合众国建立联邦法院的法案，今天被人们称作 1789 年《司法条例》（*Judiciary Act*）。该条例经华盛顿总统签署生效，其建立的三级联邦法院系统一直沿用至今（结构上存在细微差别）：联邦最高法院、联邦巡回法院、联邦地区法院。

联邦地区法院的司法管辖权以州为单位，直到今天仍是如此。最初的三个联邦巡回法院管辖权更广，其并未任命固定的法官人选，而是由一名地区法院的法官和两名联邦最高法院的法官外出到各审判辖区内进行"巡回审判"（riding circuit）。美国公民和各州之间涉及的超过 500 美元的纠纷也归巡回法院管辖。《司法条例》确定了联邦最高法院的违宪审查权，并且对于每个州的州最高法院审理的、涉及联邦法律或宪法问题的案件，联邦最高法院有权进行上诉审。■

《人权宣言》

本杰明·富兰克林（Benjamin Franklin, 1706—1790）
托马斯·杰弗逊（Thomas Jefferson, 1743—1826）
吉尔伯特·杜·莫蒂勒（Gilbert du Motier, 1757—1834）

图为《人权和公民权利宣言》，这 17 个条款的规定在界定公民之普遍、平等的权利方面发挥着重要作用。

 美国宪法（1787 年），《权利法案》（1791 年），《世界人权宣言》（1948 年）

1789 年 8 月，法国制宪会议（French National Assembly）通过了《人权和公民权利宣言》（*Declaration of the Rights of Man and of the Citizen*），该宣言后来成为法国新宪法的序言，并界定了公民权利和国家之间的关系。其中的第一条，也是最重要的一条规定："人生来就是并始终是自由的，在权利方面一律平等"，这一核心原则鼓励了法国大革命的蓬勃发展。其他条款中则规定了表达自由、宗教自由、法律面前一律平等、判决前推定为无罪和公民财产权"神圣不可侵犯"等内容。

与此同时，在大西洋彼岸，为了将公民自由纳入美国新生宪法的保护范围，联邦党人也正在起草前十条宪法修正案，也就是后来的美国 1791 年《权利法案》。《人权宣言》和《权利法案》不论是在内容还是在用语上都存在着惊人的相似。对于两份文件究竟是谁影响了谁，研究者们众说纷纭，但可以确定的一点是，二者都受到了诸如卢梭、孟德斯鸠、斯宾诺莎、洛克和伏尔泰等众多启蒙运动思想家的影响。拉法耶特侯爵在起草《人权宣言》时曾专门听取过托马斯·杰弗逊的意见。

这两份法律文件都能在美国殖民地上早已存在的许多州的宪法中，也就是各州自身的人权法案中，找到共同的内容来源。1776—1785 年，本杰明·富兰克林作为外交官出使到法国，把这些宪法规定也带到了法国，在那里，它们被翻译成法语并广泛流传。

1989 年，在《人权宣言》和《权利法案》，这两份被参议员克莱本·佩尔（Claiborne Pell）认为分别标志着"法国大革命开端和美国革命战争闭幕"法律文件 200 周年的一场纪念仪式上，历史学家克拉内·布林顿（Crane Brinton）认为，《人权宣言》不朽的重要性就在于"激发了 19 世纪欧洲绝大多数国家制定权利法案"。它不仅是普鲁士和魏玛共和国制定权利法案的蓝本，也为苏维埃的《工人和被剥削人民权利宣言》（*Declaration of the Rights of Workers and Exploited Peoples*）提供了参考，同时，和美国的《权利法案》一样，它至今仍在法兰西共和国的土地上发挥着不竭的影响力。■

1789 年

THE

PHILADELPHIA

SPELLING BOOK.

ARRANGED UPON A PLAN ENTIRELY NEW,

ADAPTED TO THE CAPACITIES OF CHILDREN,

AND DESIGNED

AS AN IMMEDIATE IMPROVEMENT IN

SPELLING AND READING

THE

ENGLISH LANGUAGE.

The whole being recommended by several emi-
nent Teachers, as the most useful performance
to expedite the instruction of youth.

BY JOHN BARRY, Master of the Free
School of the Protestant Episcopal Church.

PHILADELPHIA:
PRINTED BY JOSEPH JAMES
M,DCC,XC.

美国的第一部版权法

乔治·华盛顿（George Washington，1732—1799）

图为《费城单词拼写课本》，由来自费城的约翰·巴瑞（John Barry）所著，在美国第一部版权法生效九天后，该书成为美国第一本获得版权的著作。

《安妮法令》（1710 年），《伯尔尼公约》（1878 年），《版权法》（1976 年），版权的扩张（2001 年）

1790 年

在美国，关于版权的规定直接源于宪法本身，其谱系可以追溯到 1710 年英国的《安妮法令》。

18 世纪下半叶，少数殖民地以《安妮法令》为样本制定了版权法。在 1787 年制宪会议召开期间，参会代表们考虑了一些强调版权重要性的提案，并庄严地将其写入了美国宪法第 1 条第 8 节第 8 款："为促进科学和实用技术的进步，国会有权……对作家和发明家的著作和发明，在一定期限内给予专利权的保障。"

实现对版权的法定保护是华盛顿总统施政的重中之重。1790 年 1 月，在向美国第一届国会第二次会议提交的国情咨文中，华盛顿就曾提到过"没有什么……能比科学和文学的进步更值得你们大力促进的了"。对于总统的这一观点，众议院和参议院的代表们反响热烈，纷纷表示支持，认为"科技和文学的进步将有助于保障自由政府之发展"，并且承诺不会"忽视那些值得我们关注的对象"。

随之而来的便是美国第一部版权法的诞生：《鼓励知识创作法》（*Act for the Encouragement of Learning*）。其同《安妮法令》一样，都赋予了作者独占其作品"复制、再复制、出版或销售"的权利，且权利保障期限最长为二十八年。1790 年 5 月 31 日，经华盛顿总统签署后生效。九天后，美国第一本拥有版权的作品——约翰·巴瑞所著《费城单词拼写课本》（*The Philadelphia Spelling Book*），按照法律的要求，在宾夕法尼亚州美国地区法院的书记员办公室完成了版权注册。■

《权利法案》

托马斯·杰弗逊（Thomas Jefferson, 1743—1826）
詹姆斯·麦迪逊（James Madison, 1751—1836）

图为《权利法案》原文，现陈列于华盛顿特区国家档案和记录管理局大楼的自由宪章圆形大厅。

《大宪章》（1215 年），美国宪法（1787 年），
《平等权利修正案》（1972 年）

1791 年

美国宪法对政府的组织和结构进行了充分的规定，但却缺乏与个体有关的内容，对个人的自由或平等鲜有提及。事实上，宪法只是在分配各州参议院数量时，出现过"平等"（equal）一词。

权利法案的缺席成为当时制宪会议的代表们所面临的最大的一个绊脚石。当时，宪法的制定和修改过程中对许多关键性问题达成了妥协，其中之一便是个人的权利和自由要获得明确保护。联邦党人认为，没有必要将权利法案写入宪法，因为他们所要建立的政府是一个权力受限的政府，其原本就没有立场去侵害公民的权利。同时，在他们看来，在宪法中列明权利保障条款完全是多余的，因为现有各州的州立法中已经规定了相关的内容。随后出使到法国的托马斯·杰弗逊对美国宪法中权利法案的缺位感到惊愕不已，因为对个人权利的保障能"羁绊住作恶的手脚，只有不诚实的政府才会拒绝规定这些权利"。

在首届国会召开期间，詹姆斯·麦迪逊以弗吉尼亚州宪法中的权利法案为蓝本，起草新宪法中的权利法案，前者的内容多摘自《大宪章》和 1689 年英国《权利法案》[1688 年光荣革命的成果，通过该法案，英国议会取代了詹姆斯二世（James Ⅱ），以支持其女儿玛丽二世（Mary Ⅱ）和她的丈夫威廉三世（William Ⅲ）]。各州很快就正式批准了麦迪逊起草的十个修正案。这十个修正案所涉及的是常常被人们称作"流行性宪法"或是日常生活中必定会关注和交流的内容。例如，言论和宗教自由（修正案一）；枪支控制和携带武器的自由（修正案二）；免受非法搜查与扣押（修正案四）；正当法律程序（修正案五）；刑事案件中获得律师帮助的权利（修正案六）；获得陪审团审判的权利（修正案七）；不得施加残酷和非常的惩罚以及死刑（修正案八）。

联邦最高法院路易斯·F. 鲍威尔（Lewis F. Powell）大法官将《权利法案》评价为"西方文明中最伟大的文件之一"，其内容"涉及甚广，为权利提供前瞻性的保护"，这不仅成为"美国式自由的象征，同时也是达到和保障自由的有力武器"。■

《铸币法案》

亚历山大·汉密尔顿（Alexander Hamilton，约 1755—1804）
乔治·华盛顿（George Washington，1732—1799）

图为 1792 年《铸币法案》授权铸造的半鹰金币。它是美国铸造的第一枚金币，面值为 5 美元，在 1795—1929 年流通。

 三级累进税率（个人所得税）（1798 年），国会有权征收所得税（1909 年），《联邦储备法》（1913 年）

1792 年

你在自动贩卖机上使用的硬币，投进停车计时器的硬币，或者是扔进罗马许愿池中的硬币，统统都是因 1792 年《铸币法案》（Coinage Act）才产生的。

在英国本土，硬币近两千年来一直是最主要的货币，但在早期的美国殖民地上，人们并没有自己的货币或是可以锻造货币的金属材料，而是依靠外国货币或者以物易物的方式进行交易。例如，在殖民地东北部的六个州，人们用贝壳珠子充当货币，而在南方则是用烟草。1777 年的《邦联条例》虽然保留了国会确定货币单位的权力，但是将铸造货币的权力给了各州。十年后，美国宪法授予国会独占货币的铸造权。

1789 年，在新政府组建并就职后，华盛顿总统任命亚历山大·汉密尔顿为财政部长。1791 年初，汉密尔顿向国会提出了建造铸币厂和国家货币体系的方案，建议用各州已经广泛使用的美元作为基本货币单位。国会采纳了汉密尔顿的大多数意见，并由华盛顿总统于 1792 年 4 月 2 日签署相关决议后，通过了美国第一部铸币法案。

该法案规定，"美国的货币计量单位为美元、美角、美分或美文"，以金、银和铜为铸造材料。最初，立法院提议所有的硬币都要以华盛顿总统的肖像为正面图案，但众议院和华盛顿本人都认为，这样做太容易让人联想起印有君主头像的英国硬币。后来，国会便选择硬币的一面为自由的象征图像，另一面则是美国国玺上已经雕刻的鹰图像。至今流通的 25 美分、50 美分和 1 美元硬币的一面仍然是鹰图案，但在 1946 年，10 美分硬币的另一面则由象征自由的图像换成了罗斯福总统的头像，以纪念他的功绩。■

三级累进税率（个人所得税）

小威廉·皮特（William Pitt the Younger，1759—1806）

图为 1806 年绘制的英国首相小威廉·皮特的肖像。他于 1798 年提出立法建议，要求对英国公民"所有主要的收入"征税，由此诞生了历史上第一部个人所得税法。

国会有权征收所得税（1909 年），《联邦储备法》(1913 年)

联邦最高法院大法官奥利弗·温代尔·霍尔姆斯（Oliver Wendell Holmes）曾说过："税收是文明社会的产物。"但对于社会应当如何征税，即以何种比例征收多少，往往带来了巨大的挑战。

在货币出现以前，税收通常是以劳动、谷物、牛或者诸如此类的方式支付的。后来，土地评估费（财产税的先驱）、通行费以及对进出口货物征收的关税成为了一个国家或其统治者财政收入的主要来源。直到 1798 年，对收入进行征税才开始走入政府的视野。

在 18 世纪的大多数时期，大不列颠的财政收入主要是靠对支出进行征税。与今天的消费税相类似，那时英国的税收体系会对民众所拥有的被法学家贝恩哈德·格罗斯菲尔德（Bernhard Grossfeld）和詹姆斯·布莱斯（James Bryce）称为"看得见的财富"进行评估，包括"马车、仆人、马、狗、店员、护卫、银器或窗户"。到了 18 世纪末时，与拿破仑·波拿马的军队交战，耗尽了英国的财富。对此，首相小威廉·皮特提出了 1798 年《援助和捐税法案》（*Aid and Contribution Act*）。该法案后来被人们称作三级征税法案，规定纳税人要按照上一年度被征收的消费税数额的三倍交税。

三级征税法案很快被皮特的进一步建议所取代，即"对所有主要的收入部分都应当征收一般性税款"。1799 年 1 月，英国诞生了世界上第一部个人所得税法，要求对年收入 60 英镑以上的人按照累进税率征税，对于年收入 200 英镑以上的人，交税比率从不到 1% 一直增加到 10%。不出所料，皮特提出的这一征收建议收效甚微。人们将其称为"一个可怕的提议"，是"豪取抢夺"。格罗斯菲尔德和布莱斯曾写道，"一开始……公众对这种征税方式根本就不屑一顾、充满质疑"。

虽然皮特的征税方案在 1802 年被废除，但是对个人收入进行征税已经是木已成舟之事。第二年，英国议会颁布了一部新的所得税法，为英国未来的税收政策奠定了基础，也为后来德国和美国个人所得税法的制定提供了参考。■

1798 年

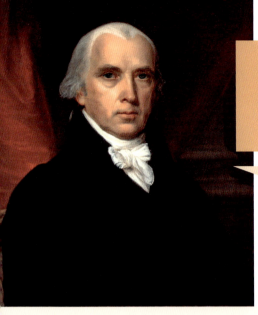

司法审查权

约翰·亚当斯（John Adams，1735—1826）
威廉·马伯里（William Marbury，1762—1835）
托马斯·杰弗逊（Thomas Jefferson，1743—1826）
詹姆斯·麦迪逊（James Madison，1751—1836）
约翰·马歇尔（John Marshall，1755—1835）

图为约翰·范德林（John Vanderlyn）于1816年绘制的詹姆斯·麦迪逊肖像。他是杰弗逊总统的国务卿，也是第四任美国总统。

美国宪法（1787年），《司法条例》（1789年），联邦最高法院的权威（1821年）

1803 年

马伯里诉麦迪逊案至今仍然是美国联邦最高法院曾作出的最重要的判决之一。在这个案件中，联邦最高法院确立了自身对国会行为享有明确的司法审查权——至少有权决定国会的立法行为是否违宪。

1800年，总统约翰·亚当斯在与托马斯·杰弗逊的竞争中输掉了总统大选，在自己的任期正式结束之前，他急于在法院的法官中安插联邦党人，突击任命了部分治安法官，其中就包括威廉·马伯里。在亚当斯即将卸任总统的最后一晚，参议院匆忙地批准了这些委任状，以便亚当斯能在最后的期限内签署并送出，正因为如此，这批法官后来被人们挖苦为"午夜法官"。但是马伯里和其他三名人员的委任状却被漏掉了，没有及时送出，新上任的杰弗逊总统便拒绝了对他们的任命。

马伯里随即起诉，要求联邦最高法院向总统杰弗逊下发强制执行令，令其交出委任状。这是一种法庭指令政府公职人员履行或不履行特定行为的一种令状。在宣布法庭一致通过的判决意见时，首席大法官马歇尔首先指出，马伯里有权得到他所要求的委任状，他的委任状所有程序合法。委任状一经总统签署，马伯里便成为一名法官；否则的话，便意味着总统的权力胜过被宪法赋予了独立地位的法官。同时马歇尔也认为，马伯里有权寻求法律救济。唯一存在的问题便是：这一救济是否可以直接诉至联邦最高法院。按照1789年《司法条例》的规定，诉状是可以直接递到联邦最高法院的，但是马歇尔却宣布这一规定违宪。理由在于：按照宪法的规定，联邦最高法院只对涉及使节，以及州为一方当事人的案件拥有管辖权，对于宪法赋予联邦最高法院的这种原始管辖权，国会不可任意扩大。即马伯里应先去联邦地方法院进行起诉，再视案件最后的情况，若最后逐级上诉到了联邦最高法院，联邦最高法院才有权审理此案。

这一判决确立了联邦最高法院对于国会立法的合宪性享有司法审查的权力，使之成为一项不可撼动的宪法性原则。■

《拿破仑法典》

拿破仑·波拿马（Napoléon Bonaparte，1769—1821）

图为拿破仑翻越阿尔卑斯山，是画家雅克－路易·大卫（Jacques-Louis David）1801 年所作。

 《查士丁尼法典》（529 年），《人权宣言》（1789 年）

1804 年

对于《拿破仑法典》，无论我们怎么评估它的重大意义都不为过。它代表了拿破仑本人传于后世的最伟大的遗产，同时，对几乎整个西欧以及美国中部与南部大部分地区法典的制定，都产生了深远的影响。

在法国大革命之前，法国的立法可谓是东拼西凑、杂乱无章。法国南部至少从 16 世纪开始，便依照罗马法来规范民众的日常生活，而北部则保留了法兰克的残余历史，依赖传统的、受日耳曼法影响的习惯法作为人们的行为准则。教会法仍然是调整婚姻与家庭关系的主流，同时，各地的风俗和封建法令也在发挥着他们相应的影响。两百多年来，法国人一直在苦苦寻求将混乱的法律进行法典化，但都无疾而终。

1799 年，拿破仑夺得政权后，他意识到编纂法典的重要性，抛开政治立场和其他因素，果断任命了有能力之人组成法典编纂委员会。他要求法典的起草要"迅速且有效"，因此初稿只用了三个月时间便完成了。随后，法典的草案送至各法院征求意见。在草案交给法国枢密院进行讨论的过程中，拿破仑自己也参与了对草案的修改，对此，一位评论家将他的贡献评价为"总是闪耀着天才的光辉"。经过立法讨论后，法国立法机关批准了该草案，并于 1804 年 3 月 21 日正式颁布了法律。

《拿破仑法典》的核心在于平等和公正理念。它废除了封建统治下的长子继承制、贵族生而高人一等和阶级特权；教会不再插手民事案件的处理；确立个人自由和私人财产神圣不可侵犯为基本原则。这部法典很快便因其清晰、简洁和明了而受到世人敬仰，它奠定了现代法国法的基础。对于其影响力和持久的生命力，一个很好的例证便是，在法典生效的前一年，拿破仑将路易斯安那州卖给了美国，但是法典中的部分条款今天仍然在该州发挥着法律效力。

在生命中的最后一年，拿破仑被流放于南大西洋的圣赫勒拿岛（St. Helena）。在那里，他回忆道："我一生真正的荣耀并不是赢得了四十场战争，滑铁卢一战抹掉了所有的胜利。真正不能从记忆中被擦去，并将永世长存的，是我的民法典。"

占有的优先性

皮尔森诉波斯特案（*Pierson v. Post*，1805）
波波夫诉小林案（*Popov v. Hayashi*，2002）

图为英国画家约翰·伍顿（John Wootton）的画作《猎狐》（*A Fox Hunt*，约 1735 年）。

公共目的和土地征收（2005 年）

1805 年

哲学家约翰·洛克在他 1690 年所著的《政府论（下篇）》（*Second Treatise of Civil Government*）中曾写道："因此，人们团结在一起组成国家，并将自身置于政府统治之下，最伟大且首要的目的便是要保护自己的财产。"但是，直到一百多年后，财产法才被法院以判决的方式划定了相关界限。

1800 年夏天，纽约南安普敦城（Southampton），居民洛多威克·波斯特（Ludowick Post）正在猎狐。他声称，当他沿着海边正要追上狐狸时，另一个南安普敦人杰西·皮尔森（Jesse Pierson）杀死了这只狐狸，并将其带走。而皮尔森则坚持：他当时只是看见一只狐狸从沙滩跑到近处，随即便射杀了它。两人在陈述中提到的不同地点，对案件而言至关重要。波斯特认为，沙滩是"野外的、无人居住的且不为他人所有的地方"，因此他有权射杀并拥有这只狐狸。而在皮尔斯的陈述中，他是在自己和其他农户共有的土地上将狐狸射杀的。

一审法院作出了对波斯特有利的判决，但是上诉法院推翻了一审判决。二审法院采纳了波斯特对案件情况的描述，即狐狸是在无人居住且没有所有权人的地方被杀死的。但同时，"为了维护社会的和平、稳定和秩序"，二审法院也宣布了一条明线规则，即所有权要以占有为条件，"仅仅只是追逐，不足以让波斯特享有对狐狸的所有权"。实际上，二审法院是对皮尔森的主张进行了一种变体，即当占有发生时，最终的实际占有是最重要的。由此阐释了一项普遍性的规则：首先占有财产之人可以推定为享有先占权。

但是，对于何为占有，又问题丛生：它要求对物必须进行完全的支配和控制？还是说，只要是意图进行控制，同时也进行了重要的、积极的努力去建立这种控制，也可以视为占有？对此，加利福尼亚州高等法院在 2002 年波波夫诉小林案的判决书中，曾进行过精彩的论述。该案中，两个棒球迷都主张自己对全垒打王贝瑞·邦兹（Barry Bonds）带有星号标记、创纪录的本垒打棒球享有所有权，其中一个人先被球击中并抓住了球，但蜂拥而至的人群却将他抓球的巨型手套挤压在地，使得另一个球迷最终捡到了球。最终法院作出了判决：那是一个所罗门王室的宣判，把邦兹球卖掉后平分。■

联邦法律的权威性

麦卡洛克诉马里兰州案（*McCulloch v. Maryland*）
约翰·马歇尔（John Marshall，1755—1835）

图为首席大法官约翰·马歇尔主持下的，旧的美国联邦最高法院会议室。图中展示的是 1800 年该建筑的北部场景。

 司法审查权（1803 年），国会对商业的管理权（1824 年），1964 年《民权法案》（1964 年），《选举权法》（1965 年）

1816 年，国会依法设立了美利坚第二国家银行。由于巴尔的摩分行的职员在未经充分安全审查的情况下，向自身发放了数量庞大的贷款，导致投资者们损失了数百万美元。面对这种情况和银行其他的不法行为，马里兰州通过立法专门对未经许可而在该州设立的银行进行征税。

1818 年 2 月，马里兰州成功地起诉了拒绝交税的银行出纳员詹姆斯·W. 麦卡洛克（James W. McCulloch）。随后，麦卡洛克以州法违宪为由将案件上诉到了联邦最高法院，在首席大法官约翰·马歇尔的主持下，美国联邦最高法院的法官达成全体一致意见，推翻了马里兰州法院对麦卡洛克作出的不利判决，得出了联邦最高法院历史上具有里程碑意义的裁决，并确立起两个基本原则。

第一，判决书中明确，美国宪法虽并未明示授权国会享有设立国家银行或分支机构的权力，但这并不表明国会就不享有该项权力。首席大法官马歇尔将这项权力的来源定位在宪法第一条中关于"必要和适当"（necessary-and-proper）的规定，即除了宪法中明确列举的权力外，国会有权制定"为行使上述各项权力所必要和适当的一切法律"。唯一的限制在于：在与明确列举无关的领域，国会不能援引此种默示授权进行相关的立法。

第二，联邦最高法院否认各州享有向诸如第二国家银行的联邦机构进行征税的权力。首席大法官马歇尔常挂在嘴边的一句话便是，"征税权是具有摧毁力的权力"。如果马里兰州的立法者有权"向代表政府行使权力的一个机构征税"的话，那么"他们就可能会向其他任何一个或者每一个这样的分支机构征税……这将对联邦政府造成毁灭性的打击。此种做法完全违背了美国人民的意愿。他们并不打算依赖于各州来建立起自己的政府"。

法制史学者麦斯威尔·布卢姆菲尔德（Maxwell Bloomfield）认为，麦卡洛克诉马里兰州一案"对后来重新界定国家权力和论证现代福利国家出现的合理性问题上，发挥着至关重要的作用"。他还指出，后人援引该案的判决"来支持（罗斯福）新政中实施的监管秩序"，同时，也用于维持"确认 1965 年《选举权法》（*Voting Rights Act*）和 1964 年《民权法案》中的公共设施条款为有效的决定"。■

1819 年

联邦法院的权威地位

柯恩斯诉弗吉尼亚州案（Cohens v. Virginia）
约翰·马歇尔（John Marshall，1755—1835）

图为首席大法官约翰·马歇尔的肖像，
由阿隆佐·查佩尔（Alonzo Chappel）
在 1862 年的雕刻中所绘。他是美国司
法史上最重要的人物之一。

 司法审查权（1803 年），联邦法律的权威性（1819 年），
国会对商业的管理权（1824 年）

1821 年

在一个允许联邦政府和州政府的统治并存的联邦制政治体系中，究竟哪一个序列在处理特定的政治和法律问题时更具有权威性，往往众说纷纭。美国联邦最高法院曾在麦卡洛克诉马里兰州案中，第一次对该问题下了定论。但是，一些州仍然拒绝接受麦克洛克案的判决，认为这与州所享有的权力背道而驰。两年后，联邦最高法院又对类似问题进行裁决：当宪法、联邦法律以及联邦政府的权力产生冲突、引发争端时，谁有资格进行最终决断？

国会授权哥伦比亚地区可以销售国家大彩票后，门德斯兄弟（brothers Mendes）和菲利普·柯恩（Philip Cohen）便打算在他们自己的家乡弗吉尼亚州也销售这种彩票。尽管他们认为自己不能因为销售联邦法律所允许的彩票而被起诉，柯恩斯最终还是被判定违反了弗吉尼亚州关于禁止销售州外彩票的法律规定。他们将该案上诉到联邦最高法院，让首席大法官马歇尔和持有一致意见的法庭有机会重申和扩展联邦至上原则。

对于弗吉尼亚州的主张，即本案涉及的当事人一方为一个州，另一方为该州的公民，因而联邦最高法院并不享有管辖权，马歇尔予以否认。同时，马歇尔也驳回了弗吉尼亚州提出的，其按照宪法第十一修正案的规定，并不属于"针对合众国一州提起的诉讼"，因而享有司法管辖豁免权的观点。历史学家理查德·埃利斯（Richard Ellis）将马歇尔的判决称作是"特别雄辩地重申和阐释了宪政式国家主义的基本原则"。在马歇尔看来，"宪法用非常清晰且不易混淆的方式，划定了联邦政府和各州政府之间的明确界限。与组成联邦的各州政府相比，联邦政府虽然具有局限性，但是其权威性却高于各州政府"。

虽然这一判决对巩固联邦制和司法审查权意义重大，但并不代表原告柯恩斯就赢了这场官司。联邦最高法院在判决意见中认可了弗吉尼亚州对该案的裁决，因为国会在授权发行国家大彩票时，并不是想真正在全国范围内发行这种彩票，而只是允许在特定地区进行销售。据此，弗吉尼亚州根据本州法律所作出的判决并不违反联邦法律的规定。■

国会对商业的管理权

吉本斯诉奥格登案（*Gibbons v. Ogden*）
托马斯·吉本斯（Thomas Gibbons，1757—1826）
亚伦·奥格登（Aaron Ogden，1756—1839）
约翰·马歇尔（John Marshall，1755—1835）

图为丹尼尔·韦伯斯特（Daniel Webster）的照片，摄于约 1851 年。他是托马斯·吉本斯在美国联邦最高法院审理本案时的代理律师。

 美国宪法（1787 年），司法审查权（1803 年），《州际贸易法》（1887 年）

1824 年

1787 年夏天，在费城参加制宪会议的各州代表遇到了一艘沿着特拉华河运行的新汽船。但是谁能料想，在 25 年后，另一艘汽船将会与那个夏季费城会议的结果产生交集。

美国宪法第 1 条第 8 款中规定，"国会有权……管理合众国与外国的，以及各州之间的贸易"。这一商业条款起源于殖民地开拓者在《邦联条例》的管理下所获取的经验。亚历山大·汉密尔顿曾在《联邦党人文集》第 22 篇中写道，"敌意与不和"都是因为"某些州制定了干涉性和不友善的规定"，他相信宪法中的这一商业条款能够消除"障碍以实现标准的统一"。

1808 年，纽约立法机关向罗伯特·利文斯顿（Robert Livingston）和罗伯特·富尔顿（Robert Fulton）颁发了特许状，允许其在纽约州水域垄断"以火或蒸汽为动力的船只运输"。1817 年，亚伦·奥格登向富尔顿和利文斯顿购买了部分权限，与托马斯·吉本斯一起，在纽约和新泽西州的伊丽莎白城之间开通了摆渡业务。吉本斯之前已经从国会那里获得了联邦许可证，根据 1793 年的法律规定，他还可以运营其他类型的船只。奥格登便想借助自己已经购买的特许权限，禁止吉本斯将其他类型的船只驶入纽约州水域。

1824 年，这个案子打到了联邦最高法院，首席大法官马歇尔对宪法中的商业条款进行了扩大解读。他认为，只要涉及任何一种商业流通，国会就有权"管理各州之间的商业往来"，这也包括航运。在论证国会对商业的全权管理权时，马歇尔引用了宪法的权威性条款，即国会颁布的所有法律"超越了各州的司法管辖界限"，以此得出结论：纽约州向奥格登颁发的特许营业执照与吉本斯依据联邦法律而获得的特许权相冲突，前者因违宪无效。这一判决标志着联邦制进入新时代，为国家管理全国商业事务奠定了基础。■

管理原住民

约翰·马歇尔（John Marshall，1755—1835）
詹姆斯·门罗（James Monroe，1758—1831）

图为梅纳·狄克森（Maynard Dixon）所绘壁画《印第安人与士兵》（*Indian & Soldier*，1939年），该画现装饰于华盛顿特区内务部印第安事务管理局的一面墙上。

 殖民主义与战后独立（1947年），支离破碎的条约之路（1972年）

1824年

美国革命后，国会通过立法授权新的联邦政府独占对本国土地的购买权。1823年，美国联邦最高法院在约翰逊诉迈金托什案（Johnson v. M'Intosh）中，对原始土地的征用作出了影响深远的判决。在该案中，首席大法官约翰·马歇尔采纳了长久以来为欧洲大陆所尊崇的原则——对于新大陆而言，只有发现者才享有所有权。也就是说，美国本土的原住民对于欧洲人发现的新大陆并没有所有权，他们只享有使用的权利。

按照美国宪法的规定，美国总统在参议院的提案和同意下，有权管理合众国与"印第安部落"的贸易。由此签署的各项条约在合众国领土上具有至高无上的权威性，其效力胜于任何与此相冲突的州立法或是宪法条文。同时，按照美国联邦最高法院一直以来的观点，对这些条约进行字面解读时必须坚持有利于美国原住民的立场。尽管被赋予了此种特权，但这些条约在施行过程中并非一直是为了原住民考虑，他们所拥有的权利也没有得到充分的尊重。

到了19世纪20年代，美国人口迅速增长，对土地的需求也越来越多。在1830年《（印第安人）迁移法案》（Removal Act）中，国会授予了总统巨大的权威和自由裁量权。安德鲁·杰克逊（Andrew Jackson）总统充分利用这一权力，让密西西比河东岸几乎所有的印第安部落都"自愿"迁移到河流西岸的领地上去。负责迁移工作的是印第安事务管理办公室，该机构是詹姆斯·门罗总统在1824年设立的，当时隶属于战争部。这一强制性的迁移导致了数千人的死亡。后世将其称为臭名昭著的"泪水之路"（Trail of Tears），在1831年到1838年这七年的时间中，切罗基人、塞米诺尔人和南部其他三个部落的原住民都迁移到了现俄克拉何马州的新印第安领地上。1834年，印第安事务管理办公室成为一个专门事务局，到了1849年，当东部几乎已经没有原住民的踪影后，其便由内务部接管，并保留至今。

原始所有权主义和发现即拥有产权原则至今仍然合法有效，它们对包括澳大利亚、加拿大和新西兰等在内的其他前英属殖民地的立法产生了深远影响。1992年，澳大利亚最高法院还引用约翰逊诉迈金托什案的判决，对玛伯诉昆士兰州案（Mabo v. Queensland）中澳洲原住民的土地所有权作出了历史性的裁决。■

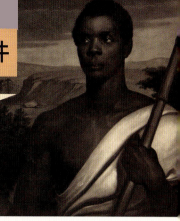

"阿姆斯达"号案件

图为"阿姆斯达"号上暴动
的领袖——辛盖（Cinqué）。

德雷德·斯科特判决（1857年），《解放黑奴宣言》（1863年），
废除奴隶制（1865年），巴西奴隶解放法（1888年）

在19世纪的美国，奴隶制并不罕见，这一万恶的制度不仅分化了美利坚民众，也无情地将这个国家推向了内战。著名的"阿姆斯达"号案件（*The Amistad*）将奴隶制在国际层面的法律影响表现得淋漓尽致。

1839年7月，一艘西班牙的双桅船"阿姆斯达"号离开哈瓦那驶向另一个古巴港口，船上载着西班牙人何塞·路易兹（José Ruiz）和佩德罗·蒙岱（Pedro Montez），以及他们新近购买的53名黑人奴隶。在航行的四天时间里，船上的黑奴们发起反抗，杀死了船长和一名船员，并指令路易兹和蒙岱调转航向，带他们返回自己的家乡塞拉利昂（Sierra Leone）。但这两个西班牙人耍了小计谋，将船开向北边。随后，美国华盛顿海岸警卫队缉私船局（后来的海防队）在纽约长岛东北角的蒙托克（Montauk）发现了"阿姆斯达"号。由于在当时的纽约，蓄奴已经被认定为非法行为，因此救援队便控制了"阿姆斯达"号，并将其带入康涅狄格州的新伦敦港口城（New London），在那里，奴隶制依然合法存在。同时，救援队也试图以抢劫和谋杀的罪名起诉船上的黑人。

这次抓捕行动很快就引起了来自各方相互冲突的回应。海岸警卫队的指挥官认为，按惯例，"阿姆斯达"号和船上所有的货物都应当作为他们海上救援的奖励。联邦政府的则主张维护西班牙伊丽莎白女王政府通过外交途径提出的要求。路易兹和蒙岱则极力要求归还他们所购买的奴隶。

但是，一个由废奴主义者组成的委员会则站出来捍卫奴隶们的权利，他们坚决主张：对于这些在西班牙领土上所谓的犯罪行为，美国法院并没有司法管辖权。同时，在美国联邦最高法院审理本案时，他们聘请了前总统约翰·昆西·亚当斯（John Quincy Adams）为这些黑人辩护。联邦最高法院最终以7票同意、1票反对作出了判决，在判决结论部分，法庭认为："阿姆斯达"号上的黑人们是被非法奴役的，将他们带往古巴的行为本身就违反了关于禁止进口奴隶的条约规定。既然他们不是奴隶，路易兹和蒙岱就无权将这些人视为私人财产而要求返还。此外，船上的奴隶们是出于自卫目的才杀死了船长、船员并操纵船只航行，因此，他们的行为并不构成叛乱与谋杀。

虽然"阿姆斯达"号上的奴隶们最终被无罪释放，但是法院并未在判决中正式地否认当时的奴隶制度。不过，就像法学家道格拉斯·林德（Douglas Linder）所评价的那样，"阿姆斯达"号案件"激励了初出茅庐的废奴主义者投入废奴运动中，加剧了在奴隶制存废问题上的南北冲突"，同时"恶化了那一届美国政府与西班牙之间的外交关系"。■

认可工会的合法存在

马萨诸塞州诉亨特案（*Commonwealth v. Hunt*）
莱姆尔·肖（Lemuel Shaw, 1781--1861）

这是一幅描绘劳工关系的漫画。大法官肖否定了当时将工会组织视为刑事共谋的主流观点。

《国家劳动关系法》（1935 年），《公平劳动标准法》（1938 年）

1842 年

在美国的经济和政治文化中，工会扮演着重要的作用。工会组织拥有坚定的支持者和众多热忱的拥护者。但是在产生初期，工会是作为违法组织而存在的，其成员也常常受到刑事处罚。直到 1842 年，工会才被正式认定为合法机构。

第一个针对工会进行刑事处罚的是 1806 年的费城鞋匠案。一群鞋匠发起罢工，要求涨薪。随后，他们被逮捕、起诉并判处共谋罪。当时的法律认为，只有私人之间对工资进行讨价还价才是合理的，如果为了提高薪酬就集体进行一致行动的话，就可能导致整个贸易或者行业的工资上涨，从而影响只愿意少量工作的人的权利。企业主们也担心，劳动力成本的上升会削弱他们在市场上的竞争力。

1840 年，波士顿职业鞋匠工会的七位领导被检方起诉，起因是工会中一名心怀不满的成员拒绝履行工会的纪律规范，并向地方检察官提起了控告。起诉书中指控该协会犯有刑事共谋罪，因为它的会员都达成一致意见，不为那些雇佣非工会成员的雇主，以及破坏了工会章程而拒绝支付相应罚款的雇主提供劳动。

对这些被告人的审判和定罪在著名的马萨诸塞州诉亨特案中展开。判决书由马萨诸塞州最高法院的大法官莱姆尔·肖起草，他否定了长期以来存在的劳工组织必然构成刑事共谋罪的固有观念，彻底扭转了对劳工集体活动的非法性推定。他在判决书中设定了具体的判断标准，即需要审查工会组织的行为意图和其成员为了达到目的所采用的方式。如果二者均不是非法的，就不能认定为有罪。在判决书中，他写道，认定共谋罪"必须是两人或两人以上结合在一起，通过实施共同的行为，来达到犯罪或者其他非法目的；或是为了实现某种合法的目的而实施了犯罪行为或采取了其他非法方式"。■

麦纳顿规则

丹尼尔·麦纳顿（Daniel M'Naghten, 1813—1865）
爱德华·德拉蒙德（Edward Drummond, 1792—1843）
尼古拉斯·科宁厄姆·廷达尔（Nicholas Conyngham Tindal, 1776—1846）
维多利亚女王（Queen Victoria, 1819—1901）

图为 1735 年威廉·贺加斯（William Hogarth）所绘的《浪子生涯》第 8 号画作。展现的是伦敦贝特莱德皇家医院内的真实生活。在被控谋杀却因精神病认定为无罪后，丹尼尔·麦纳顿被带到这里生活了 21 年。

精神病辩护（1881 年）

1843 年 1 月，丹尼尔·麦纳顿开枪误杀了大不列颠总理大臣罗伯特·皮尔（Robert Peel）的个人秘书爱德华·德拉蒙德。麦纳顿被控谋杀罪，并在伦敦中心刑事法院接受审判。麦纳顿拒绝认罪，坚称"迫害将我拖向了绝望的深渊"。法庭上，律师以麦纳顿有精神病为由，提交了九名医学证人的证词，主张麦纳顿在开枪射击时出现了错觉，正是这种受迫害的错觉让他失去了对自己行为的控制能力。

在对案件证据进行判断时，首席大法官尼古拉斯·科宁厄姆·廷达尔指令陪审团以精神病为由认定麦纳顿无罪。陪审团成员默然接受了这一指令。随后，麦纳顿被带往贝特莱德皇家医院（Bethlem Royal Hospital，也被人们称为"疯人院"），在那里待了 21 年。1864 年，他被转到布罗德莫精神病院（Broadmoor Asylum），一年后病逝。

该案的无罪判决一出，便引发了整个英国社会的严重不满，尤其是受到了维多利亚女王的谴责，她本人就曾经遭受过九次暗杀。女王要求立法机关阐述判定精神病人有罪的正确法律规定。上议院随后召集了普通法法院的所有法官，并向他们提出了五个具体的法律问题。正如首席大法官约翰·比格斯（John Biggs）在《有罪心理》（The Guilty Mind）一书中所写的那样，当时的法官们"面临着来自皇室、议院和媒体的巨大压力，处境十分艰难"。

法官们对五个法律问题的回答构成了精神病抗辩的法律要件，也就是麦纳顿规则，这一规则在英国和美国适用了 100 多年。其内容为"必须有清晰的证据证明，被告人在实施犯罪行为时正在受到精神病缺陷的影响，以至于他不知道自己行为的性质；或者，即使他知道行为的性质，也不知道自己的所作所为是错误的"。■

1843 年

《菲尔德法》

大卫·达德利·菲尔德（David Dudley Field，1805—1894）

图为大卫·达德利·菲尔德的肖像，绘于 1870 年。

法学院的改革（1870 年），《美国法典》（1926年），《联邦民事诉讼规则》第 23 条和现代集体诉讼（1938 年）

1848 年

有规则，万事足。这也是为什么律师收足诉讼费后就会告诉你，法律在实际操作中是什么样的。进入法庭需要遵守规则，审判法庭、上诉法庭、遗嘱检验法庭和家事法庭都有自己的规则。因而，与占有财产者相比，熟悉规则才能在法庭中占上风。

但对于法庭而言，无处不在的程序性规则却是另一番光景。19 世纪中叶以前，大多数州都存在着两种不同类型的法院：一种是衡平法院，处理那些寻求非金钱救济的案件；另一种则是一般法院，审理那些要求经济赔偿的案件。两种法院适用不同的诉讼方式，前者有特殊的审理方式，后者则要按照普通法进行应诉答辩。随后，纽约州在 1846 年取消了衡平法院，创建了一个州最高法院，负责管辖所有涉及普通法与衡平法的案件。

第二年，大卫·达德利·菲尔德，这位非常成功的审判律师被任命为一个三人委员会的成员，负责对纽约州的程序法进行简化。菲尔德的目的非常明确：对普通法进行完整的法典编纂。在 1898 年出版的传记中，他的兄弟亨利·菲尔德（Henry Field）曾提到"凌驾于所有职业和政治抱负之上的，是他从早期便开始着手推进的法律改革，这一事业填满了他生活的每一天，直至他生命的最后一刻"。

1848 年，纽约州采纳了委员会提交的《民事诉讼法》（Code of Civil Procedure），这部法律很快便被人们称之为《菲尔德法》（Field Code）。法学家和历史学家威廉·拉皮亚那（William LaPiana）将该法评价为"19 世纪普通法领域发生的一次巨变"。菲尔德发出了"19世纪普通法领域改革者们的一致呼吁，即法院处理纠纷应当适用统一的程序，起诉时应以尽可能简化的方式说明案由，然后将案件交由一个统一的法院进行审理，并尽可能为当事人提供所有适当的法律救济"。他的《菲尔德法》为当代大多数程序法规范的制定奠定了基础，其中就包括 1938 年颁布的《联邦民事诉讼规则》（Federal Rules of Civil Procedure）。■

合同损害赔偿的计算

哈德利诉巴克森德案（*Hadley v. Baxendale*）

图为已损坏的蒸汽机轴承。由此引发的争端产生了可预见性规则，该规则目前用于合同违约中对损害赔偿的计算。

公司人格与责任（1897 年）

1854 年

可预见性规则是一项普遍适用于合同法领域的原则，用于计算损害赔偿。这项规则的产生源于一个蒸汽机中损坏的传动轴承。这个蒸汽机属于英国格洛斯特（Gloucester）一家面粉厂，为约瑟夫（Joseph）和约拿·哈德利（Jonah Hadley）两兄弟所有。

1853 年 5 月 11 日，面粉厂一台玉米磨粉机由于曲轴齿轮断裂而无法继续使用。哈德利让厂里的一名雇员将断裂的轴承交给当地一家由约瑟夫·巴克森德（Joseph Baxendale）所有的运输公司，送到伦敦制造商那里更换新的轴承。哈德利的这名雇员声称，他已经告诉过巴克森德的职员，面粉厂要等着新的轴承装好后才能正常开工，所以坏的轴承需要立即送往伦敦。显然，这一紧急消息并没有传到伦敦制造商那里，从而拖延了修理时间。

哈德利随后将巴克森德告上法庭，要求他赔偿 300 英镑的利润损失。巴克森德坚称，面粉厂的停工超出了自己所能预见的范围，因此不应当对有关的损失负责。上诉法院对该案作出判决，提出了合同法领域一个最著名的规则：

在双方当事人签订了合同，一方违约，另一方因此种违约行为应当获得赔偿的情况下，损害赔偿的范围应当包括可被公平、合理地认为损害系由违约行为本身自然产生，例如，按照事情发展的常态便会产生此种后果；或者双方在订立合同时，可以合理地预见到违约行为可能会造成的损失。

在本案中，法庭上的证据并不足以证明，巴克森德可以合理地预见到运输行为的紧迫性。正如法学家阿伦·哈钦森（Allan Hutchinson）所言，该案"一直以来都是所有普通法领域在涉及合同的案件中，讨论如何计算损害赔偿的源头"。■

德雷德·斯科特判决

德雷德·斯科特（Dred Scott，约 1800—1858）
哈瑞特·罗宾逊（Harriet Robinson，约 1815—1876）
爱伦·爱默生（Irene Emerson，1815—1903）
罗杰·塔尼（Roger Taney，1777—1864）

图为德雷德·斯科特（约 1857 年）。

 "阿姆斯达"号案件（1839 年），《解放黑奴宣言》（1863 年），
废除奴隶制（1865 年）

德雷德·斯科特生来就是彼得·布诺家（family of Peter Blow）的奴隶，1833 年，他被卖给了约翰逊·爱默生（Johnson Emerson）。后来，爱默生和斯科特定居在斯内林堡，这个地方处于适用 1820 年《密苏里妥协案》（Missouri Compromise）的地域范围，该议案禁止在密苏里州西北部的联邦领土上蓄奴。在斯内林堡，斯科特与哈瑞特·罗宾逊举办了世俗婚礼。爱默生死后，斯科特试图从爱默生的妻子爱伦那里买回自己家人的自由，但被爱伦拒绝了。为了恢复自己和家人的自由，斯科特提起了诉讼。

1850 年，经审判后，陪审团认定斯科特一家应当获得自由，因为斯科特和他的妻子已经在废除奴隶制的自由土地上生活了好几年，理应变为自由身。但在二审时，密苏里州最高法院却推翻了这一判决。随后，斯科特便寻求联邦法院的救济，继续起诉，他坚称奴隶制的存在就等同于非法监禁。结果是他再次败诉，但是来自华盛顿的律师蒙哥马利·布莱尔（Montgomery Blair）同意做斯科特的代理人，将案件继续上诉到美国联邦最高法院。

实际上，也许在布莱尔进行具体辩护之前，斯科特就注定会败诉。七名来自联邦最高法院的法官公开支持奴隶制，并且想通过解决新领土上关于奴隶制的争议来支持"（美国南部的）黑奴制度"，当时这一制度被人们委婉地称为"怪异的存在"。大法官罗杰·塔尼（Roger Taney）撰写了判决书中的多数意见，其中，不论联邦最高法院对该案是否有管辖权，他都强调一点：也许斯科特有可能成为密苏里州的公民，但是他和其他所有的黑人都不属于美利坚合众国的公民。

最后，联邦最高法院以没有司法管辖权为由驳回了斯科特的上诉，但同时也裁定国会无权在新的联邦州禁止奴隶制的存在。理由是国会对公民拥有奴隶的权利予以否认，就侵害了奴隶主基于宪法第五修正案所享有的权利。

判决作出的三个月后，家中朋友将斯科特和他的妻子"买"了过来，并还给他们自由，但是联邦最高法院的这一决定成为美国司法史上最饱受诟病的司法裁决之一。它带来了非常恶劣的后果，进一步分化了当时的美国北部和南部，让可能缓和的南北战争一触即发。■

1857 年

美国政府印刷局

第 25 号联合决议（Joint Resolution No. 25）
詹姆斯·布坎南（James Buchanan，1791—1868）

图为美国政府印刷局的排版室
（约 1910 年）。

 判例汇编与法律出版（1872 年），《美国法典》（1926 年），《联邦公报》（1936 年）

对政府工作的记录象征着美国法制史上的一个重要方面。只有以有形的形式将单词固定下来，即通过印刷，我们才能按照年代顺序，将立法、行政和司法的进程公开记录下来。

在 1789 年第一届国会会议不久，美国的开国元勋们意识到，有必要对"法律和其他程序"进行印刷。他们雇佣当地的印刷厂出版《国会杂志》（House Journal）和国会通过的法案，但却经常出现被延误和报道不准确的情况。之后的四十年里，国会总是在两个解决方案之间摇摆不定：一是定额方案，由国会中的各议院选择出版商，并支付固定的报酬；二是合同制，让各出版商参与政府的印刷招标。鉴于两种方案都会带来财务问题，众议院和参议院共同通过了一项改革提案，即第 25 号联合决议。决议由总统詹姆斯·布坎南签署后，于 1860 年 6 月 23 日作为《出版法》（Printing Act）生效，同时建立了美国政府印刷局（Government Printing Office，GPO）。

为了建立起一个实体的印刷局，联合决议中写明要"购买必要的建筑、设备和材料"。1860 年 12 月，政府在北国会大街拐角处购买了一个印刷厂。这个印刷厂与华盛顿特区的政府印刷局处于同一个拐角，这使得印刷局节约了巨大的印刷成本，巩固了它在政府机构中不可或缺的地位。在接下来的一百多年里，美国政府印刷局印制了不少美国历史上意义非凡的文件，包括《解放黑奴宣言》（Emancipation Proclamation）和宪法修正案，同时，它也印刷一些日常材料，例如防火护林漫画熊的传单，以及军队食堂工作人员的食谱。

在庆祝政府印刷局成立 150 周年的纪念典礼上，政府印刷商罗伯特·塔佩拉（Robert Tapella）评论道，"在这个数字化时代，政府印刷局的运营模式也在发生着巨大的改变，但我们的使命仍然不变：通过印刷和分发政府出版物，即反映民主的各类文件，让人们能够自由地获取有关美国政府的信息"。考虑到印刷局需要适应社会数字化和信息化的发展，2014 年国会通过立法正式将这一机构的名字变更为政府出版局（Government Publishing Office）。■

1861 年

莫雷尔法案

贾斯汀·莫雷尔（Justin Morril, 1810—1898）

图为贾斯汀·莫雷尔。

北美独立战争后，美国大举向西部发展，耕地面积不断扩大。由于劳动力严重缺乏，因此迫切需要新的农业机械和高素质农业技术人员。但当时美国的高等教育，由于长期受欧洲特别是英国中世纪高等教育的影响，普遍轻视对农业技术的教育，造成农业经济发展缓慢、效率低下，影响了美国的工业化进程，导致工商界和广大平民的强烈不满。其中，贾斯汀·莫雷尔就是 19 世纪呼吁政府创办新型技术大学的代表人物。

莫雷尔是美国佛蒙特州选出的参议员和众议员，他一直非常关注农民和手工劳动者的艰难处境，主张他们通过接受实用技术教育来提高谋生能力，从而改变命运。1857 年，当选为美国国会议员的莫雷尔向国会提交了一项法案，建议联邦政府通过授予各州联邦公地的办法来鼓励每个州建立新型产业大学。该法案在一片反对声中勉强通过，但遭到了代表南方奴隶主利益的詹姆斯·布坎南（James Buchanan）总统的反对。1862 年，林肯总统正式签署批准了《授予土地设立学院以促进农业和机械工艺在各州和准州发展的法案》，由于此法案系莫雷尔提出，故以他的名字命名，简称"莫雷尔法案"。该法案共 8 条，主要内容为：联邦政府向各州和准州赠与一定数量的土地，以资助各州开设重视农业和工艺教育的学院；各州需将所拨赠土地出售，用所得经费建立永久性资金，以资助、供给或维持至少一所专门学院；这种学院主要讲授农业和机械制造工业方面的知识，但并不排斥包括军事战术训练等其他学科和经典学科知识的传授。由于"莫雷尔法案"符合当时各州发展现代农业的需要，法案颁布后不久，各州便纷纷创建农科学院、农业技术专科学校和以农工专业为主的州立大学，这类院校在美国被统称为"赠地学院"。

以此为开端，1887 年，美国通过《哈奇实验站法案》，规定联邦政府每年拨款 15 万美元，资助各州在赠地学院内设立农业实验站。1890 年，美国国会又通过第二个"莫雷尔法案"，规定联邦政府对依靠联邦赠拨土地建立起来的赠地学院提供年度拨款，以保证这些新型的技术学院具有充足的财力以供正常运行。"莫雷尔法案"及随后颁布的一系列法令，创造性地确立了赠地学院的教学、科学研究和技术推广、社区服务三结合的运行体制，极大地促进了美国高等职业技术教育的发展。■

《解放黑奴宣言》

图为 1890 年的一幅版画，该画中展示了这一历史性的宣言。

美国宪法（1787 年），德雷德·斯科特判决（1857 年），
废除奴隶制（1865 年），巴西奴隶解放法（1888 年）

1863 年

历史学家彼得·科尔钦（Peter Kolchin）恰如其分地将 19 世纪刻画为"解放的世纪"。1856 年 3 月，俄国沙皇亚历山大二世（Alexander Ⅱ）下令废除农奴制，这一俄国独有的奴隶制形式，解放了大约 2300 万农奴，约占全国人口总数的 1/3。

在美国，反对奴隶制的呼声日渐高涨。1861 年，在亚伯拉罕·林肯（Abraham Lincoln）就职前的数周，南方的七个州（后来又加入了四个）脱离合众国，组成了美国南部联盟。次月，南卡罗来纳州的军队袭击了联邦政府所控制的萨姆特要塞（Fort Sumter），触发了美国内战（American Civil War）。

林肯虽然反对奴隶制度，但他却认可奴隶制存在的政治意义，并表示无意对奴隶制仍然存在的各州进行干涉。然而，1862 年夏天，面对联邦军队的节节败退，林肯开始意识到解放奴隶在军事上的必要性。解放奴隶不仅会给依赖奴隶劳动提供给养的联盟军队重重一击，还能充实联邦军队的队伍。

1862 年 9 月 22 日，林肯援引自己作为战争期间军队总司令的权力，发布了一份准备性宣言。其中，他宣布，1863 年 1 月 1 日前，如果叛乱各州不再加入南部联盟，他将会解放这些州的所有奴隶。由于没有任何一个州响应这一号召，1863 年 1 月 1 日，林肯便签署了《解放黑奴宣言》，并说道："在我的一生中，从来没有比此刻签署这个文件时更加坚信自己是正义的。"

宣言中明确规定，"凡在当地人民尚在反抗合众国的任何一州之内，或一州的指明区域之内，为人占有而做奴隶的人们都应在那时及以后永远获得自由"。不少人认为，这份宣言并未对南部联盟军队产生立竿见影的冲击，因为其最后的影响力完全取决于联邦军队是否能够获胜。

尽管如此，《解放黑奴宣言》的深远影响仍是不言而喻的。成千上万的奴隶获得了自由，他们中的许多人加入了联邦军队，协助战争取得胜利。同样重要的是，它还为宪法第十三修正案的通过和奴隶制的废除搭建了桥梁。■

《日内瓦公约》
简·亨利·杜南（Jean-Henri Dunant, 1828—1910）

图为索尔弗里诺战役，这场血腥的战争刺激简·亨利·杜南创建了后来的国际红十字会。

 《威斯特伐利亚合约》（1648 年），国际刑事法庭（2002 年）

1864 年

战争无正义。威廉·特库塞·谢尔曼（William Tecumseh Sherman）将军曾说过："你不可能比我用更尖锐的字眼来形容战争了。无论如何美化，战争都是残酷的；那些让我们国家陷入战争的人都该受到人们的破口大骂与诅咒。"

但自相矛盾的是，战争不言而喻的野蛮有时会让人们试图在其中注入人道主义的因素，以消解战争会带来的彻头彻尾的恐惧。简·亨利·杜南是一名 30 多岁的瑞士银行家，1859 年 6 月 24 日他出差抵达意大利时，正值索尔弗里诺战役（Battle of Solferino）肆虐。在拿破仑三世（Napoleon Ⅲ）的法国军队联合维托里奥·埃马努埃莱二世（Victor Emmanuel Ⅱ）的撒丁岛军队对战弗朗茨·约瑟夫一世（Franz Joseph Ⅰ）的奥地利军队的过程中，他目睹了战争的血腥和一场最令人毛骨悚然的冲突。四万多名伤亡者被遗弃在战场上。

震惊之余，杜南开始救助伤员，但大多数伤员都已经死亡。后来，他写了一本名为《索尔弗里诺回忆》（A Memory of Solferino）的书，红十字会联盟秘书处成员桑达·博西（Sanda Bossy）认为，该书将"19 世纪战争报道中最逼真的片段"与"战场上伤员的呼喊"结合起来。更重要的是，他在书中为建立救助组织提供了具体的建议。在日内瓦一家慈善机构的帮助下，杜南创建了后来的国际红十字会，诺贝尔奖评审委员会将其称为"19 世纪人道主义的最高成就"，也正因为如此，杜南在 1901 年获得了第一个诺贝尔和平奖。

1864 年 8 月，杜南召集了一次外交会议，以寻求签订处理战时军事伤亡的国际条约。12 个国家签署了第一个《日内瓦公约》，即《改善战地武装部队伤病者境遇之日内瓦公约》（Geneva Convention for the Amelioration of the Condition of the Wounded and Sick in Armed Forces in the Field）。其核心原则在于不问从属，救助所有伤员，同时以白底红十字为区分，保护医务人员。随后，《日内瓦公约》还增加了许多补充性规定，规范战时行为，包括保护战争中的囚犯、平民和非军事对象，同时禁止使用特定的战争方式与武器，包括化学武器。■

废除奴隶制

图为林肯手持《解放黑奴宣言》。在《解放黑奴宣言》的基础上，美国宪法第十三修正案彻底废除了奴隶制度。

 "阿姆斯达"号案件（1839年），德雷德·斯科特判决（1857年），《解放黑奴宣言》（1863年），第十四修正案（1868年）

1865年

在美国内战后所通过的三个宪法修正案中，第一个也可以说最重要的是第十三修正案，其永久地废除了奴隶制。

在美国内战之前，第十三修正案最初是由国会两院提出并于1861年通过的，其旨在保障奴隶制未来的合法性，而非废除奴隶制。但是它未能成功地维护国家统一，扭转战争局势。内战打响后，该修正案没有获得3/4的州批准。

1863年1月1日，林肯总统签署了《解放黑奴宣言》，成千上万来自南部联盟的奴隶获得了自由，但其并未在法律层面否定奴隶制的存在。他认识到自己战时指令的局限性，同时也明白，最恰当的方式是通过宪法修正案来废除奴隶制。

1863年末，国会开始陆续出现有关的提案，同时，在1864年的总统选举中，林肯也公开表示支持一个反奴隶制的宪法修正案。在获得连任后，第十三修正案成为林肯工作的重中之重。尽管公众对此的支持率在不断攀升，但在争取国会两院2/3的多数支持以修改宪法的过程中，林肯仍然是步履维艰。1864年4月，参议院以38:6的票数通过了修正案，但是反对意见在来自北方各州的代表中还占据一席之地，他们中的大多数仍然对奴隶制和自己拥有奴隶表示无动于衷。在林肯和其内阁的艰难游说下，众议院的代表以119:5的票数通过了提案。同年底，3/4的州投票表示批准。1865年12月13日，宪法第十三修正案正式生效。三天后，《纽约独立报》（New York Independent）发表意见称"一想到合众国政府正式宣布美国的奴隶制将不复存在，一种奇特、感激和欢呼雀跃的情绪就淌遍了我们全身的脉搏"。

法学家大卫·S.博根（David S. Bogen）曾评价道，"一些宪法修正案的影响力远远超过了它们的书面用语本身，即改变了人们看待世界的方式"，对于第十三修正案，他认为"给社会带来了深刻的变革……（并且）冲击了被牢牢嵌入法律条文中的种族歧视"，为1866年《民权法案》的制定和宪法第十四修正案的通过奠定了基础。■

图为 1874 年 1 月 6 日，来自南卡罗来纳州的国会议员罗伯特·B. 埃里奥特（Robert B. Elliott）在众议院发表著名演讲，以支持 1875 年《民权法案》。

《解放黑奴宣言》（1863 年），废除奴隶制（1865 年），禁止对选民的种族歧视（1869 年），民权案件（1883 年），普莱西诉弗格森案：隔离但平等原则（1896 年），1964 年《民权法案》（1964 年）

1866 年

虽然内战在 1865 年春天就结束了，但是战后百废待兴，国内黑人群体的权利斗争仍在继续。新生效的宪法第十三修正案使得大约 400 万名奴隶获得自由，但也未能赋予奴隶与白人同等的法律地位。

战后，南方许多州制定了限制黑人自由的法律，历史学家埃里克·方纳（Eric Foner）将其视为"企图尽可能地回到之前的奴隶制"。这些与黑人有关的法典中规定，以前的奴隶可以拥有自己的财产，可以订立合同，但是他们不享有公民权利或政治权利，同时也被限制了就业选择权。对此，北方各州公开表示反对，迫使国会要有所作为，在这一驱动下，国会于 1866 年通过了《民权法案》。

这部法律的提案最先是由来自伊利诺伊州的参议员莱曼·庄博尔提出的，意在让宪法第十三修正案发挥真正的作用。尽管该提案在国会获得了压倒性的支持，但约翰逊总统却予以否决。这一做法被埃里克·方纳形容为"一项巨大的决策失误，是他政治生涯中极其糟糕的误断"。国会很快就推翻了这一否决，在总统否决的基础上颁布了第一部《民权法案》。

该法案对公民权和平等作出了规定，宣告"所有在美利坚合众国出生的人……特此，都是美利坚合众国的公民"，同时"每一个不同种族和肤色的公民……都应当拥有相同的权利"，也"与白人公民一样"，享有"所有法律中完全且平等的权利"。还有一点也同样重要，该法案创建了一个实现特定权利的机制。它规定，联邦法院享有民事和刑事管辖权，去受理那些主张权利被侵害的案件，并对与此相关的违法行为进行处罚。同时，也规定联邦官员有权起诉这些权利侵害者。

然而，这项法案也有不尽如人意的地方。其中一个值得一提且特别讽刺的明显缺陷是：没有赋予非裔美国人选举权。让这一问题的解决不得不拖到 1870 年宪法第十五修正案的批准。∎

弹劾总统安德鲁·约翰逊

安德鲁·约翰逊（Andrew Johnson, 1808—1875）

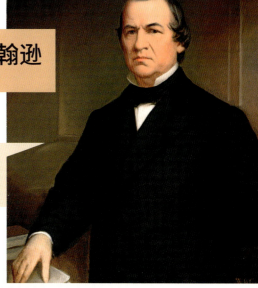

图为总统安德鲁·约翰逊的肖像，由华盛顿·博加特·库帕（Washington Bogart Cooper, 1802—1888）所绘。

美国宪法（1787年），总统也要遵守法院传票（1974年），总统豁免权（1997年）

按照美国宪法的规定，参议院通过审理，并经由出席参议员 2/3 以上赞成定罪后，专享罢免一个被弹劾的总统之权力。即"总统……因叛国、贿赂或其他重罪与轻罪而遭弹劾并被判定有罪时，应予以免职"。美国历史上经历过这一弹劾审问程序的只有两位总统：安德鲁·约翰逊和威廉·克林顿（William Clinton）*。两人都遭到过弹劾，但在参议院的审理结果中，两人均无罪。

1865年，在林肯遇刺后，副总统约翰逊宣誓就任总统，此时美国国内政治因南方的"重建政策"而备受煎熬。作为一名来自南方的民主党人，约翰逊公开表示出对内战中"南部联盟"的同情，这就引发了他和由共和党人控制的国会之间的矛盾，特别是后者主张对于南方各州应当采用"激进"的惩罚而不是"缓和"的重建政策。约翰逊还发表过其他不受公众欢迎的观点，包括反对宪法第十四修正案，以及公开谴责并否决了《被解放黑奴事务管理局法案》（*Freedmen's Bureau Bill*）和《民权法案》。但是他的否决随后都被国会推翻，两个法案最终均得以颁布。

共和党人对约翰逊的反感与日俱增。由于担心约翰逊会利用罢免陆军部长爱德温·斯坦顿（Edwin Stanton）的方式，严重破坏 1867 年《军事重建法案》（*Reconstruction Act*）的实施，国会通过了《公职人员任职期限法》（*Tenure of Office Act*），其中规定未经参议院认可，总统不得罢免任何联邦官员。1867 年 12 月，约翰逊要罢免斯坦顿部长，在遭到国会的反对后，他指派了一名临时战争部长。共和党人认为这一行为已经触犯了法律。在不到两个月的时间内，众议院便通过了针对约翰逊的 11 条弹劾决议，其中最严重的一条便是违反了《公职人员任职期限法》。

约翰逊的受审场面非常壮观，座无虚席，也是参议院历史上第一次需要凭票入场。在 13 天的终结辩论后，约翰逊以一票之差被认定为无罪。共和党人对审问程序的操控，以及代表约翰逊的后台政治活动，促使 7 名共和党的参议员背离自己的阵营，为约翰逊投了无罪票，认为其并未违反任何法律。后来，这 7 名参议员没有一人获得连任。■

1868年

---

* 编者注：通常被称作比尔·克林顿（Bill Cliton），美国民主党政治家，美国第 42 任总统，任期为（1992—2000 年）。

第十四修正案

图为雅各布·M. 霍华德（Jacob M. Howard），这位来自密歇根州的参议员是第十四修正案中公民条款的作者，该款推翻了美国联邦最高法院在德雷德·斯科特案件中的部分判决。

德雷德·斯科特判决（1857 年），《解放黑奴宣言》（1863 年），废除奴隶制（1865 年），1866 年《民权法案》（1866 年），禁止对选民的种族歧视（1869 年），民权案件（1883 年），普莱西诉弗格森案：隔离但平等原则（1896 年），1964 年《民权法案》（1964 年）

1868 年

　　随着美国内战的结束，许多民权运动失去了继续斗争的基础，但是宪法第十三修正案取得了巨大的成功，它让所有奴隶获得了自由。紧随其后的是 1866 年《民权法案》，通过规定"每一个种族和肤色"的所有公民均享有同样的权利，让第十三修正案的内容得到进一步强化。但是这一立法的效力是否能延续下去，仍然令人担忧，即将到来的国会选举充满了种种不确定性，重组后的国会是否会继续认可这部法律，同样也不得而知。一些人担心新国会将会撤销《民权法案》，唯一的解决方案就是将其中关于权利保护的原则上升到宪法层面。

　　历史学家和宪法学者们将第十四修正案视为自 1791 年《权利法案》通过以来最重要的宪法修正案。该修正案的精髓就在于为法律上所有公民的平等权提供可强制执行的保障。

　　第十四修正案的深刻影响力主要源于其第一款的规定。这一款不仅确立了出生公民权，即所有在美利坚合众国出生的人都是合众国的公民，而且更为重要的是，它禁止任何一州"不经正当法律程序，剥夺任何人的生命、自由或财产"，或者是拒绝给予任何人以"平等的法律保护"。宪法正文中，只在规定各州参议员人数平等时出现过"平等"这一字眼，但第十四修正案最终将权利的平等写入法律条文中。

　　与《权利法案》限制联邦政府的权力所不同的是，第十四修正案侧重的是通过立法保护个人的权利免受来自州的侵害。历史学家埃里克·方纳认为，"就像伟大的废奴主义者查尔斯·萨姆纳（Charles Sumner）所说的那样，第十四修正案让联邦政府……变成了'自由的守护者'"。几十年后，它助力民权运动蓬勃发展。正如宪法学者杰斯罗·利伯曼（Jethro Lieberman）的评价，正当程序条款"成为在各州范围内适用《权利法案》的基础"，同时修正案中的平等保护条款也成为"美国社会废除种族隔离的基础。事实证明，这些条文无疑是宪法修正案中影响最为深远的条文"。■

禁止对选民的种族歧视

图为庆祝第十五修正案生效的纪念画，画中描绘的是游行庆祝活动，四周则是非裔美国人们正在行使法律赋予他们的新权利。

1869 年

宪法第十五修正案禁止各州因"种族、肤色或过去的劳役状况"而剥夺公民的选举权。尽管这一规定已经写入宪法近 150 年，但是第十五修正案的内容从未成为媒体关注的焦点，其知名度也不如第一、第二和第五修正案。正如政治学者 D. 格里尔·斯蒂芬森（D. Grier Stephenson）所言，"在所有涉及选举权的法律规定和宪法条文中，第十五修正案因其规定的空洞而成为一个特别的存在……从来没有一个如此明确的宪法规定被'明目张胆'地忽视这么久"。即便如此，也无人敢否认其所保护的基本权利具有十分深刻的重要性。

第十五修正案是美国内战结束后通过的三条"重建修正案"（Reconstruction Amendments），即宪法修正案中的最后一条。第十三修正案废除了奴隶制；第十四修正案将合众国的公民权确立为一项与生俱来的权利，并禁止各州剥夺法律赋予公民的正当程序和平等保护权利。但无论是第十三修正案还是第十四修正案，都没有提到如何对待数百万已经成为自由民的奴隶的选举权问题。

第十五修正案由国会在 1869 年 2 月提出，然后送交各州进行批准。1870 年 3 月，该修正案获得后来 37 个州中 3/4 的州批准，正式成为宪法的一部分。

尽管有了宪法的新保护，非裔美国人为争取选举权而进行的斗争可谓才拉开序幕。为了剥夺他们的选举权，北方和南方的各州都曾以合法或非法的方式出台过一些行之有效的政策。参加选举需要缴纳人头税和通过文字读写测试，二者被区别应用到选民身上，不仅如此，非裔美国人还常常在选举过程中遭受恫吓和赤裸裸的暴力。一个多世纪以来，发生了无数针对选举的司法和立法斗争，直到 1965 年《选举权法》的颁布才结束了对非裔美国选民的大部分而非全部的歧视。■

法学院的改革

威廉·布莱克斯通（William Blackstone，1723—1780）
西奥多·德怀特（Theodore Dwight，1822—1892）
克里斯多夫·哥伦布·朗德尔（Christopher Columbus Langdell，1826—1906）

图为哈佛大学法学院的图书馆——"郎德尔楼"（Langdell Hall），其命名源于美国早期法学教育最具影响力的人物之一——克里斯多夫·哥伦布·朗德尔。

第一所法学院（约 250 年），布莱克斯通的《英国法释义》（1765 年）

1870 年

18 世纪初期，美国的法学教育尊崇传统意义上英国的学徒制模式，同时也将一些经典的法学教科书纳入学习范畴，例如爱德华·科克的《英国法总论》（*Institutes of the Laws of England*），以及后来布莱克斯通的《英国法释义》。布莱克斯通自身并不是很推崇学徒制，他说："如果全程都只对他进行实践教学的话，那么他所学到的全部内容也只局限于实践操作了。"相反，在他的成功游说下，英国的大学在课程设置中纳入了法学课程。

在英国这一做法的影响下，弗吉尼亚州的威廉与玛丽学院于 1779 年创设了美国第一个法学教授职位。之后，其他学校也紧随其后，纷纷效仿这一做法。在法律实践中，有志成为律师的人仍然要接受学徒制教育，但现如今他们还需要经过正规大学的课程培训。19 世纪初，一些大学开始分设独立的法学院系，最早的便是 1817 年的哈佛大学和 1826 年的耶鲁大学。

1858 年，西奥多·德怀特，这位被学者罗伯特·史蒂文斯（Robert Stevens）称为 19 世纪中期"最杰出的法学教育家"，将哥伦比亚大学新设立的法理学院改革为当时最顶尖的法学院。随后，德怀特的讲演法成为当时美国 21 个法学院中，绝大多数法学院所采用的主流教学方法。

1870 年，在克里斯多夫·哥伦布·朗德尔加盟哈佛大学法学院后，以讲座式授课为基础的教学方式很快就产生了革命性的变革。朗德尔创造了一种全新的教学模式：案例教学法，成为近 150 年来法学教育的标准方式。学生们首先阅读上诉法院的判决意见，然后与导师展开一种苏格拉底式的讨论，回答一些专门设置的问题，以引导学生从真实案件中引申出基本法律原则。案例教学法最重要的闪光点便在于培养学生进行批判性思考。在史蒂文斯教授看来，这种新方式"已经成为一流法学院的标志"。

此外，朗德尔还推动了法学教育在其他方面的变革，例如将学习的期限从八个月延长至三年；学院聘请全职学者而非兼职执业者任教。■

判例汇编与法律出版

约翰·布里格斯·卫斯特（John Briggs West, 1852—1922）

图为法律书籍，包括年鉴、判例汇编、专著和其他类型在内的法学图书支撑起了整个法律实务。

 美国政府印刷局（1861年），《美国法典》（1926年），《联邦公报》（1936年）

由于普通法系崇尚的是遵循先例，即事实上相似的案件中的先前判决，因此获取这些先前判决中的记录和判决意见就显得尤为重要。对先例的汇编最早可能出现在13世纪末的英国，14世纪中期时通过手写年鉴的方式正式固定下来。这些早期的记录相当于对诉讼要点的汇编。15世纪印刷机的出现让先例得到了更广泛的传播，但是到了16、17世纪时，各种"汇编者"（reporters）——此处是指很有名望的律师们——对先前判例的陈述，很大程度上被年鉴所取代。

在独立战争之前，美国律师处理案件主要依靠这些英国的法律年鉴，美国独立后，他们逐步建立起了自己的汇编方式。从19世纪初开始，法官的判决必须以书面而非口头的方式作出，这就需要委任官方的报道人，并且对法庭的判决进行汇编。虽然书面判决的数量在不断增多，但是对这些判决的记录却始终跟不上脚步。有时，在法庭书记员或者报道人在发布新一卷法庭新近判决之前，可能要等上一年的时间。没有现成的途径去了解近期法律，让律师们对法律的检索愈加困难。随着发布的判例数量越来越多，这一问题就显得越来越严重，但是一个巨大的变化即将改变法律实践。

1872年，明尼苏达州圣保罗市一家书店的销售员约翰·布里格斯·卫斯特，专门针对律师创建了自己的图书销售业务（也就是后来的西部出版公司）。当他在美国中西部游玩，发现了律师行业的这一特殊需求后，很快便对法律出版进行了变革。1876年10月21日，西部出版公司出版了第一期《判决书要旨》（Syllabi），也就是今天案例汇编初印的前身。之后的每个星期，该公司都会出版《判决书要旨》，将明尼苏达州法院的判决和这些判决的要点汇编成册。订阅者们会将这些小册子装订成更加固定的卷本，在了解到这一做法后，西部出版公司很快便以书籍的形式出版了第一部案例汇编，即《西北判例汇编》（Northwestern Reporter），这样更便于他们从中查找自己需要的信息。现代法律汇编由此产生。不久后，西部出版公司将各个州法院判决的案例汇编成册，予以出版，形成了今天为人们所熟知的全国判例汇编系统。■

1872年

淫秽品和《康斯托克法》

安东尼·康斯托克（Anthony Comstock，1844—1915）
乔治·萧伯纳（George Bernard Shaw，1856—1950）

图为安东尼·康斯托克，《康斯托克
法》以这位道德说教者的名字命名，
该法案禁止流通与合法避孕有关的教
育材料。

第一部"蓝法"（1629 年），言论审查和《尤利西斯》（1933 年），
限制淫秽品（1957 年），身体和隐私权（1965 年），一个判定淫
秽的新标准（1973 年），联邦通信委员会和污言秽语（1978 年）

安东尼·康斯托克出生在康涅狄格州，参加过美国内战，后定居在纽约。对宗教的狂热让他选择加入了基督教青年会（Young Men's Christian Association，YMCA）。1872 年，该组织让他担任驱恶会的领导，随后又任命他为防范罪责协会的会长，专门负责取缔堕落或者色情淫秽材料。

当时，联邦法律禁止邮寄淫秽物品。此处的淫秽物品，是指那些有可能"导致公开接触此种不道德影响或获得类似出版物之人的头脑被堕落和腐化"的物品。但对于狂热的康斯托克而言，这种禁止的力度是远远不够的。1873 年，他游说国会制定更加严格的法律，增加相应的处罚和条文规定，以扣押和销毁有关的淫秽物品。同年，国会颁布了一部极具争议的法律，即《打击销售与传播淫秽任何含有不道德性质的书籍和文章法案》（*An Act for the Suppression of Trade in，and Circulation of，Obscene Literature and Articles of Immoral Use*）。该法案通常被人们称为《康斯托克法》（*Comstock Act*），其打击的范围超出了纯粹的淫秽物品的范畴，还禁止邮寄与避孕有关的教育材料和法定的避孕用品。

1880 年，康斯托克出版了《光天化日的欺骗》（*Frauds Exposed*）一书，该书也称《人们是如何被欺骗和绑架的？青年人又是如何被腐蚀的？》（*How the People Are Deceived and Robbed，and Youth Corrupted*），他在书中的前言部分写道："我的目的是……引发公众去讨伐那些在孩童道德启蒙时就投下死亡毒药的吸血鬼；同时，曝光那些拥护这种道德毒瘤的异教徒和自由主义者，让他们引起公愤。"书中，他还理直气壮地宣称："已经摆在眼前的事实是，除了所谓的异教徒、自由主义者和主张妇女合法离婚的人，没有任何教派或者阶级会以群体的名义，公开站在淫秽商人那一边。"

到了 20 世纪初，社会的发展促使人们开始反思康斯托克的极端做法，否定这种排他性的道德说教。1905 年，面对一个公共图书馆移除康斯托克部分作品的行为，爱尔兰剧作家乔治·萧伯纳用个人行为表示支持，为此还专门创造了被人们广泛认同的"康斯托克派"一词，意指谈性色变，对性问题过度的大惊小怪。在《康斯托克法》颁布 100 年后，联邦最高法院重新对淫秽物品进行了法律界定。■

1873 年

允许女性成为执业律师

布拉德韦尔诉伊利诺伊州案（*Bradwell v. Illinois*）
迈拉·布拉德韦尔（Myra Bradwell1，1831—1894）

图为迈拉·布拉德韦尔（约 1870 年）。

新西兰妇女的选举权（1893 年），妇女的选举权（1919 年），《平等权利修正案》（1972 年），允许女性进入私人俱乐部（1988 年）

1873 年

从 19 世纪开始，女性便在许多领域展开斗争，以寻求平等对待的权利，其中就包括了法律执业权。在改变文化态度，克服那些阻止女性从事法律职业的社会与文化障碍方面，迈拉·布拉德韦尔可谓是有所作为的。如今，女性在律师行业发挥着巨大的作用，并扮演了越来越重要的角色。

一开始，布拉德韦尔只是一名教师，但是在她与一名律师结婚并养育了 4 个孩子后，她转到丈夫的律师事务所工作。在那里，她安静地学习，参加了伊利诺伊州的律师资格证考试。1868 年，她创办了《芝加哥法律新闻报》（*Chicago Legal News*），很快便成为当时流通最广的法律类报纸。此外，她还帮助州立法机关起草了一些授权女性控制自己财产和收入的关键性法律条款。

1869 年，布拉德韦尔通过了伊利诺伊州的律师资格考试，但她在申请律师执照时却遭到了拒绝，理由是按照已婚妇女法律地位从属原则，即妇女婚后，其原本独立的身份被"并入"或"归入"其夫的身份而不再存在以及性别的原因，一个已经结婚的女性不能够独立地签订合同。按照伊利诺伊州最高法院的立场，妇女无权执业："女性天然和固有的羞怯与脆弱使得其明显不合适从事社会生活的许多职业……妇女们至高无上的天命和使命是履行其作为妻子和母亲的高贵而神圣的职责。这是造物主的法则。"布拉德韦尔将该案一直上诉到美国联邦最高法院，但并未取得成功。联邦最高法院以 8∶1 的多数投票支持了伊利诺伊州的判决，主张宪法第十四修正案并不保护公民的执业权利。

判决作出后不久，布拉德韦尔便在《芝加哥法律新闻报》中写道："尽管我们未能得偿所愿，获得期待的结果……但是我们已经在其他方面得到了慰藉，这场'骚动'过后，包括伊利诺伊在内的少数几个州已经通过立法，允许妇女以与男性相同的条件执业。"

在那之后，布拉德韦尔继续在《芝加哥法律新闻报》工作，为妇女的权益积极奔走。1890 年，伊利诺伊州最高法院重新考虑了布拉德韦尔在 1869 年的律师执照申请，并以溯及既往的方式授予其资格证，使她成为伊利诺伊州第一位女性律师。■

法律援助协会

爱德华·所罗门（Edward Salomon, 1828—1909）
亚瑟·冯·布瑞森（Arthur von Briesen, 1843—1920）

图为爱德华·所罗门（约 1870 年），
在他的推动下，纽约城开始为穷人提
供法律援助。

星室法庭（约 1350 年），在州法院获得律师辩护
的权利（1963 年）

1876 年

　　1919 年，卡内基基金会出版了《正义与穷人》（*Justice and the Poor*）一书，对美国的法律援助进行了一项综合性研究。该书的作者雷吉纳德·赫伯·史密斯（Reginald Heber Smith），将 1888 年成立的芝加哥司法局称作"第一个真正意义上的法律援助机构"。在史密斯看来，这个机构"从事的是为所有案件中的所有人提供法律服务，不论国籍为何……其领导、控制和维持都不是由某个特定的团体来完成的，同时，运行的资金源于广大民众中那些乐善好施之人"。

　　但是，早在 1876 年时，纽约的德国协会（German Society of New York）便提供赞助，尝试为纽约的穷人提供系统性的法律援助。在纽约律师、威斯康星州前州长爱德华·所罗门的帮助下，德国协会合并了德国法律保护协会，致力于"向那些在德国出生，可能需要帮助但窘于经济条件而无法获得帮助的人，提供无偿的法律援助和支持"。该组织的目的在于"保护德国移民免受贪婪的走私者、旅馆老板以及杂七杂八的小团体的侵害，因为在这些人看来，容易轻信他人、脑子迷迷糊糊的新来移民最容易受欺骗"。

　　1890 年，在亚瑟·冯·布瑞森的领导下，德国法律保护协会将其援助对象扩展至所有人，不论其文化背景为何。六年后，冯·布瑞森将该组织正式更名为法律援助协会。

　　史密斯对法律援助行为的研究结果显示，截至 1910 年，"东部地区所有的大型城市中都合理地建立起了系统性法律援助工作。到 1913 年时，整个美国共有 28 个法律援助组织。1917 年，这一数值攀升至 41 个，每一个主要的城市都建立起了法律援助机构"。在纽约市，法律援助协会的上千名律师每年都要处理超过 30 万客户的法律案件，为那些无力聘请私人律师的人提供广泛的法律帮助，真正践行了《大宪章》中的那句宣言：正义不能被买卖，人人都应当被公正对待，并毫不延迟地获得正义。■

《伯尔尼公约》

维克多·雨果（Victor Hugo，1802—1885）

图为"盗版书商——一个有着历史上最长纪录的国际滑稽表演"，讽刺的是那些需要《伯尔尼公约》来调整的不公正做法。

《安妮法令》（1710 年），美国第一部版权法（1790 年），数字时代的版权（1999 年），版权的扩张（2001 年），谷歌图书与合理使用（2010 年）

　　19 世纪早期，一些欧洲国家会签订双边协议，为版权所有者提供互惠保护。但是按照国际知识产权法学者山姆·里基森（Sam Ricketson）的说法，"长期以来，未经授权，擅自复制和使用外国作品已经成了欧洲文化与社会生活的一大特征。即便是在多数国家已经制定了知识产权法后，这种情形也继续存在了相当长的一段时间"。

　　这种双边协议的局限性，包括一致性的缺乏，引发了一场始于法国的寻求对版权进行普遍保护的运动。为实现这一目标，1878 年，维克多·雨果以及一群艺术家和出版商成立了国际文学艺术协会。1883 年，该协会在瑞士伯尔尼召开了一个为期三天的国际会议，并将一份经过多次讨论的国际公约草案交给瑞士政府，瑞士政府于 1886 年 9 月 9 日通过了这一公约的草案，并将其定名为《保护文学和艺术作品公约》（Convention for the Protection of Literary and Artistic Works）。《伯尔尼公约》的精髓就在于采取国民待遇的方式，向作为缔约国国民的外国作者提供与本国作者相同的法律保护。

　　1908 年，《伯尔尼公约》的缔约国齐聚柏林，讨论公约的修订事宜，并形成了柏林法案（Berlin Act）。较之以往，柏林法案中发生了两个重要的变化：第一，各国不再以诸多形式上的手续，例如发布公告、呈缴出版物或在版权机构注册，作为提供版权保护的前提条件。第二，公约给予版权的最低保护期限为作者死后的 50 年。

　　最初，只有十个国家签署了这一条约。如今，缔约国总数已经达到了 167 个。虽然美国参加了该条约早期的筹备以及后续的会议，但直到 1989 年 3 月 1 日，美国才正式成为《伯尔尼公约》的成员国。造成拖延的一个主要原因便是，美国版权法的规定和《伯尔尼公约》中的一些关键条款存在冲突，特别是后者对"著作人身权"的认可，即允许作者或创作者反对"一切歪曲，篡改或其他方式的修改，或是其他贬损作品的行为"。■

1878 年

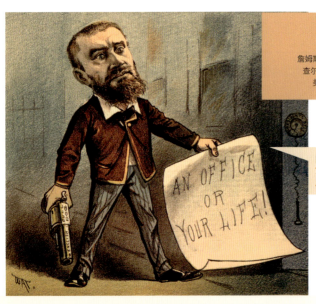

精神病辩护

詹姆斯·加菲尔德（James Garfield，1831—1881）
查尔斯·吉托（Charles Guiteau，1841—1882）
美国诉吉托案（*United States v. Guiteau*）

图为 *Puck* 杂志在 1881 年 7 月 13 日的封面上刊登了吉托的这幅人物漫画。

 麦纳顿规则（1843 年）

1881 年

整个 19 世纪，绝大多数的美国法院都将英国法中的麦纳顿规则，作为判定刑法上精神病的适当法律标准。该规则是 1843 年由法官小组集体创设的，目的是回应人们对案件宽大处理所产生的疑虑，规定：如果被告人能够认识到其行为的本质和结果，并且知晓行为的非法性，那么该被告人就应被认定为精神健全，从而对其行为承担相应的法律责任。

1881 年 3 月 4 日，詹姆斯·加菲尔德成为美国第二十任总统。四个月后，查尔斯·吉托，这个以前的传教士、律师和收账员，在哥伦比亚特区的巴尔的摩和波多马克火车站（Baltimore and Potomac Railroad Station）对加菲尔德进行射杀。在起诉吉托的过程中，律师提出的精神病抗辩成为案件的焦点，引起了整个国家民众的愤怒。

不少评论者也许会认为吉托是疯子，毕竟一个神志清醒的人是绝不会犯下此种滔天罪行。但事实证明，吉托不可能利用精神病抗辩的构成要件成功为自己开脱：他很清楚射杀总统是违法行为，同时也明白自己连开两枪的行为，可能会导致总统死亡的结果。历史学家查尔斯·E.罗森贝格（Charles E. Rosenberg）认为，人们会认为吉托"可能不是完完全全的正常人……（但是）毋庸置疑的是，'他的清醒程度足以承担相应的法律责任'"。

经过长达七周的审判后，陪审团只用一小时就作出了判决。最终，吉托被认定有罪，于1882 年 6 月 30 日被处以绞刑。尸检结果公布后，许多来自医学界、之前坚决抵制认定吉托有精神病的人，开始承认他的确已经精神失常了，这正如罗森贝格所言，"这一事实确实是长期且明显存在的"。甚至不少人"毫不犹豫地指责这场审判为误判，给法律和医学类职业蒙羞"。

1981 年，在对约翰·辛克利（John Hinckley）的审判中，他成功地借用这一辩护思路为自己企图刺杀罗纳德·里根（Ronald Reagan）总统的行为进行开脱。民众对此激愤不已，促使国会通过了 1984 年《精神病辩护改革法》（*Insanity Defense Reform Act*），将精神病的证明责任转移给辩护方，从而加大了精神病抗辩的难度。■

《排华法案》

图为苏启龙（Suey Kee Lung，照片摄影于 1912 年），他是众多因非法进入美国而被捕的中国移民之一。

阿尔罕布拉法令（1492 年），平等保护权（1886 年），《紧急限额法》（1921 年），战时流散人员法（1948 年）

给我你那疲惫而贫困的人民，

你那向往自由的劳苦大众，

你那富饶海岸边不幸的苦难者，

将那些经受暴风雨而无家可归的人们送来我的国土，

我将照亮金色的大门来迎接他们的到来。

——埃玛·拉扎勒斯，《新巨人》（Emma Lazarus, *The New Colossus*，1883 年）

1882 年

1849 年加利福尼亚的淘金热后，一大批中国劳工开始涌入美国。随着 1868 年美国国会正式批准了中美《蒲安臣条约》（*Burlingame Treaty*），踏上美国领土对华人来说不再是难事。条约中明确承认"改变住址和信仰是人与生俱来的不可剥夺的权利，公民和臣民……的自由迁徙与移民对双方都是互惠共赢的"。

然而，从那时起，以加利福尼亚州颁布的州法律为开端，各种利益团体开始通过政治手段阻止华人移民入境，限制或阻碍他们在美国工作。联邦层面，这些政治手段最终导致了《排华法案》（*The Chinese Exclusion Act*）的通过，该法案禁止华人劳工在 10 年内移民，也限制美国本土现有的华人居民入籍。值得注意的是，这种限制并不适用于从事特定贸易或职业的个人，例如商人和教师。

正如历史学家艾莉卡·李（Erika Lee）所指出的那样，这一具有分水岭意义的法案是"这个国家第一部严格控制移民的法律，它也是国内第一次基于种族、国籍和阶层而对一群移民进行法律限制"。研究移民历史的著名学者罗杰·丹尼尔斯（Roger Daniels）将《排华法案》视为"美国所有移民政策的转折点，以此为界，埃玛·拉扎勒斯诗歌中'金色的大门'恐怕只有慢慢关起来了"。

1892 年，《排华法案》的适用期限被延长，一直到 1943 年才被废除。那时，它已经促使美国的移民政策发生了巨大的改变，并催生了联邦层面官僚机构的产生，最终在 1933 年形成了美国移民和归化服务局。■

图中反映的是，即使是在宪法第十四修正案生效后，美国领土上的种族歧视仍然很严重。

1866 年《民权法案》（1866 年），禁止对选民的种族歧视（1869 年），普莱西诉弗格森案：隔离但平等原则（1896 年），1964 年《民权法案》（1964 年）

1883 年

在《解放黑奴宣言》颁布的几十年后，非裔美国人仍然生活在"自由"摇摇欲坠的国度。尽管奴隶制已经被废除，但在就业、交通、居住和日常生活中几乎所有方方面面的限制，让美国黑人无法享有与白人同样的自由权利。为消除这种不平等，国会在宪法第十四修正案的基础上，通过了 1875 年《民权法案》，赋予"每一个种族与肤色的公民"平等使用"旅馆，水陆公共交通工具，剧院和其他公共娱乐场所"的权利。遗憾的是，该法案并未有效缓解种族间的紧张关系，并很快迎来了挑战。

民权案件指的是由联邦最高法院合并审理的事实情节十分相似的五个案件，目的是判定 1875 年《民权法案》是否违宪。它们分别是：美国诉斯坦利案（*United States v. Stanley*）、美国诉瑞恩案（*United States v. Ryan*）、美国诉尼克尔斯案（*United States v. Nichols*）、美国诉辛格莱顿案（*United States v. Singleton*）、罗宾逊夫妇诉孟菲斯与查尔斯顿铁路公司案（*Robinson and wife v. Memphis & Charleston R.R. Co.*）。每一个案件中，旅馆或者其他场所都只是基于种族原因而拒绝为黑人提供服务，堂而皇之地将《民权法案》视为无物。为了逃避惩罚，这些违法者主张，国会强迫私人机构为黑人提供服务已经超越了宪法所赋予的权力。如此一来，1875 年《民权法案》的命运，国会对第十四修正案的解释，以及非裔美国人的平等权利最终都取决于联邦最高法院的这次关键性判决。

1883 年 10 月，联邦最高法院认定 1875 年《民权法案》的规定违宪，将歧视性待遇合法化。法院对政府和私人的行为加以区分，认为第十四修正案授权国会反对种族歧视的适用对象是政府而非私人行为。不仅如此，法院还主张，是时候让以前的奴隶"不再是法律的特殊宠儿"，这无疑是在伤口上继续撒盐，也反映了联邦最高法院无意支持继续制定额外的反歧视法律。

民权案件沉重地打击了早期的民权运动，其判决结果开创了一个持续性种族隔离和不平等的时代，并在 1896 年普莱西诉弗格森案的判决中，得到联邦最高法院的进一步认可。直到数年之后，国会才重整旗鼓，开始重新关注民权领域的立法。■

平等保护权

吴益和诉霍普金斯案（*Yick Wo v. Hopkins*）

图为华人经营的洗衣店。1880 年，旧金山市一项专门针对类似中国洗衣店的法令，催生了美国联邦最高法院的一个标志性案件。在该案的判决中，法院将宪法中平等保护条款的适用对象扩展至所有美国居民。

《人身保护法》（1679 年），第十四修正案（1868年），《排华法案》（1882 年）

在 1848 年加利福尼亚州发现金矿后，大批中国移民来到美国。早年，这些华人多在矿场、工厂工作，或是成为扩张铁路网的劳工。还有很多人选择经营洗衣店。吴益和于 1861 年来到旧金山市，三年后他开设了一家洗衣店，并成功地将这家店经营了二十多年。

1880 年，在排华形势愈演愈烈的情况下，旧金山市颁布了一项法令，要求所有未在砖石结构建筑中开设的洗衣店，也就是所有开在木屋中的洗衣店，都需要获得监管机构的许可。当时旧金山市内有 310 家洗衣店都开在木屋内，其中有 240 家为华人所有。所有白人经营者的许可申请都得到了批准，而华人经营者们可就没有那么好的运气了，只有一家华人开的洗衣店获得了法令所要求的许可证。虽然没有许可证，但吴益和却拒绝关闭洗衣店，仍然照常营业，并下决心挑战这项歧视性的规定。吴益和因此被捕并被罚款 10 美元，在拒绝缴纳罚款后，他被关押了 10 天。

针对这一非法监禁，吴益和申请了人身保护令，并将官司一路打到美国联邦最高法院。最终，法庭达成一致意见，撤销之前的定罪并建立起两个具有开创性的先例，为整个 20 世纪中期出现在美国法庭上的部分民权斗争铺平了道路。法庭的判决意见由法官斯坦利·马修斯（Stanley Matthews）执笔，他提到，吴益和遵守了所有必需的健康和安全法规，除了"对上诉人种族和国籍的歧视"外，监管机构无法为自己在对待白人与华人经营者时赤裸裸的歧视行为找到更好的托词，但这种歧视"在法律看来是不正当的"。

吴益和案的判决具备两个层面的重大意义：首先，法庭第一次确认了，一个看起来中立的法律规定，如果对不同阶层和群体的公民加以区别对待，那么也有可能成为不公正的法律。其次，法庭也首次确认了，宪法中平等保护条款的适用对象是所有美国居民，而非仅仅是公民。■

图为卡尔顿·沃特金斯（Carleton Watkins，1829—1916）在 1877 年拍摄的中央太平洋铁路公司的一段铁路支架。铁路公司不公平和混乱的经营方式促使国会颁布了《州际贸易法》。

《谢尔曼反垄断法》（1890 年），反垄断（1911 年），《克莱顿反垄断法》（1914 年），国会对商业的管理权（1824 年），微软公司的垄断（2000 年）

1887 年

19 世纪末，没有一个行业能像铁路那样至关重要而又备受公众诟病。当时，火车是穿越美国领土最便捷的货运和客运方式，但是那些为私人所有、缺乏监管的战后铁路工业却引起了公众的极度不信任。消费者面临的最大的问题之一，便是铁路运价不统一。各家公司常常在其认为合适的时间随意改变价格。部分地区会从多家铁路公司的运营服务中获益，但大多数地方都因运费的随意变动而产生了行业垄断。

在民众对政府干预的强烈呼吁下，国会于 1887 年通过了《州际贸易法》（The Interstate Commerce Act），鼓励各铁路公司间的商业竞争。该法案要求定价应当公开进行，取缔不公正的价格设置，并成立州际贸易委员会（Interstate Commerce Commission，ICC）来监督其执行。州际贸易委员会的设立本身就具有里程碑式的意义，因为它是美国第一个独立监管机构。遗憾的是，这部法律并没有为不公正定价确立清晰的法律界限，适用效果与预期相比也是大打折扣，其缺陷被后来 1906 年的《赫伯恩法》（Hepburn Act）和 1910 年的《曼-埃尔金斯法》（Mann-Elkins Act）所修正。

就整个 20 世纪而言，《州际贸易法》的适用范围和州际贸易委员会的权力始终处在波动状态。尽管设立之初是为了规范铁路业，但州际贸易委员会最终也开始逐步监管包括卡车和驳船在内的其他交通运输行业。在 1934 年美国联邦通信委员会（Federal Communications Commission，FCC）成立之前，它还负责管理电报和有线通信。法院甚至利用《州际贸易法》来进一步辅助民权运动。在 20 世纪 40 年代初期，联邦最高法院以违反《州际贸易法》所确立的基本个人权利为由，引用宪法中的商业条款和国会对商业的监管权来摧毁铁路运输在实践中的歧视现象。1964 年，联邦最高法院在两个案件的判决中，确定了国会有权根据宪法规定的商业条款，而非第十四修正案中的平等保护条款，禁止私人的种族歧视行为。

严格来说，《州际贸易法》在今天仍然具备法律效力，但在 20 世纪 70 年代初联邦层面开始逐步放松管制的浪潮后，州际贸易委员会于 1995 年被撤销。■

巴西奴隶解放法

伊莎贝尔，巴西帝国公主（Isabel, Princess Imperial of Brazil, 1846—1921）

图为马克·费雷斯（Marc Ferrez）拍摄的巴西一个咖啡种植园里的奴隶们（约 1885 年）。

路易十四的《黑人法典》（1685 年），《解放黑奴宣言》（1863 年），废除奴隶制（1865 年）

巴西奴隶制的发展在很大程度上反映了 16 世纪中期甘蔗种植园经济的发展。当时，葡萄牙在大西洋马德拉群岛（Madeira）、圣多美群岛（São Tomé）和普林西比群岛（Principe）拥有大量的种植园，供应着欧洲的大部分糖料。由于担心法国和英国会在自己控制松散的巴西殖民地上设立其他殖民地，同时全球对糖料的需求也在不断增加，葡萄牙在巴西东北部建立起了新的制糖厂。

糖料出口的攀升需要更多的劳动力，这就导致了巴西成为当时购买非洲奴隶的主要国家。随着 1690 年黄金在巴西土地上的出现，以及咖啡逐渐成为不可或缺的经济作物，奴隶劳动的需求量与日俱增。英国一位杰出的奴隶制历史学家罗宾·布莱克本（Robin Blackburn）认为，1500—1865 年欧洲商人在非洲海岸线共购买了 1200 万黑人，其中的 1000 万人"存活下来，被卖到新大陆为奴"。在这些奴隶中，又有超过 400 万人被送往巴西。

截至 1865 年，巴西境内仍然有 150 万奴隶，此时离他们正式被解放还有近 25 年。虽然从 1850 年起就已经停止从非洲进口奴隶，但巴西奴隶制仍势头不减，直到 1871 年巴西颁布了《里约布兰科法》（Rio Branco Law），即《自由出生法》（Free Birth Law），规定奴隶们的后代在满 21 岁时就会获得自由。

此后，废除主义者继续朝着铲除奴隶制可接受性的方向努力，到 19 世纪 80 年代早期时，巴西的部分地区就已经给予了奴隶自由。1888 年 5 月 13 日，摄政巴西的伊莎贝尔公主公开签署《金色法案》（Lei Áurea），立即解放了巴西所有的奴隶。这部让横行了三个世纪的奴隶制寿终正寝的法律只包括了两句话，但却具有极为深刻的意义："从现在开始，巴西的奴隶制将不复存在。所有与此相悖的法律都归于无效。"

这一宣言让巴西成为最后一个在法律层面宣告残暴而致命的奴隶制为无效的国家。■

1888 年

隐私权

路易斯·布兰迪斯（Louis Brandeis，1856—1941）
萨缪尔·沃伦（Samuel Warren，1852—1910）

图为美国联邦最高法院的大法官路易斯·布兰迪斯（约 1916 年），他对关于隐私权的立法工作产生了很大的影响。

 监听（1928 年），身体和隐私权（1965 年），罗伊诉韦德案（1973 年）

1890 年

在过去的一百二十五年时间里，法律领域的学术研究成果可谓层出不穷，其中就有那么一篇论文，因其对法律准则的独到影响力而熠熠生辉。1890 年，《哈佛法律评论》发表了《论隐私权》（The Right to Privacy）一文，其作者是后来成为联邦最高法院大法官的路易斯·布兰迪斯和他的同事萨缪尔·沃伦。20 世纪早期哈佛大学法学院的院长罗斯科·庞德（Roscoe Pound），用一句话描述了这篇论文的重要性：布兰迪斯和沃伦"只不过给我们的法律加了整整一个章节"。

这篇论文的主旨在于：法院应当认可个人享有隐私权，或者至少应认可其最简单的表现形式——"独处的权利"（the right to be let alone）。这一原则源于作者对时代精神和风貌的思考，尤其是针对媒体的粗暴和侵扰——夸张、耸人听闻的报道铺天盖地而来，以及瞬间拍照技术的出现。当谈到"现代企业与发明"时，布兰迪斯和沃伦认为"大量的机械化设备威胁我们要时时做好心理准备，'衣橱里的窃窃私语会通过屋顶被广而告之'"。

两名作者细数了普通法为了适应社会政治与经济的发展而不断演变的过程。对此，他们认为，这一演变是通过扩大法律保护范围来完成的。例如，在法律最初只保护已经发生的身体伤害和有形财产损失时，对人身伤害的威胁也产生了采取保护措施的必要，因此法律给予了相应的保护。与此相似，为了赔偿对声誉造成的无形损害，法律规定将诽谤作为诉讼理由。甚至连商标、版权和其他诸如此类的知识产权都获得了相应的保护。法律需要正视另一类无形财产所遭受的侵害：个人的隐私。

包括纽约在内的部分州已经通过立法，对隐私权的理念有所涉及。更多的州则是将类似的权利作为习惯法的一部分来看待。1939 年，美国法学会引人注目地在《侵权法重述》（Restatement of Torts）中，将隐私权正式写入法律规定。同样，学者们也毫无意外地将功劳归于布兰迪斯和沃伦，认为这篇论文对隐私权的产生意义深远。■

《谢尔曼反垄断法》

约翰·谢尔曼（John Sherman，1823—1900）

图为来自俄亥俄州的参议员约翰·谢尔曼，他是《谢尔曼反垄断法》（*Sherman Antitrust Act*）的主要撰写者（照片拍摄于1870年）。

国会对商业的管理权（1824年），《州际贸易法》（1887年），反垄断（1911年），《克莱顿反垄断法》（1914年），微软公司的垄断（2000年）

美国内战后，商业的规模不断扩张，一些公司会选择以合并的方式来避免相互间的竞争，这就产生了制定反垄断法的需要。这类法律的目的在于确保商业竞争的活力，以竞争推动经济机会，促进公平定价，提高市场效率。

1888年，第一部反垄断法诞生，该法因俄亥俄州参议员约翰·谢尔曼提出而得名，经历了国会两院的审查、讨论与修正。这部法律最终被通过，但由于具体规定的广泛性和一般性，其需要通过来自法院的大量意见来进行理解与适用。

这部法律中的基本条款从规定之初，就一直沿用至今。第一条规定禁止通过契约和其他形式的联合来限制州际间或者与外国之间的贸易或商业。鉴于契约与联合是客观存在的商业方式，纯粹的个人行为则不在该条所禁止的范围内。第二条规定禁止垄断、企图垄断或共谋垄断州际间或者与外国之间的贸易或商业。对于违反这两条规定的行为，联邦政府都有权进行民事和刑事处罚。同时，该法还规定了个人有权寻求救济，包括向受损方提供三倍的损害赔偿。

法院很快便对第一条规定作出了解释，主张该条所禁止的对象只是不合理限制贸易的行为，并形成了判定垄断的"合理性原则"。但同时，法院也明确列举了几个本身就不合理，从而为法律所不容的特定违法行为，包括固定价格协议、集体抵制购买以及划分市场份额的协议。

对《谢尔曼反垄断法》最有力的适用，当属1911年政府将标准石油公司（Standard Oil）和美国烟草集团（American Tobacco）分别诉至法院。前者涉及利用权力控制市场价格，后者则涉嫌利用掠夺性的市场行为压榨弱小，打压其他竞争者。20世纪最大的反垄断案件是1974年司法部强令电话业巨头——美国电话电报公司（AT&T），拆分出20多家本地电话公司，以维持其长远发展和其他业务。■

1890年

图为 1896 年，全国妇女委员会（National Council of Women）在新西兰基督城召开成立大会。

新西兰妇女的选举权

玛丽·安·米勒（Mary Ann Müller，约 1820—1901）
凯特·谢帕德（Kate Sheppard，1847—1934）
大卫·波义耳，第七任格拉斯哥伯爵（David Boyle, 7th Earl of Glasgow, 1833—1915）

 允许女性成为执业律师（1873 年），妇女的选举权（1919 年）

1893 年

1869 年，来自新西兰尼尔森的玛丽·安·米勒出版和发行了倡导女性权利的小册子。十六年后，也就是 1885 年，美国的妇女基督教禁酒联盟（Women's Christian Temperance Union，WCTU）在新西兰成立了 15 个分部，并重新发起妇女权利运动。两年后，来自新西兰基督城的凯特·谢帕德成为该联盟的全国负责人和妇女参政运动的领导者。随着整个新西兰许多家喻户晓的人物加入该组织，谢帕德的运动得到了广泛的支持与认可。

尽管得到越来越多的支持，争取选举权之路并不平坦，反对者们提出改变性别角色将会威胁到家庭结构的稳定，同时，白酒产业也会岌岌可危，因为支持禁酒的女性选民会冲击白酒行业的经济。

自妇女基督教禁酒联盟在新西兰成立以来，其成员每年都会向议会发起请愿。1891 年，她们为请愿征集到了 9000 个支持者的签名。次年，随着支持率的剧增，她们呈交了 2 万名支持者的签名。到 1893 年，在她们向国会递交的请愿中，支持者的数量达到了近 32000 人，占整个新西兰成年女性的 1/4。

尽管这一支持率所表达的倾向已经足够明显，但是妇女的选举权问题在议会中仍然面临着势均力敌的争议。1893 年 9 月 8 日，议会以 20∶18 的投票比例通过了《选举法案》。新西兰总督格拉斯哥伯爵签署后，该法案正式生效。妇女们立即登记参加即将到来的 11 月大选。将近 11 万妇女参与报名，占有权参加选举的妇女人数的约 84%，其中有 9 万多名妇女与男性一起参加了投票，人数之多大大超出了人们的预期。基督城的一家报社完全没有抓住这一现象背后的深意，还报道说"女士们精致的穿着和微笑的脸庞极其绝妙地点亮了投票台"。

这场妇女争取选举权的运动虽然历经千辛万苦，但最终使得新西兰成为第一个女性享有投票权的独立国家。■

普莱西诉弗格森案：隔离但平等原则

荷马·普莱西（Homer Plessy, 1863—1925）
亨利·比林斯·布朗（Henry Billings Brown, 1836—1913）
约翰·马歇尔·哈兰（John Marshall Harlan, 1833—1911）

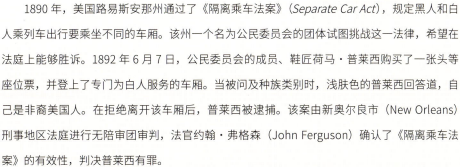

图为坐落在路易斯安那州新奥尔良市新闻和皇家大街（Press and Royal Streets）的纪念碑，荷马·普莱西正是在此处被捕。

民权案件（1883 年），平等保护权（1886 年），布朗诉教育委员会案（1954 年），1964 年《民权法案》（1964 年），《选举权法》（1965 年），跨种族通婚（1967 年）

1890 年，美国路易斯安那州通过了《隔离乘车法案》（*Separate Car Act*），规定黑人和白人乘列车出行要乘坐不同的车厢。该州一个名为公民委员会的团体试图挑战这一法律，希望在法庭上能够胜诉。1892 年 6 月 7 日，公民委员会的成员、鞋匠荷马·普莱西购买了一张头等座位票，并登上了专门为白人服务的车厢。当被问及种族类别时，浅肤色的普莱西回答道，自己是非裔美国人。在拒绝离开该车厢后，普莱西被逮捕。该案由新奥尔良市（New Orleans）刑事地区法庭进行无陪审团审判，法官约翰·弗格森（John Ferguson）确认了《隔离乘车法案》的有效性，判决普莱西有罪。

1896 年，普莱西将该案上诉至美国联邦最高法院，从而成为美国历史上最臭名昭著的案例之一。判决意见由法官亨利·比林斯·布朗执笔，法院认为路易斯安那州实行的种族隔离法并没有违宪。布朗解释道，各州可以颁布对种族进行分类的法律，只要这些法律是合理的，其基于"人们已有的习惯、风俗和传统"而具有合理性，"并且是为了提升人们生活的舒适度，维持公共和平和良好秩序"。他认为，路易斯安那州的这部法律促进了种族和平，且并未将黑人置于低人一等的地位。他还总结道："如果事实正如所言，那便不是因为人们在法案中发现了什么问题，而是有色人种自身选择了在法案上建立这种隔离对待的结构。"这一判决意见在法律层面正式许可了"隔离但平等"原则的存在，即各州可以将不同种族隔离开来，只要他们提供平等的对待条件。

在判决中，法官约翰·马歇尔·哈兰也给出了联邦最高法院历史上最有影响力的意见中一个反对意见，他主张各州不能基于种族理由来规范人们的行为。即"在法律眼中，这个国家就不存在优人一等、奉为主宰和统治阶级的公民。这里也没有所谓的社会等级。我们的宪法是不戴有色眼镜的，它既不区分也不能容忍对公民进行等级划分。就民权而言，所有公民在法律面前一律平等"。这一意见为未来消除种族隔离的斗争提供了灵感，但直到快六十年后，普莱西诉弗格森案的判决才在布朗诉教育委员会案中被正式推翻。■

1896 年

公司人格与责任

达特茅斯学院诉伍德沃德案（*Trustees of Dartmouth College v. Woodward*）
萨洛蒙诉萨洛蒙公司案（*Salomon v. A. Salomon & Co.*）
哈丁斯·斯坦利·吉福德，哈尔斯伯里伯爵一世（Hardinge Stanley Giffard.,
1st Earl of Halsbury，1823—1921）

一家皮靴公司的破产造就了一个标志性案例，在该案中，英国上议院认为个人不应为其构成的有限责任公司承担相应的个人责任。

 泡沫法案（1720 年），华尔街监管（1933 年），
《萨班斯－奥克斯利法案》（2002 年）

1897 年

　　法律上存在着众多虚构的法律概念，其中之一便是法人，它是只存在于法律中的实体。例如，只要依照创设公司的法律规定，一个公司便可以订立合同、拥有财产、提起诉讼与被起诉。1819 年，美国联邦最高法院在达特茅斯学院诉伍德沃德案中明确指出，公司与自然人享有一样的合同权利。在公司这一形式出现之前，许多生意都是以合伙关系运营。但是合伙中的连带关系却带来了一个问题：每一个合伙人都要对合伙企业的债务和义务承担责任，同时，合伙企业也对合伙人的私人债务承担责任。

　　当时在英国，只有皇家特许或者通过立法才能授权成立公司。1844 年，议会通过了《合股公司法》（*Joint Stock Companies Act*），允许以注册方式成立公司。但是，个人股东仍然要对公司的法律地位承担责任。在意识到有限责任能够促进投资、推动创业后，议会通过了 1855 年《有限责任法》（*Limited Liability Act*）和 1862 年《公司法》（*Companies Act*），对满足特定经济门槛，经合法注册成立的公司赋予有限责任。这种做法一直持续到 20 世纪。

　　1892 年，阿龙·萨洛蒙（Aron Salomon）把他的皮靴生意转为公司经营，他自己持 2 万公司股份，并给了他的妻子和五个孩子每人一股。随着生意下滑，萨洛蒙无力偿还债务，公司濒临破产，无担保的债权人随即以个人名义起诉了萨洛蒙。

　　上议院一致裁定，萨洛蒙无须为公司的债务承担个人责任。哈尔斯伯里伯爵解释说，争议中唯一存在的问题是该公司是否为合法成立。法庭无权"在法律规定外再增加别的条件"。一经合法成立，公司"必须被视为和其他任何独立的自然人一样，享有适当的权利，承担相应的义务"。

　　萨洛蒙案的裁决确保公司能够以封闭性控股实体的形式继续发展。尽管该案的结果一直被后来的判决所引用，但当案件中能够证明作为实体的公司完全是空壳的时候，例如公司被用来充当明显的、不当的逃避责任的挡箭牌，法院就不会遵循萨洛蒙案的裁决。■

《德国民法典》

图为《德国民法典》，这部在 20 世纪之交生效的法典实现了长久以来，德意志帝国民众渴求法律统一的愿望。

 《查士丁尼法典》（529 年），《拿破仑法典》（1804 年）

1871 年《凡尔赛条约》（*Treaty of Versailles*）结束了普法战争，但它促使并巩固了德意志帝国的统一。然而，正如历史学家彼得·R. 塞恩（Peter R. Senn）所评价的那样，这个新的帝国"包括了各式各样的政治形态：帝国领土、王国、自由城市、大公爵领地、公爵领地以及公国，每种形态都拥有各自的领土、法院和法律"。在这种政治体系上存在着三种不同的法律规范：1794 年《普鲁士民法典》、1804 年《拿破仑法典》以及 1811 年《奥地利法典》。

出于长久以来对法律统一的渴望，1874 年德意志帝国任命了一个委员会，专门负责起草适合的法典。经过十多年的努力，委员会于 1888 年提交了一份草案供民众参考。不过，事实证明，该草案并不为公众所接受，人们批评它"太罗马化"，且没有充分吸收日耳曼部落习惯法。1890 年，一个新的委员会成立，继续进行法典起草，并于 1895 年完成对草案的修改。经过进一步的修正后，该草案于 1896 年 8 月 18 日正式通过，成为《德国民法典》，并在 1900 年 1 月 1 日生效，至今仍然沿用。

"人的法律地位，始于其出生"，民法典的施行以此为开端，包含 2385 条法律条款。其内容分为五个重要部分：法律总则和个人权利、债法（合同法和侵权法）、物权法、婚姻家庭法和继承法。1905 年，沃尔特·洛伊（Walter Loewy）在对该法典进行英文翻译的介绍中写道，这部法典"最大的政治价值……就是它在事实上完成了德国的统一"。

在法典通过前的那段漫长且深思熟虑的努力，使得这部法典具有极强的生命力。随着时间的推移，它一直在修正，但其基本结构和内容表现出了非凡的持久性，历经多场政治变革后仍屹立不倒，例如法西斯政权、两次世界大战、两次盟军占领，以及 1990 年东德和西德的统一。与此同时，它对包括奥地利、希腊、日本、俄国、斯堪的纳维亚国家和瑞士等在内的其他国家法律体系的发展，也产生了巨大影响。■

1900 年

古巴宪法

克里斯多夫·哥伦布（Christopher Columbus，约 1451—1506）
玛丽亚·克里斯蒂娜（María Cristina，1858—1929）
威廉·麦金莱（William McKinley，1843—1901）
伦纳德·伍德（Leonard Wood，1860—1927）
奥维尔·普拉特（Orville Platt，1827—1905）
多明戈·门德斯·卡波特（Domingo Méndez Capote，1863—1934）

图为 1896 年刊登在 *Puck* 杂志上的政治宣传漫画。画中，山姆大叔在西班牙邪恶的诡计面前，高尚地保护着哀求者古巴。实际上，这一事件的复杂性远不止于此。

 阿尔罕布拉法令（1492 年），泡沫法案（1720 年），"阿姆斯达"号案件（1839 年）

1901 年

　　克里斯多夫·哥伦布的第一次航海之旅始于 1492 年 10 月，他首次登上了现今的巴哈马群岛，然后继续前进，到达了今天的古巴。西班牙一直统治着古巴，直到 1898 年美国军舰"缅因号"（Maine）匪夷所思地发生爆炸，沉入哈瓦那港（Havana Harbor），造成近 3/4 的船员丧生。这次事故让美国在当时麦金莱总统（President McKinley）的带领下，与摄政女王玛丽亚·克里斯蒂娜统治的西班牙，卷入了西美战争。这场战争同时也发展成为古巴独立战争，美国代表古巴进行了干预。

　　西班牙投降后，美军在军事总督伦纳德·伍德的指挥下，继续占领古巴岛，帮助当地进行基础设施建设。古巴邻近美国，处于墨西哥湾入口，同时也是加勒比海地区最大的岛屿，正是基于这些重要的战略价值，美国才会寻求对古巴进行保护。来自美国康涅狄格州的参议院奥维尔·普拉特提出立法建议，要求古巴承认美国有干涉其内政的权利，并"向美国出租或出售用于采煤或海军驻扎的必要土地"。后一条款使得古巴将关塔那摩湾（Guantánamo Bay）永久租赁给美国政府。

　　经麦金莱总统的签署后，普拉特的立法建议正式成为法律，同时，1901 年 6 月，多明戈·门德斯·卡波特所领导的古巴制宪会议将普拉特的立法作为附录写进古巴宪法。该宪法与美国宪法有诸多相似之处：需要一位总统，两院制立法机构，有一个最高法院领导的独立司法体制，以及权利法案。但普拉特的立法允许美国干预古巴的政治事务，这种干预埋下了敌视和愤恨的种子，使得在接下来的七十五年里古巴颁布了三个以上的宪法，永远地改变了古巴与美国以及世界上其他国家之间的关系。■

工厂里的女工
穆勒诉俄勒冈州案 (*Muller v. Oregon*)

图为 1886 年一家针织品厂的广告，展示的是女性手工制作与工厂生产的画面。

《劳动赔偿法》（1910 年），《童工法》（1916 年），《国家劳动关系法》（1935 年），《公平劳动标准法》（1938 年）

有时，法院的判决能够很快地给社会带来积极的改变，但与此同时，也可能造成未来无法预知的变数。穆勒诉俄勒冈州案件就是一个典型。与该案相类似的，对限制工作时长以保护妇女劳动者的立法，表示支持的法院判决，为未来几十年的性别歧视提供了可乘之机。

1903 年，俄勒冈州通过立法，禁止工厂和洗衣房的女工每天工作超过十小时。两年后，波特兰一家大型洗衣店的工头要求一名女性雇员加班加点地工作。洗衣店的老板柯特·穆勒（Curt Muller）因此被州法院判决违反了劳动法。

在将该案上诉到美国联邦最高法院的过程中，穆勒辩称，俄勒冈州的劳动法侵犯了他和雇员依据宪法第十四修正案平等保护条款所享有的自由订立合同的权利。俄勒冈州的律师，得到了进步的改革者们支持，坚称长时间的工作对妇女的影响远超男性。同时，他们提交了列明女性劳工工作时长的研究数据，以证明母亲过量的工作将会直接影响整个国家的幸福。

联邦最高法院一致支持俄勒冈州的立法，认为"鉴于母亲的健康对于培养有活力的后代至关重要，因此，为了保持整个民族的强健与活力，妇女的身体健康应当成为公共利益与关怀的对象"。在判决的结论部分，法院主张，男性与女性生理上的差异使得"立法中的区别对待"是合理的。

这一判决给妇女权利带来了灾难性的影响。它正式认可了女性和男性可以区分对待的法律原则。在各州，这种对单一性别进行保护的立法持续了好几十年，直到后来才被今天的性别中立政策所取代。但是，穆勒案也并非全无可取之处。在此影响下，1917 年，联邦最高法院支持了俄勒冈州一项限定男性劳工最大工作时长的立法。同时，穆勒案的判决也为规范现代工作场所的重要立法奠定了基础，例如《公平劳动标准法》（*Fair Labor Standards Act*），该法确立了最低工资标准和最长工作时限。■

1908 年

国会有权征收所得税

威廉·霍华德·塔夫托（William Howard Taft，1857—1930）

美国宪法第十六修正案的通过，为法学增加了一个新的分支学科：税法。

三级累进税率（个人所得税）（1798 年），联邦法院的权威地位（1821 年），名人税收诉讼（1989 年）

1909 年

所得税在遥远的过去就已经存在，不过它们比较罕见，并且主要是为战争提供资金。在萨拉丁攻占耶路撒冷后，英格兰国王亨利二世于 1188 年建立了萨拉丁什一税（Saladin Tithe），征收其臣民收入和动产的 1/10 来资助第三次十字军东征。美国第一次出现个人所得税是在 1643 年，是由少数殖民地推行的一种"个人能力税"。1798 年，首相小威廉·皮特为了支持法国大革命，在英国引入了三级累进税率。林肯总统签署了 1861 年《税法》，对个人收入进行征税，以负担内战期间联邦军队的花销。次年，美国又通过了《所得税法》（Revenue Act），建立起了美国税务总局，但这一法案在内战后被废止。

1894 年，个人所得税又短暂地出现在美国，当时国会为了解决经济不平等问题，对年均收入 4000 美元的人征缴 2% 的税，但这一做法很快就被叫停了。在波洛克诉农业贷款及信托有限公司案（Pollock v. Farmers' Loan & Trust Co.）中，联邦最高法院认为动产或不动产的所得税是一种直接税收，因此不按各州人口比例征收直接税是违宪的。

在 1908 年的总统大选中，民主党派主张要征收个人所得税，共和党候选人威廉·霍华德·塔夫托也表示支持。但是在赢得大选后，塔夫托为了避免与宪法出现其他冲突，而不愿意签署个人所得税法。他主张通过宪法修正案的方式，对这一问题进行明确的法律许可。塔夫托的提案得到参议院的一致认可，并在众议院高票通过。虽然修正案的批准进程十分缓慢，但 1913 年 2 月，在获得最后一个必要的批准后，宪法第十六修正案正式生效："国会有权对任何来源的收入规定并征收所得税，无须在各州按比例加以分配，也无须考虑任何人口普查或人口统计。"国务卿菲兰德·诺克斯（Philander Knox）核准了修正案的通过，次年，国会颁布了 1913 年《税法》，对居民净收入按照 1%~6% 不等的比例征税，让所得税在法律上扎下根来。■

《禁止贩卖妇女为娼法》

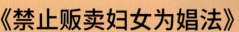

詹姆斯·R. 曼恩（James R. Mann，1856—1922）
凯米内蒂诉美国案（Caminetti v. United States）

20 世纪 40 年代初期，查理·卓别林曾与一位很有潜力的年轻女星琼·巴里（Joan Barry）相好。由于被怀疑政治立场，他被 FBI 以触犯了《曼恩法》起诉，理由是卓别林给巴里买了一张火车票。图中所示为卓别林刚被判决为无罪的照片。

国会或者其他立法机构不能通过法律手段来规范道德问题，早就是法律领域津津乐道的一个话题。但是在法制史上，尝试这么做并取得成功的立法活动仍然是不可忽视的。

1910 年 6 月，为了缓解席卷全国的道德恐慌，国会制定了《禁止贩卖妇女为娼法》（White-Slave Traffic Act）。人们更多地以提出该法案的人，来自伊利诺伊州芝加哥的国会议员詹姆斯·R. 曼恩的名字来命名这部法律，即《曼恩法》（Mann Act）。《曼恩法》将"出于卖淫或者任何其他不道德的目的"，故意在州与州之间贩运"任何妇女或女孩"的行为规定为重罪。

按照大卫·J. 兰格姆（David J. Langum）教授的说法，《曼恩法》出现在移民和城市化迅速扩张的时代，当时，国家"对卖淫问题可谓是空前绝后的紧张"。尽管该法案非常清楚地规定了行为的目的，但法院却对其兜底条款，即"任何其他不道德的目的"进行了更为宽泛的解释。

1917 年，美国联邦最高法院合并裁决了有关的三个案件，在第一个案件，即凯米内蒂诉美国案中，明确指出《曼恩法》的目的是"制止州与州、国与国之间针对妇女和女童的邪恶交易"，并且"防止皮条客和卖淫者强迫成千上万的妇女和女童，违背她们的意志和愿望开始或者继续从事卖淫生活"。但是，联邦最高法院也主张，这部法律所禁止的不仅仅是贩卖妇女为娼和卖淫行为，还包括了双方同意进行性接触的情况，即便是不存在金钱交易。

由于这种扩大化的解读，《曼恩法》在过去已经被用来逮捕和起诉了成千上万的人，包括像杰克·约翰逊（Jack Johnson）、弗兰克·劳埃德·赖特（Frank Lloyd Wright）、查理·卓别林（Charlie Chaplin）和查克·贝里（Chuck Berry）这样的知名人士。第一位黑人重量级拳击冠军约翰逊（Johnson），根据《曼恩法》在 1913 年被判决有罪，因为他出于"不道德的目的"花钱让他的一个白人女朋友从匹兹堡来到芝加哥。

尽管《曼恩法》仍然在继续适用，但在 1986 年的一次修正中取消了"不道德的目的"这一表述，改为"任何人都能被因此提起刑事指控的任何性行为"。■

《劳动赔偿法》

查尔斯·埃文斯·休斯（Charles Evans Hughes，1862—1948）

图为当时的纽约州州长查尔斯·埃文斯·休斯。

《社会保障法》（1935 年），《公平劳动标准法》（1938 年），《职业安全与卫生法》（1970 年）

1910 年

随着 19 世纪末期工业化的迅速扩张，工作场所的危险也在不断增加。在人们所从事的行业中，事故致伤致亡的比例不断攀升，尤其是在煤矿开采和铁路建设领域。劳动经济学家普莱斯·V. 菲什巴克（Price V. Fishback）和肖恩·埃弗雷特·坎特（Shawn Everett Kantor）认为，"工业事故以及它们所造成的相应的经济困难，越来越成为一个严峻的问题"。再加上诸类因素，如雇主对事故索赔的辩护面临越来越多的限制和劳动诉讼结果不确定性的增加，使得责任保险费率攀升，加速了全国各地对劳动赔偿法的立法进程。

在劳动赔偿产生之前，对于受伤的劳动者而言，其唯一的救济途径就是提起诉讼，主张雇主存在过失。然后，他们需要证明造成自己受伤的主要原因是雇主没有尽到合理的注意义务。然而，这一主张本身就存在着很大的问题。因为，依据"自甘风险"原则（risk doctrine），雇员在知悉工作场所固有风险的情况下依然选择继续工作，就等于放弃了起诉的一切权利，这使得许多雇主免于承担责任。

在此背景下，出现了两股力量，推动劳动赔偿法规从 1910 年开始便在各州产生并迅速发展。首先，社会改革者迫切地想要减轻他们认为落在受伤工人身上的、不对等的经济负担。其次，法律环境变得对雇主愈发不利，因为法院开始削弱诸如自甘承担风险这类法律辩护。法律立场的这种变化给雇主带来了不确定性，他们开始大量以存在过失为由提起诉讼，以及随之而来的是责任保险成本的增加。正因为如此，一种覆盖所有职工的工伤事故强制赔偿制度，开始展露出巨大的商业吸引力。

1910 年，纽约州州长查尔斯·埃文斯·休斯签署了全国第一部《劳动赔偿法》。十年内，几乎其他各州都争相效仿，形成了菲什巴克和坎特所称的"美国第一个广泛的社会保障计划，为后来政府创立失业保险、养老金以及医疗保险体系铺平了道路"。■

反垄断

美国诉奈特糖业公司案（*United States v. E. C. Knight Co.*）
西奥多·罗斯福（Theodore Roosevelt, 1858—1919）
标准石油公司诉美国案（*Standard Oil Co. v. United States*）
爱德华·道格拉斯·怀特（Edward Douglass White, 1845—1921）

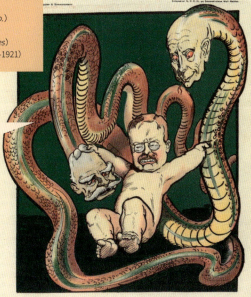

图为漫画"婴儿大力士与标准石油公司巨蟒"，载于 *Puck* 杂志 1906 年 5 月 23 日版。图中，总统西奥多·罗斯福死死地拽住参议员尼尔森·奥利奇（Nelson Aldrich）的头和石油大亨约翰·D. 洛克菲勒（John D. Rockefeller）的身体。

THE INFANT HERCULES AND THE STANDARD OIL SERPENTS.

《谢尔曼反垄断法》（1890 年），反垄断（1911 年），《克莱顿反垄断法》（1914 年），微软公司的垄断（2000 年）

1911 年

当国会于 1890 年颁布《谢尔曼反垄断法》时，它试图解决的是因工业化的迅速扩张所带来的企业力量日益强大的问题。其目的是要保护市场竞争，降低价格，为消费者提供更多的选择。但在颁布初期，这部法律的实施效果并不十分理想。

1901 年，麦金莱总统逝世后，西奥多·罗斯福宣誓就职，他发起了一场声势浩大的运动来反对垄断，打破那些能让大企业逃避《谢尔曼反垄断法》规制的法人实体。1902 年初，菲兰德·诺克斯（Philander Knox），这位后来的美国司法部长，对两家铁路主干线巨头形成的垄断实体——北方证券公司提起诉讼。联邦最高法院在裁决中认为，这家公司属于非法合并，违反了谢尔曼法。罗斯福说，这次诉讼是"我执政以来最伟大的成就之一……因为通过它我们强调了……一个事实，即使是这个国家最有权势的人，在法律面前也要承担责任"。这个案件也具备重大的法律意义：为 1906 年美国政府起诉新泽西州标准石油公司和更多随之产生的法律原则奠定了基础。

美国政府起诉标准石油公司，这家控制全美九成以上炼油资源的公司涉嫌一系列的垄断活动。最终，联邦最高法庭一致裁决，该公司违反了《谢尔曼反垄断法》，应予拆分。在反垄断法领域，该判决的重要性在于法院的说理。大法官爱德华·怀特在判决意见中明确指出，《谢尔曼反垄断法》只禁止那些无理限制贸易的行为。在他看来，标准石油公司的有关行为是无理的，因为其目的和意图是"为了维持其在石油业的垄断地位，这并非正常竞争的结果……而是通过新的联合方式……谋求比其他方式更为强大的力量"。■

三角内衣厂火灾

图为 1911 年 3 月 25 日，在曼哈顿的居民区格林威治村（Greenwich Village），纽约消防队正在全力扑救三角内衣厂大火。

工厂里的女工（1908 年），《劳动赔偿法》（1910 年），《童工法》（1916 年），《国家劳动关系法》（1935 年），《公平劳动标准法》（1938 年），《职业安全与卫生法》（1970 年）

1911 年

历史已经太多次的提醒我们，悲剧有时会成为法律变革的动力。在纽约的历史上，从来没有一场火能像 1911 年烧毁三角内衣厂的火灾那样触目惊心。在美国劳工运动的发展历程中，这场灾难的发生让数年来岌岌可危的劳工环境开始得到改善，也催生了对现代劳工的保障。

事故中的三角内衣公司雇用了大约 500 名女工，她们多数是犹太人和意大利移民，年龄为 13 ～ 23 岁。她们的工作是在曼哈顿一栋十层大楼的顶楼生产女士衬裙，一种专供富人穿着的时尚裙装。为了让雇员们能老老实实地待在工作台和缝纫机前，管理人员从外面将所有工作间的门全部锁上。大火一开始发生在八楼，并迅速蔓延。由于出口被锁，第九层的员工无法开门逃生，消防通道轰然倒塌。不到 15 分钟，就有 146 名女工葬身火海或为了逃生坠楼而亡。熊熊烈焰中，人财损失惨重，甚至连政府当局都无法确定火灾是因何而起。

如果说寒冬之后就是暖春的话，那么这场大火就是极佳的例子。大火创伤过后，纽约和其他州市陆续出台了针对工作场所的安全保障规范。同时，这一火灾也将举国上下对工人的支持凝聚在一起，并催生了国际妇女服装工人联合会（International Ladies' Garment Workers' Union）的成立。

事发之后，三角内衣厂的老板以过失杀人罪被起诉，但因现有证据无法证明其知晓消防通道被锁这一事实，故被宣判无罪。但在 1914 年的民事诉讼中，23 个提起诉讼的家庭，每个家庭都获得了 75 美元的赔偿。对于众多幸存者而言，这场悲剧久久萦绕，难以忘怀。2001 年，大火中最后一名幸存者露丝·弗里德曼（Rose Freedman）也去世了，享年 107 岁。■

《联邦储备法》

亚历山大·汉密尔顿（Alexander Hamilton，约 1755—1804）
伍德罗·威尔逊（Woodrow Wilson，1856—1924）

美国联邦储备系统的建立是为了应对一系列的金融危机。现在，它负责对全国金融系统进行监管与规范，包括财政部的货币发行。

 《铸币法案》（1792 年），反垄断（1911 年），华尔街监管（1933 年），华尔街的改革（2010 年）

当被问及为什么要抢银行时，抢劫犯威廉·萨顿（Willie Sutton）给出了他那著名的答案，"因为钱都放在那里"。不论这一回答的真实性与否，它都反映了联邦储备系统的真实状况，这一系统是 1913 年国会根据《联邦储备法》（*Federal Reserve Act*）成立的，目的是解决多年来困扰美国的金融恐慌和银行倒闭问题。《联邦储备法》和由此产生的美国中央银行不仅对其自身，也对后来银行业众多法律法规的出台奠定了基础，这些法律法规日日影响着世界经济的运行。

1791 年，在亚历山大·汉密尔顿的推动下，美国设立了第一国家银行，其后虽然倒闭，但影响了 1816 年第二国家银行的诞生，后者也同样遭遇了倒闭的命运。1907 年银行业危机，是促使联邦储备系统建立的最直接原因，该危机源于国家商业银行不再为尼克伯克信托投资公司（Knickerbocker Trust Company）承兑票据，这不仅导致该公司破产，也造成一连串银行陆续倒闭。1908 年，国会成立了国家金融委员会，负责专门研究这一问题并提出解决方案。委员会考察了全世界的银行体系后，撰写了足足 30 卷研究报告，并总结出当时美国银行系统存在的 17 个弊端。其中最重要的一点便是缺乏现金储备，以及没有相关的各种立法来规范现金储备的使用。

在立法问题上，国会内部产生了两个分歧很大的阵营，并进行了一场旷日持久的讨论。方主张美国应当模仿英国，设立一个归商业银行所有并由银行家经营的中央银行。另一方则反对设立一个单一的中央银行，认为这种做法无疑会造成这一机构的垄断地位，其运营只会顾及银行家们的利益。最终，伍德罗·威尔逊总统在两方中达成妥协，给出了一个公有与私有相结合的方案：储备系统由私营银行组成，受公共委员会的监督。这些私营银行有义务集中它们的黄金储备，以应对危机中的不时之需。正因为如此，也诞生了位于华盛顿特区的联邦储备委员会，其雇员由美国总统任命，包含了 12 个分部在各区的、由银行家运营的联邦储备银行。■

1913 年

非法证据排除规则

威克斯诉合众国案（*Weeks v. United States*）
威廉·R. 戴（William R. Day，1849—1923）

图为大法官本杰明·卡多佐，他提出的著名论断成为非法证据排除规则所争论的焦点："因为警察的疏忽，违法之人"是否"就应当逍遥法外"。他发现，该规则在自己所裁决的案件中无法适用。

 搜查令案件（1761年），各州与非法证据排除规则（1961年）

1914年

根据美国宪法第四修正案的规定，"人民的人身、住宅、文件和财产不受无理搜查和扣押的权利，不得被侵犯"。两百多年后，法院对这一规定的理解与适用，仍然产生着诸多争议。争论的焦点依然围绕着1926年，本杰明·卡多佐（Benjamin Cardozo）大法官在纽约州上诉法庭审理人民诉迪福案（*People v. Defore*）中提出的判决意见：因为警察的疏忽，违法之人就应当无罪释放吗？一般而言，法院会援引非法证据排除规则（exclusionary rule），对此作出肯定答复，该规则将以非法方式获取的证据排除在刑事审判之外。

政治学家威廉·拉塞尔（William Lasser）将非法证据排除规则称作"美国联邦最高法院有史以来作出的、最具争议的其中一项规则"。在先例博伊德诉合众国案（*Boyd v. United States*）和亚当斯诉纽约案（*Adams v. New York*）的基础上，联邦最高法院通过威克斯诉美国一案，对排除规则进行了正式的解释与说明。该案中，弗里蒙·威克斯（Freemont Weeks）被控违反了联邦法律对赌博的规定，通过邮件运输彩票。他在工作场所被捕，当时州警察在没有令状的情况下直接进入他的家门，扣押了相关的有罪证据。随后，一名联邦警员自己展开对案件的调查，进入威克斯的家，还扣押了其他文件作为呈堂证据。

威克斯要求返还其财产，声称这些财产是以违反第四和第五修正案的非法方式被带走的。法院否决了这一请求，经审理后判决威克斯有罪。上诉审理时，联邦最高法院法官达成统一意见，认定联邦警员在威克斯家中进行的无令状搜查与扣押行为违反了第四修正案的规定，并且这种通过非法方式所获取的证据应当被排除在法庭之外。但在该案中，州警察搜集的证据仍然为法庭采纳，因为在1961年马普诉俄亥俄州案（*Mapp v. Ohio*）之前，第四修正案的规定并不适用于各州地方机构。

非法证据排除规则的基本原理其实不难理解：如果非法扣押的材料可以作为不利于被告人的证据，那第四修正案就形同虚设，用大法官威廉·戴在威克斯案中所说过的话来讲，"宪法或许会因此而遭殃"。■

《克莱顿反垄断法》

伍德罗·威尔逊（Woodrow Wilson, 1856—1924）

这幅 1905 年的插图，描绘的是标准石油公司的巨头约翰·D.洛克菲勒督促参议院尼尔森·奥利奇像弹钢琴一样玩弄国会。

《谢尔曼反垄断法》（1890 年），反垄断（1911 年），微软公司的垄断（2000 年）

1911 年，联邦最高法院根据《谢尔曼反垄断法》判决标准石油公司的行为构成非法垄断，这在反垄断法领域一直都具有里程碑式的意义。然而，其缺陷也很快体现出来，在围绕反垄断政策所产生的更大争议中，该判决所确立的"合理性原则"无法提供明确的判断标准来平息争执。学者陶·沃（Dow Votaw）认为，该判决"让各方都陷入了无休止的诉讼中"，他解释道，"我们要警惕……自由力量的兴起，因为……该判决似乎放松了对竞争的控制"，对"商业力量"的担心也同样如此，因为在它们看来，"受司法自由裁量权的强势影响，自己本身就不明的处境开始变得更加晦暗"。

尽管《谢尔曼反垄断法》取得了成功，国会还是想通过新的立法来进一步明确非法垄断行为的构成要件。诸多新问题也涌现出来。其一，从《谢尔曼反垄断法》的实践效果来看，它没有建立相关的机制去应对有垄断倾向的活动，只提到了已经造成损害的垄断的行为。其二，垄断经营者掠夺性的价格歧视行为，会排挤同行业的其他竞争者。此外，购买竞争对手股票而非资产的行为，可能会产生与公司合并相同的后果，削弱竞争。

1914 年 1 月，伍德罗·威尔逊总统在国会联席会议上发表讲话，敦促新的立法，以强化或补充《谢尔曼反垄断法》。对此，国会通过了两个法案：一是《联邦贸易委员会法》（*Federal Trade Commission Act*），其创立了联邦贸易委员会；二是《克莱顿反垄断法》（*Clayton Antitrust Act*）。后者禁止价格歧视，包括掠夺性定价、产品搭售以及独家交易合同。它还对特定类型的企业兼并进行限制。联邦贸易委员会前主席、杰出的反垄断专家金特纳伯爵（Earl Kintner）认为，克莱顿法案中的所有实质性条款"都旨在规定那些最终可能导致限制竞争结果的初期垄断行为或做法"，这与《谢尔曼反垄断法》有所不同，后者规定"可能导致竞争受到实质性限制的行为是非法的"。■

1914 年

禁止非法麻醉品

弗朗西斯·伯顿·哈里森（Francis Burton Harrison，1873—1957）

20 世纪初，鸦片制品泛滥成灾，例如海洛因，促使了 1909 年《禁止鸦片法》（*Opium Exclusion Act*）的产生。几年后紧接着诞生了《哈里森法案》，规定只有出于医疗目的使用鸦片制品才是合法的，并且要接受严格的监管与征税。

禁酒令（1918 年），废除禁酒令（1933 年），大麻的合法化（1996 年）

1915 年

整个 19 世纪的美国，鸦片和它的衍生品，包括吗啡在内，都是合法流通的。它们广泛应用于医疗领域，既作为止疼药，也是专利药品的重要成分，无需处方便可获取。

然而，到了 19 世纪末期，鸦片成瘾已经成为一个日益严重的问题，其部分原因可以归结于美国内战中，大量伤员需要用吗啡来医治——这得益于 19 世纪中期皮下注射器的出现。同时，也因为专利药品产业的迅速发展，为治疗各式各样的病痛提供所谓的灵丹妙药，而这些药品中就含有鸦片或者是鸦片的衍生品。

20 世纪初，伴随着鸦片的广泛应用，这一问题获得了国际性的关注。1909 年，美国牵头与其他 12 个国家举办了一场国际会议，最终促成了 1912 年条约，要求各签署国进行国内立法，控制鸦片制剂的贸易，将其使用限制在医疗领域。尽管美国已经在 1909 年通过了《禁止鸦片法》，禁止非医用鸦片的进口，但并未解决国内生产的问题。国际层面的新需求，是要进行更为综合性的立法。

在 1913 年的国际会议上，代表弗朗西斯·伯顿·哈里森提出了一个禁毒议案，用来解决他认为"已经近乎无耻的毒品贩卖问题"和"随之而来的道德与经济的恶化"。该提案于 1914 年正式成为法律，被人们称为《哈里森法案》（*Harrison Act*），它规定麻醉剂的进口、生产、销售、开具处方或是配发都必须在联邦机构进行登记，并遵从记录保存的要求。同时，也对这类制剂进行特殊征税。从此开始，鸦片制品只有用于医疗用途才是合法的，而且从进口到配发都要受到严格的监管和征税。1919 年，法院在一项判决中认可了《哈里森法案》的合宪性，认定医生给其瘾君子病人开具麻醉药品的行为是非法的。自此，瘾君子们再也无法通过合法途径获取麻醉品，违法药品交易市场也随之繁荣起来。■

《童工法》

图为 1910 年 10 月，佛蒙特州北波纳尔的一间小作坊，一个小男孩在机械织布机前劳作。

三角内衣厂火灾（1911 年），《公平劳动标准法》（1938 年）

受英国的影响，美国早在殖民地时期就有使用童工的传统。到 19 世纪，这种做法已经是司空见惯，并且随着工业化程度的增加愈演愈烈。诚如劳动史学家休·辛德曼（Hugh Hindman）所言，是"妇女和童工推动了美国的工业化"。然而，就像燃料在使用过程中总是会被消耗的一样，对于那些没有死在生产线上或是伤残的儿童来讲，他们至少已经丧失了任何提升自我的教育机会。

1904 年，国家童工委员会（National Child Labor Committee，NCLC）成立，它整合了各州许多现有组织的资源和工作，力求推动改革。1906 年，该委员会签署了《贝弗里奇劳工法案》（Beveridge Child Labor Bill），它禁止在各州之间交易童工生产的商品。但是，该法案无疾而终。

在国会的继续努力下，《基廷–欧文法案》（Keating-Owen Act）诞生，1916 年经总统威尔逊签署，正式成为法律。一年后，这部法律正式生效，规定最低工作年龄为 14 岁，并限定了 14～16 岁儿童的最长工作时间。1918 年，美国联邦最高法院宣布该法律无效，理由是按照宪法中商业条款的规定，商品生产不属于国会的权力范围。同时，依据第十修正案，该法触犯了各州所享有的权力。1919 年，国会再次作出努力，通过了《童工税法》（Child Labor Tax Act），向雇用童工生产的商品征收 10% 的消费税。这部法律仍然被认定为无效，因为联邦最高法院认为这一规定超出了国会的征税权。

然而，这两次立法的失利并未阻止各方为童工寻求立法保护的步伐。许多州都将联邦立法所规定的劳动年龄标准，写入自己州内的劳动保护法中，以此避免联邦政府将来会进行的监管。1924 年，参议院和众议院都通过了由国家童工委员会所促成的宪法修正案，授权国会对童工问题进行监管。该修正案虽然得到了广泛的支持，但仍然没有被足够数量的州批准通过。直到 1938 年《公平劳动标准法》出台，美国才有了第一部的联邦《童工法》。■

1916 年

一场交通事故后，通过法律层面对产品责任的关注，扩大了消费者权益。图为该事故中的别克小汽车样式。

产品严格责任（1941 年），第一部强制系安全带法（1984 年），热咖啡案（1994 年）

1916 年

1911 年的一个夏天，唐纳德·麦克弗森（Donald MacPherson）开着一辆头年刚从当地经销商那里新买的别克小汽车送两位朋友去医院。但是，麦克弗森的汽车驶离道路，撞上了电话线杆，造成他本人受伤，车上两位乘客所幸没有受伤。随后，麦克弗森将别克公司告上了法院，要求其赔偿，认为这场事故是由车轮的缺陷造成的。

1915 年末，当案子一直打到纽约上诉法院时，别克公司援引早在一百五十年前就已经存在的普通法原则作为回应：被告承担原告起诉过失责任的前提是，双方之间要有合同相对性，也就是合同缔约关系（contractual relationship）。别克公司并未将汽车直接卖给麦克弗森，他的小汽车是从经销商处购买的，因此别克公司不应承担相应的责任。

20 世纪，在产品责任领域有四个标志性案件，其中第一个案例永久性地改变了生产者责任理论。该案中，法官本杰明·卡多佐为纽约州高等法院撰写判决意见，支持陪审团的裁决，判决麦克弗森获赔 5025 美元。判决中，卡多佐将所有问题归总为一点，即"被告方是否对直接买主负有注意义务（duty of care）"。他的答案是：

"如果一个事物在粗心大意被制造出来时，就能合理地确定它会将生命置于危险之中，那么它就是一个危险的事物。这种危险性已经给可能产生的后果发出了警告。如果能够额外意识到，此种危险让该事物会被其他人而非买主使用……那么，事情就与合同无关了，制造者对这一危险事物的生产承担着注意义务"。

值得我们关注的还有卡多佐作出这一判决的背景：新兴汽车工业的蓬勃发展。从 1900—1910 年，汽车的销售数量从 4000 辆增长到了 18.7 万辆。六年后，这一数量更是激增至 160 万辆。许多学者认为，卡多佐的判决意见建立起了一项公共政策，即伴随着社会工业化的发展，谁应当来承担相应的风险和成本。■

禁酒令

安德鲁·伏尔斯泰德（Andrew Volstead，1860—1947）
伍德罗·威尔逊（Woodrow Wilson，1856—1924）

图为纽约警察在一次突击检查后，监督经销商将酒倒入下水道（约 1921 年）。

 禁止非法麻醉品（1915 年），废除禁酒令（1933 年）

1918 年

正如我们在"蓝法"中已经了解的一样，禁酒的渊源可以追溯到 20 世纪以前。1895 年，反酒吧联盟发起禁酒运动才正式开始成型后，其早期在政治上取得的一项成功，是 1913 年通过了《韦布–凯尼恩法案》（Webb-Kenyon Act），禁止在禁酒的各州进口烈性酒。虽然这部法律的出台是为了应对那些一直在试图规避各州禁酒法案的行为，例如通过邮寄方式向州外的供应商购酒，但由于缺乏强制执行机制，并且来自国会的拨款也少得可怜，该法最终以落空收场。

尽管如此，《韦布–凯尼恩法案》的通过也强有力地证明了反酒吧联盟的政治力量，并激励它们采取进一步行动。1913 年初，该联盟发表社论，倡导在美国宪法中增加禁酒修正案。当时的社会史学家赫伯特·艾斯伯利（Herbert Asbury）认为，这"也许是禁酒运动历史上最重大的事件"。

截至 1917 年 12 月 18 日，国会两院均通过决议，向各州提交宪法修正案。13 个月后，国务卿于 1919 年 1 月 16 日宣布，已经有 3/4 的州依法批准了宪法第十八修正案，其将在一年后正式生效。此后的三年里，超过 12 个州批准了该修正案，只有罗得岛州和康涅狄格州予以拒绝。

然而，宪法修正案本身并不能自我执行，它们只能授权国会采取相应的立法措施。1919 年 5 月 19 日，明尼苏达州的代表，后来的众议院司法委员会主席安德鲁·伏尔斯泰德提出了《国家禁酒法案》（National Prohibition Act），也就是著名的《伏尔斯泰德法案》（Volstead Act），将生产、销售、运输和持有"致醉酒类"的行为认定为非法。法案很快在参议院和众议院获得通过，但遭到了威尔逊总统的否决。随后，国会推翻了这一否决，让禁酒法于 1920 年 1 月 16 日生效，这是美国历史上史诗般的一刻，其开创了全国范围内长达 13 年禁酒的"伟大社会实践"。■

妇女的选举权

伊丽莎白·凯迪·斯坦顿（Elizabeth Cady Stanton, 1815—1902）
卢克雷蒂娅·莫特（Lucretia Mott, 1793—1880）
苏珊·布朗威尔·安东尼（Susan B.Anthony, 1820—1906）
哈里·托马斯·伯恩（Harry Thomas Burn, 1895—1977）

图为 1913 年 3 月 3 日，在华盛顿特区，一场争取妇女选举权游行活动所印制的封面。

新西兰妇女的选举权（1893 年），《选举权法》（1965 年），已满 18 周岁的人享有选举权（1971 年），《平等权利修正案》（1972 年）

1919 年

妇女争取选举权的正式抗争始于 1848 年，伊丽莎白·凯迪·斯坦顿和卢克雷蒂娅·莫特在纽约的塞尼卡瀑布城（Seneca Falls）召集首次会议，发表了《权利与情感宣言》（*Declaration of Rights and Sentiments*），概述了关于妇女权利的若干决议，其中就包括选举权。次年，斯坦顿和女性选举权运动者苏珊·布朗威尔·安东尼创立全国妇女选举权协会，随后与美国独女选举权协会整合起来，形成了全美妇女选举权协会（National American Woman Suffrage Association，NAWSA）。该协会逐一游说各州，为妇女争取选举权。

从 1869 年开始，到 1906 年去世，安东尼一直在每届国会间奔走，寻求宪法修正案的通过。1913 年，全美妇女选举权协会的两位成员艾丽丝·保罗（Alice Paul）和露西·伯恩斯（Lucy Burns），随后在凯丽·查普曼·凯特（Carrie Chapman Catt）的领导下，创建了全国妇女党，在联邦层面争取宪法修正案的提出。她们组织游行和集会，不时会遭到攻击。1917 年和 1918 年间，协会的成员们在白宫外进行抗议。不少妇女选举权运动者被逮捕，当在监狱受到虐待后，她们转而采取绝食抗议。在媒体宣传的压力下，威尔逊总统签发了赦免令，并开始逐步支持有关宪法修正案的通过。1919 年 6 月 4 日，国会批准了修正案。

接下来需要努力做的，是争取足够数量的州批准该修正案。1920 年 8 月 18 日，来自田纳西州大会的哈里·托马斯·伯恩在收到他母亲的信件后，改变了投票，转而支持批准这一修正案。他母亲在信中鼓励自己的儿子要"行善德之事，帮助凯特夫人解决这一'麻烦'"。该州的赞成票最终使修正案得以生效。从塞尼卡瀑布城的会议开始，七十年的斗争总算是获得了胜利。

与此同时，英国议会制定了 1918 年《人民代表法》（*Representation of the People Act*），赋予近 850 万名 30 岁以上的女性以选举权，这一数量仍然不及女性人口的半数。1919—1928 年，为了给妇女完整的选举权，英国议会提出了 8 个法案。1928 年 7 月 2 日，《人民代表法》，即《平等选举权法》（*Equal Franchise*）成为正式的法律，将女性享有选举资格的年龄降低至 21 岁，最终赋予了女性和男性同样的选举权。■

在拥挤的剧场大呼"着火了"

申克诉合众国案（*Schenck v. United States*）
奥利弗·温德尔·霍姆斯（Oliver Wendell Holmes Jr., 1841—1935）

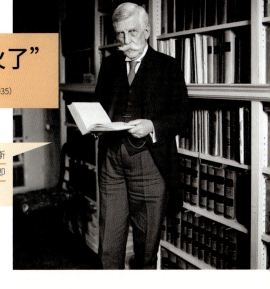

图为法官奥利弗·温德尔·霍姆斯（约1924年），他提出了"明显且即刻"的判断标准。

言论自由与暴力威胁（1969年）

1919年

1917年8月，美国社会党总书记查尔斯·申克（Charles Schenck）监督印制和邮寄了超过15000份宣传册，给美国应召入伍参加第一次世界大战的新兵。这些宣传册抨击了美国征兵，并煽动应召男子利用宪法第十三修正案的规定（反对强制服役），抵制征召。随后，申克因违反1917年《反间谍法》（*Espionage Act*）被判决有罪，并处30年监禁，该法案将妨碍战争的行为认定为刑事犯罪。申克将案件上诉至美国联邦最高法院，主张其言论自由受到宪法第一修正案的保护，但这种自由却被《反间谍法》认定为有罪，在某种程度上，《反间谍法》对言论自由行为的惩罚是违宪的。

法院认为，宪法禁止将受保护的言论认定为犯罪，但也继续解释了该言论当时所处环境的重要性。由此产生了一项广为流传的法律原则，大法官霍姆斯在判决书中写道："对言论自由作最严格的保护，也不会允许一个人在剧院中假装呼喊起火而引起恐慌。"紧接着，他首次提出了现在非常著名的必要性审查，即"一切有关言论的案件，其问题都在于，该言论是否在这样一种环境下发表并具有这样一种特征，那就是将导致一种明显且即刻的危险（clear and present danger），造成实际损害。如果有这种危险，那么国会就有权阻止"。

因为申克散发宣传册是在战争时期，其目的非常明确，就是要影响国家的战争行动，因此法院认为宣传册中的内容并不受宪法保护。最终，法庭一致裁决《反间谍法》合宪，维持对申克的有罪认定。

接下来的50年里，"明显且即刻的危险"标准稍加改正，一直在适用，直到被"迫在眉睫的违法行为"（imminent lawless action）所取代。后者确立于布兰登伯格诉俄亥俄州案（*Brandenburg v. Ohio*），更利于言论自由的保护。■

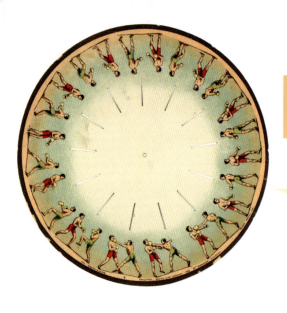

纽约州将拳击合法化

詹姆斯·J. 沃克（James J. Walker，1881—1946）

图为动物实验镜下的一张投影（约1893年），发明者是英国电影先驱埃德沃德·迈布里奇（Eadweard Muybridge，1830—1904），展示了两名运动员正在进行拳击比赛。

1920年

人类社会对拳击运动的迷恋至少可以追溯到古希腊人，并且很有可能在那之前就已经存在了。2005年，《观察者》（*Observer*）杂志的首席体育记者凯文·米切尔（Kevin Mitchell）提到，"现有的体育电影超过了500部"，"目前看来，其中最受欢迎、最成功的体裁就是拳击运动，对此已经有至少150部电影"。

19世纪晚期的纽约是拳击运动的主要聚集地，尽管那时的法律禁止该项运动。历史学者史蒂文·A. 里斯（Steven A. Riess）将当时的纽约同旧金山一道，称作"美国的体育之都"，也是"职业拳击赛的圣地"（mecca of prizefighting）。在腐败政客与警察的包庇下，出资人在酒馆和政客所拥有的竞技场内组织拳击赛。

1896年，坦慕尼协会（Tammany Hall）向纽约州议会施加压力，通过了《霍顿法案》（*Horton Act*），允许在体育协会的场地举办拳击比赛。虽然这个法案在1900年被废除，但拳击对弈和职业拳击赛仍然活跃在密室与私人俱乐部中。1911年，在坦慕尼协会的新压力下，《弗劳利法案》（*Frawley Act*）得以通过，将州体育委员会监督下的部分拳击赛合法化。但死亡擂台赛的出现，也让该法案于1917年被取缔。这使得拳击在纽约再一次成为非法运动。

这项运动发展的分水岭是在1920年，州议会少数党领袖、后来的纽约市长詹姆斯·J. 沃克（James J. Walker）牵头，在议会通过了《沃克法案》（*Walker Act*）。该法案的重大意义在于制定了保护拳击手的规则。它将比赛限制在15个回合内，要求所有赛事都必须有一名医师在场，同时，取消了包括用头撞人和打击对手腰带以下部位在内的进攻战术。最重要的一点是，这部法律创立了一个常设监管机构——纽约州体育委员会，对该项运动进行监督。很快，纽约的《沃克法案》成为全国同类型立法的模范，推动了拳击运动的合法化。1961年，前拳击冠军吉内·腾尼（Gene Tunney）在向美国参议院作证时，提到了《沃克法案》，认为"该法案给拳击和拳击手带来了春天"。■

芝加哥"黑袜队"审判

查尔斯·科米斯基（Charles Comiskey，1859—1931）
乔·杰克森（Joe Jackson，1888—1951）
凯纳索·蒙顿·兰迪斯（Kenesaw Mountain Landis，1866—1944）

图为乔·杰克森，外号"赤脚乔"，是1919年芝加哥白袜队的一名球员，其被终身禁止打棒球。

棒球队的"保留条款"（1970年）

在1919年的世界大赛中，人们一致看好芝加哥白袜队能够轻松战胜辛辛那提红人队，但结果却令人大跌眼镜。事后，放水传闻不胫而走，举国震惊，给全国性的娱乐活动蒙上了一层阴影。

在经纪人和数百万美元的年薪产生之前，球员面对的是球队按照"保留条款"所享有的独裁谈判权。如果一名球员不接受球队所开出的待遇条件，那么他将无法为这支球队或者其他球队效力。由于球队老板查尔斯·科米斯基开出的工资过低，白袜队的一些球员就利用赌球的方式，赚取了7万～10万美元不等的外快。

当时的芝加哥召集了不少顶尖球员，组成了棒球史学家所称道的史上最强球队。但他们却以五负三胜输掉了世界大赛。次年，芝加哥的一个大陪审团开始对1919年世界大赛进行调查。两名白袜队球员认罪，同时，误信科米斯基的律师能够为他们争取权益，在该律师的建议下供出六名队员。大陪审团随即以共谋诈骗多人和机构起诉了这八名球员。据《芝加哥先驱报》（Chicago Herald）报道，当乔·杰克森"赤着脚"走出法院时，一位年轻的球迷问他："乔，事情并非如此，对不对？"杰克森回答道："不，孩子，恐怕就是这样。"

第二年的夏天，被起诉的球员们接受了法庭审判。但在庭审开始前，州检察官透露，大陪审团起诉的档案中遗失了有罪供述和放弃豁免权的材料。有谣言称，是职业赌徒阿诺德·罗斯坦（Arnold Rothstein）为避免牵涉其中，策划了这场盗窃。文件丢失让州检察院的控诉支离破碎。但案子并未结束，法官谴责了陪审团，要求州检察机关必须证明被告人是故意"共谋诈骗公众和其他人，而不单纯是故意输球"。不到三小时后，法院作出了无罪判决。法庭内一片欢呼，但这种欢腾并未持续太久。第二天，大联盟首席管理官、法官凯纳索·蒙顿·兰迪斯判决这八名球员终身禁赛，他们将再无机会穿上大联盟的球服。■

1921年

图为威尔·哈里森·海斯（约 1921 年），这位邮政大臣为拯救美国的电影业一直在不懈地努力。

淫秽品和《康斯托克法》（1873 年），言论审查和《尤利西斯》（1933 年），限制淫秽物品（1957 年），一个判定淫秽的新标准（1973 年），联邦通信委员会和污言秽语（1978 年），《通信规范法》（1997 年）

1921 年

有时，私营领域中的个人会自发地采纳、遵守和执行那些他们认为符合集体利益的行为准则。行业规范的存在就是这种自我审查现象的很好例证。

有时候，这些规则的产生是为了想避开政府监管的逼近，就像 1922 年的好莱坞，主流片商联合成立了美国电影制片人和发行人协会（Motion Picture Producers and Distributors of America，MPPDA），并聘任哈里森·海斯担任主席。海森就任时，正值电影业备受煎熬，当时无声电影明星"胖子"阿巴克（Fatty Arbuckle）的刑事审判被大肆渲染，他被指控在一个嘈杂的聚会上强奸和谋杀了一名年轻女演员，并抛尸在一个旧金山的旅馆。

片商们希望 MPPDA，也就是后来为人们所称的"海斯办公室"（Hays Office），以及在 1930 年最终得以发布的《电影制片法》（*Motion Picture Production Code*）能够提供充分的自我审查机制，以此避免许多新的州审查委员会插手进来。根据新闻传播学者玛格丽特·A. 布兰查德（Margaret A. Blanchard）的研究，单在 1921 年时，就有 37 个州的立法机关为了规范电影内容而出台了近百个法案。

在海斯的努力下，好莱坞的审查制度诞生并运行了四十多年。按照作家、自称为积极分子的杰厄尔·戈麦斯（Jewelle Gomez）所言，"海斯将潜伏在清教徒后裔中的仇外心理和性欲恐怖纳入规范的对象"。海斯准则建立起了表达犯罪、性爱、粗话、淫秽和亵渎神灵，以及其他令人反感或颇有争议题材时，应当遵守的标准。同时，该准则要求片商必须提交脚本供预审，然后告知其需要剪切电影中的哪些内容，如此才能得到协会的同意签章。没有这一签章，电影便很可能无法在任何一家影院上映。此外，海斯办公室还在许多演员的合约中增加了道德遵守条款，并创设了黑名单制度，将道德败坏的演员列入其中。

此后，《海斯法典》（*Hays Code*）一直发挥作用，直到 1967 年，MPPDA，即现在的美国电影协会（MPAA）建立了今天广泛应用的电影分级制度。■

《紧急限额法》

威廉·P.迪林厄姆（William P. Dillingham，1843—1923）
沃伦·哈定（Warren Harding，1865—1923）

图为约瑟夫·凯普勒（Joseph Keppler）1882
年所绘制的卡通画"山姆大叔的小旅馆"（Uncle
Sam's Lodging-House），描绘的是世界各国移
民涌入美国后所带来的紧张关系。为了应对，美
国制定了严格的移民法律，并从 1907 年开始进
行移民限额。

 《排华法案》（1882 年），平等保护权（1886 年），战时流散人员法（1948 年）

史学家罗杰·丹尼尔斯（Roger Daniels）将 1882 年《排华法案》称作"进入美国的
金色大门开始变窄的时刻"。随后几年，针对移民的立法可谓是零敲碎打。1907 年，国会
制定《移民法》（Immigration Act），创立了美国移民委员会（United States Immigration
Commission），俗称迪林厄姆委员会（Dillingham Commission），该称呼源于其主席、来自
美国佛蒙特州的参议员威廉·P.迪林厄姆。历经三年的调查后，该委员会认为"经济、道德和
社会条件"均要求对来自欧洲南部与东部的移民进行限制。同时，它也建议将文化水平测试作
为移民许可的必备条件。

这些建议被 1917 年《移民法》所采纳，这部法律是第一部广泛限制移民的法律，为更多
限制性法律的出台定下基调。它规定，16 岁以上的移民要强制参加一项文化水平测试，增加了
移民抵达时要缴纳的税额，并且赋予移民局官员广泛且绝对的自由裁量权。此外，该法还禁止
大多数南亚和东南亚人移民。

第一次世界大战后，美国的民族优越感与日俱增，加上对"红色革命"的恐慌（Red
Scare），促使美国对移民进行更多限制（共产党人因他们所拥戴的苏联国旗以红色为主，而被
称为"赤色分子"）。迪林厄姆委员会早前所提到的限制移民数量的做法，开始重新进入人们的
视野。正如历史学者迪林厄姆委员会所言，"对外来人员……和西半球移民数量进行明确限制，
让焦虑不安的美国人找到了维持其风雨飘摇社会的解决之道"。1921 年 5 月，总统沃伦·哈定
（Warren Harding）签署了《紧急限额法》（Emergency Quota Act），是美国第一部设定移民数
量上限的法律。

这部法律的出台原本是为了采取为期一年的临时措施，但其有效期又延长了两年，随着
1924 年《移民法》的通过，一系列法律将这种做法规定为常态。最初，限额基于 1890 年的人
口调查，将数值设定为某一特定移民群体人口数量的 2%。这种设置限额和测试文化水平的做
法，一直持续到 20 世纪下半叶。■

1921 年

斯科普斯"猴子案件"

约翰·斯科普斯（John Scope, 1900—1970）
克拉伦斯·达罗（Clarence Darrow, 1857—1938）
威廉·詹宁斯·布莱恩（William Jennings Bryan, 1860—1925）

图为约翰·斯科普斯，他因触犯田纳西州的《巴特勒法令》被判处罚款 100 美元，该案禁止在学校讲授进化论。

义务教育法（1616 年）

1925 年

（美国）兴旺的 20 年代见证了信仰与科学间的精彩博弈。三次落选的民主党候选人威廉·詹宁斯·布莱恩虽然在政治上失败了，但他起誓忠于上帝，积极推动立法以禁止在公立学校中教授进化论。对此，美国公民自由联盟宣称，他们将为任何因反进化论条款而被起诉的人提供辩护，来自田纳西州代顿市（Dayton）的生物代课教师约翰·斯科普斯便自愿以身试法。

成千上万的人涌向代顿城，一时间，气氛变得狂欢起来。原被告双方的支持者、各地的记者以及卖猴子用具的小贩充斥着整个街道。布莱恩抓住机会，加入了控方队伍，而声名大噪的刑事律师克拉伦斯·达罗则负责为被告人辩护。

检方控诉的事实很简单：斯科普斯给学生讲授进化论的行为违反了田纳西州的《巴特勒法令》（Butler Act），该法令规定，"讲授任何否认人是神创的《圣经》教义，而代之以人是由一类较为低等的动物演化而来的说法"都是非法的。辩方想提出专家证据，但法庭没有允许。令人吃惊的是，辩方要求传唤布莱恩本人出庭。达罗不费吹灰之力就揭露了基督教原教旨主义的信条——圣经直译主义的谬误。布莱恩却开始显得杂乱无章，矛盾频出，未能正确解决《圣经》的字面含义。一位记者观察道："如果有一个人曾经崩溃的话，那么这个人就是布莱恩。达罗绝不会放过他。达罗的辩护技巧确实炉火纯青，但布莱恩的处境却令人同情。"

然而，达罗的聪明才智并没有扭转局势：斯科普斯被判决有罪，并罚款 100 美元。在上诉审中，田纳西州高等法院确认了《巴特勒法令》的合宪性，但以诉讼程序的瑕疵推翻了初审法院的判决。为了防止案件进一步被上诉，州检察长撤销了指控，正式结束案件。

田纳西州自此再也没有适用过《巴特勒法令》，其于 1967 年被废除。第二年，美国联邦最高法院裁决阿肯色州否定进化论的法律条文，违反了宪法第一修正案的政教分离原则，进一步结束对这一问题的争论。■

《美国法典》

图为美国国会图书馆内的油画《良好的立法》（*Good Legislation*），由画家、诗人以利胡·维德（Elihu Vedder，1836—1923）所绘。该图书馆的法律修订咨询办公室，将国会制定的法律收录进《美国法典》（*United States Code*）中。

《菲尔德法》（1848 年），美国政府印刷局（1861 年），判例汇编与法律出版（1872 年），《联邦公报》（1936 年）

1926 年

尽管美国是一个普通法国家，法律原则源于司法判决而非成文法典，但成文法规仍然是其法律体系的重要组成部分。联邦立法规范主要以两种形式存在：《美国联邦法律大全》（*United States Statutes at Large*）和《美国法典》。联邦法律大全从 1845 年开始出版（但其中包含了 1789 年第一届国会所制定的法律），《美国法典》则要晚很多，始于 1926 年。

《美国法典》的重要贡献就在于让人们了解法律的制定过程，并将已经颁布的法律进行出版。只要众议院和参议院批准一项立法，并经总统正式签署为法律后，美国政府印刷局便会以单行法的方式公布一份准确的副本。每一部单行法都会依照章节顺序，被联邦法律大全收录。通常，法律大全被视为所有联邦立法的官方正式文本，但它是以年限为序进行编排的，人们无法按照主要内容系统性地进行查找。不仅如此，这种编排方式也让人无法准确判定那些后来被修改或废止的法律，是否还能适用和具备法律效力。

1919 年，在察觉到这一问题后，众议院法律修订委员会（House Committee on the Revision of Laws）开始着手对美国法律进行整体性编纂，力求创造一部法律汇编，能够将所有法律按照主题进行编排，并涵盖所有现有的和过去的修正案。直到 1926 年，众议院和参议院才对这个恰当的立法方式达成统一，形成了 1926 年 6 月 30 日法案。这项法案划分出 50 个主题——从农业到战争，每一个都对应不同的主题——最终构成了《美国法典》，其"目的在于收录美国所有的成文立法，在具备普遍性和稳定性的基础上，1925 年 12 月 7 日正式生效"。如今，《美国法典》规定了 54 个主题，包含数十万个法律条款，有数千万字。■

侵权法上的危险范围

帕斯格拉芙诉长岛铁路公司案（*Palsgraf v. Long Island Railroad Co.*）

图为一分钱就能使用的杆秤，本案中的这种秤促使侵权法领域确立了可预见性规则，将侵权责任限制在过失行为造成的可合理预见的后果范围内。

扩大消费者权益（1916年），产品严格责任（1941年），热咖啡案（1994年），限制惩罚性赔偿（1996年）

1928年

1924年8月25日，纽约城的主要报纸都报道了前一天发生在布鲁克林火车站的爆炸事故。标题从"烟花爆炸震惊野餐者"到"炸弹爆炸造成车站人群13人受伤"。对这一风波的报道逐渐归于平静，但一场接踵而至的诉讼却在法律史上留下了浓墨重彩的一笔。

在长岛铁路布鲁克林段——纽约东站的站台上，海伦·帕斯格拉芙（Helen Palsgraf）和她的两个女儿正在等待一列开往海滩的周末火车。一名带包的男子急急忙忙地想要冲上一辆已开动的火车，站台的一个工作人员伸手帮了他一把，另一个将他从月台推了上去。当这名男子登上火车时，他携带的包裹掉了。列车碾过包裹，包裹里的烟花爆竹掉在铁轨上并发生了爆炸。爆炸的冲击力将很远处的杆秤击倒，砸到了帕斯格拉芙太太。她将铁路公司告到法院，主张车站工作人员疏忽大意的过失让包裹掉落，造成了随后的危险事故。

帕斯格拉芙太太赢了这场官司，但被纽约上诉法院撤销裁决，驳回起诉。该案的主审法官、后来的联邦最高法院大法官本杰明·卡多佐作出判决，他认为，即便车站工作人员有过失，让携包男子的包裹掉落，但他们对帕斯格拉芙（受伤）却不存在过错。因此，车站对于远在30英尺外的乘客所遭受的、不可预见的危险，不承担任何责任。在常常被援引的判决意见中，卡多佐写道："能够合理感知的风险决定了应当遵守的义务，而风险就意味着关系；它是对在可感知范围内的他人的风险。"至于帕斯格拉芙太太，"本案中，没有任何情形能够让人预料到，一个包裹的掉落会潜藏着对如此远处的原告造成伤害的危险。过失行为的可诉性在于它损害了法律所保护的利益，侵犯了某项权利。因而，此处不存在过失。"■

监听

罗伊·奥姆斯特德（Roy Olmstead，1886—1966）
奥姆斯特德诉合众国案（*Olmstead v. United States*）
威廉·霍华德·塔夫托（William Howard Taft，1857—1930）
路易斯·布兰迪斯（Louis Brandeis，1856—1941）

图为威廉·霍华德·塔夫托接听了西奥多·罗斯福总统打来的电话，了解到他已经获得了 1908 年大选中共党的总统提名。塔夫脱后来任职联邦最高法院首席大法官，他支持监听手段的应用。

 隐私权（1890 年），禁酒令（1918 年），废除禁酒令（1933 年），各州与非法证据排除规则（1961 年）

禁酒令施行期间，非法销售商横行。执法当局一直致力于找出并端掉背后的犯罪团伙，为了收集起诉所需要的证据，他们开始使用新的调查手段和调查工具。其中最重要的便是对非法销售嫌疑人的电话进行监听。

1924 年 11 月 26 日，罗伊·奥姆斯特德因违反国家禁酒法被捕。大多数不利于他的证据都是通过监听他家里和办公室的电话获得的。1925 年 1 月，奥姆斯特德被联邦检察院起诉。经法院审理，他被判处八年有期徒刑，并处罚金 8000 美元。

奥姆斯特德将案件上诉至美国联邦最高法院，主张窃听获得的证据不应为法院采纳，因为其获取方式侵犯了第四修正案所赋予的权利，即保护公民免受无理由的搜查与扣押。联邦最高法院按照字面意思对第四修正案的规定作出了狭窄的解释，维持了原审法院对奥姆斯特德的有罪判决。联邦最高法院的理由是：安装窃听设备的执法者并未进入其住所，因而绝对不构成"搜查"（search）。此外，通话也无法被"扣押"（seized）。在首席大法官威廉·霍华德·塔夫托看来，"本案中既不存在搜查，也不存在扣押。证据是通过听觉获取的，仅此而已"。

本案中少数派法官的反对意见在今天十分有名，法官路易斯·布兰迪斯竭力主张对第四修正案条文背后所暗含的基本原理进行分析，他认为对宪法的理解需要作出调整，以保护美国公民远离这种侵犯隐私的行径。尽管多数法官的赞成意见让监听成为执法的一种标准方式，但布兰迪斯的反对意见为个人隐私逐渐获得宪法保护奠定了基础。保护个人隐私权已经成为当代宪法解析的题中之意，同时，1967 年，联邦最高法院在卡茨诉合众国案件所确立的规则明确地推翻了奥姆斯特德案的判决基础。■

1928 年

希特勒上台

保罗·冯·兴登堡（Paul von Hindenburg，1847—1934）
阿道夫·希特勒（Adolf Hitler，1889—1945）

图为阿道夫·希特勒（1934 年）。

《德国民法典》（1900 年），《纽伦堡法案》（1935 年），
纽伦堡审判（1945 年）

第一次世界大战后，德国并不接受 1919 年签订的《凡尔赛条约》（*Treaty of Versailles*），特别是其中的"战争罪责条款"和强制赔款义务。和平下的苛刻要求在德国民众间深深埋下了怨愤的种子，以至于一些历史学家认为这给希特勒上台铺平了道路。1932 年夏，希特勒领导的德国社会主义工人党成为德国国会的第一大党，尽管它在国会中还没有占据多数席位。1933 年 1 月，在混乱的政治氛围中，魏玛共和国 84 岁高龄的总统保罗·冯·兴登堡勉强提名希特勒为德国总理，并要求他建立一个联合政府。希特勒没有这样做，转而说服冯·兴登堡解散国会，并安排在 3 月 5 日进行新的选举。

在选举的前一周，一场大火烧毁了国会大厦。希特勒抓住这个机会大肆渲染，声称这场灾难是"布尔什维克阴谋"作祟，希望以此来削弱民众对其竞争者——德国共产党的支持。随后，他又劝说冯·兴登堡中止包括言论和集会在内的特定宪法性权利，继续推行高压运动。

反对势力被削弱后，希特勒的德国社会主义工人党赢了选举，确保希特勒能够对政府进行严密控制。1933 年 3 月 24 日，国会通过了《授权法》（*Enabling Act*），它的官方名称为"消除人民和帝国危险的法律"，由此，希特勒的权力得到进一步强化，他的极权帝国也悄然诞生了。正如研究大屠杀的法学权威马修·利普曼（Matthew Lippman）所言，这项法案"授权国会内阁在长达四年的时间里，不用经过国会批准便可颁布法律法规……（同时）为背离宪法要求的行为撑腰"。随之而来的，是一系列废除工会和集体协商制度的法律，甚至还通过立法反对成立政党，"这让德国社会主义工人党摇身一变，成为'德国唯一的政党'"。简而言之，《授权法》将德国民主连根拔起，造就了希特勒的独裁统治。■

华尔街监管

费迪南·佩科拉（Ferdinand Pecora，1882—1971）
查尔斯·米歇尔（Charles Mitchell，1877—1955）
富兰克林·德拉诺·罗斯福（Franklin Delano Roosevelt，1882—1945）

图为 1929 年 10 月 29 日，在黑色星期二（Black Tuesday）股市崩盘后，大批人群聚集在纽约证券交易所前。

 证券交易法（1934 年），华尔街的改革（2010 年）

1933 年，美国从"大萧条"（The Great Depression）中熬了过来，为了保护投资者，国会在金融领域颁布了一连串法律。其中，1933 年的《格拉斯–斯蒂格尔银行法》（Glass-Steagall Banking Act）建立了联邦存款保险公司；1933 年的《证券法》（Securities Act），强制披露与发行证券有关的材料信息。紧接着便是 1934 年的《证券交易法》（The Securities Exchange Act）。

1933 年初，在佩科拉委员会进行国会听证期间，对这种保护的迫切需要变得非常明显，该委员会的名字源于费迪南·佩科拉，是参议院银行和货币委员会的首席顾问。他主导了听证会，调查 1929 年股市狂跌的原因。由于之前在曼哈顿做助理检察官时就有着忠诚、才华横溢的名声，佩科拉很快成为人们口中的"华尔街的地狱之犬"。

佩科拉是在委员会的调查逐步进入尾声时加入的，当时没有人对他抱太大希望。但他只用了 10 天的时间，便揭露了当时巨型金融机构们进行的滥用和操控行为，这就包括纽约的国家城市银行（今天所称的花旗银行）以及它备受人们推崇的总裁与首席执行官——查尔斯·米歇尔。他曾是"无懈可击的正直"之人，也是"近乎神话般的商业天才和远见卓识"之人。

佩科拉竭力披露多年来发生在华尔街的各种不端行为，促使重要金融规范相继出台。当佩科拉揭穿国家城市银行故意向公众发行问题债券，并且没有公开与投资者决定有关的信息后，华尔街的银行家们——被媒体戏称为"银匪"（banksters）——受到了奚落与嘲讽。佩科拉的这些举措为后来罗斯福政府颁布规范银行业的联邦立法创造了必要的政治环境。

佩科拉主导委员会展开的听证活动以及他所获得的结果，深远并持续地影响着华尔街的监管和政府对投资者的保护。同时，在接下来的几十年里，以及进入 21 世纪，它对美国政府监督和管制金融服务领域继续发挥着重要作用。■

言论审查和《尤利西斯》

詹姆斯·乔伊斯（James Joyce，1882—1941）
玛格丽特·安德森（Margaret Anderson，1886—1973）
约翰·M. 沃尔西（John M. Woolsey，1877—1945）

 淫秽品和《康斯托克法》(1873 年)，限制淫秽品（1957 年），一个判定淫秽的新标准（1973 年），
联邦通信委员会和污言秽语（1978 年），《通信规范法》(1997 年)

1933 年

詹姆斯·乔伊斯的小说《尤利西斯》(Ulysses) 最早从 1918—1920 年在《小评论》(Little Review) 上分章节连载，后来于 1922 年在巴黎合编成册，这本书是现代主义文学的标志。1934 年，它甚至被《纽约客》杂志 (New Yorker) 列为"十部最伟大的文学作品之一"。这部小说也为改变第一修正案对艺术表达的保护方式奠定了基础。

乔伊斯的意识流叙事包括了图形意象，其中最出名的就是对自慰场景的描绘。在 1918—1920 年，美国邮政当局三次没收并焚毁《小评论》。在发生第四次摩擦后，纽约的地区检察官将乔伊斯的出版商，玛格丽特·安德森和简·希普 (Jane Heap) 告上了法庭，理由是刊发"淫秽物品"。法庭依据作品是否会带来"堕落和腐化"的检验标准，判定《尤利西斯》是淫秽小说，对两名被告分别罚款 50 美元，并禁止《尤利西斯》进入美国本土。

乔伊斯继续争取该书的出版，他认为总体而言，这部作品并不会腐蚀思想，但没有人愿意冒着风险在美国出版这本书。尽管如此，1932 年，兰登书屋 (Random House) 表示愿意在纽约出版这本书，打一场会随之而来的法律战。当小说的复印本邮寄到纽约时，海关的工作人员果然将其扣押。1933 年，在曼哈顿联邦法庭的约翰·M. 沃尔西法官审理该案时，兰登书屋和乔伊斯对扣押提出了质疑。

乔伊斯的律师提出，行业审查标准应当随着时间进行调整，从最初的连载开始，恍然已是十年，《尤利西斯》一书总体来看，不应再被认定为淫秽书目。沃尔西法官对此表示肯定，并撰写了下述著名的判决意见：

《尤利西斯》是一本质朴无华的书……经过长时间的深思熟虑后，我认为尽管在许多地方，《尤利西斯》无疑会对读者产生某种催化影响，但是现在催情物已经是无所不在。因此，《尤利西斯》可以被允许在美国出版。

后来，第二巡回上诉法庭维持了沃尔西法官的判决，政府也没有再继续上诉。■

废除禁酒令

图为 1933 年法国《小日报》(*L'Illustré du Petit*) 的封面页，展现的是美国民众纷纷在酒吧饮酒，庆祝禁酒令的废除。

 禁酒令（1918 年），大麻的合法化（1996 年）

美国宪法在历史上曾经被修改过 27 次，但是只有唯一一个修正案被废除。历史学家对此给出了许多理由，赫伯特·胡佛（Herbert Hoover）总统在其 1928 年总统竞选中所标榜的"一个伟大的社会与经济实践，可谓是动机高尚，意图深远"，为何会遭遇滑铁卢？抛开起因不谈，禁酒令的存废清晰地反映了法律在社会中的地位，以及法律为什么不会也不能一成不变。

当时的社会历史学家赫伯特·艾斯伯利（Herbert Asbury）曾描述到，国会相信全国民众都应该带着"喜悦和感恩"（joy and thanksgiving）庆祝第十八修正案的通过，并且"高度自信一点，那就是现有的司法体系能够轻而易举地应对禁酒令会产生的，有必要起诉的少量案件"。正因为如此，司法部便没有单独针对禁酒令准备执行方案。既没有增加检察官的数量，也没有扩充监狱的容量。短短几个月，联邦法庭和监狱就已经人满为患了。许多人认为，缺乏有效的执行是造成禁酒令被废除的重要因素。

但影响修正案被废除的原因另有所在。一些州开始抵挡不住社会习俗的变迁，开始撤销有关的法律执行来实现被社会史学者诺曼·H. 克拉克（Norman H. Clark）所称的"道德和精神价值观的转变"，"20 世纪的头 25 年里"，这些观念"完全将美国民众占据"。科技在不断发展，城市化程度不断增强，工业化水平也越来越高，由此带来的副产品——汽车、电话、收音机和电影——也引起了不小的社会变化。正如克拉克所总结的，"禁酒令已经不再适应新社会的生活环境，仅此而已"。

1929 年华尔街的崩盘以及随之而来的经济"大萧条"，为禁酒令的存在提出了新的挑战：经济。随着国家将注意力从酒精转向钱财，当局寄希望于废除禁酒令，提高就业来刺激经济的发展，同时也急需从中获取税收。

随着 1932 年总统竞选的临近，废除禁酒令的运动也不断壮大起来，这些运动的领导人，起草了第二十一修正案的草案，并于同年 2 月在国会得到通过。为了防止各州议会对草案的批准投反对票，国会在各州召集了制宪会议。1933 年 12 月 5 日，该修正案得到批准，为禁酒令画上了句号。■

图为美国无线电公司（RCA）在 1939 年 4 月 30 日打出的广告，它推动 NBC 工作室"每次一小时，一周两次"，向纽约大都市地区定期播出节目。

 公平原则（1969 年），联邦通信委员会和污言秽语（1978 年），《通信规范法》（1997 年）

1934 年

无线电通信依靠频谱运转。当多个信号发射站试图在同一频率上传输内容时，信号就会互相干扰。如果你在收听广播时出现了干扰，那就是这个原因。由于无线电频谱是有限的，因此，在产生互相干扰之前，要限制能够同时使用某一频谱的信号站数量。这种信号干扰带来的窘境，催生了美国联邦在早期对通信业的规范。

无线电通信于 19 世纪末产生，并在 20 世纪早期得到迅猛发展。到 1910 年时，这项技术几乎只运用在军事和海防安全领域，但是在第一次世界大战结束时，企业家们开始嗅到了它在商业领域的无限潜能。几年之内，数以百计的商业电台占满了无限电波段，如何采取有效解决措施给最早管理频谱使用的政府机构—— 商务部出了难题。结果是，国会通过了 1927 年《无线电法》（Radio Act），建立起一个新的政府机构—— 美国联邦广播委员会（Federal Radio Commission），对无线电频谱进行监管。

无线电在当时是最流行的大众传播方式，但是它并非唯一的通信方式。产生于 19 世纪 30 年代的电报系统以及电话通信也在逐渐发展，同样需要来自政府的监管。《无线电法》颁布七年后，国会又制定了 1934 年《通信法案》（Communications Act），将之前大部分的无线电立法规定和有线通信规范结合起来。最重要的是，《通信法案》创立了美国联邦通信委员会（FCC），目的是"管理各州之间和涉外运用有线与无线通信进行的商贸活动，以提供一个快速、高效、全国性以及世界性的有线和无线电通信服务"。

在 1996 年《通信法案》进行过修正与更新后，1934 年《通信法案》和美国联邦通信委员会如今仍然是联邦通信规范领域的领头羊。随着电视与互联网的出现，它们的重要性和监管范围也在不断增加。如果没有它们，美国和世界的大众传播与媒体系统便不可能具备今天的规模。■

《证券交易法》

图中展示的是 20 世纪 30 年代初，在纽约证券交易所的交易员。《证券交易法》创建了美国证券交易委员会（SEC），并扩大了政府的监管权。

 华尔街监管（1933 年），《萨班斯 – 奥克斯利法案》（2002 年），华尔街的改革（2010 年）

1934 年

为了纠正 1929 年股市大崩盘带来的灾难性后果，国会在 20 世纪 30 年代早期通过了各种证券和银行类法规。尽管 1933 年就已经出台了《证券法》和《格拉斯 – 斯蒂格尔银行法》（*Glass-Steagall Banking Acts*），但想要让美国的金融机构重拾信心，仍然是任重道远。对此，国会进一步通过 1934 年《证券交易法》，扩大了联邦政府对证券交易的监管权，更为重要的是，成立了美国证券交易委员会（Securities and Exchange Commission，SEC）来实施国家新的证券法规。

在重申 1933 年《证券法》基本原则的基础上，《证券交易法》尤其强调信息公开，进一步扩大信息披露义务。按照 1933 年的法律规定，只有发行商有义务向投资者提供证券销售和发行公司的有关信息。1934 年法案则将这一信息披露要求扩大到证券首次卖出后，在交易过程中产生的证券经纪人和交易员，即便他们与主要发行商无关。按照规定，"在购买和销售任何证券的过程中⋯⋯任何人⋯⋯违反（证券交易）委员会制定的规章制度，使用或者进行任何操纵与欺骗性装置与手段⋯⋯皆是违法的"。这一笼统的规定确保投资者对在证券交易过程中的任何欺诈方，总是能寻求法律救济。

最初，美国证券交易委员会"禁止在缺乏足够资金的情况下购买股票，对股票市场与股票经纪人进行登记和监管，创建起委托代理制度，并防止非公开信息在股票交过程中的不公正使用"。在法律修正案中，这些权力得到进一步扩大。批评人士质疑该机构的权威性，并谴责政府对金融市场的过分干预。但在其他人看来，它通过揭发和起诉内幕交易、遏制证券欺诈行为、阻止股票市场再次发生灾难性崩盘，成为美国经济完整性的重要保障。■

《国家劳动关系法》

罗伯特·F. 瓦格纳（Robert F. Wagner, 1877—1953）
富兰克林·德拉诺·罗斯福（Franklin Delano Roosevelt, 1882—1945）
威廉·格林（William Green, 1873—1952）

这幅 1904 年的漫画讽刺了工人运动的观念，它描绘的是约翰·米歇尔（John Mitchell, 美国矿工联合会）和萨缪尔·龚帕斯（Samuel Gompers, 美国劳工联合会）作为巫师，正在搅拌一口大锅。

 认可工会的合法存在（1842 年），罗斯福和"最高法院改组计划"（1937 年），《公平劳动标准法》（1938 年）

1935 年

尽管 20 世纪早期工会会员人数激增，但在 1920 年代至 1930 年代中期，它们反复陷入与雇主们的争端当中，还遭到了暴力袭击。以《国家工业复兴法》（*National Industrial Recovery Act*，NIRA）为开端，罗斯福总统的新政计划包含了保护劳工条款，其中就有 1934 年设立全国劳动关系委员会（National Labor Relations Board，NLRB），但由于缺乏执行机制，这些条款并未落实到位。在《国家工业复兴法》颁布 6 个月后，100 多万工人进行了罢工，抗议雇主们违反了有关的行为准则。在这种"工业的不满浪潮此起彼伏"背景下，来自纽约的参议员罗伯特·F. 瓦格纳起草了后来的《国家劳动关系法》（*National Labor Relations Act*，NLRA），或者可以简称为《瓦格纳法》（*Wagner Act*）。

《瓦格纳法》在其核心条款，即第 7 条中赋予雇员"有权自发组织、成立、加入或者协助劳工组织，有权自己选举代表进行（劳资双方的）集体谈判，也有权出于集体谈判或其他互助和保护目的参与其他形式的协同活动"。这是历史上第一次，由联邦政府保障工人加入工会和进行集体谈判的权利。该法第 8 条则通过禁止"不当劳动行为"来保护上述权利的实现，包括对工会会员身份或工会活动进行的歧视和报复，或者其他任何违反第 7 条中权利保护规定的行为。重要的是，这部法律重新建立起全国劳动关系委员会，授权其审理和裁定对不正当劳动行为的指控，同时为制度的落实提供执行机制。

尽管受到了来自全国制造商协会的强烈反对，《瓦格纳法》还是在参议院中得到了压倒性的支持，并不费吹灰之力获得众议院通过。美国劳工联合会主席威廉·格林，将《瓦格纳法》称作劳工运动领域的大宪章。■

《纽伦堡法案》

阿道夫·希特勒（Adolf Hitler, 1889—1945）

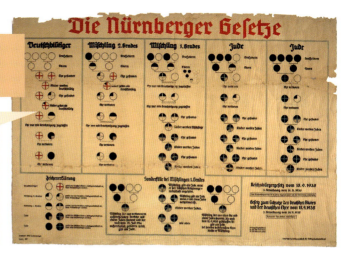

按照《纽伦堡法案》的规定，只有祖父母四人都是德国人（左边的白色圆圈）的人，在法律上才具备"德国血统"（German blood）。如果一个人的祖父母中有三个或四个犹太人（右边的黑色圆圈），则该人在法律上是犹太人。中间部分的人为"混血儿"（mixed blood）。这张图表也包含了法律允许和禁止通婚的具体情况。

 希特勒上台（1933 年），纽伦堡审判（1945 年），国际刑事法庭（2002 年）

纽伦堡（Nuremberg），这座建立于 11 世纪中期的巴伐利亚（Bavarian）小镇，因世界大战后的纽伦堡审判而出名，在那里，纳粹的最高层因他们所犯的战争罪行接受审判。但是这座城市的法律意义可以追溯到 1935 年，希特勒在那里召集国会，通过了人们所称的《纽伦堡法案》（Nuremberg Laws）。

《纽伦堡法案》的核心在于将种族主义教条法典化，以此为基础，希特勒预言他将掌权，后来进一步形成了他触目惊心的恐怖统治。其中，《帝国公民法》（Reich Citizenship Law）宣称，只有流着德国血液的人才能成为帝国的公民，同时剥夺了德国犹太人的政治权利。《德意志血统与荣誉保护法》（Protection of German Blood and Honor，也称为《血统法》）禁止犹太人与德国人进行通婚或有婚外性行为。

这两部法律，尤其是《血统法》，让希特勒更加肆无忌惮地痴迷于确保"日耳曼人民种族的纯洁性"，这是他政治意识形态的一个重要组成部分。他首次提出这个观念是在《我的奋斗》（Mein Kampf）一书中，这本书的两卷分别于 1925 年和 1926 年出版。司法部与内阁之间对于是否需要制定与此相关的法律，争论了好几年，但是纳粹党的主要成员越来越按捺不住，要求立法要有所行动。因格·米勒（Ingo Müller），这位前法学教授，《希特勒的正义》（Hitler's Justice）一书的作者，详细描述了 1934 年 12 月一封电报的细节。这封电报是发给内阁的，"要求迅速通过法律，用严厉的惩罚'来全面阻止犹太民族进一步毒害与污染德国人的血统'"。

德国法院很快将这些法律运用到审判实践中。按照米勒的描述，他们"不止一次地将德意志血统保护法称为一部'基本法律'，或者'民族社会主义国家最重要的法律之一'"。同时，米勒也说道："一名狂热的法律评论员提醒法院，'对种族的不尊重是一种犯罪，这几乎与其他反社会的严重犯罪行为 —— 谋反与叛国'同样令人发指。" ■

1935 年

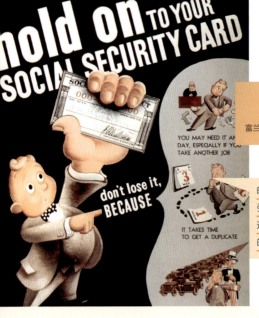

《社会保障法》

富兰克林·德拉诺·罗斯福（Franklin Delano Roosevelt，1882—1945）

邮政部门在 1936 年 11 月签发了第一张社会保障卡，仍然需要提醒许多人这张卡的重要性。图中所示为海报上的宣传信息（约 1941 年）。

《济贫法》（1601 年）

1935 年

1934 年，经济"大萧条"让美国深陷泥潭。1/4 的劳动力失去了工作。许多老人和那些无法工作或不能找到工作的人，缺乏稳定的收入以供生存。改革的呼声高涨，人们恳求联邦政府勇于担当，领导单独各州无法进行的改革。罗斯福总统顺势而为，发布一项行政命令，创立了经济安全委员会，旨在制定一个合适的社会保障计划。

1935 年 8 月，罗斯福团队将修正后的提案提交国会，《社会保障法》（Social Security Act）由此诞生。其主要内容有如下四项：1. 建立一个联邦和各州的失业保险体系，由各州进行管理，全国向雇主统一征税提供资金。2. 联邦向贫困人口发放国家救济金。3. 联邦向各州的多个公共卫生项目拨款。4. 向雇主和雇员征收工资税，为养老保险提供资金。福利政策研究者安德鲁·W. 杜博斯坦（Andrew W. Dobelstein）将这部法律评价为"美国最主要的社会福利政策文件，让立法机关能够对全美一百多个社会福利项目进行管理，同时联邦财政用 60% 的拨款向其提供资金支持"。

然而，《社会保障法》并没受到普遍的欢迎，尤其是在商业领域，它也因此成为 1936 年总统大选的焦点。为了挑战这一法案的合宪性，有三个案件被诉至联邦最高法院，但 1937 春天，联邦最高法院支持了该法案，认定其符合宪法赋予国会的税收收支权力。

1940 年，来自佛蒙特州拉德洛（Ludlow）的艾达·梅·富勒太太（Ida May Fuller），成为第一个领取社保退休支票的人，金额为每月 22.54 美元。她到 1975 年去世时，总共领取了 22888.92 美元。到 2012 年，全美共有 5680 万人按月领取社会保障福利金，总额高达 7750 亿美元。今天，政府当局所面临的挑战是要如何确保社会保障制度继续运行下去，因为随着人口的变化，社保的受益人在不断增加，但能为社保提供资金的劳动者数量却在相应地减少。■

《联邦公报》

富兰克林·德拉诺·罗斯福 （Franklin Delano Roosevelt, 1882—1945）

图为正在修建的国家档案和记录管理局（National Archives and Records Administration）大楼，它坐落于华盛顿特区，1934 年 9 月基本完工。两年后，该机构开始每天出版《联邦公报》。

 美国政府印刷局（1861 年），判例汇编与法律出版（1872 年），《美国法典》（1926 年），《信息自由法》（1966 年），五角大楼文件案（1971 年），行政机关的决定（1984 年）

旧时的法谚有云"不知法不能成为犯法的借口"。这句谚语具有正当性的前提是，要为人们了解法律规定提供机会。联邦政府为人们知法采取了一项非常重要的途径——《联邦公报》（*Federal Register*），由国家档案和记录管理局定期发布。1936 年 3 月 14 日，《联邦公报》第一次亮相时只有 16 页内容，但见微知著，公报的出版标志着立法领域的革命性变革。

罗斯福总统的新政以 1933 年《紧急银行法案》（*Emergency Banking Act*）为开端，他仅在上任 5 天后就将其签署为正式法律。新政包含了一揽子社会和经济规划，目的就是将国家从"大萧条"的泥潭中拉出来，也因此催生了一系列新的立法规定和总统发布的行政命令，一时间，联邦法律规范空前膨胀。但令人惊讶的是，竟然没有一个集中记录的系统来保存这些至关重要的文件。

促使《联邦公报》产生的一个重要诱因，是 1934 年著名的"热油"案件（"Hot Oil" cases）引发了一场口水战，该案针对罗斯福新政的核心——《国家工业复兴法案》（*National Industrial Recovery Act*）的合宪性第一次提出法律挑战。法官们所担心的是，政府基于"错误的假设"，即一项特定的行政命令自始至终都是有效的，来表明其立场。如果对这些法令不能集中且实时更新地进行公布的话，就会让一个简单的事实也无法令人察觉，那就是一项后续的行政指令已经变更了先前的有关规定。

《联邦公报》现在已经是美国政府行政分支机构的业务日报。它作为正式的官方来源，发布公告、拟议法规以及所有行政部门和总统行政命令形成的最终法规。近年来，公报平均一年出版 8 万页，借此，民众被视为已经知晓了所有被发布的最终规范，这些法规因而也具备了完全的法律效力。虽然公报现在仍在印刷出版，但同时它也通过各种线上方式进行公布。 ■

1936 年

图为富兰克林·德拉诺·罗斯福总统
的官方肖像（1947 年）。

罗斯福和"联邦最高法院改组计划"

富兰克林·德拉诺·罗斯福（Franklin Delano Roosevelt，1882—1945）
全国劳动关系委员会诉琼斯–劳克林钢铁公司案
(*National Labor Relations Board v. Jones & Laughlin Steel Corp.*)

认可工会的合法存在（1842 年），《国家劳动关系
法》（1935 年），《公平劳动标准法》（1938 年）

1937 年

　　1935 年 7 月，在罗斯福总统将《国家劳动关系法》正式签署为法律没多久，琼斯–劳克林钢铁公司就解雇了其所属一家工厂中的 10 名工会领导人。1936 年 4 月，全国劳动关系委员会对此事进行了行政听证，认为琼斯–劳克林公司解雇劳动者是因为他们是工会的成员，并指令这家公司将其恢复原职并补发工资。后来，这个案子于同年被上诉至美国联邦最高法院。

　　这一时期，罗斯福与联邦最高法院的关系可谓是剑拔弩张。法院的保守派法官通过认定违宪的方式，扼杀了他新政中的许多计划。对此，政治学家理查德·科特纳（Richard Cortner）认为，两方的敌对"酿成了自内战以来，这个国家见证的最严重的宪法危机"。为了扭转联邦最高法院中保守派占大多数的局势，罗斯福向国会提交立法提案。该提案被称为"联邦最高法院改组计划"（court-packing plan），罗斯福想让立法机关授权他可以额外任命六名法官加入联邦最高法院中，如此，将来新政在遭遇法律挑战时，他能够拥有更多的话语权。

　　1937 年 4 月，联邦最高法院对琼斯–劳克林钢铁公司作出判决，判决结果清楚地表明，罗斯福的政治策略奏效了。法院形成 5：4 的多数票，其中至少包括一名与罗斯福针锋相对的保守派法官。判决中，法院支持《瓦格纳法案》具备合宪性，认为宪法商业条款中"州内贸易"（interstate commerce）这一术语的表述应当作扩大解释，其甚至涵盖了州内的所有活动。该判决是劳工组织取得的一个重大胜利，同时，正如法律记者托尼·毛罗（Tony Mauro）所言，"它标志着联邦最高法院（保守）立场的阶段性终结"。以此为开端，联邦最高法院开始"对政府监管和规范经济的角色持开放态度"。■

法庭上使用照相机

新泽西州诉布鲁诺·理查德·豪普特曼案
（*New Jersey v. Bruno Richard Hauptmann*）
埃斯特斯诉得克萨斯州案（*Estes v. Texas*）
钱德勒诉佛罗里达州案（*Chandler v. Florida*）

图为摄影师抓拍到的律师爱德华·J. 莱利
（Edward J. Reilly）和他的当事人，林德伯
格婴儿强奸案的被告人布鲁诺·豪普特曼。
在新泽西州弗莱明顿亨特顿郡的法庭上，
他们正在查看一天的时间安排。

审判查尔斯·曼森（1970年），麦克马丁猥亵儿童案（1983年），
O.J. 辛普森谋杀案审判（1995年）

> 正义不仅要实现，而且要明确无疑以看得见的方式实现，这一点并非一般重要，而是具有根本的重要性。
>
> ——戈登·休厄特（Gordon Hewart），第一子爵休厄特，1924年

照相机第一次在美国法庭上出现是 1935 年对布鲁诺·理查德·豪普特曼的审判中，他被控绑架并谋杀了美国英雄查尔斯·林德伯格（Charles Lindbergh）20 个月大的儿子。据估计，每天都会有 700 名记者和摄影师参与报道。法庭发现，过度的报道和接连不断的闪光灯是不合适的。

1937 年，美国律师协会援引《司法道德准则》（*Judicial Canon*）第 35 条的规定，禁止对州法院的审理进行拍照和广播报道。1944 年，国会对联邦刑事案件的审理采取了类似的禁令。直到 1965 年，得克萨斯州允许电视摄像机进入法庭。但在埃斯特斯诉得克萨斯州案中，联邦最高法院裁定，对刑事审判进行电视转播侵犯了被告人的公平审判权。尽管如此，少数几个州在后来还是作出了试验性规定，允许法庭中有限制的新闻报道。

1981 年，联邦最高法院受理了一名被告人的上诉，这名被告人对自己的有罪判决不服，因为法庭审理时有电视摄像机在场，按照当时佛罗里达州的法律规定，这属于案件主审法官自由裁量的范围。摄像技术的发展和电视机日益凸显的文化重要性，让法院在钱德勒诉佛罗里达州案中，修正了之前埃斯特斯案中确立的规则，在没有证据显示会对被告人产生实际偏见的情况下，允许各州在法庭审判中使用电视摄像机。

截至 2012 年，所有州（不包括哥伦比亚特区）都至少有条件地允许照相机出现在特定案件的审判中，并对此施加了不同程度的限制。联邦法院系统也开始进行试点项目，允许对双方当事人和证人都表示同意的民事案件，进行电视报道。对于美国联邦最高法院而言，尽管国会一直在努力争取，但它从未允许照相机出现在法庭之上，将来也会继续拒绝对其诉讼程序的电视报道。■

1937 年

美国现今的集体诉讼可以追溯至 1966 年版《联邦民事诉讼规则》第 23 条的规定，其允许代表人代表所有潜在的原告人进行诉讼。

 《菲尔德法》（1848 年），律师费裁决（1975 年），限制惩罚性赔偿（1996 年），谷歌图书与合理使用（2010 年）

1938 年

根据部分学者的研究，由代表进行集体诉讼的概念至少可以追溯到 12 世纪早期。集体诉讼研究领域的权威史蒂芬·耶泽尔（Stephen Yeazell），曾引用过 1125 年国王亨利一世签发给坎特伯雷大主教（archbishop of Canterbury）的一份令状："依照我们的法律和传统……村庄和聚居区……应当能够……通过其中三个或者四个代表……向我们的法院提起他们的诉求和控告。"

集体诉讼源于衡平法院，其适用"强制合并"（compulsory joinder）规则，要求所有（与案件）有实际利害关系的当事人都要参与诉讼，以此受法院裁决约束。例外情况是，当原告的人数难以确定时，法院便会允许具有代表性的原告代表所有潜在的起诉人进行诉讼，法院最后的判决及于每个原告。这种（诉讼）方式最早于 1842 年被联邦法庭正式规定，其首次出现在《联邦衡平法院规则》（Federal Equity Rule）第 48 条中。1912 年时成为《衡平法规则》第 38 条。1848 年纽约《菲尔德法》中也出现了类似的规定。

1938 年，随着《联邦民事诉讼规则》的制定，以及普通法与衡平法合并为统一的诉讼体系，《联邦民事诉讼规则》第 23 条对集体诉讼正式作出规定，其规范性表述在很大程度上复制了《衡平法规则》第 38 条。1960 年，一个针对《联邦民事诉讼规则》（Federal Rules of Civil Procedure）而新成立的咨询委员会，对该条规定进行了重述，形成了一个修订版并于 1966 年生效。自制定起，尽管集体诉讼本身经历了巨大变革，但该条法律规定的核心内容就没有产生太大变化。其对提出集体诉讼规定了以下要件：案件中原告数量众多，其全部参与诉讼是不切实际的；他们之间存在着共同的法律和事实问题；对于集体诉讼中的其他共同原告而言，原告代表提出的诉求具有典型性；原告代表足以代表其他共同原告人。它也设立了许多程序性保障措施，包括对集体诉讼中的证明进行严格司法控制，对问题的解决和律师费的结算进行同样严格的监督。■

《食品、药品和化妆品法案》

图为 1904 年麦芽水的广告。这是一种麦芽奎宁水（Malt Rainier），由西雅图酿造和麦芽公司制造，其误导性地宣称"每一滴都能提供新的活力和力量"。

扩大消费者权益（1916 年），产品严格责任（1941 年），热咖啡案（1994 年）

1938 年

中世纪国王的餐桌前常常有雇佣的品尝员，也称为"管家"（sewers），该词源自法语"asseour"，意思为让客人就座，以确保他们的饭菜没有毒。1902—1907 年，12 名男子组成的"试毒小组"（Poison Squad）也扮演着同样的角色。他们为哈维·威利（Harvey Wiley）工作，威利是美国农业部化学局的总化验师，该机构也是美国食品和药品监督管理局（Food and Drug Administration，FDA）的前身。这 12 名志愿者同意试吃被化学防腐剂处理过的食品，以此来评估它们对健康的影响。通过这一试验，威利说服罗斯福总统和国会制定了 1906 年《纯净食品与药品法》（Pure Food and Drug Act）。按照食品和药品监督管理局历史研究者华莱士·扬森（Wallace Janssen）的评价，"在消费者权益保护法和它们所规范的产业领域发展历史上，没有任何一个事件的重要性能与之相媲美"。

食品掺假问题弄得人心惶惶，面对随之而来的健康危险，联邦政府也开始关注要如何保护消费者的权益，这些因素直接推动了 1906 年法案的产生。厄普顿·辛克莱（Upton Sinclair）的小说《屠宰场》（The Jungle）一经出版，书中对污秽不堪的屠宰场进行了逼真的描述，一下子将人们的视线聚焦到对食品的监管上。这本书也反映出人们对药品的纯洁性和药品标记问题日趋焦虑，为后来立法授权管理当局扣押掺假或虚假标记的药品，同时取缔市场中的不安全药品铺平了道路。

到 1931 年时，化学局演变为联邦食品和药品监督管理局，但此时 1906 年法律的规定已经被证明了不够充分。正如扬森所言："科技变革的猛烈冲击将会让它很快就过时。"1938 年，《食品、药品和化妆品法案》（Food，Drug，and Cosmetic Act）出台，它的产生在一定程度上是为了回应"灵丹妙药"磺胺导致 100 多人死亡的事件。该药是一种新的抗生素，马森吉尔公司在缺乏充分试验的情况下就将其投放市场。

除此之外，1938 年的这部法案要求生产者需提交一份"新药上市申请"，并且要在进行销售前证明药品的安全性。同时，它还授权联邦食品和药品监督管理局取缔市面上流通的不安全药品，开始提出药品特别标记要求。健康科学创始人菲利普·J. 希尔茨（Philip J. Hilts）认为，这部法律"正如其影响所示，在公共治理领域，不仅对美国，而且对世界的民主政府而言，都是一个里程碑"。每个发达国家都开始采取该法案所确立的原则，要求对药品批准提供科学证据予以支撑。■

图为 1937 年 12 月，纽约的工人罢工纠察员。

工厂里的女工（1908 年），《童工法》（1916年），《国家劳动关系法》（1935 年），《职业安全与卫生法》（1970 年）

1938 年

在美国出台第一部统一的联邦最低工资标准法之前，罗斯福总统和国会间进行了好几轮的博弈。一些州已经制定了针对妇女的最低工资标准立法（1912 年马萨诸塞州为第一个），但除了俄克拉何马州外，没有一个州为男性提供最低工资标准的保护。

1933 年，作为新政计划的一部分，罗斯福总统签署了《国家工业复兴法》。这项法案的最初成就之一是总统推出的《再就业协议》（*Reemployment Agreement*），要求雇主们同意遵守每周工作 34 ～ 40 小时，每周最低工资为 12 ～ 15 美元的方案。有超过 6000 万劳动者的雇主们签署了这一协议，但是在 1935 年，联邦最高法院认为《国家工业复兴法》违宪，并废除了各州的最低工资标准立法。

1937 年 5 月，罗斯福向国会提交了一份公平劳动标准提案，提出最低工资标准，并包含了一个针对童工的条款，后者在国会是一个广受欢迎的话题。他坚持认为"一个自立和自尊的民主政府不会……以经济原因为借口，压低工人的工资，延长劳动者的工作时间"。这一提案的缓和版本在参议院得到通过，但众议院中的保守派让其止步于法规委员会。这种政治争辩一直延续到次年，特别是来自北方和南方各州的代表力求要保住南方经济的活力。在经过 72 次拟议的修订后，国会采纳了一项妥协性的提案，将最初的最低工资由每小时 40 美分降到 25 美分，并且弱化劳动部的权力。1938 年 6 月 13 日，罗斯福总统将其签署为《公平劳动标准法》。

1941 年，联邦最高法院认可国会有权依据宪法所赋予的权力，制定《公平劳动标准法》。除了增加最低工资逐步递增的规定，《公平劳动标准法》还在不断修正的过程中将该法案的效力及于绝大多数联邦和州政府的雇员，同时，它在《同工同酬法》（*Equal Pay Act*）中强调薪酬要基于性别进行区别对待，也通过《防止就业年龄歧视法》（*Age Discrimination in Employment Act*）规定与年龄挂钩的工资发放水平。最近，没有酬劳的实习生们已经提起诉讼，主张按照《公平劳动标准法》的规定，他们作为劳动者有权获得报酬。这一问题在法律领域仍然悬而未决。■

民兵和携带武器的权利

合众国诉米勒案（*United States v. Miller*）

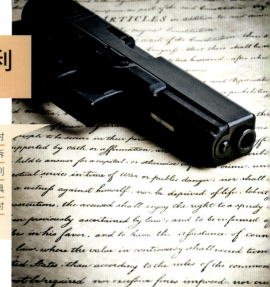

1939 年美国联邦最高法院判决恢复对两名前俄克拉何马州银行劫匪的起诉效力，二者因持有枪支被起诉。该判决引发了人们对联邦管控枪支是否具有合宪性的争论，时至今日，这一讨论仍在继续。

 美国宪法（1787 年），《权利法案》（1791 年），
枪支管控的合法性（2008 年）

　　美国宪法第二修正案规定："训练有素之民兵乃保障自由州安全之所需，人民持有及携带武器之权利不得被侵犯。"对此规定的理解可谓是众说纷纭。但美国联邦最高法院近 150 年来，并未考虑与该条规定正面交锋。

　　在合众国诉米勒案中，杰克·米勒（Jack Miller）和弗兰克·莱顿（Frank Layton）之前是俄克拉何马州的两名银行劫匪，按照 1934 年《国家枪械法》（*National Firearms Act*）的规定，二者因持有一支散弹枪被起诉。审判法官驳回了起诉，理由是《国家枪械法》违反了第二修正案的规定。媒体猜测这次的起诉是一种尝试，因为政府想要设法获得联邦最高法院的判决，以支撑联邦对枪支管控的合宪性。联邦最高法院重新恢复了起诉的法律效力，认为第二修正案只在与"训练有素之民兵"有关的情况下保护持枪权。法院在裁决意见中写道，由于其看不出散弹枪和训练有素之民兵间存在着任何联系，因此"我们不能认为第二修正案对持有和携带这一器械的权利予以保护"。尽管政府赢了这场官司，但联邦最高法院的判决意见本身并未对联邦管控枪支的合宪性予以确认。

　　学者们纷纷质疑米勒案判决的正当性，因为低层级的法院开始据此将第二修正案所保护的权利限定为一项集体性权利。这一集体性权利允许民兵成员持有枪支，而非独立的个人享有持枪权。法律学者罗伯特·利维（Robert Levy）和威廉·梅勒（William Mellor）认为，第二修正案重点强调的是"人民的权利"，并且是在《权利法案》框架下作出的规定，而《权利法案》保护的对象"完全是个人所拥有的权利"。其他学者也认为第二修正案所保护的是一项个人的权利，但正如利维和梅勒所言，"该项权利并不是绝对的；它要受到监管"。至于什么才是可接受的监管范围，仍然是一个开放性的问题，直到联邦最高法院在哥伦比亚特区诉海勒案（*District of Columbia v. Heller*，2008 年）和麦当劳诉芝加哥案（*McDonald v. Chicago*，2010 年）中才作出相关的判决。■

1939 年

《外侨登记法》

霍华德·W. 史密斯 (Howard W. Smith，1883—1976)
富兰克林·德拉诺·罗斯福 (Franklin Delano Roosevelt，1882—1945)
小泽卡赖亚·查菲 (Zechariah Chafee Jr.，1885—1957)
哈里·S. 杜鲁门 (Harry S. Truman，1884—1972)

图为电影《复活》(Resurrection，1927) 的法国海报，海报上是墨西哥女演员多洛雷斯·德尔·里奥 (Dolores del Rio)，1934 年，她在出席了一场带有社会主义色彩电影的放映后，就因宣传共产主义被起诉。

 在拥挤的剧场大呼"着火了"(1919 年)，好莱坞十人案 (1948 年)，拒绝《外侨登记法》(1951 年)，罗森伯格审判案 (1951 年)，《共产党管制法》(1954 年)

美国对共产主义的反感始于 1917 年的布尔什维克革命，第一次世界大战后，随着共产主义制度在欧洲大陆蔓延开来，这种情绪更是愈发强烈。20 世纪 30 年代末，在一系列大张旗鼓的间谍案发生后，国内共产主义的威胁渗透到美国人的意识形态中。焦虑和紧张也催生了 1938 年众议院非美活动调查委员会 (House Un-American Activities Committee，HUAC) 的产生。

1798 年，国会制定了四项法规，它们被统称为《移民和惩治叛乱法》(Alien and Sedition Act)，起因是在美居住的法国公民实施的颠覆行为造成了民众的恐慌。在联邦最高法院能够依据第一修正案对其进行合宪性审查时，这四项法规就已经失效了。近 150 年后，1940 年 6 月 29 日，罗斯福总统签署了《外侨登记法》(Alien Registration Act)。该法又叫作《史密斯法》(Smith Act)，因为来自弗吉尼亚州的代表霍华德·W. 史密斯 (Howard W. Smith) 用修正案的方式拓宽了法律的范围，其禁止任何公民或外国人鼓吹利用暴力推翻政府，或是成为这类鼓吹组织或分支机构的一员。

第一修正案的杰出研究者小泽卡赖亚·查菲，称这部法律是"上了膛的左轮手枪"，并指出了其法律名称的误导性，因为其中的大部分内容与外侨登记无关，禁令也适用的是外国人和本国公民。同时，他强调，该法中的成员条款在组织机构而非个人行为的基础上进行了有罪推定，因而是经不起第一修正案推敲的。

美国卷入第二次世界大战并把苏联当作盟友后，《外侨登记法》便很快丧失了用武之地。但是当战争结束时，美国与苏联的关系破裂。1948 年 7 月，面对共和党人控诉杜鲁门当局无视国内共产主义带来的威胁，司法部便执行《外侨登记法》的规定，起诉了纽约市共产党的 11 名高级领导人。这 11 个人经审判都被认定为有罪，这就为 1951 年联邦最高法院在丹尼斯诉合众国案中判定《外侨登记法》的合宪性创造了条件。■

产品严格责任

格拉迪斯·埃斯科拉（Gladys Escola，1912—2006）
埃斯科拉诉可口可乐瓶装公司案（*Escola v. Coca-Cola Bottling Co.*）
罗杰·特雷诺（Roger Traynor，1900—1983）

一个爆炸的可口可乐瓶催生了产品责任法上的一项重要规则。

扩大消费者权益（1916 年），侵权法上的危险范围（1928 年），热咖啡案（1994 年）

意外总是时时在发生。有时候我们很难说谁应当立马负起责任，但确实是有人因此而受到严重伤害。那么，如果确实要有人负责的话，谁应当来赔偿受害者？

格拉迪斯·埃斯科拉是加利福尼亚州一个华夫饼店的一名女服务员，在一次上晚班时，她手中递出的可口可乐玻璃瓶发生爆炸，导致她的手指被严重割伤。随后，埃斯科拉提起诉讼，认为当地的可口可乐装瓶商和经销商存在过错，是他们将爆炸的玻璃瓶装箱并在最近运到店里来的。陪审团依据 1863 年在英国产生的普通法"事实自证"（res ipsa loquitur）原则，判决埃斯科拉获得惩罚性赔偿 2900 美元。该原则的拉丁语意思为"让事实自己说话"（the matter speaks for itself），当出现一名原告因为处于被告完全控制的事物遭受损害，而这种损害在被告方施加合理注意时通常不会发生的情况下，这一原则就会被援引。

1943 年，这个案件被上诉至加利福尼亚州高等法院，陪审团对埃斯科拉的判决维持原判。高等法院对这一案件作出判决的重要性不在于维持了下级法院的判决，而是罗杰·特雷诺法官提出了协同意见。他认为，作为一项公共政策，"当生产者将某一产品投放市场，知道其会在无检查的情况下使用，而该产品被证实存在致人损害的缺陷时"，生产者就应当承担"一个绝对的责任"。

法官特雷诺判决意见的核心内容源于早前的麦克弗森诉别克汽车公司案，他援引了此案，认为这个案件"为一项责任标准的确立奠定了基础，那就是即使在没有过错的情况下，生产者都应当对其产品的安全性负责"。但直到二十年之后，加利福尼亚州高等法院才在另一个标志性案件——格林曼诉尤巴电器公司案（*Greenman v. Yuba Power Products*）中，采纳特雷诺的上述判决意见，将其正式确立为法律规则。其他州紧随其后，截至 1976 年，已经有超过 40 个州采纳严格责任规则来处理有缺陷的产品。■

1941 年

加利福尼亚州反农夫移民法

爱德华兹诉加利福尼亚州案 (*Edwards v. California*)

图为一辆"流浪农夫"(Okie)汽车的后视图，1941 年时这辆车穿过得克萨斯州阿马里洛市（Amarillo），一路向西。

 国会对商业的管理权（1824 年），管理原住民（1824 年），《紧急限额法》（1921 年），拘留日裔美国人（1942 年），战时流散人员法（1948 年）

1941 年

20 世纪 30 年代中期，广泛的自然灾害加重了经济"大萧条"带来的创伤。严重的旱灾席卷了美国西南部和北美大平原地区，随之而来的是臭名昭著的大沙尘暴，贫瘠的土地在沙尘和狂风中饱受蹂躏。加利福尼亚州肥沃的土壤与温和的气候看起来特别吸引人，因此，100 多万大沙尘暴难民赶往西部，寻求生存机遇。

但是这些后来被称为流浪农夫的穷苦移民，并不能为许多加利福尼亚人所接受。1937 年，加利福尼亚通过立法来解决这一困境。其在《福利与机构法》(*Welfare and Institutions Code*) 第 2615 条中规定，任何人"将非本州居民的穷人"带入或者帮助带入"本州范围内，并知晓他将会变得贫穷"的行为都属于轻罪，要被处以 6 个月的监禁。康涅狄格州、纽约州、佛蒙特州、密歇根州、新罕布什尔州和俄亥俄州都出台了类似的反移民法律。

1939 年，加利福尼亚居民弗雷德·爱德华兹（Fred Edwards）开车将他失业的小叔子弗兰克·邓肯（Frank Duncan），从得克萨斯带到加利福尼亚，与他和妻子住在一起，并寻找工作。根据第 2615 条的规定，爱德华兹经审理后被判决有罪。他对该案的有罪判决和加利福尼亚州这部法律的合宪性提出上诉。美国联邦最高法院推翻了有罪判决，并认定第 2615 条的规定违反了美国宪法中的商业条款，因为对人进行运输无疑也算作是"商业"，各州无权限制公民在全国范围内自由迁徙。

在法院作出的一致判决中，明确了当时存在的社会和经济问题，即像加利福尼亚这样的州，试图拿完全不可能被接受的立法解决方案，"通过限制运输人和财产跨越其州界，将自己与所有人都会面临的困难隔离开来"。法院引用卡多佐法官经久不衰的言论，指出"宪法的构建基于这样一个理论基础，那就是各州人民必须共沉浮，从长远的繁荣来看，问题的解决之道在于团结而非分裂"。这是联邦最高法院第一次确认公民享有在各州之间自由迁徙的权利，即便宪法的规定中并未对此有明确表述。■

拘留日裔美国人

富兰克林·德拉诺·罗斯福（Franklin Delano Roosevelt, 1882—1945）
是松丰三郎（Fred Korematsu, 1919—2005）
胡果·布莱克（Hugo Black, 1886—1971）

是松丰三郎对亚裔美国人被强制迁移提出了挑战，因此于 1998 年被授予总统自由勋章。图为是松丰三郎与克林顿总统站在一起。

 普莱西诉弗格森案：隔离但平等原则（1896 年），
加利福尼亚州反农夫移民法（1941 年）

1942 年

1941 年 12 月 7 日珍珠港事件爆发后，美国人对日本人的敌意猛增，这在加利福尼亚州尤为突出。蓄意进行破坏的谣言和对军事财产的袭击激起了当地居民的恐慌。几个月后，罗斯福总统发布了两项行政命令，授权军事指挥官指定军事区域，规定任何人都可以被排除在军事区域之外，并将日裔美国人从这些区域中迁出。一个月后，西部防御司令部把西海岸线的一大片区域指定为军事禁区。美国司法部长弗朗西斯·比德尔（Francis Biddle）反对这种迁移，但陆军部助理部长约翰·J. 麦克洛伊（John J. McCloy）用一句出名的话进行回应："如果问题涉及国家安全……那么，宪法对于我来说就是小纸一片"。在接下来的两年里，超过 12 万日裔美国人被迁往收容营地，其中包括 7 万美国公民。

是松丰三郎，这个一直都居住在加利福尼亚州北部的美国公民，因拒绝搬出军事禁区而被捕。他被认定为有罪，并被判处五年有期徒刑，获得假释后他被送进拘留营。是松丰三郎对其所遭受的一切合宪性提起诉讼，认为将所有日裔美国人驱逐出特定区域的做法，违反了宪法第五修正案的正当程序条款。

尽管布莱克法官代表的多数意见对此进行了著名的讽刺评价，即"所有对单个种族群体的民权进行缩减的法律限制性规定都是'直接存在疑问的'，应当受到'最严格的审查'"，联邦最高法院还是维持了对是松丰三郎的有罪判决。布莱克还是对"军事命令"采取了毕恭毕敬的态度，这就纵容了罗斯福枉顾公民基本自由权利的糟糕做法。

1984 年，在真相大白后，美国地区法院法官玛丽莲·霍尔·潘泰尔（Marilyn Hall Patel）撤销了对是松丰三郎的定罪，原因是美国陆军部在军事正当理由的问题上向联邦最高法院撒了谎。四年后，国会对是松丰三郎和其他人进行了官方的正式道歉，并签发了 2 万美元的赔偿款。1998 年，克林顿总统授予是松丰三郎总统自由勋章。■

《退伍军人安置法》

图为罗斯福总统正在签署 1944 年
《退伍军人安置法》。

 义务教育法（1616 年）

1944 年

美国一直有着优待服役士兵的传统。对于从战场上回来的退役人员，以及那些在战场上丧生士兵的家人，国会总是在想方设法为他们提供合适的照顾。独立战争、1812 年战争、美国内战、美西战争、美菲战争以及第一次世界大战后，国会都出台了相关的立法解决这类问题。但 1944 年，在期待第二次世界大战结束时制定的《G.I. 法案》（*G.I. Bill of Rights*），对数百万退役士兵以及这个国家本身都产生了史无前例的影响。

《G.I. 法案》的全称为 1944 年《退伍军人安置法》（*Servicemen's Readjustment Act*），于 1944 年 6 月 22 日制定，此时距离太平洋战争结束还有一年多。这部法律向从战斗中归来的退伍军人提供失业补助、低息住房贷款以及充分的教育与技能培训。这些所有的福利措施比起第一次世界大战后退伍士兵所获得的待遇要好得多，其在一定程度上也是为了努力防止第一次世界大战后因安置不当带来的怨愤与动乱。同样重要的是，罗斯福政府要极力避免，1200 万第二次世界大战士兵退伍后可能会带来经济和政治的不稳定。

教育和职业技能培训是其中最重要的措施。除了每个月 50 ～ 75 美元的最低生活保障外，按照年限，每服役一年（上限为四年），退伍军人都会得到全部的教育费用、学费、书籍和供给物（每年最多 500 美元），具体数额视婚姻状况而定。在 20 世纪 40 年代早期，私立大学平均每年的学费为 273 美元。到 1951 年这项法案结束时，已经有 37% 的退伍军人获得教育和技能培训，超过 200 万士兵进入大学学习。政治学家丹尼斯·约翰逊（Dennis Johnson）认为，这项法案"被教育家、社会学家和历史学家们称颂为 20 世纪最重要的立法之一"。■

纽伦堡审判

图为 1946 年，在纽伦堡审判中出现的德国国会议长、空军总司令赫尔曼·戈林。

 《日内瓦公约》（1864 年），希特勒上台（1933 年），《纽伦堡法案》（1935 年），国际刑事法庭（2002 年）

第二次世界大战后，同盟国力求让蹂躏欧洲大陆的纳粹军队领导人接受司法审判。来自美国、英国、法国和苏联的代表签署了《伦敦协定》（*London Charter*），确定要设立国际军事法庭，并草拟了审判程序。该协定中包含的两项法律原则，为后来的国际法原则所采纳：第一，发动侵略战争可以成为起诉被告人的依据；第二，被告人不能以服从命令作为辩护理由。

审判程序在纽伦堡的正义宫（Palace of Justice）举行。纽伦堡是纳粹党的大本营，这个地方早前就因通过反犹太法律，触发了希特勒骇人听闻的恐怖统治而"声名在外"。在此，21名被告人因破坏和平罪、战争罪、反人道罪和密谋罪接受审判。

4000 多份文件被作为证据提交到法庭，其中许多都包含了由被告人亲自撰写的，言之凿凿的认罪内容。法庭也通过播放一部讲述盟军在达豪（Dachau）、布痕瓦尔德（Buchenwald）和贝尔根–贝尔森（Bergen-Belsen）集中营遇到的、记录集中营血腥惨状的电影，证实了纳粹恐怖的实际存在。本案的首席检察官、大法官罗伯特·杰克逊（Robert Jackson）在法庭陈词中说道："我们力图进行谴责和惩罚的这些罪行，曾是被精心策划的，是极端恶毒的，也是充满破坏性的，人类文明无法容忍它们被忽视，更无法容忍它们卷土重来。"出庭的被告人中很少有人表示悔过。但是汉斯·弗兰克（Hans Frank）例外，当被问及他是否参与了对犹太人的屠杀时，他回答说："我的良知不允许我将所有的责任都推给这些少数族裔的人……就算是一千年过去了，德国的罪行也无法抹杀。"

1946 年 10 月 1 日，来自同盟国的四位法官作出一致判决，判决 18 名被告人有罪，其中 11 名被处绞刑。在执行死刑的前夕，赫尔曼·戈林（Hermann Göring）自杀。作家吉拉德·迪克勒（Gerald Dickler）曾写道："这场审判意义深远。其记录之清清楚楚、明明白白，未来之人不可能撼动，也无法再去质疑纳粹主义的恶行、普鲁士军官的腐败堕落或是第二次世界大战应由谁来承担责任。"■

1945 年

图中所示为第二次世界大战期间的宣传海报，其告诫租户们要爱惜自己租赁的房屋，以防止美国政府撤销对租金的控制。

1946 年

具有重大历史意义的立法的产生，可能是因为长期存在的系统性问题要求进行社会变革，也可能是在特定事件发生后的某个时间点，需要政府进行干预。对于后者而言，立法常常会让这种需要更加长久，最后成为法律或者经济环境中一个固定的组成部分。某项法律之所以持久地存在着，未必是因为被需要或是有智慧，而是由于对适应文化的期望。这种情况出现在 1942 年，美国加入第二次世界大战后，采取了一项紧急措施，制定了联邦租金管控法。

美国对租金的管控首次出现在第一次世界大战期间，当时美国联邦工业用房和运输局想要在全美各个城市建立地方化的公平地租委员会。这些委员会没有真正的法律权力，但经过协调与媒体的宣传后，他们开始极力反对那些牟取暴利的地主。尽管取得了一定的成功，但随着战争的结束，这些委员会也不复存在。然而，在地方层面，许多城市（最为出名的是纽约和哥伦比亚特区）为了解决房屋短缺的问题都实施了暂时性的租金控制法，一些措施在战后依然存在。

1941 年 7 月，罗斯福总统要求国会起草价格与租金控制法。直到珍珠港事件后，国会才作出回应，于 1942 年 1 月通过了《紧急物价控制法》（Emergency Price Control Act）。虽然这一联邦层面的租金法规六个月后才开始生效，但是对物价的控制效果可谓是立竿见影。同年 10 月时，整个国家的物价都处于管理之下。截至 1945 年 1 月，在人口超过 10 万的城市中，只有斯克兰顿和宾夕法尼亚不受制于联邦租金控制法。

法学研究者约翰·W. 威利斯（John W. Willis）写道："如果要说租金控制的历史上有什么经验教训的话，那就是这些控制一旦实施，就很难消除。"时至今日，纽约仍然保留了租金控制法，全国的其他城市也同意租客流动的要求，恢复了某种形式的租金管制。一直到现在，对于租金控制法构成违宪占有私人财产的主张，联邦最高法院仍然是明确否认的。■

保护商标

弗里茨·加兰·拉纳姆（Fritz Garland Lanham, 1880—1965）
哈里·S. 杜鲁门（Harry S. Truman, 1884—1972）

图为纽约时代广场的 LED 大屏幕上显示的无数已经注册的商标。

《伯尔尼公约》（1878 年），《版权法》（1976 年），版权的扩张（2001 年）

根据美国专利和商标局的定义，一个商标是指"一个字、词、标志或者设计或是这些元素的结合，能够将一方商品的来源与他方确定并区分开来"。专家们指出，古埃及耕种者喂养动物的壁画是人类最早的一个所有权标志，同时，六千多年前埃及石雕上石匠们所刻记号，是他们标识自己作品的一种方式。

美国的商标法出现在 19 世纪中期，其产生主要服务于双重目的：一是保护商标拥有者的财产和声誉；二是保护公众不受欺骗。由于对 1905 年《联邦商标法》（*Federal Trademark Act*）不甚满意，立法机关便着手进行大修改。1938 年，来自得克萨斯州的国会议员弗里茨·加兰·拉纳姆提出了一项最终以他的名字命名的议案。司法部以商标具有垄断性为由反对这一提案，再加上卷入战争，提案的通过时间就被延迟了。1946 年 7 月 5 日，杜鲁门总统正式将该议案签署为法律，并于一年后生效。

《拉纳姆法》（*Lanham Act*）一个主要的进步就在于为商标设立了一个中央性的联邦登记处，但登记与否并不是商标受保护的必要条件。商标登记确实有很多优点，但法律中也包含了商标推定公告和一个法律推定（商标）为有效的制度，虽然后种推定可以被反驳。同样重要的是，《拉纳姆法》第一次在商标领域建立起实质性的联邦权力，尤其是将适用多年的普通法规则法典化，包括商标侵权纠纷的核心，即侵权的判定标准问题：一方当事人使用与商标所有等同或者类似的商标，是否可能造成消费者的混淆。

自 1946 年开始，商业领域就一直在经历着巨变，为了应对这些变化，国会努力通过了《拉纳姆法》的诸多修正案，包括打击假冒伪劣商标的规定（这种情况是指某个人或者实体，抢先一步注册了网络域名，这一域名很有可能在消费者搜索的时候与现有企业名称相混淆，抢注的目的是将域名高价卖给这个企业）。■

1946 年

殖民主义与战后独立

富兰克林·德拉诺·罗斯福（Franklin Delano Roosevelt, 1882—1945）
温斯顿·丘吉尔（Winston Churchill, 1874—1965）
莫汉达斯·甘地（Mohandas Gandhi, 1869—1948）
克莱门特·艾德利（Clement Attlee, 1883—1967）

图为印度加尔各答的丽城大厦（Belvedere House），这里曾经是印度的总督府，今为印度国家图书馆。

 《威斯特伐利亚合约》（1648 年），无主之地（1959 年），欧盟成立（1993 年）

1947 年

在哥伦布第一次跨越大西洋航行的六年后，葡萄牙探险家瓦斯科·达·伽马（Vasco de Gama）驶过好望角，发现了从欧洲到东方的航海线。英国、法国和西班牙很快开始在资源丰富的地方建立殖民地。1600 年，伊莎贝拉女王特许成立了东印度公司，这是同类公司的首例，从事香料、丝绸、象牙和宝石的贸易。英国政府逐渐掌握了该公司事务，并于 1786 年任命一名总督管理印度。

英国的殖民地包括了非洲的大部分地区，以及印度洋和大西洋上的许多岛屿；法国则控制了北非与印度支那地区；西班牙将美洲地区殖民地化。伴随着殖民地化而来的，常常是殖民国家的法律体系。历史学家和人类学家尼古拉斯·杜宁凯（Nicholas Dirks）指出，英国将一个管理体系引入印度，按照法律和新的财产方式对印度人和新殖民政府进行管理。与之类似，1898 年，在西班牙将菲律宾让与美国后，国会颁布了《菲律宾组织法》（Philippine Organic Act），其被视为菲律宾的宪法，要求再建立一个美国式的政府管理体系。

1941 年 8 月，富兰克林·罗斯福总统和温斯顿·丘吉尔首相签署了《大西洋宪章》（Atlantic Charter），宪章中申明两个国家"尊重所有民族选择他们愿意生活于其下的政府形式之权利"，希望看到"曾经被武力剥夺主权及自治权的民族，重新获得主权与自治"。不管有意与否，这一宣言都包含着反殖民主义的表述，满足了殖民地日益增长的独立欲望。许多殖民地士兵都参与到第二次世界大战的斗争中，第二次世界大战结束时，在彼此不信任以及日益增长的要求自治的国家主义的驱使下，殖民地独立运动拉开序幕。

20 世纪 30—40 年代，莫汉达斯·甘地推动了印度的独立运动。1947 年 7 月 4 日，克莱门特·艾德利首相提出议案，五周后宣布印度独立。1949 年 11 月 26 日，印度制定了新宪法，这部宪法被历史学家格兰维尔·奥斯汀称之为"也许是自 1787 年费城制宪会议以来最伟大的政治活动"。■

《关税与贸易总协定》

图为一艘集装箱船，如果没有《关税与贸易总协定》，这样的船只就不会在亚洲出现。

国会对商业的管理权（1824 年），《州际贸易法》（1887 年）

第二次世界大战后，世界金融的稳定面临着巨大的挑战。意识到经济上的合作对解决这一问题至关重要后，战胜国的领导们首先解决货币问题，1944 年在新罕布什尔州的布雷顿森林（Bretton Woods）召开会议，建立起国际货币基金组织和世界银行。三年后，他们将目光转向贸易领域。

1947 年，在联合国的首次会议上正式提出了建立国际贸易组织（International Trade Organization，ITO）的理念。后来，联合国又召开了四次国际会议来讨论这一问题。第三次会议期间，国际贸易组织的筹备工作继续在瑞士的日内瓦进行，但与会的 23 个国家也开始讨论降低关税的问题。会议的结果是达成了首个多边贸易协定，即《关税与贸易总协定》（General Agreement on Tariffs and Trade，GATT）以降低关税，最大限度地消除进口限额。该协定于 1948 年 1 月 1 日生效。原本签署《关税与贸易总协定》是为了在国际贸易组织正式成立前，作为一项过渡性措施，但国际贸易组织的夭折让这一协定变为常设的运作机制。

《关税与贸易总协定》确立起了最重要的原则，以求减少现有贸易障碍，防止新贸易壁垒产生。这些原则其实非常简单：首先，全面削减缔约国之间的关税。经协商，缔约国政府减少本国的关税水平，以换取其他国家对本国关税的减免，最终形成了关税控制表。其次，每个国家都同意不干涉他国禁止或阻止进口的非关税壁垒措施。最后，《关税与贸易总协定》通过最惠国待遇措施实行无歧视原则，除了少数例外情况，要求成员国对包括没有签署协定在内的所有国家，提供相同的贸易便利条件。

1995 年，《关税与贸易总协定》被世界贸易组织所取代。在国际贸易学者苏珊·阿里尔·阿伦森（Susan Ariel Aaronson）看来，世界贸易组织为"各成员国解决国际贸易争端提供了一个固定的竞技平台"，它"监督着乌拉圭回合贸易谈判协定的执行"，同时，该谈判也是《关税与贸易总协定》的最后一回合谈判。■

1948 年

联合国《防止及惩治灭绝种族罪公约》

拉法尔·莱姆金（Raphael Lemkin，1900—1959）

图为奥斯维辛集中营的正大门，大约有 100 万的犹太人被杀死在这里，门上写着"劳动带来自由"（ARBEIT MACHT FREI）。

 纽伦堡审判（1945 年），审判艾希曼（1961 年），国际刑事法庭（2002 年）

大屠杀并非现代才有的现象。修昔底德斯（Thucydides）笔下，整个公元前 5 世纪，斯巴达人都在残忍杀害他们的敌人；罗马共和国对迦太基（Carthage）发起消灭战争，直到公元前 146 年才结束；一个世纪后，恺撒大帝（Julius Caesar）屠杀了至少三个德国部落。几个世纪以来，以整个民族为对象进行的屠杀从未停止，但直到 1943 年，律师兼作家拉法尔·莱姆金才在其《欧洲被侵占领土上的轴心统治》（*Axis Rule in Occupied Europe*）一书中，创造了"种族屠杀"（genocide）一词。其中，"genos"源于希腊语，意为种族或者部落，后缀"-cide"则源于拉丁语，意思为杀害。在莱姆金对种族灭绝一词的解释中，包括试图灭绝种族、宗教和政治团体，以及对文化的系统性摧毁。

莱姆金的这本书很快就在国际社会中站稳了脚跟，他提出的种族灭绝概念也成为 1945 年纽伦堡审判的一个基础。这一概念虽然没有写入最后的判决书，但出现在起诉书中，以支撑控告。一年后，联合国大会一致通过了第 96（I）号决议，宣布种族灭绝是一种国际犯罪行为。

1948 年，联合国大会一致通过了《防止及惩治灭绝种族罪公约》（*Convention on the Prevention and Punishment of the Crime of Genocide*），该公约于 1951 年 1 月生效，成为国际惯例法的一项准则。公约中首先就明确"按照国际法，灭绝种族是一种犯罪，这种行为背离了联合国的精神与目的，应为文明世界所谴责"。它列举了某些特定的种族灭绝行为，例如"蓄意全部或局部消灭某一民族、人种、种族或者宗教团体"，直接将这些群体作为杀害或者严重伤害的对象。

公约的序言部分表达了这样一种信念，即"为了将人类从如此可憎的灾祸中解放出来"，就需要进行国际合作。但是国际法学者尤瓦尔·沙尼（Yuval Shany）指出，"扼制种族灭绝的国际性机制是无效的，并且实事求是地说，它无法杜绝种族灭绝行为"。人们对公约最猛烈的批判就在于，不同于种族灭绝事件发生后，而是在这种行为发生时，公约中缺乏有效的解决措施。■

1948 年

好莱坞十人案

J. 帕内尔·托马斯 (J. Parnell Thomas, 1895—1970)
约翰·霍华德·劳森 (John Howard Lawson, 1894—1977)
贝尔托特·布莱希特 (Bertolt Brecht, 1898—1956)
小林·拉德纳 (Ring Lardner Jr., 1915—2000)

图为小林·拉德纳（左）和莱斯特·科尔（右），他们是"好莱坞十人"中的两人，图中所示为 1950 年两人到达法院。

《外侨登记法》（1940 年），拒绝《外侨登记法》（1951 年），罗森伯格审判案（1951 年），《共产党管制法》（1954 年）

第二次世界大战后，美国再次成为"红色恐慌"的受害者。众议院非美活动调查委员会（HUAC）早就在跃跃欲试了，该委员会成立于 1938 年，目的是调查共产党在政府中的渗透程度。好莱坞自然而然成为调查的目标，因为许多作家是共产党员并进行了相应的宣传工作。

非美活动调查委员会于 1947 年 10 月举办了听证会。在被传唤出庭作证的人中，有客观主义作家安·兰德（Ayn Rand）和罗纳德·里根（Ronald Reagan），然后是美国演员协会的主席。他们和其他证人谈到了共产党成员对电影业的颠覆活动。在听证期间，22 名证人指认了 100 多名个人，称他们都是共产党员。

接着，委员会传唤了 11 名被怀疑是共产党员的人。首先被传唤的是编剧约翰·霍华德·劳森，他被剥夺了个人陈述的权利。调查委员会的主席 J. 帕内尔·托马斯向他提出了那个出名的问题："你现在或者曾经是美国共产党员的一分子吗？"劳森对该问题表示质疑，这使得他因藐视国会被起诉并被带离听证会。其余十人也同样如此。九人遭到了同样的待遇，被判定为藐视国会。第十个人，即剧作家贝尔托特·布莱希特称自己从未加入过任何共产主义组织。在找到借口开脱后，他迅速返回东德。

听证会结束后，好莱坞各大制片厂解雇了这些人，也就是现在所称的"好莱坞十人"（Hollywood Ten），并宣布他们不会故意聘用共产党人。随后结出了臭名昭著的好莱坞黑名单，禁止任何已知或有共产党员嫌疑的人在好莱坞工作。

1948 年，劳森和另一个人因藐视国会罪受审。两人都被认定有罪，同时，他们被判处有期徒刑一年的判决被暂缓上诉。剩下的八个人同意使用前两场审判的法庭记录。在联邦最高法院拒绝接受他们的上诉后，他们开始服刑。然而，在服刑期满前，托马斯因欺诈和工资回扣受审。他同样拒绝回答问题，被判决有罪后继续服刑。他和小林·拉德纳被关押在同一所监狱。■

1948 年

《世界人权宣言》

埃莉诺·罗斯福（Eleanor Roosevelt, 1884—1962）

图为 1949 年 11 月，埃莉诺·罗斯福手持一份西班牙语版的《世界人权宣言》。

 《人权宣言》（1789 年），《权利法案》（1791 年），欧洲人权法院（1959 年）

1948 年

1948 年，联合国的《世界人权宣言》（*Universal Declaration of Human Rights*）在世界大战的暴行和恐怖后应运而生。它代表了各参与国在解决和防止这种堕落的问题上，达成了统一意见。

该宣言的第一次提出是在 1946 年联合国大会第一届会议上，当时是一项名为《基本人权和自由宣言》（*Declaration on Fundamental Human Rights and Freedoms*）的草案。该草案由一个八人组成的人权委员会接办，委员会的负责人是埃莉诺·罗斯福。在 1947 年的第一次会议上，委员会拟定了一个《国际人权法案》（*International Bill of Human Rights*）的初稿。罗斯福后来将其评价为"人类的大宪章"（humanity's Magna Carta）。1948 年，委员会给出的最终草案在联合国所有的成员政府间传阅，并经历了多轮修改。智利驻联合国大使赫尔南·圣·克鲁兹（Hernán Santa Cruz）把它称作"一个真正具有重要意义的历史事件，人类至高无上的价值在此达成共识……在大会堂里……来自所有国家的男女代表团结友爱，一片祥和"。

1948 年 9 月，联合国大会开始对宣言的草案进行最后讨论，同年 12 月，宣言获得一致通过（有八个国家投了弃权票）。政治学家乔治·J. 安德里奥普洛斯（George J. Andreopoulos）强调，《世界人权宣言》的核心原则在于"承认每个人的固有尊严，反对歧视"。同时也列举了宣言中关键性的公民权利和政治权利：不受酷刑，享有对基本权利侵害的有效救济以及参政权；还有关键性的经济、社会和文化权利：有权工作，组织和参加工会的权利，以及自由参加"社会的文化生活"的权利。

宣言没有法律约束力使得它的有效性遭到了抨击，但正如安德里奥普洛斯所言，许多评论者认为宣言已经具备了国际惯例法的权威性。他总结道："比其他文件更胜一筹的是，《世界人权宣言》让人权的理念几乎被所有人接受。" ■

战时流散人员法

哈里·S. 杜鲁门（Harry S. Truman，1884—1972）

《战时流散人员法》（*Displaced Persons Act*）的出台，许多难民被极不情愿地允许进入美国。这与面对面矗立在纽约港由巴托尔迪设计的自由女神像，形成了讽刺的对比。

《排华法案》（1882 年），《紧急限额法》（1921 年），《纽伦堡法案》（1935 年）

在史学家理查德·S. 金（Richard S. Kim）看来，第一次世界大战的结束"让美国很长一段时间内都处在保守主义、排外主义、仇外心理和孤立主义的笼罩中"，而第二次世界大战带来的则是一场空前巨大的难民危机：单是在欧洲大陆，就有约 800 万人流离失所。

整个第二次世界大战期间，对于陷入困境的欧洲犹太人寻求进入美国的问题，许多美国人表现得非常冷漠。立法增加欧洲移民限额的做法从未得到国会或者白宫的充分支持。然而，1945 年 12 月，杜鲁门总统发布了一项移民指令，将欧洲国家移民限额的一半划分给"战时流散人员"（displaced persons）。他的这项行政命令也改变了政府对（移民政策中）"可能成为一个人民公敌"条款的理解。不同于以往财力雄厚的担保人需要提供书面的资助声明，现在社会服务机构可以为大批难民出具担保。

1946 年末，美国犹太人委员会和美国犹太教委员会建立起了流离失所者公民委员会，游说立法机关允许战时流散人员移民到美国。1947 年 4 月，该委员会成功地推动了一项议案在国会的提出，批准在欧洲移民限额之外，每四年允许 10 万个战时难民移民到美国。该议案还允许现有配额数量与未来限额之间相互进行"抵押"，但最为重要的是，它延续了杜鲁门总统所采取的政策，允许社会志愿服务机构签发全面担保，保证移民们不会成为美国社会公敌。在移民问题上，国会之前从未认可过私人机构所扮演的角色。这是美国历史上第一个具有重大意义的、解决难民问题的立法，也是 20 世纪的美国首次放宽了它严格的移民政策。

1947 年 11 月，联合国通过了第 181 号决议，于 1948 年 5 月，当英国结束在巴勒斯坦的委任统治后，将巴勒斯坦分裂为犹太国和阿拉伯国。1948 年 5 月 14 日，美国和苏联都对以色列建国表示承认。■

1948 年

拒绝《外侨登记法》

霍华德·史密斯（Howard Smith，1883—1976）
弗朗西斯·沃德伦（Francis Waldron，1905—1961）
勒恩德·汉德（Learned Hand，1872—1961）

图为 1949 年，《史密斯法》案件的被告人、美国共产党员罗伯特·G. 汤普森（Robert G. Thompson）和小本杰明·J. 戴维斯（Benjamin J. Davis Jr.）走出纽约联邦法院。

《外侨登记法》（1940 年），好莱坞十人案（1948 年），罗森伯格审判案（1951 年），《共产党管制法》（1954 年）

1951 年

《外侨登记法》通常被称为《史密斯法》，因它的提出者、来自弗吉尼亚州的代表霍华德·史密斯而得名。该法于 1940 年颁布，但一直到第二次世界大战结束，苏联不再是美国的盟友后，才派上用场。它规定，"凡是鼓吹、教唆、鼓动，或是教导以武力或暴力推翻或者摧毁美国领土上任何政府的职责、必要性、合适性或正当性"，均为犯罪。同时，它也将致力于实现上述目的的任何团体的成员，视为违法分子。

1948 年，司法部以违反《史密斯法》为由，起诉了美国共产党的 11 名领导人。其中就包括共产党总书记弗朗西斯·沃德伦，人们更熟悉的是他的笔名尤金·丹尼斯（Eugene Dennis）。他们被指控密谋组织团体，鼓吹暴力颠覆美国政府。随之而来的是高度公开的九个月审判，评论者们认为这场审判既是闹剧，也是一个悲剧。

专家们对指控被告人有罪证据的充分性表示质疑，但经过讨论后，陪审团仍然得出每名被告均有罪的判决。迈克尔·贝尔克纳普（Michael Belknap）曾写道："让这些共产党领导获罪的并非政府的强势指控，而是公众对共产主义的高度仇视。"

上诉审理时，法官勒恩德·汉德确认了《史密斯法》的合宪性，并对奥利弗·温德尔·霍姆斯在 1919 年提出的"明显且即刻的危险"标准进行修正，以此来支撑有罪判决的合法性。尽管没有任何证据表明，被告人的行为造成了现实的危险，但汉德法官仍然解释说，法院"必须质问，'恶'的严重性是否会因为可能性不大而大打折扣，为了避免危险的发生，有必要将这种侵犯言论自由的行为认定为合法"。对此，时间的紧迫性要素不再是法院检验标准的要件之一。联邦最高法院多数法官同意汉德法官的判决意见，维持了对被告人的有罪判决。在接下来的几年里，这一判决引发了许多额外的起诉，让麦卡锡主义（McCarthyism）死灰复燃。正如《洛杉矶时报》（Los Angeles Times）社论清楚评价的那样："我们用血和钱在世界各地反对共产主义；现在，联邦最高法院允许我们在家门口这样做了。" ■

罗森伯格审判案

朱利叶斯·罗森伯格（Julius Rosenberg, 1918—1953）
埃塞尔·罗森伯格（Ethel Rosenberg, 1915—1953）
莫顿·索贝尔（Morton Sobell, 1917— ）
欧文·塞波尔（Irving Saypol, 1905—1977）

因违反 1917 年《间谍法》（*Espionage Act*），朱利叶斯·罗森伯格和埃塞尔·罗森伯格被认定有罪并处以死刑。

好莱坞十人案（1948 年），《共产党管制法》（1954 年）

1950 年，一名为"曼哈顿项目"（Manhattan Project）工作的核物理学家在英国被捕，该项目是美国为了发展原子弹研究而设置的。他承认，从 1941 到 1949 年都在为苏联提供原子弹机密，并招供出其他人，包括同为"曼哈顿项目"工作的大卫·格林格拉斯（David Greenglass）。在接受 FBI 询问时，格林格拉斯又供出了他的妹妹和妹夫：朱利叶斯·罗森伯格和埃塞尔·罗森伯格。两人之前都是共产主义组织的成员。

1950 年 7 月 17 日，朱利叶斯被逮捕，三周后，埃塞尔也被捕。根据 1917 年《间谍法》的规定，两人和朱利叶斯的朋友莫顿·索贝尔都被起诉，起诉理由为密谋从事战时间谍活动。审判从 1951 年 3 月 6 日开始，持续了整整一个月，引发全美的高度关注。该案的起诉由检察官欧文·塞波尔主导，他的助手是罗伊·科恩（Roy Cohn），科恩后来在臭名昭著的麦卡锡听证会期间，担任参议员约瑟夫·麦卡锡的顾问。案件接近尾声时，赫斯特报业集团发表社论，对这场审判作出如下评价："它的发现揭露了'赤色癌症'（Red cancer）令人毛骨悚然的细节，这也是现在的美国政府出于自卫被迫要清除的对象。这次的判决就如同人们期待公诉人会在手术中使用的解剖刀。"

朱利叶斯和埃塞尔被认定有罪，并被判处死刑。索贝尔则被判处三十年监禁。第二巡回上诉法庭维持了这一有罪判决，美国联邦最高法院拒绝受理对该案的进一步上诉。要求宽人处理的请愿不断被送到艾森豪威尔总统手上，其中还包括了罗马教皇皮乌斯十二世（Pope Pius XII）的请求，但 1953 年 6 月，朱利叶斯和埃塞尔还是在辛辛监狱（Sing Sing prison）遭受电刑而亡。

该案的有罪判决证实了共产主义威胁的存在，也帮助维系了麦卡锡莫须有的政治迫害。关于这对夫妇有罪与否的讨论持续了几十年，但在 1997 年，一名克格勃（苏联国家安全委员会）官员披露，是他之前雇用了朱利叶斯，将机密传递至苏联。随后，莫顿·索贝尔在 2008 年向《纽约时报》承认了他和朱利叶斯的间谍活动。■

欧盟的成立可以追溯至 1951 年《巴黎条约》，该条约将欧洲六国的经济利益联系在一起。如图所示，截至 2015 年，欧盟已经有 28 个成员国。

欧洲人权法院（1959 年），欧盟成立（1993 年），国际刑事法庭（2002 年）

1951 年

今天的欧盟（European Union）可以追溯到 1951 年签订的《巴黎条约》（*Treaty of Paris*）。该条约创建了欧洲煤炭与钢铁共同体（European Coal and Steel Community, ECSC），是第一个将欧洲六国（法国、德国、意大利、比利时、荷兰和卢森堡）特定经济利益联合在一起的组织，并对未来一个欧洲联盟的成立提供了蓝图。

20 世纪，法国与德国曾三次陷入战争，因而欧洲煤炭与钢铁共同体的成立对解决他们之间的经济和政治问题大有助益。就像法国外长罗伯特·舒曼（Robert Schuman）在其宣言中所强调的那样，第二次世界大战后，基于两国煤炭与钢铁重要领域而建立起来的法德联盟，"对维护和平必不可缺"。

尽管欧洲煤炭与钢铁共同体只针对经济中相对狭窄的领域，但它作为第一个超国家权限的机构，为欧盟的成立奠定了基础。通过每个国家加入共同体，它拥有了超越单独成员国的权力。其他机构多数都是政府间的，也就是说，只有当一个单独的国家表示同意时，这些机构才对各国拥有权力，特定法律才能得到有效适用。但此处，由各国代表组成的欧洲煤炭与钢铁共同体的高级机构（High Authority），创造并执行着独立于其本国利益的命令，以促进欧洲煤炭与钢铁共同市场的发展。成员国必须在各自司法管辖范围内执行最高机构的命令，即便某项命令不符合该国的利益。

欧洲煤炭与钢铁共同体的成功运营，让欧洲开始考虑在更广领域建立联盟。1957 年《罗马条约》（*Treaty of Rome*）创设了欧洲共同体（European Community），或者称为欧洲经济共同体（European Economic Community），也建立了欧洲原子能共同体（European Atomic Energy Community），两个组织的期限都是永久性的。在 1951 年《巴黎条约》规定的 50 年有效期满后，2002 年，欧洲共同体将煤炭和钢铁产业纳入管理范围。之后的一系列条约进一步促进欧洲的一体化，1993 年《马斯特里赫特条约》（*Maastricht Treaty*）签订后达到顶峰，欧盟正式成立。■

布朗诉教育委员会案

琳达·布朗（Linda Brown, 1942—　）
乔治·华莱士（George Wallace, 1919—1998）
奥瓦尔·法柏斯（Orval Faubus, 1910—1994）

图中所示（从左上顺时针方向）依次为：小哈里·布里格斯（Harry Briggs Jr.）、小斯波茨伍德·博林（Spottswood Bolling Jr.）、埃塞尔·路易斯·贝尔顿·布朗（Ethel Louise Belton Brown）和琳达·布朗·史密斯。他们是布朗诉教育委员会案五名原告中的四人，图中为四人在联邦最高法院里程碑式判决十周年纪念的新闻发布会上。

 1866 年《民权法案》（1866 年），第十四修正案（1868 年），普莱西诉弗格森案：隔离但平等原则（1896 年），1964 年《民权法案》（1964 年），法院的强制性校车计划（1971 年）

在极少数情况下，法律体系会推翻历史悠久但没有公正认可权利的先例，以此来推动社会的进步。布朗诉托皮卡教育委员会案（*Brown v. Board of Education of Topeka*）拉开了结束美国种族隔离的序幕。

1951 年初，全美有色人种促进协会（NAACP）代表琳达·布朗起诉了堪萨斯州托皮卡市的学校委员会，因为她被强迫到一所很远的黑人小学上学。当布朗想在离家近的白人学校就读时，她遭到了拒绝。布朗与其他原告一起提出了诉讼，主张黑人没有得到同等保护权，这违反了第十四修正案的规定。

案件一审时，审判组织的三名联邦法官承认种族隔离对黑人儿童有害。即便如此，法庭还是根据联邦最高法院在 1896 年普莱西诉弗格森案中确立的"隔离但平等"原则，选择支持教育委员会。因为学校从实质来讲是平等的，本案没有提供救济的依据。

上诉审时，联邦最高法院通过一致判决，推翻了普莱西案，认为："在公共教育领域，'隔离但平等原则'毫无用武之地。隔离的教育设施本质上就是不平等的。"在听到另一个实践问题的争论，即如何取消种族隔离后，联邦最高法院作出了第二项裁决，指令所有的学校"以从容不迫的速度"消除种族隔离。

在全国各大报纸的头版头条对此进行大规模宣传后，对于该案判决可谓是几家欢喜几家愁，有人欢欣有人忧。之后数年，南方许多州表示强烈反对，拒不执行裁决。面对布朗案裁决的强制执行，一些州发起运动，要求关闭公立学校，而不是消除这些学校的种族隔离。比较有名的事件有：亚拉巴马州州长乔治·华莱士拒绝黑人学生到亚拉巴马大学报到；阿肯色州的州长法柏斯下令国民警卫队阻止非裔学生进入小石城中心校。■

1954 年

《共产党管制法》

约瑟夫·麦卡锡（Joseph McCarthy，1908—1957）
休伯特·汉弗莱（Hubert Humphrey，1911—1978）

图为 1883 年的一幅政治漫画，名为"一只毁灭性的蠕虫"（A Destructive Worm），一只被贴上"共产主义"标签的毛虫虎视眈眈地盯着社会的果实，果实由一张名为"资本"的葡萄叶保护着。

好莱坞十人案（1948 年），罗森伯格审判案（1951 年）

1954 年

第二次世界大战后，美国参议院对反共产主义的鼓吹，约瑟夫·麦卡锡对共产主义颠覆政府的指控以及娱乐业的发展，引发了公众反共的狂热情绪，但是美国人的确有忌惮共产主义政权的法律理由。

到 1954 年，参议院中对麦卡锡政治迫害的不满见长。同年 12 月，麦卡锡遭到了参议院决议的谴责，但国民对共产主义威胁的敌对情绪尤在。法学作家罗伯特·M.利希特曼（Robert M. Lichtman）将 1954 年一项福特基金会的研究称作是要证实"政治家们"的判断，即公众几乎会无条件地支持对共产主义者施加任何惩罚。因而我们也就不那么意外地看到，在宣称自己已经"疲于读到'软弱'对待共产主义的标题"后，参议员休伯特·汉弗莱提出了 1954 年《共产党管制法》（Communist Control Act）。

这项法案遭到了诸多批判，其中一个理由便是其缺乏明确性。它宣称："美国的共产党，尽管据称是一个政党，但实际上是一个密谋颠覆美国政府的工具。"在这样的宣言下，该法案停止了美国共产党所享有的"权利、特权和豁免权"。但同时，这项法案否认自己对 1950 年《国内安全法》（Internal Security Act）有任何修改，后者中明确规定了只具有共产党员身份是不能被逮捕或处以刑罚的。因此，尽管《共产党管制法》称要否认共产党存在的合法性，但它其实没有此种法律效果。

"这个法案真的有必要存在吗？恐怕没人真的知道"，议员伊曼纽尔·塞勒（Emanuel Celler）如此说道。利希特曼指出，"艾森豪威尔政府反对这项法案，其后来也没有被行政部分适用过"。《共产党管制法》存在的最终意义仍然充满着讽刺意味：它所包含的一个国家对共产主义的反感，与完全否认麦卡锡主义如出一辙。■

《州际公路法》

德怀特·艾森豪威尔（Dwight Eisenhower, 1890—1969）

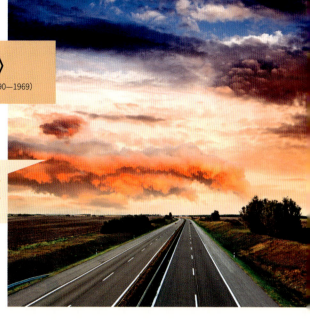

《州际公路法》创建了一个庞大的公路基础设施体系，永远地改变了美国人走遍全国的方式。

 《州际贸易法》（1887 年）

1956 年

早在 1776 年，亚当·斯密就在《国富论》（*The Wealth of Nations*）中写道："好的公路……让这个国家的偏远地区更接近附近城镇的水平。应当将达到这种水平视为最伟大的进步。"联邦政府认识到这种智慧，于 1806 年颁布立法，想修建一条从马里兰州到俄亥俄州的国家收费公路。但后续努力被不了了之，一是因为铁路的兴起，二是遭到一些州在财务上的阻力，这些州已经享受过了基础设施带来的经济利益，认为修建公路将来会带来经济上的竞争。

19 世纪 90 年代，修路运动兴起，一方面是出于自行车骑行者的需要，另一方面则是农民们想要找到代替火车的交通工具。然而汽车的出现以及随之而来的产业发展，才标志着真正的转折点。1910 年，整个国家的汽车覆盖率只有不到 50 万辆，到 1920 年时，这一数值飙升至近 800 万辆，也就是说，每四个家庭就有一辆汽车。但对修建公路以适应这种发展所提供的支持，寥寥无几。

拥护法律，最终实现国家高速公路体系现代化和统一化的是艾森豪威尔总统，他在 1954 年宣布，现有公路体系已经太陈旧，呼吁展开一项投资 500 亿美元，为期十年的高速公路项目。1956 年，国会以压倒性票数通过了《州际公路法》（*Interstate Highway Act*），其正式名称为《联邦公路资助法》（*Federal-Aid Highway Act*），斥资 310 亿美元进行 13 年的修建计划。

国会进行的立法中，很少会有在名称上就涉及整个国家的法案，跨越海岸线，连接地界，穿越各州，但《州际公路法》就做到了这一点。尽管州际公路项目成果在今天只占到全国公路总历程的 1%，但它却负担了近 25% 的机动车交通。它缩短了各个主要城市间至少 20% 的旅程，同时，在运行的头 40 年里，通过提供本质上更安全的旅行，它预计拯救了近 20 万人的生命。按照政治学家丹尼斯·约翰逊的说法，《州际公路法》所创建的高速公路体系"是支撑美国主流汽车文化的关键性基础设施，也帮助改变了美国民众驾驶、生活、购物与进行贸易往来的方式和地点"。■

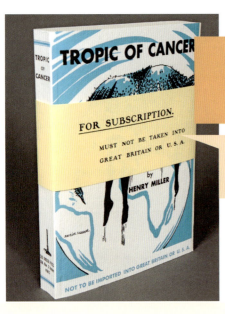

限制淫秽品

塞缪尔·罗斯（Samuel Roth，1893—1974）
罗斯诉合众国案（*Roth v. United States*）
小威廉·J. 布伦南（William J. Brennan Jr.，1906—1997）

图为亨利·米勒（Henry Miller）的小说《北回归线》（*Tropic of Cancer*），于 1934 年首次在法国出版。它被美国禁止后也卷入了关于淫秽品的审判中。

 淫秽品和《康斯托克法》（1873 年），审查和"海斯办公室"（1921 年），言论审查和《尤利西斯》（1933 年），一个判定淫秽的新标准（1973 年），联邦通信委员会和污言秽语（1978 年），《通信规范法》（1997 年）

1957 年

　　对淫秽物品的法学研究与法律规范大量存在，但并非总是清晰明了。在 1934 年合众国诉《尤利西斯》（詹姆斯·乔伊斯的一本小说）案判决之前，认定一项作品是否色情的标准是看它是否有这样一种倾向，即"会对公开接触此种不道德影响之人，造成思想上的堕落和腐化"。但是联邦最高法院从未直截了当地说，与淫秽物品有关的刑事立法经得住宪法的检验。1957 年的罗斯诉合众国案，第一次引发了此种宪法性挑战。

　　塞缪尔·罗斯是一名纽约的出版商，销售黄色书籍与杂志，他因违反联邦淫秽品管理法规邮寄淫秽材料而被判决有罪。案件上诉至美国联邦最高法院后，罗斯认为自己被据以定罪的联邦法律侵犯了第一修正案所赋予的权利。

　　联邦最高法院法官以 5 : 4 的票数作出判决，布伦南法官所撰写的多数派判决意见第一次明确指出淫秽物品不在第一修正案的保护范围内，因为有史以来它就被视为"在社会重要性方面，完全没有任何可取之处"。接着，布伦南又提出了判定淫秽的合适标准："根据现有的社会标准，有关材料的主题从整体上看，是否会引起一个普通人的淫欲"。据此，联邦最高法院维持了对罗斯的有罪判决。此案中，对淫秽品法律规范的理解发生了两重变化：第一，这一判断标准将淫秽品的影响对象确定为普通人，而非一个特定的个人。第二，法院要从整体上评估某一作品，不能简单摘取其中一个特定的片段。

　　但同时，罗斯案也留下了许多未解的问题。例如，对于什么是"引起淫欲"（appeal to the prurient interest），它没有提供指导。还有，在特定的案件中，什么是现有的社会标准，定义也不清晰。对这些问题的回答还有待将来的案件，这一天的来临既不会很长，也不会一蹴而就。■

欧洲人权法院

图为坐落在法国斯特拉斯堡（Strasbourg）的欧洲人权法院。

《人权宣言》（1789 年），《权利法案》（1791 年），
《世界人权宣言》（1948 年）

1959 年

　　第二次世界大战的种种暴行引发了欧洲各国建立一个人权保障机制的需要。继 1948 年联合国的《世界人权宣言》后，欧洲理事会（现今有 47 个成员国）颁布了《欧洲人权公约》（*European Convention on Human Rights*），该国际条约于 1953 年生效，列举了为保障和平与民主所需的公民权利和政治权利。同时，公约也建立起欧洲人权法院，负责裁决个人针对成员国侵害其权利提出的诉讼。1959 年，人权法院在法国斯特拉斯堡成立，为公民起诉其政府提供了第一个国际性平台。

　　2011 年，法院副院长迈克尔·奥博伊尔（Michael O'Boyle）曾指出："人们普遍认为……人权法院所建立的司法管辖是欧洲人权保障体系的主力。"在欧洲理事会看来，"今天，该法院是欧洲人权保护的卫士——是欧洲的良知所在"。在建立的头五十年里，人权法院已经作出了12000 多份裁决，其中大多数与侵犯公民的如下权利有关：公正和快速审判权、不受刑讯的权利，自由和安全的权利，隐私和家庭生活的权利，以及言论、集会、结社和宗教自由的权利。

　　当然，人权法院也面临着许多问题和批判。一些学者将矛头指向它繁重的——或者是令人窒息的案件量，持续不断地对它作出的裁决进行猛烈的抨击。其他人则引用成卷的案件来证实，人权法院的成功也让它自身成为受害者，并在努力解决这个问题。然而，一个更为棘手的问题是，部分欧洲国家的领导认为一个"国际"法庭不应将法律政策强加给单个国家。■

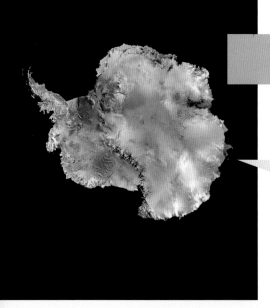

无主之地

图为基于美国宇航局卫星数据，用电脑合成的南极洲地图。

《威斯特伐利亚合约》（1648 年），《日内瓦公约》（1864 年），《濒危物种法》（1973 年），里约会议（1992 年）

法律的适用对象通常是居住在特定地方的人，这些地方有主权统治，统治者颁布并执行法律。但法律在无人居住，无人统治的地方也有用武之地。1820 年，人们在南极发现了南极大陆（Antarctica）。英国南极观测站，这个顶尖的环境研究中心将南极大陆描述为一个"从未有过战争，环境得到充分保护，并且科学研究有优先权"的地方。这一地位直接源于南极地区条约体系（Antarctic Treaty System，ATS），它是 12 个国家间自 1959 年开始所签订的一系列条约的总称，这 12 个国家包括：美国、阿根廷、澳大利亚、比利时、英国、智利、法国、日本、新西兰、挪威、南非和苏联。最开始的条约中禁止在这块土地上进行军事演习、修筑军事设施或是进行武器试验，也严禁处理放射性废物，但提倡科学研究、合作与相互交流。事实证明，南极条约体系适用效果非常好，也因此跻身最成功的国际条约之列。

1967 年 10 月，联合国通过了《关于各国探索和利用包括月球和其他天体在内的外层空间活动原则的条约》[通常称为《外空条约》（Outer Space Treaty）]。尽管联合国并未执行过南极地区条约体系，但是《外空条约》中的许多规定都取自南极条约体系的框架。《外空条约》首先禁止在外层空间、环绕地球的轨道以及其他任何天体上使用核武器。其次它明确要求只能基于和平目的使用天体，禁止将天体作为军用或在其上进行武器试验。最后条约规定国家要对其在太空中的行为负责，私营企业、实体和个人亦是如此——这是基于太空旅游商业化的考量。

接着，联合国实施了与我们外太空相联系的另外四个国际条约：《关于营救宇航员、送回宇航员和归还发射外层空间的物体的协定》（Agreement on the Rescue of Astronauts, the Return of Astronauts, and the Return of Objects Launched into Outer Space，1968 年）；《关于太空物体致损的国际责任公约》（Convention on International Liability for Damage Caused by Space Objects，1972 年）；《关于向外太空发射物体进行登记公约》（Convention on Registration of Objects Launched into Outer Space，1976 年）；《关于各国在月球和其他天体上活动的协定》（Agreement Governing the Activities of States on the Moon and Other Celestial Bodies，1984 年）。■

各州与非法证据排除规则

沃尔夫诉科罗拉多州案（*Wolf v. Colorado*）
多勒瑞·马普（Dollree Mapp，1923—2014）
马普诉俄亥俄州案（*Mapp v. Ohio*）

在警察谎称持有搜查令进入家中后，多勒瑞·马普因持有淫秽材料的重罪而被捕。

第十四修正案（1868 年），非法证据排除规则
（1914 年），限制淫秽品（1957 年）

1961 年

1961 年，在合众国诉威克斯案中确立的非法证据排除规则，为联邦的刑事指控提供了重要准则。在法庭审判时，联邦检察官不能出示非法获取的证据。然而，对于各州的起诉，威克斯案明确指出，第四修正案不解决州司法人员的行为不当问题，因此宪法不要求在各州适用非法证据排除规则，法院在 1949 年沃尔夫诉科罗拉多州案中重申了这一点。

1957 年 5 月，克利夫兰市（Cleveland）警察在追踪一个当地爆炸案嫌犯所在位置的线索时，谎称自己有合法的搜查证，从而进入多勒瑞·马普的住所。进入后，警察逮捕了马普，因为工作人员发现了他们认为是色情的书和图片。马普因持有淫秽材料的重罪被起诉，并被判决有罪。在通过州法院进行上诉的过程中，马普对搜查的合法性以及俄亥俄州合宪性提出的法律挑战并未成功。尽管俄亥俄州高等法院七名法官中，有四名认为该淫秽物品法不合宪，但是按照一州宪法之规定，宣布某一项州法律违宪需要绝对多数票，即 7 名审理法官中的 6 名。

马普的辩护律师克服重重困难，说服了美国联邦最高法院审理此案。美国民权自由联盟俄亥俄分会也提交了一份（与案件结果有利害关系的）非当事人陈述（amicus curiae，拉丁语意思为"法庭之友"），质疑该州的淫秽物品法案。

从表面上看，正如当事人所希望的那样，这个案件所要解决的是州法律的合宪性问题。根据政治学家卡洛林·N. 朗（Carolyn N. Long）的文献研究，联邦最高法院儿名法官在庭后合议过程中，都投票认为俄亥俄州这一法律是无效的。因此，在推翻马普案有罪认定的判决中，联邦最高法院忽略州法律的合宪性问题，转而更正其在沃尔夫案中的立场，宣布非法证据排除规则自此便要适用于州的刑事诉讼程序，这着实令人惊讶。

就像朗教授所指出的那样，"马普诉俄亥俄州案的影响是非常广泛的。联邦最高法院一举将排除规则适用到这个国家半数的州中"，预计每年将牵涉几十万起案件的裁决。■

图为大屠杀"建筑师"阿道夫·艾希曼于 1961 年在耶路撒冷受审。他被判决有罪，并于 1962 年 5 月 31 日被执行绞刑。

《战争与和平法》（1625 年），《纽伦堡法案》（1935 年），纽伦堡审判（1945 年），国际刑事法庭（2002 年）

1961 年

世界上最重大的审判之一，发生在 1961 年的耶路撒冷，以色列控诉阿道夫·艾希曼在第二次世界大战期间对犹太人和人类所犯下的种种罪行。在作家小伯纳德·瑞安（Bernard Ryan Jr.）的笔下，艾希曼是除希特勒外"德国司令部纳粹官员中最卑劣的人"。第二次世界大战后，艾希曼避开抓捕，最终逃往阿根廷。1960 年 5 月，以色列特工在布宜诺斯艾利斯附近将他抓捕并驱逐出境。他被带到以色列接受审判，审判的依据是以色列 1950 年出台的《纳粹和纳粹合作者（惩罚）法》[Nazis and Nazi Collaborators (Punishment) Act]。

对艾希曼长达八个月的审判，让以色列有机会记录大屠杀，特别是"彻底解决犹太问题方案"的恐怖行径，也为后代人提供一个不可磨灭的教训。对此，以色列总理大卫·本–古里安（David Ben-Gurion）说过，"这场审判是为了向……这里的人和……全世界揭示社会独裁的危险"。

这场审判一经出现便争议四起，有人质疑以色列是否有权起诉艾希曼，因为强行绑架他到以色列的做法违反了国际法的规定。同时，争议的矛头也指向了以色列审判艾希曼的管辖权问题，因为他在欧洲犯下种种罪行时，以色列还未建国，而审理的依据竟然是行为发生后多年才颁布的法律，这在法律上是典型的"溯及既往"（an ex post facto law）。

以色列最高法院根据一项存在已久的国际法准则维持了艾希曼的有罪判决和死刑，即对于个人实施的反人类行为，所有国家都有普遍的管辖权予以审判。法院引用了可以追溯至中世纪和诸位卓越法律先贤的先例，其中包括胡果·格劳秀斯，他创设了这样一个原则，即对于作为人类公敌（hostis humani generis）的个人，任何国家均有权进行审判和处罚。事实上，国家确实负有一项道德责任，去惩罚那些"极端违反自然法或者国家法"的人。最终，阿道夫·艾希曼被执行绞刑。■

审判纳尔逊·曼德拉

纳尔逊·曼德拉（Nelson Mandela，1918—2013）

图为 1990 年 2 月，从南非开普敦（Cape Town）的监狱中被释放后，纳尔逊·曼德拉和他的妻子温妮（Winnie）走在一起。

 种族隔离的终结（1990 年），南非宪法（1996 年）

人们永远缅怀纳尔逊·曼德拉，因为他英勇反抗并帮助南非结束了种族隔离制度。在严格种族隔离体系下生活的曼德拉，于 1944 年加入非洲国民大会（ANC），最后成长为一名激进派。这一角色最终导致他在臭名昭著的瑞弗尼亚审判中被定罪，该审判以约翰内斯堡外的一个镇子而得名，是非洲国民大会激进分子的藏身之处。

1963 年 7 月，7 名非洲国民大会的成员依据 1963 年《南非蓄意破坏法》（*South Africa's Sabotage Act*）的规定被捕，因为他们正在进行袭击政府的运动。一些资料牵涉到曼德拉，此时的他早已因煽动罢工在监狱中服刑。最终，他与其他 9 名男子被控妨害罪。

在一年前的上一场审判中，曼德拉拒绝作证。相反，他去码头上进行抗议，质疑所有成员都是白人的法庭不具有权威性。在瑞弗尼亚审判（Rivonia Trial）中，曼德拉的律师担心，如果现在让曼德拉出庭作证的话，他会给人留下虚伪、无原则的印象。因此，律师决定，曼德拉这次也不要作证，但会在法庭上发表声明。在近五小时的发言中，他提出黑人群体面临的不公待遇，也谈到了自己所展望的美好社会，人们共同居住在这样的社会中，其乐融融。结尾时，他进行了有力且勇敢的陈述："这是一种我希望生活于其中并努力追求的美好。但如果有必要的话，我随时准备着为此牺牲。"

瑞弗尼亚逮捕和审判活动引起了世界的关注。联合国大会以 106：1 的票数谴责了种族隔离制度，呼吁"放弃恣意的审判"，并释放因反对种族隔离而入狱的所有人。南非政府投出了这张反对票，并对联合国的谴责置之不理。

1964 年 6 月，判决宣告。只有一人被认定为无罪。曼德拉和其他 8 名被告逃过了死刑，但被判处终身监禁。到 1990 年被释放时，曼德拉已经在监狱中度过了漫长的二十七年。

曼德拉的英勇事迹激励着其他人继续为反对种族隔离而奋斗，但种族隔离的余毒直到 1994 年才得以消除。在 1994 年的自由选举中，非洲国民大会赢得了 62% 的投票，曼德拉成为南非历史上第一位黑人总统。■

1963 年

在州法院获得律师辩护的权利

克拉伦斯·厄尔·吉迪恩（Clarence Earl Gideon, 1910—1972）
吉迪恩诉温莱特案（*Gideon v. Wainwright*）
阿伯·福塔斯（Abe Fortas, 1910—1982）

图为吉迪恩向联邦最高法院手写申诉状的其中一页，法院后来指派律师为吉迪恩的上诉审提供辩护。

第十四修正案（1868 年），米兰达警告（1966 年）

1963 年

美国宪法第六修正案规定"在所有刑事诉讼中，被告应当有权……获得律师帮助为其辩护"。但条文中并未明确，对于被告人没有经济能力聘请律师的案件要如何处理。

围绕着刑事被告律师辩护条款展开的法理学，已历经多年的发展。1932 年，联邦最高法院在案件中确立，根据第十四修正案中的正当程序条款，各州法院应当免费为被控死罪的穷苦被告人提供辩护律师。六年后，联邦最高法院在案件中要求各级联邦法院要为所有重罪案件的被告人提供律师。在 1942 年贝茨诉布莱德案（*Betts v. Brady*）中，联邦最高法院拒绝作出进一步的扩大解释，认为第六修正案并未要求各州对非死刑的、缺乏"特殊情况"的被告人指定辩护律师。直到二十年后，联邦最高法院才在吉迪恩诉温莱特案中正式推翻贝茨案的判决立场，这被法学教授詹姆斯·汤姆克维斯（James Tomkovicz）称作是"最重要、最有名的判决之一，系统性地引发了宪法性刑事程序的变革"。

克拉伦斯·厄尔·吉迪恩，这个被政治学教授廷斯莱·亚布洛（Tinsley Yarbrough）描绘为"并非上帝宠儿"的人，在佛罗里达州因入室盗窃被判决为有罪。尽管这是吉迪恩第五次重罪判决，但其行为都未涉及暴力犯罪。他在庭前请求法院为其指派一名律师，这一请求遭到否决。在佛罗里达州高等法院拒绝为其提供救济后，吉迪恩手写了五页的申诉状，请求联邦最高法院复审其案件。

吉迪恩撰写申诉书时没有得到律师的帮助，而联邦最高法院却决定受理此案，这具有一定的讽刺意味。法院要求当事人双方都必须具备律师辩护，因此指派阿伯·福塔斯，这个后来成为联邦最高法院法官的律师，作为吉迪恩的上诉审代理人。1963 年 3 月 18 日，联邦最高法院通过一致判决，推翻了吉迪恩的有罪认定，主张第六修正案要求各州法院为所有重罪案件中的被告人提供律师辩护。过了不到十年，法院就将此范围扩大至所有轻罪案件的被告人。■

限制对诽谤的法律认定

马丁·路德·金（Martin Luther King Jr., 1929—1968）
莱斯特·布鲁斯·沙利文（Lester Bruce Sullivan，1921—1977）
《纽约时报》诉沙利文案（New York Times v. Sullivan）

图为 1964 年马丁·路德·金在一次新闻发布会上。

约翰·彼得·曾格案（1735 年），言论自由与煽动暴力（1969 年），滑稽模仿与第一修正案（1984 年）

1964 年

对于许多出版者而言，他们所出版的内容往往会有冒犯某人的风险。在公开发表的陈述败坏某人名声的情况下，法律救济的方式是提起破坏名誉的诉讼：当陈述已经发表，并中伤他人声誉时，就构成诽谤。法律上对这一问题解释得最清楚的案件就是《纽约时报》诉沙利文案，该案被法律记者托尼·毛罗称为"美国现代出版自由的试金石"。

1960 年 3 月 29 日，《纽约时报》以"关注他们高涨的呼声"为题，用一整个版面刊登了马丁·路德·金民权保护基金的募捐广告。在描述亚拉巴马州蒙哥马利市（Montgomery）的种族骚乱，以及蒙哥马利市警察局的行动时，误报了一些小事实。当广告印发到亚拉巴马州后，蒙哥马利市公共事务专员莱斯特·布鲁斯·沙利文以诽谤为由起诉了《纽约时报》。

一开始，在州法院的审理中，沙利文胜诉，亚拉巴马州高等法院维持了陪审团的判决，判定《纽约时报》向沙利文给付 50 万美元的赔偿金。但是，美国联邦最高法院通过一致裁决，推翻了这一判决结果，认为亚拉巴马州关于诽谤的立法规定—— 如果一项出版物的用语有损害他人名声或导致其遭受"公共蔑视"（public contempt）的倾向时，那么该言论就"自成诽谤"（libelous per se）—— 违反了第一修正案。联邦最高法院认为原审法院的判决"与国家深度认可的原则相背离，即对公共问题的讨论应当是无拘束的、活跃并且开放的，因而很可能会对政府和公职人员进行愤怒的、讥讽的，有时甚至是令人不快的猛烈抨击"。

紧接着，联邦最高法院为涉及诽谤行为的案件确立了一项新的判断标准，这一标准也成为当代宪法第一修正案法理的基石。在认定《纽约时报》并未诽谤沙利文的结论部分，法院指出宪法保障制度要求"确立一项联邦规则，禁止政府官员因其公务行为遭到诽谤而获得赔偿，除非他能证明有关的陈述'确实存在恶意'（或实际恶意），即明知与事实不符，或者不管与事实是否符合，也要肆无忌惮地作出陈述，中伤他人"。而沙利文案不满足这一判断标准。

因此，该案诞生了今天为人们广泛接受的"实际恶意"（actual malice）标准，其适用对象也在后来被扩大至公众人物。■

图为林登·约翰逊总统将《民权法案》
正式签署为法律。

 1866 年《民权法案》（1866 年），民权案件（1883 年），普莱西诉弗格森案：隔离但平等原则（1896 年），
布朗诉教育委员会案（1954 年），《选举权法》（1965 年），《平等权利修正案》（1972 年），《平权运动》
（1978 年），《美国残障人士法》（1990 年）

1964 年

国民抗议和暴力延缓了美国历史上一项最重要的立法活动，以至于它在民权运动的后期才得以出现，力求同常见于南方各州的极端隔离政策和歧视作斗争。

诸如布朗诉教育委员会案这种结束学校种族隔离制度的案件，是民权运动取得巨大胜利的表现。面对众多杰出的民权领袖要求一劳永逸铲除隔离现象的压力，肯尼迪总统于 1963 年 6 月向国会提出了一项议案。1963 年 11 月，在肯尼迪被刺杀后不久，约翰逊总统便督促国会尽快通过这项议案，以作为这个国家遇刺领袖的遗产。凭借政治精明和影响力，约翰逊推动该提案在众议院和参议院都得以通过，并于 1964 年 7 月 2 日正式签署为法律，他提到"这部法律的目的是更加坚定地致力于实现自由，一如既往地追求公正以及更加尊重人的尊严"。

这部民权法的核心部分在于，禁止基于人的种族、肤色、性别、宗教和国籍在以下领域产生歧视：1. 公共住宿处；2. 联邦资助项目；3. 就业；4. 学校；5. 选举。该法也建立了相应的程序和机构（例如，平等就业机会委员会）来实现其根本目的。

这部法律可谓是一个真正的里程碑。宪法学者亨利·L. 钱伯斯（Henry L. Chambers）将其评价为"是对美国社会产生最为革命性影响的单行法……它深刻地影响着美国生活的几乎方方面面"。虽然其唯一目的是结束隔离和歧视，但它在追求人人平等上也扮演了至关重要的角色。同样不能忽视的是，这部法律为后续在民权法没有特别涵盖的领域中，进行立法以保障其他类个人自由，提供了蓝本。两个典型的例子便是 1967 年《防止就业年龄歧视法》和 1990 年《美国残障人士法》（*Americans with Disabilities Act*）。■

《选举权法》

林登·约翰逊（Lyndon Johnson，1908—1973）

图为 1965 年 8 月，在签署《投票权法》之前，林登·约翰逊总统和马丁·路德·金握手。

 禁止对选民的种族歧视（1869 年），妇女的选举权（1919 年），1964 年《民权法案》（1964 年），已满 18 周岁的人享有选举权（1971 年）

在最后一次总统新闻发布会上，林登·约翰逊回忆了他就任美国总统期间最快乐的时刻和最重要的成就：签署了 1965 年《选举权法》（*Voting Rights Act*）。尽管第十五修正案禁止"因种族、肤色或过去的劳役情况"剥夺或限制公民的选举权，但在 1870 年后数十年，黑人的选举权问题仍然遭受着重重阻碍。

1965 年 3 月 15 日，在亚拉巴马州塞尔玛城（Selma）民权游行暴力事件发生后不久，约翰逊总统就在国会联席会议上讲话，发表了被传记作家罗伯特·达列克（Robert Dallek）称作是约翰逊总统"最伟大的演说，同时也是这个国家历史上最感人和最难忘的其中一次总统演讲"。两天后，约翰逊向国会提交了选举权立法提案，并要求国会采取行动。该提案在众议院和参议院都以压倒性的票数优势得到通过。

《选举权法》通过赋予行政机关必要的权力和消除对每次诉讼进行裁判的需要，贯彻了第十五修正案的规定。整体上，该法禁止各州或者分支机构为了剥夺公民的选举权，基于种族或肤色的理由给选举设置门槛，包括文化测试或者其他资格性测试。这部法律的一个核心规定在于要求国会每五年对法律进行一次修正，强制司法部审查和监督那些选举程序历来存在歧视，以及适格的选民登记率不足 50% 的州。

政治学家、选举权研究者钱德勒·戴维森（Chandler Davidson）曾写道，《选举权法》"摧毁了选举权剥夺体系的主要堡垒"，他还提到了司法部的一项评估数据，即"在该法案通过后的五年里，在亚拉巴马州、密西西比州、佐治亚州、路易斯安那州、北卡罗来纳州和南卡罗来纳州所登记的黑人选民数量，几乎和这些地方 1965 年以前整个世纪所登记的数量一样多"。事实证明，这部法律发挥了巨大的效用。但有一个情况也确实存在，那就是 2013 年，联邦最高法院在谢尔比县诉霍尔德案中，削减了《选举权法》中的一些规定，因为法院认为随着时代的变化这些规定没有必要继续存在，对此，部分人开始质疑这部法律是否已经成为牺牲品。■

1965 年

图为山姆大叔的画像，武装部队用此画像为第一次世界大战和第二次世界大战征兵。

越战时期的征兵法（1967 年）

1965 年

　　即使是在独立战争期间，许多殖民地都因为基于宗教理由反对战争或是"良心上谴责使用武器"而受到法律保护。宗教豁免适用于 1862 年《民兵法》（*Militia Act*），1863 年《招兵入伍法》（*Enrollment Act*）和 1917 年《征兵法》（*Draft Act*），并且，总统的行政命令扩大了豁免范围，包括那些"来自一个公认的宗教派别……教旨禁止参战"的人，以及那些"出于道德顾忌而反对战争"的人。

　　在 1940 年《征兵法》和 1948 年《选征兵役法》（*Selective Service Act*）中，国会修正立场，缩紧了宗教豁免的适用范围，将反对战争的理由规定为"宗教训诫和信仰"而不再是教派成员，即"个人信仰一种凌驾于其他一切人类关系之上的最高之存在（Supreme Being）"。重要的是，豁免的适用对象不再包括政治或哲学立场，以及个人的道德准则。

　　1959 年，丹尼尔·西格收到了征兵表，表格中要求他回答其是否信仰"最高之存在"（Supreme Being），并给出两个答案框用于标明答案，是或者不是。西格画了第三个答案框，并写上"详见附页"。在说明材料中，西格解释道，他出于良知反对参战，因为他"信仰和献身于良善本身，并且这种宗教信仰纯粹植根于一个道德伦理"，此外，他还说自己更加倾向于对信仰最高之存在进行开放性的理解。经审理后，西格因拒绝入伍被判决有罪。

　　1965 年，联邦最高法院通过一致判决，推翻了对西格的有罪认定，但避开了"信仰最高之存在"这一要求的合宪性问题。法院认为，认定一项信仰是否符合"最高之存在"的标准，要看"这项虔诚、有意义并在信仰者的生活中占有一席之地的一信仰，是否与明确符合豁免条件、信仰上帝这一正统信仰相匹配"。西格的信仰符合这一判断标准。

　　结果是，在越战期间，许多青年男子都希望援引这种反对战争的豁免理由来拒绝应征入伍，其中就包括重量级拳击冠军穆罕默德·阿里（Muhammad Ali）。他曾经因拒绝入伍被判有罪，不过该判决在 1970 年被联邦最高法院推翻。■

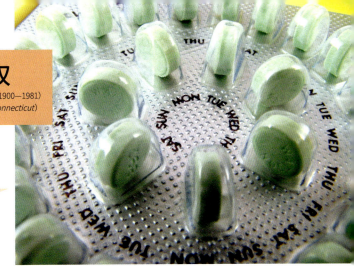

身体和隐私权

埃斯特勒·格里斯沃尔德（Estelle Griswold，1900—1981）
格里斯沃尔德诉康涅狄格州案（*Griswold v. Connecticut*）

在格里斯沃尔德案中，法院通过对适用范围和妇女有权避孕的合法性分析，明确解释了复杂的隐私权概念。

 《权利法案》（1791 年），隐私权（1890 年），罗伊诉韦德案（1973 年）

隐私权（right of privacy）这一概念看似十分简单，但法律上常常会对其起源和具体内涵争议不断。格里斯沃尔德诉康涅狄格州案为隐私权的表述和适用范围奠定了重要基础。事实上，这个案件为人们普遍理解有争议生活领域中的隐私原则，也就是对节育、避孕以及最后人工堕胎的监管铺平了道路。

1961 年 11 月，康涅狄格州计划生育联合会的主任埃斯特勒·格里斯沃尔德计划在纽黑文市开设一个计划生育出生控制诊所。诊所营业后不到十天，当地警方就逮捕了格里斯沃尔德，理由是按照 1879 年州法律的规定，任何人，即使是已婚夫妻，使用避孕工具都是属于刑事犯罪。经审理，格里斯沃尔德被判决有罪，并被罚款 100 美元。在向康涅狄格州州法院系统上诉失败后，计划生育联合会说服美国联邦最高法院受理了格里斯沃尔德的上诉。

1965 年 6 月，联邦最高法院废除了康涅狄格州的法律规定，并宣告格里斯沃尔德无罪。根本而言，法院发现了《权利法案》所"透露"出的一项隐蔽权利——隐私权。这一主张对人们认识和理解隐私权带来了剧变。正如对格里斯沃尔德案持反对意见的两名法官和其他许多人所指出的那样，美国宪法并未明确提及甚至是解决隐私权问题。然而，格里斯沃尔德案非常清晰地表达了联邦最高法院的意图，通过宪法所划定的条条框框去保护它所认为的基本权利。

格里斯沃尔德案最重要的法律意义在于，它所确立的先例为 1973 年联邦最高法院对罗伊诉韦德案（*Roe v. Wade*）的判决打下了坚实的基础。正如哈里·布莱克门（Harry Blackmun）法官在罗伊诉韦德案中所写到的那样："法院确定，在宪法的框架下确实存在着个人的隐私权利或是对特定范围和领域的隐私保护"。■

1965 年

《信息自由法》允许任何人获取联邦机构的信息，除了那些与国家安全、机构人事或者那些会妨碍法律执行的信息。

 五角大楼文件案（1971 年）

1966 年

1953 年，律师、作家哈罗德·L. 克罗斯（Harold L. Cross）在其《人民有知情权》（*The People's Right to Know*）一书中表达了自己的困惑，他认为"在国会没有通过普遍或特殊的立法明确创造一项知情权的情况下——这样的法律并不多见——公众和媒体就不享有可执行的法律权利，来监督联邦政府的任何非司法性信息"。结果是，对于大众而言，政府的绝大部分工作都是神秘不可测的。即便是那些试图获取政府信息的人，也会被正当地拒绝，因为法律并未赋予他们这样做的权利。

这种神秘的氛围和责任的缺失促使来加利福尼亚州的国会议员约翰·E. 莫斯寻求改革。1955 年，莫斯针对政府行为的过度保密性启动了听证程序，以此产生了"信息自由"法案的基本框架。这种赋予人民监督政府工作的理念让很多政客感到困扰。甚至连约翰逊总统私下里也表示过他的不屑。据莫斯讲，约翰逊在看到草案后说，"莫斯到底想要做什么，整垮我吗？我还以为他是站在我们这边的"。但是在媒体的持续推动下，约翰逊总统于 1966 年将《信息自由法》（*Freedom of Information Act*，FOIA）正式签署为法律。

根据《信息自由法》的规定，"任何人都享有可诉诸法庭的、获取联邦机构信息的权利，除非在特定的例外情况下，该信息（或信息中的某部分）不适合公开披露。"这些例外包括了国家安全、行政机构的人事秘密，以及涉及法律执行的信息等情形。

自 1966 年以来，《信息自由法》经历过几次修改。水门事件发生后，国会颁布了《隐私法修正案》（*Privacy Act Amendments*），其强化了《信息自由法》的规定，增强了公民个人获得政府信息的权利。1996 年，该法案得以修正，要求联邦机构设置网站，以便个人能够根据《信息自由法》，通过电子渠道申请信息公开。结果是，联邦政府现在每年要处理超过 400 万起与《信息自由法》有关的信息公开要求。依据《信息自由法》被公开的最重要的信息，便是被美国联邦调查局（FBI）解锁的，20 世纪 60 年代监视和调查马丁·路德·金的数以千计的文件。■

米兰达警告

163

恩纳斯托·米兰达（Ernesto Miranda, 1941—1976）
厄尔·沃伦（Earl Warren, 1891—1974）

图为 1967 年 2 月 15 日，恩纳斯托·米兰达（图右）和他的辩护律师约翰·J.弗林（John J. Flynn，图左）出现在法庭上。

《权利法案》（1791 年），第十四修正案（1868 年），各州与非法证据排除规则（1961 年），在州法院获得律师辩护的权利（1963 年）

如果你经常看犯罪类电视节目的话，那么提到对米兰达警告，你可能会朗朗上口："你有权保持沉默。你所说的一切都将可能作为对你不利的证据……你有权委托律师"等字眼。那么谁是米兰达？为什么以他名字来命名的权利会在我们的脑海里留下如此深刻的印象？

1963 年，在调查一系列性犯罪的过程中，亚利桑那州凤凰城（Phoenix）的警察羁押了恩纳斯托·米兰达，并让被害人对其进行了列队辨认。当被问到他是否想要作出陈述时，米兰达手写认罪书，并签下供状，这些材料被用于法庭之上并据此判决其犯绑架罪和强奸罪。

1966 年，美国联邦最高法院推翻了对米兰达的有罪判决。《纽约时报》以"联邦最高法院对警察审问嫌疑人的权力施加新限制"为标题进行了宣传。以首席大法官厄尔·沃伦为代表的多数派意见确立起一项新的规则，即被告人在没有安全保障的情况下，于羁押期间所作之陈述禁止在法庭上使用，也就是现在为人们所知的米兰达警告。在联邦最高法院看来，羁押期间的审讯处处充斥着潜在的威胁和强迫，因此需要采取这些措施。在判决意见中，沃伦如此写道："羁押讯问的本质是让个人自由付出沉重的代价，并且利用了人性的弱点。"现在，警察在逮捕每个人时都会向他宣读一遍米兰达警告。

然而，米兰达在联邦最高法院的胜诉被证明是得不偿失的。在排除认罪自白的重审中，米兰达在此被判决有罪。1972 年，米兰达假释出狱，不到四年，他便在凤凰城一场酒吧斗殴中被刺身亡。造化弄人的是，警察在逮捕行凶者时也宣读了他的米兰达警告。

当时，反对米兰达案件判决的批评者们认为，这种新的限制将会严重阻碍执法，但这种担心被证实是站不住脚的。米兰达案发生后的一项研究表明，定罪率并未因此受到消极影响。摆在眼前的事实就是，尽管排除了他的有罪供述，但米兰达自己在案件重审后仍然被判决有罪。 ■

1966 年

跨种族通婚

理查德·洛文（Richard Loving, 1933—1975）
米尔德雷德·杰特·洛文（Mildred Jeter Loving, 1939—2008）
洛文诉弗吉尼亚州案（Loving v. Virginia）

图为米尔德雷德和理查德夫妇，在联邦最高法院支持其诉求后，他们在一起度过了 1 天。

 第十四修正案（1868 年），1964 年《民权法案》（1964 年），第一部同性婚姻法（1989 年）

1967 年

遗憾的是，法律并不总是公正不偏的。但是，为了适应社会价值观和习俗的转变，法律能够也确实在作出改变。洛文诉弗吉尼亚州这一开创性的案件，便是很好的例子。

多年以来，许多州都保留着反对异族通婚的法律，禁止跨种族婚姻。1958 年，弗吉尼亚州和其他 16 个州都有这类法律规定，本案中涉及的便是 1924 年《种族完整性法》（*Racial Integrity Act*），其中，违反异族通婚规定的行为被认定为犯罪。两个弗吉尼亚州居民，理查德·洛文（白人）和米尔德雷德·杰特（黑人）想要结婚，但他们知道这在家乡是被禁止的。因此他们跑到华盛顿特区，在那里合法结为夫妻，然后便返回家中。几周后，他们因违反《种族完整性法》被捕。这对夫妻认罪并被判处一年有期徒刑。在蹲监狱面前，这对夫妇接受了另一个替代性措施——25 年不得返回弗吉尼亚州，于是二人搬到哥伦比亚特区居住。

1963 年，夫妇二人试图推翻他们的有罪判决，主张他们被控所依据的法律违反了第十四修正案中的平等保护和正当程序条款。在两级法院均维持《种族完整性法》的合宪性后，二人将案件上诉至联邦最高法院。

在判决中，联邦最高法院一致废除了弗吉尼亚州的这一规定以及其他所有州反对跨种族通婚的法律。首席大法官厄尔·沃伦写道："第十四修正案要求婚姻自由不受令人厌恶的种族歧视之限制。在我们宪法规定的框架下，与其他种族的人结婚或者不结婚，是否居住在一起的自由不容各州侵犯。"1967 年 6 月 13 日，约翰逊总统提名瑟古德·马歇尔（Thurgood Marshall）担任联邦最高法院法官。1967 年 8 月 30 日，参议院正式确认这一提名，让马歇尔成为联邦最高法院第一位黑人法官。

联邦最高法院对该案的判决还标志着民权运动的又一胜利。根据美国人口调查局的数据，婚姻问题研究专家们在 2012 年的报告中指出，有超过 35% 的美国人表示他们至少有一名直系亲属或者其他亲人与不同种族的人结婚。■

越战时期的征兵法

林登·约翰逊（Lyndon Johnson, 1908—1973）
理查德·尼克松（Richard Nixon, 1913—1994）

图为 1968 年 1 月，美国第 25 步兵师第 22 机械化步兵团第 3 营"A"连队的几名士兵，围坐在一把吉他旁唱歌。

 良心上拒绝服兵役（1965 年），对威廉·凯利的军事审判（1970 年），已满 18 周岁的人享有选举权（1971 年）

征兵的历史至少可以追溯到古希腊和罗马共和国时期。美国的征兵始于内战期间，1917 年在美国加入第一次世界大战后卷土重来。但是，为了顺应民众的意愿，法律常常需要进行改变。通常，法庭并不能很好地完成这种改变，需要通过立法机关或政府的行政机构，因为从理论上讲，这些机构有责任回应选民们的要求。然而，法律确实会产生顺应民心的变化。越南战争时期的征兵法，以及它们最终被废止，就能形象地说明这个问题。

1950 年朝鲜战争爆发后，国会通过《普遍军事训练和服役法》（*Universal Military Training and Service Act*），重新对征兵工作进行授权，要求 18 ～ 26 周岁的所有男性都要进行兵役登记。紧接着，国会分别在 1959 年和 1963 年颁布了与征兵有关的法案，且并未遭到公众的强烈抗议。但是，美国人很快卷入越南战争，从 1964 年开始，战事不断升级。正如历史学家乔治·Q. 弗林（George Q. Flynn）所描述的那样，"东南亚点起的火苗很快就变成一场烈火，吞噬了整个美国"。

作为美国社会和政治框架的一部分，并且存在已久的选征兵役系统，开始面临猛烈的抨击，因为人们抱怨在推迟服兵役的规定中存在着不公和阶层歧视。这些攻击和日益高涨的反战抗议，迫使约翰逊总统成立马歇尔委员会，负责对征兵体系进行研究并提出完善建议。1967 年春天，该委员会的报告促使国会通过了《军事选征兵役法》（*Military Selective Service Act*）。然而，公众对征兵和战争本身的厌恶情绪在逐渐膨胀。在这种巨大压力之下，约翰逊总统宣布退出 1968 年的总统选举。理查德·尼克松（Richard Nixon）在其参选后期，表示支持全军自愿服兵役，并于 1968 年当选美国总统。在第一届任期中，尼克松继续征兵工作，只是进行了一些修正。但是，在 1972 年 8 月，距离下一届总统选举不到三个月的时候，他宣布将会在 1973 年 7 月停止征兵入伍。后来，尼克松连任总统，从那时起，美国武装部队的士兵完全是自愿服役。■

1967 年

无过错离婚

1969 年《家庭法》允许根据"无法调和的差异"解除婚姻关系。

分居赡养费（1976 年）

1969 年

诗人威廉·布雷克（William Blake）曾写道："爱情对缺点总是视而不见。"但直到 20 世纪，这种说法才在婚姻法中确定下来。

法史学者劳伦斯·弗里德曼（Lawrence Friedman）指出，一直到 19 世纪早期，法院判决离婚"在英国基本上是行不通的"，美国也同样如此。那些不幸的配偶们只有通过向有关立法机构申请一份私人的离婚协议，才能得到解脱。20 世纪初，除了南卡罗来纳州外，美国每个州都允许提出离婚诉讼，即便诉讼的理由和程序各异。提起离婚诉讼的理由通常就包括婚外情、遗弃，或者其他"残忍和非人的待遇"。

结婚可能会很困难，但是在各种各样的法律规定面前，离婚也同样如此，立法者出于政治原因而拒绝将离婚自由化。然而，整个 19 世纪和 20 世纪，人们的离婚需求一直在增加。准备离婚的夫妻和他们的律师发现相互合作——如果不是结婚，但至少是在结束婚姻关系的过程中——可以加速离婚诉讼程序。串通离婚很快成为法律上最有名的秘密。按照弗里德曼的研究，"1870 年以后，据我们所知，大部分的离婚官司都是串通好的；法庭上根本不存在所谓的纠纷"。他还引用了马萨诸塞州一位审理了 35 年离婚案件的法官的话，声称："在这个国家，或许没有一个特别法庭能够像审理离婚案件的法庭那样，处处充斥着伪证。"

在加利福尼亚州颁布 1969 年《家庭法》（Family Law Act）后，一切都开始发生变化，这是美国第一部承认无过错离婚的法律。该州要求双方"解除婚姻关系"的所有条件便是由于"无法调和的差异"（irreconcilable differences，是这部法律中创造的新名词）导致"婚姻完全破裂"。其他州纷纷效仿，截至 1989 年，在 49 个州和哥伦比亚特区都采纳了无过错离婚的立法方式。唯一一个格格不入的地方——纽约，最终也在 2010 年确立了同样的立法。

美国法律对离婚的自由化可谓是一场"悄无声息的革命"，因为它并未引起太多的公共讨论。相反，20 世纪 80 年代和 90 年代中期，在 1995 年通过全民公决成功地用宪法修正案将离婚自由化之前，爱尔兰的立法者、教会和全体公民对此问题展开了激烈地争论。随后，爱尔兰在 1996 年《家庭（离婚）法》中确立了无过错离婚制度。■

言论自由与煽动暴力

布兰登伯格诉俄亥俄州案（Brandenburg v. Ohio）

图为 1964 年 7 月，一些声称是 3K 党成员的人在共和党全国代表大会召开期间，支持美国参议员巴里·戈德华特（Barry Goldwater）的总统提名运动。

 在拥挤的剧场大呼"着火了"（1919 年），限制对诽谤的法律认定（1964 年），"萨姆之子"法案（1978 年）

2012 年，美国民意调查机构拉斯穆森报告发布了一项调查结果，这项调查要求受访者对特定宪法权利的重要性进行回答。其中，85% 的受访者将言论自由的权利划归为"非常重要的"权利类别。这项权利的重要性是不言而喻的，然而在实践中，自由的言论往往会引发实质性的争议，尤其是当这一言论令人深恶痛绝，或是提倡使用武力或暴力。后一种情况在布兰登伯格诉俄亥俄州案中出现，并来到美国联邦最高法院面前。

克拉伦斯·布兰登伯格（Clarence Brandenburg）是美国 3K 党的一名领导，他因违反俄亥俄州的《组织犯罪防治法》，鼓吹用暴力作为政治革命的一种手段，被判决有罪。他被确认，在一次与地方 3K 党员的视频会议中，扬言如果政府继续"压制高加索白人"的话，他将采取措施"报复"政府。布兰登伯格不服他的有罪判决，主张他在视频中所说的这些话属于宪法保护的言论范围。

法律记者托尼·毛罗将该案的判决评价为"迄今已有的，对第一修正案进行最广义理解的一项判决"。联邦最高法院一致认为，"宪法保护言论自由……不允许各州禁止或限制（公民）宣言使用武力……除非该言论直接以煽动或产生'即刻的'违法行为为目标，并且的确可能煽动或产生这种'即刻的'违反行为。"这一判决代表了法院对"明显且即刻的危险"标准作出的更强大、更具保护性的理解，该标准是半个世纪前霍姆斯法官在甲克诉合众国案（Schenck v. United States）中确立起来的。至于布兰登伯格，不管他发表的主张使用暴力的言论是多么的丑恶和可恨，都没有产生法院所反对的"即刻的违法行为"。相反，联邦最高法院认为布兰登伯格的言论"只停留在鼓吹层面"，因此对他作出有罪判决缺乏宪法性基础。

今天，布兰登伯格案仍然是法学领域研究言论自由的关键内容。第一修正案研究者唐纳德·唐斯（Donald Downs）将这个案件称作"现代言论自由规则的核心，它寻求对政治性言论提供保护，并致力于将言论本身和由言论产生的行为区分开来"。■

1969 年

公平原则

红狮广播公司诉联邦通信委员会案（*Red Lion Broadcasting Co. v. FCC*）

公平原则确立的规则是，由于无线电频段的稀缺性，政府法规要求一个电台为相反立场的观点提供同等播放频率的做法，必能被认定为违反了宪法。

《权利法案》（1791 年），《联邦通信法》（1934 年），一个判定淫秽的新标准（1973 年），联邦通信委员会和污言秽语（1978 年），《通信规范法》（1997 年）

1969 年

广播电台通过运用无线电频谱运转，这些无线电频谱由数量有限的频率构成，为政府所有并控制，能够通过广播传输媒体内容。联邦通信委员会（FCC）是一家成立于 1934 年的联邦机构，通过向个体电台印发无线电波段使用许可的方式，管理频谱的使用。作为交换，获得使用许可的广播电台必须同意遵守联邦通信委员会的管理规范，为"截然相反的言论提供自由和公平竞争的平台"。

随着时间的推移，这一要求被逐步理解为：电视台在播放讨论公共话题的其中一方言论后，必须给相反的另一方观点也提供同等的广播时间，以促进全面的公共讨论。该要求后来被人们称为公平原则，拒绝遵守公平原则的电台将会受到联邦通信委员会的处罚。然而，1964年，有两家电台试图进行反击，认为要求他们广播特定内容的做法违反了广播电台依据第一修正案所享有的言论和出版自由。五年后，这种争议以红狮广播公司诉联邦通信委员会案的形式，来到联邦最高法院面前。

联邦最高法院通过一致判决，对公平原则予以支持，认为借助频谱使用无线电频率的"数量有限"，这就意味着拥有并垄断一个广播许可的使用，并非一项宪法性权利。政府出于展现相反观点的目的要求广播电台分享其广播频率的做法，不能被认定为违反了宪法。法官拜伦·怀特（Byron White）在判决意见中写道："观众和听众的权利才是压倒一切的，而不是广播公司的权利。"

尽管公平原则的主体内容在 1987 年被废止，但是在法律记者托尼·毛罗看来，红狮案（Red Lion）"用最清楚的语言，为判断广播电台是否享有第一修正案的权利搭建了宪法性框架"。在后来涉及广播媒体的案件中，红狮案的判决为法官支持一系列管理广播电台的规定提供了合法性基础，否则这些管理性规定有可能暗含着对第一修正案言论和出版自由权的非宪法性侵犯。■

《国家环境政策法》

理查德·尼克松（Richard Nixon, 1913—1994）

《国家环境政策法》被称为"有史以来颁布的最重要、影响最深远的环境和保护措施法案"。

《濒危物种法》（1973 年），律师费裁决（1975 年），行政机关的决定（1984 年），里约会议（1992 年）

1969 年圣巴巴拉城泄油事件引起了公众的强烈抗议，对此，加利福尼亚州前州长、后来的美国总统理查德·尼克松于 1970 年 1 月 1 日正式签署了《国家环境政策法》（*National Environmental Policy Act*，NEPA），宣布 20 世纪 70 年代为"环保的十年"。

虽然这并非美国第一部重要的环保性立法，约翰逊总统于 1963 年签署了《清洁空气法》（*Clean Air Act*），但在华盛顿州参议员亨利·杰克逊看来，《国家环境政策法》是"有史以来颁布的最重要、影响最深远的环境和保护措施法案"。有超过 100 个国家与至少 15 个州采纳了类似的立法。

除了建立全面的环境保护政策以外，《国家环境政策法》要求所有联邦机构发布"环境影响报告书"，列明每一项针对立法建议提出的意见或报道，以及"其他主要的，对人类环境质量影响重大的联邦行动"。在准备报告书的时候，联邦机构必须咨询和听取其他司法机关或专家的意见，同时，尤为重要的一点是，要将所有的言论公开，以此给予公众评论的权利。

1970 年 4 月 22 日，作为首届"地球日"（Earth Day）的纪念活动，美国发生了全国范围内关注环境问题的活动，包括集会、抗议和宣讲会，有超过 2000 万名民众参与其中。许多参议员和代表纷纷返回自己家乡所在的州，加入当地的庆祝活动，国会不得不因此休会一天，此后逐渐成为年度盛会。年内，尼克松总统成立了环境保护署。

尽管不同选区的选民对《国家环境政策法》的成功之处见仁见智，但有一点是毫无争议的，即通过强制关注环保问题并采取有关的保护措施，决策者与公众都能够获知潜在环境影响的信息，这部法律非常明确地引起政府去关注之前被他们所忽视的领域。■

1970 年

对威廉·凯利的军事审判

威廉·凯利（William Calley JR.，1943— ）
西莫·赫许（Seymour Hersh，1937— ）
罗纳德·哈伯勒（Ronald Haeberle，1940— ）

图为越南静溪城美莱村纪念花园里的一尊雕像。

《日内瓦公约》（1864 年），纽伦堡审判（1945 年），审判艾希曼（1961 年），审判曼纽尔·诺列加（1991 年），国际刑事法庭（2002 年）

1970 年

1968 年 3 月 16 日，美国的一个陆军排进入越南的小村庄，该村庄被人们称为美莱村。美军士兵屠杀了村民——他们多为妇女、儿童和老人，当场处决了近 500 人。这一天究竟发生了什么，至今仍然疑云重重，但历史会永远铭记那场高度曝光的军事法庭审判，以及美军少尉威廉·凯利因故意杀害 22 名越南平民被判决有罪。

陆军排是在收到作战指示后展开行动的，在指示中，凯利的军事上级将美莱村描述为越共的驻扎地，应当进行摧毁。尽管在村庄中并未遇到任何军事抵抗，但美国士兵仍然依命令屠杀了村民。一名随军摄影师罗纳德·哈伯勒最终将他拍到的照片卖给了《生活与时间》（Life and Time）杂志，照片中抓拍到了这次大屠杀，同时，经军事调查后，凯利和其他士兵被起诉。然而，有关的调查并未引起公众过多的关注，直到记者西莫·赫许于 1969 年 11 月撰写了一篇关于涉嫌掩盖大屠杀的新闻报道，并通过新闻调度服务平台，将文章刊登在 30 多家报纸上。

1970 年 11 月，审判程序启动，为期三个月。凯利承认自己命令并参与了这场残杀，但坚持认为他对美莱村村民的杀害是听从上级指示行事。然而，自纽伦堡审判后，这种理由便再也站不住脚了。1971 年 3 月，由六名长官组成的陪审团宣告凯利有罪，并判处其终身监禁。但是，公众意见呈压倒性地反对这一判决，民众对凯利的支持促使尼克松总统干预到案件中来。同年夏天，凯利的刑罚被减至 20 年有期徒刑，3 年后，又被减为 10 年。

凯利一直试图向联邦法院寻求救济。地方法院撤销了对凯利的有罪判决，认为他没有得到公正的审判，尤其是案件在审前就遭到了具有偏见性的公开。1974 年 8 月，凯利被假释，尼克松总统对他进行了赦免，但是他在军事法庭上的有罪判决仍然具有法律效力。■

公共卫生和烟草

詹姆斯·本萨克（James Bonsack，1859—1924）
卢瑟·特里（Luther Terry，1911—1985）

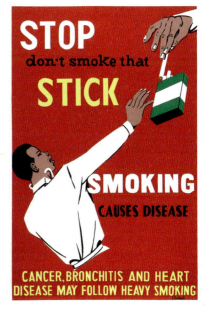

图为一幅 20 世纪 50 年代的禁烟海报，一名戴着听诊器的医生拒绝别人发的一支香烟，因为吸烟会导致疾病。

禁止非法麻醉品（1915 年），禁烟令（1918 年），公平原则（1969 年），烟草诉讼（1992 年），大麻的合法化（1996 年）

1970 年

1880 年，詹姆斯·本萨克发明的自动香烟售卖机，让人们能够以低价获得烟草。随着吸烟率的增加，一些州开始将其视为公众的蠹虫，并试图对它进行限制。然而，截至 20 世纪 20 年代，对烟草的管理可以用白费劲来形容。各州开始通过征收烟草税来增加财政收入。从第一次世界大战中退役返回的士兵们，都成了根深蒂固的烟民。禁烟令如火如荼地进行着，同时，国家再也不会容忍只从道德层面禁烟了。更为重要的是，新兴的广告业与烟草公司形成了联合。

20 世纪 60 年代，反对吸烟的运动开始发起。1964 年，美国卫生局局长卢瑟·特里发布他的《吸烟和健康报告》（Report on Smoking and Health），并给出如下结论："吸烟有害健康，这一点足以让美国采取适当的补救措施。"作为回应，国会于 1965 年颁布了《联邦烟草标识和广告法》（Federal Cigarette Labeling and Advertising Act），第一次要求生产者要在香烟上贴上如下标识："注意：吸烟可能会有损您的健康。"两年后，联邦贸易委员会的报告称，"几乎没有证据表明，在香烟外包装上的提示语起到了任何巨大的作用"。

但是，随着吸烟有害的证据不断显现，国会开始考虑采取进一步的立法活动。在得到香烟行业的默许后，1970 年国会通过了《公共卫生吸烟法》（Public Health Cigarette Smoking Act），进一步强化烟草外包装的提醒义务，同时将"通过任何属于联邦通信委员会管辖范围内的电子通信媒介，发布香烟广告的行为"认定为违法。这部立法标志着国会首次对烟草广告进行规范。烟草业对这一禁令表示接受，因为联邦通信委员会近来发展出了公平原则，要求广播电台为吸烟有害的警告，以及那些与烟草业有关的禁烟信息，提供同等的广播时间。■

图为 1951 年，卢奇安诺犯罪家族的头目弗兰克·克斯特诺（Frank Costello）正在基福弗委员会作证，该委员会负责调查有组织犯罪。它的一些调查结论推动了 20 年后《有组织犯罪控制法》的出台。

《禁止贩卖妇女为娼法》（1910 年），《克莱顿反垄断法》（1914 年），禁止非法麻醉品（1915 年），废除禁酒令（1933 年），《证券交易法》（1934 年），律师费裁决（1975 年），审判曼纽尔·诺列加（1991 年）

法学教授罗伯特·布莱奇，是前参议院刑法和刑事程序小组委员会首席顾问，也是《反诈骗影响和腐败组织法》（*Racketeer Influenced and Corrupt Organizations Act*，*RICO Act*）的主要起草者之一。他将《反诈骗影响和腐败组织法》评价为"立法长时期努力的结果，为处理一个老生常谈的问题：'有组织犯罪'，确立新的法律措施"。早在 1951 年，基福弗委员会（Kefauver Committee）对有组织犯罪的听证会进行电视转播时，这个问题就引起了公众和国会的关注。除了别的内容外，委员会指出"犯罪人和诈骗犯们正在利用有组织犯罪的便利，收购和经营合法性企业"。

20 年之后，国会才颁布《反诈骗影响和腐败组织法》，并将其作为 1970 年《有组织犯罪控制法》（*Organized Crime Control Act*）的一部分。这部涉及面很广的成文法，将下列 4 种行为认定为非法：利用"诈骗活动模式"的收入在企业中获取收益；通过诈骗的方式获得或维持在此种企业中的收益；以诈骗的模式管理此种企业中的事务；密谋从事以上三种情况中的任何一项行为。该法案对"诈骗活动模式"作出定义，其至少会涉及两种特定类型的有组织犯罪活动，包括贿赂、勒索、邮件或电信欺诈、洗钱、卖淫以及麻醉品买卖。

尽管《有组织犯罪控制法》将矛头指向了有组织犯罪对合法经营的渗透与操控，但这部法律的内容兼具刑事和民事。不论是联邦总检察长，还是公民个人，只要他们的生意或财产受损，就都能够依据《有组织犯罪控制法》提起诉讼。

评论者们认为《有组织犯罪控制法》对刑事法和民事法都产生了影响。从起诉的角度来看，这部法律取得了巨大的成功。它不仅大幅度地减少了有组织犯罪的出现和影响，同时，检察官也无限地拓宽该法的适用范围，甚至可以援引其中的规定来追诉那些没有参与传统意义上有组织犯罪活动的人，包括政治腐败和证券诈骗案件。而在民事法领域，《有组织犯罪控制法》在适用中引发了争议。因为它允许胜诉的原告获得三倍惩罚性赔偿和聘请律师的费用，所以《有组织犯罪控制法》与普通的商业欺诈案件相比，成为一种更具有吸引力的替代性法律依据。■

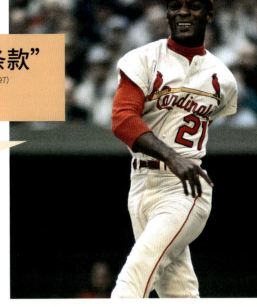

棒球队的"保留条款"

柯蒂斯·弗拉德（Curtis Flood，1938—1997）
鲍伊·库恩（Bowie Kuhn，1926—2007）
弗拉德诉库恩案（*Flood v. Kuhn*）

图为柯特·弗拉德，是最出色的棒球中场球员之一，其大部分职业生涯都效力于圣路易斯红雀队。1969年，红雀队试图将其"出售"给费城人队的做法，永远地改变了这个国家的棒球娱乐方式。

芝加哥"黑袜队"审判（1921年）

在2013年30支大联盟棒球队中，球员的平均收入是360万美元。但是在1920年，薪水低到只有5000美元。收入最高的明星球员贝比·鲁斯（Babe Ruth），赚取的收入最多是2万美元，甚至与今天美元的平均薪水比起来，也是微不足道的。那么，是什么导致了后来球员收入的激增？

柯特·弗拉德，这位七次获得金手套奖的全明星守场员，其职业棒球生涯的大部分时间效力于圣路易斯红雀队。1969年，当红雀队将弗拉德签约给费城人队时，他没有选择打包前往。相反，第二年，他将大联盟的执行长鲍伊·库恩和24支大联盟棒球队告上法庭，诉称"保留条款"（reserve clause），这一包含在所有球员的合同中、有效地允许球队享有对球员永久性支配权力的条款，由于非法限制了贸易，因而违背了反垄断法的规定。保留条款将球员死死地拴在合约球队中，球队可以自由地转让合同，并且每年都有单方面更改合同的权利，只要不违背州立法中关于最低工资标准的规定即可。弗拉德认为，棒球队的这种运作体系妨碍了自己的自由，违反了第十三修正案关于不得强制服劳役的规定。对于弗拉德而言，这一问题关乎的更多是自主和自由，而非金钱。

一审和二审两级法院都判决弗拉德败诉，对此，联邦最高法院于1922年确立起一项判决先例，即职业棒球队不受反垄断法的约束，因为它并未涉及州际贸易。1972年，联邦最高法院在判决中继续维持这一立场，并且暗示，法律领域的任何改变都应当由国会来进行。

尽管弗拉德输了官司，但是他的做法激励着其他人对保留条款采取更强烈的反对态度，也进步壮大了大联盟球员工会。这反过来催生了工会和球队老板之间的一系列谈判协议，包括对申诉进行中立的仲裁。1975年，一名仲裁裁员否定了保留条款，宣布两名球员成为自由之身，赋予他们选择为自己中意球队效力的权利。可以说，弗拉德的斗争为自由球员制度开辟了道路。

在联邦最高法院败诉后25年，弗拉德去世。在他去世的前一天，参议员奥林·哈契（Orrin Hatch）提交了《弗拉德法》（*Curt Flood Act*），明确将大联盟的经营置于反垄断法的框架之下。■

1970年

《职业安全与卫生法》对劳动场所采取许多安全性措施提出强制性要求。

 工厂里的女工（1908年），三角内衣厂火灾（1911年），《童工法》（1916年），《国家劳动关系法》（1935年），《公平劳动标准法》（1938年）

1970年

在1969年的国会听证会上，前劳工部部长乔治·P. 舒尔茨（George P. Shultz）估计，每年因工伤事故死亡的劳动者人数为14500人，在此之外，受伤或致残的人数约为220万，对国民生产总值造成超过80亿美元的损失。联邦政府有必要规范劳动场所的卫生和安全条件，并于次年通过了《职业安全与卫生法》（Occupational Safety and Health Act）。参议员哈里森·A. 威廉（Harrison A. Williams Jr.）将该法评价为，"在保障美国男女劳动者健康与生活方面，是一个里程碑"，同时也是一部"近6000万劳动者的安全权利法案"。

在这部法律出台以前，各州立法机关也曾试图解决劳动卫生与安全问题，但是各州要么不遵守有关规定，要么就是对问题的处理达不到理想的效果。此外，在国会议员、《职业安全与卫生法》起草者之一的劳瑞德·米兹（Lloyd Meeds）看来，"不断在工业领域引入新物质和技术"加剧了劳动卫生与安全环境的恶化，因为"这些新物质和技术对劳动者的影响从未被研究过"。

《职业安全与卫生法》的核心在于授权美国劳工部确立并施行有关的标准，建立了一个监督委员会。职业安全与卫生监察局（Occupational Safety and Health Administration，OSHA）由此诞生。职业安全与卫生监察局的主要职责包括：通过检查，确保工作场所符合安全标准；受理劳动者对违法行为提出的申诉；处罚违反标准的雇主。同时，职业安全与卫生监察局还对企业是否按要求进行广泛的记录保存进行监督，也为雇主和雇员们提供教育和职业训练。

《职业安全与卫生法》在施行的早期取得了巨大成功，该法出台后两年内，立法者便对此提出了80多项修正案。通过对这部法律进行后续的修改与调整，其所实施的监管计划——包括耳塞、护目镜、安全帽、车辆倒车报警器和其他安全措施——成为现代工作场所的一部分，涉及全国800多万工作岗位上1.3亿多劳动者。■

审判查尔斯·曼森

查尔斯·曼森（Charles Manson, 1934—　）
莎伦·塔特（Sharon Tate, 1943—1969）
理查德·尼克松（Richard Nixon, 1913—1994）
文森特·布廖西（Vincent Bugliosi, 1934—2015）

图为泽·凯润（Ze Carrion）所绘的查尔斯·曼森画像，名为《慌张》。

废除死刑（1972 年），"萨姆之子"法案（1978 年）

动荡的 20 世纪 60 年代因为好莱坞山上发生的惊天谋杀案而结束，在那里，查尔斯·曼森精心策划了对 8 个人的残杀，后来被人们称作塔特-拉宾卡谋杀案。曼森的一生都在违法。1967 年从监狱中释放后，他吸引了一群跟风信奉邪教的年轻人。这些人都认为自己是"曼森家族"中的一员，他们仰慕曼森，并完全被曼森操控。曼森认为，一场种族末日战争即将来临，只有他才能拯救幸存者。他召集了一群残暴且高调的信徒来引发这场战争。1969 年 8 月 9 日，"曼森家族"的成员将导演罗曼·波兰斯基（Roman Polanski）的妻子、已经怀孕的女演员莎伦·塔特残忍地杀害在家中，被杀的还有其他三名客人和另一个人。第二天夜里，他们对莱诺（Leno）和罗斯玛丽·拉宾卡（Rosemary LaBianca）实施了同样的暴行。

审判中，当指控曼森和其三名同伙的陈述开始时，曼森出现在法庭上，前额刻上了"十"字（据他说这是象征着拥有这个世界"十"字的自己）。开庭陈述后短时间内，媒体铺天盖地的报道掀起了一片哗然。在执法官员会议上，尼克松总统表示，曼森"不管是直接还是间接，对于八起谋杀，都是有罪的"。《洛杉矶时报》（Los Angeles Times）用头版头条惊呼：尼克松宣布，曼森有罪！辩方要求认定这场审判为无效，但是遭到了否决，因为陪审团成员从选任开始，就已经与外部消息隔离开来。

检察官文森特·布廖西声称，"曼森的所作所为……也许是有犯罪记录以来，最惨无人道、最令人毛骨悚然、处处充满恐怖的野蛮谋杀和人类屠杀"。这场审判持续了 9 个月，成为美国历史上审判时间最长的案件。陪审团成员被隔绝了 225 天，也打破了隔离时间的最长纪录。四名被告均被判处死刑。但在 1972 年，加利福尼亚高等法院以违反宪法为由撤销了州法院的有罪判决（几个月后，美国联邦最高法院继续跟进这一案件）。被告人的死刑被减至终身监禁。2012 年，加利福尼亚州假释听证委员会拒绝了曼森的第 12 次假释申请。他的下一次假释听证被定于 2027 年，那时候，他都 92 岁了。■

1970 年

已满 18 周岁的人享有选举权

富兰克林·德拉诺·罗斯福（Franklin Delano Roosevelt, 1882—1945）
詹宁斯·伦道夫（Jennings Randolph, 1902—1998）
理查德·尼克松（Richard Nixon, 1913—1994）

 妇女的选举权（1919 年），《选举权法》（1965 年）

1971年

第二次世界大战期间，罗斯福总统将应征入伍的年龄降低至 18 岁，此后 30 年的时间里，他一直致力于降低宪法规定中的最低选举年龄 21 岁。1942 年 10 月，来自西弗吉尼亚州的众议员詹宁斯·伦道夫建议以宪法修正案的解决方式，将投票的年龄降至 18 岁。一份 1971 年参议院的报告显示，"自那之后，有超过 150 个类似的议案被提出，随后的每届国会中都至少有一个"。然而没有一个获得成功。

20 世纪 60 年代末，反对越南战争的大学生运动此起彼伏。抗议者们重新使用了首次在第二次世界大战中出现的标语："年龄够打仗就够投票。"1970 年，在对 1965 年《选举权法》的适用再延长 5 年的扩展性立法中，国会用其中一个条款将所有联邦和州选举活动中的选举年龄减低至 18 岁。尽管尼克松总统认为通过立法而非宪法修正案程序降低选举年龄的做法违反了宪法，但他还是正式签署了这部《选举权法》。

很快，这项立法就在俄勒冈州诉米切尔案（Oregon v. Mitchell）中受到了挑战。1970 年 12 月 20 日，立场分歧很大的联邦最高法院通过裁决，认定尽管国会有权降低联邦选举活动中选举年龄，但是无权将此适用到各州的选举中。这一判决中所暗含的意思——不同的选举活动有不同的年龄要求——势必将引起混乱。在展望 1972 年选举活动的过程中，国会关注到了公众对已满 18 周岁的人享有选举权的普遍愿望，并及时作出回应。

1971 年 1 月 25 日，此时已经是参议员的詹宁斯·伦道夫提请了一项联合决议，建议用修正宪法的方式将选举权年龄降为 18 周岁。这是过去 30 年里，他第十一次提出类似的提议。不到两个月，这项宪法修正案就在众议院和参议院获得几乎一致性通过，并随即呈送各州予以批准。国家档案和记录管理局指出，"第二十六修正案在不到 100 天的时间里就获得批准，这比其他任何一项修正案都快"。■

177

五角大楼文件案

罗伯特·麦克纳马拉（Robert McNamara，1916—2009）
丹尼尔·艾斯伯格（Daniel Ellsberg，1931—　）
《纽约时报》诉合众国案（New York Times Co. v. United States）
胡果·布莱克（Hugo Black，1886—1971）

图为《纽约时报》将五角大楼文
件公之于众的三年后，它对尼克
松总统的辞职进行了报道。

 美国政府印刷局（1861年），《信息自由法》（1966年），言论自由与煽动暴力（1969年）

新闻自由一直以来都是美国所奉行的一项核心原则。但有时，法院会遇到以国家安全的名义对这种自由所发起的司法挑战。其中一个最著名的案件就发生在1971年，涉及越南战争和为结束战争作出的努力。

1967年，国防部长罗伯特·麦克纳马拉命人组织了一个美国与越南关系的历史专题研究小组。1969年，47卷研究报告出炉并被列为绝密文件，这些材料被人们称为《五角大楼文件》（Pentagon Papers）。一名五角大楼的前雇员、持反战立场的丹尼尔·艾斯伯格，偷偷地复制了这7000多页材料，并打算将它们公开。最终，他将除了最后四卷以外的所有文件都提供给《纽约时报》。1971年6月13日，《纽约时报》刊载了第一部分的一系列文章，以及部分内容摘要。此后，又登出两篇文章，揭露了政府当局歪曲了对越南的真正目的，其不在于帮助越南维持独立，而是要遏制中国。文件中还披露，当时的总统约翰逊企图进一步扩大美国对越战的参与，这与他公开的言论不符，同时，也载明当时没有公开报道的，对柬埔寨和老挝的军事轰炸。

同年6月15日，司法部收到一项前所未有的禁令，禁止《纽约时报》进一步公开有关文件，由此产生了6月18日的法庭审理。6月19日，法院作出判决，《纽约时报》胜诉。截至此时，艾斯伯格还将复制的五角大楼文件提供给了《华盛顿邮报》（Washington Post），后者刊载后也遭到了起诉。

6月30日，在快速受理案件后，联邦最高法院判决支持被起诉的所有报社，认为政府并不承担事先对出版进行正当限制的责任，这种限制"严重违背了……宪法的效力"。在判决意见中，布莱克法官指出，"不管新闻的来源如何，媒体都必须被给予足够的自由来发布新闻，而不受审查、禁止和事先限制"。但是，持多数派意见的六名法官中，有三名为事前限制出现的可能性留了一道口子。按照大法官斯图华特的意见，如果政府能够证明，出版会产生"直接、即刻且无法弥补的损害"，那么进行事先限制就是正当的。这是新闻媒体取得的一次巨大胜利，特别是在面对政府以国家安全为由进行博弈的情况下。■

1971年

就业歧视

格瑞格斯诉杜克电力公司案（*Griggs v. Duke Power Co.*）

图为 1969 年 6 月 23 日，宣誓就任美国联邦最高法院第十五任首席大法官后的沃伦·E. 伯格。伯格撰写了格瑞格斯诉杜克电力公司案的多数派判决意见，认定案件中的就业政策构成对非裔美国员工的歧视。

1866 年《民权法案》（1866 年），民权案件（1883 年），平等保护权（1886 年），普莱西诉弗格森案：隔离但平等原则（1896 年），1964 年《民权法案》（1964 年），平权运动（1978 年）

1971 年

1964 年《民权法案》在第七章中规定，禁止就业歧视。但在国会通过这部法律后，工作场所的歧视现象并未消失，它仅仅是换了方式继续存在。与明显拒绝黑人求职者和歧视黑人员工相比，许多企业实施的是那些表面上看起来公正，但实际上会产生歧视影响的就业政策。位于北卡罗来纳州德雷珀（Draper）的杜克电力公司，便是其中之一。

在《民权法案》第七章出台之前，杜克公司将黑人员工归属到劳动部门，在那里，最高的工资都要远远低于白人员工所在部门的最低工资水平。在第七章将此种歧视行为规定为非法后，这家公司对非劳动部门的工作提出了新的要求：有高中毕业证书，或者在标准化的智商测试中，测试结果要高于所规定的最低分数。但是这一要求与非劳动部门雇员的工作能力无关，它只针对取消高薪部门的黑人雇员资格。

13 名黑人员工将这个新的政策起诉至法庭，但他们的诉求没有得到一审和二审法院的支持。两级法院都认为杜克公司的这项政策是合法的，并未表现出任何歧视性意图。联邦最高法院受理了对该案的上诉，意图解决如下问题：在判断一项特定的就业政策是否存在歧视时，是否应当考虑雇主实施这项政策的企图。

通过一致性判决，联邦最高法院认为《民权法案》"不仅禁止明显的歧视，也禁止那些形式上公平，但实际操作是歧视的做法……如果一项就业政策的实施是为了排除黑人，但又不能证明是与工作表现相关的话，那么这种做法就为法律所禁止"。1989 年联邦最高法院在另一个案件的判决中适度缩减了格瑞格斯案的影响，但 1991 年《民权法案》废止了这种立场，并重新确立起格瑞格斯案中提出的举证责任分配规则，使其在就业歧视法领域的发展中，继续作为一个重要的里程碑。∎

法院的强制性校车计划
斯旺诉夏洛特－梅克伦堡教育委员会案
(*Swann v. Charlotte-Mecklenburg Board of Education*)

图为 1971 年，一辆执行种族融合计划的校车。

普莱西诉弗格森案：隔离但平等原则（1896 年），
布朗诉教育委员会案（1954 年）

尽管联邦最高法院在布朗诉教育委员会案中作出了划时代的判决，但许多学区还是拒绝执行积极的种族隔离消除政策。其中一个区域便是位于北卡罗来纳州的梅克伦堡县（Mecklenburg County）。20 世纪 60 年代末，这个区域有约 84500 名学生，其中的 29% 为黑人。尽管这个地区不再推行官方的种族隔离政策，但事实上却存在着种族隔离的普遍现象，这一点是毋庸置疑的。按照历史学家托马斯·J. 戴维斯（Thomas J. Davis）的说法，在 1969—1970 学年，"夏洛特－梅克伦堡县 2/3 的黑人学生仍然被局限于 25 所学校内，在这些学校中，98% 的学生为黑人"。事情的转折点发生在詹姆斯·斯旺（James Swann）身上，他是夏洛特—梅克伦堡县一名 6 岁的黑人学生，在申请就读家附近一所以白人为主的学校时遭到了拒绝。于是，他的父母将夏洛特－梅克伦堡教育委员会告上了法庭，并以数据作为支撑，证明该区域存在着间接的种族隔离政策。该案成为消除种族隔离历史上的又一里程碑。

通过一致性判决，美国联邦最高法院全力支持了一项富有争议的种族隔离消除计划，该计划中涉及重新划分学区以及实施一个全面性的校车计划，以达到种族融合的目的。这一计划将花掉 100 万美元的执行费，接受校车服务的学生也会比上一学年增加 13000 名。有批评意见认为，这些花费远远超过了其所能获得的收益，对此，联邦最高法院反驳道："为消除种族隔离而采取的这种救济措施，也许从行政意义上讲是尴尬的、不方便的，在有些情况下甚至是怪异的，并且可能会给一些人带来负担。但是，所有的尴尬与不便对于采取纠正措施以消除双重学校体系的过渡期而言，都是不可避免的。"

法律记者托尼·毛罗认为，斯旺案的判决"向公立学校传达了这样一个信号，那就是为了一劳永逸地结束学校中的种族隔离……必须采取强势的，并且有时会引起争议的措施"。然而，尽管这个案件在消除学校种族隔离的问题上迈出了重大的一步，但只取得了短暂的进步。因为，一个新的、保守的联邦最高法院随后签发了一系列的判决，对其他类似的积极性校车计划予以否决。■

1971 年

废除死刑

威廉·亨利·弗曼（William Henry Furman, 1941—　）
弗曼诉佐治亚州案（*Furman v. Georgia*）

图为路易斯安那州监狱，也被称为"安哥拉监狱"（Angola）中处决死刑犯的电椅。美国联邦最高法院在弗曼诉佐治亚州案的判决，曾一度让这把椅子停工。

 恢复死刑（1976 年）

1972 年

　　美国早在殖民地时期就有死刑。随着时间的推移，废除死刑的呼声此消彼长，但直到 20 世纪后半叶，对死刑的持续适用才引发了强烈的反对。据有关研究表明，推翻死刑的运动始于 1963 年联邦最高法院法官阿瑟·戈德伯格（Arthur Goldberg）和他的书记员阿伦·德肖维茨（Alan Dershowitz）所撰写的备忘录，其中认为死刑的存在构成了第八修正案所禁止的"残酷及不寻常的惩罚"。这项备忘录让废除死刑运动得到振兴，但联邦最高法院一直到弗曼诉佐治亚州案，才开始解决这一问题。

　　1967 年 8 月 11 日，有五个孩子的白人父亲威廉·米克，在他萨凡纳的家中醒来时，发现了一名持枪的黑人威廉·亨利·弗曼。弗曼随即逃跑，但不小心射中了米克的胸膛，当场将其击毙。由于射击发生时，弗曼正在实施一项重罪，因而他以谋杀罪名被起诉。经过一整天的审判后，陪审团认定弗曼有罪并判处死刑。案件上诉后，佐治亚州高等法院维持了这一有罪认定和死刑刑罚。随后，美国联邦最高法院将该案与其他两个死刑案件予以合并，进行审查。

　　在不记名的共同决议中，联邦最高法院认为，"在这些案件中，死刑的实施和执行违反了第八和第十四修正案的规定，构成残酷及不寻常的刑罚"。持多数派意见的五位法官，每位都撰写了并存意见来阐释自己的理由，但结论都是相同的：现存的所有死刑规定都是违宪的，因为它们没有为陪审团实施自由裁量权提供引导和限制。

　　判决中并未完全废除死刑，而是给立法活动留下足够的空间，但判决后，在现有法律法规被修改之间，不能施加或执行死刑。这实际上拯救了数以百计的死囚性命。弗曼的首席辩护律师安东尼·阿姆斯特丹（Anthony Amsterdam），将该案的判决称为"一千年来，刑事司法所跨出的最大的一步"。

　　然而，事实证明，这一进步只是昙花一现。■

《平等就业机会法》

《平等就业机会法》授权平等就业机会委员会对实施了歧视行为的私人雇主提起诉讼，这使得许多工作场所中出现了女性和少数族裔的身影。图为 1974 年，一位女性儿科医生在给小男孩做检查。

 1964 年《民权法案》（1964 年），就业歧视（1971 年），平权运动（1978 年）

1972 年

20 世纪 60 年代初，各个少数族裔都在争取教育、选举和就业中的平等。电视游行、抗议和暴力活动让肯尼迪总统推动了民权立法，并宣称要让"种族观念在美国人的生活和法律中毫无容身之处"。肯尼迪遇刺后，林登·约翰逊总统继续努力推进综合性的民权立法，最终签署了意义非凡的 1964 年《民权法案》。

1964 年《民权法案》第七章将基于种族、肤色、宗教、性别或国籍的就业歧视认定为非法行为，并创造了平等就业机会委员会（Equal Employment Opportunity Commission，EEOC），该委员会于 1965 年 7 月 2 日开始正式办公。在成立的早些年，平等就业机会委员会缺乏执行权，常常被人们称为"一只没有牙齿的老虎"。

意识到这一缺陷后，国会通过 1972 年《平等就业机会法》（Equal Employment Opportunity Act），对《民权法案》的第七章进行修改，扩大平等就业机会委员会的管辖范围，并规定其对实施歧视行为的私人雇主享有起诉的权力。2000 年，平等就业机会委员会在成立 35 周年纪念会上，将 1972 年《平等就业机会法》评价为"开创了一个新的执法时代"，它是"劳动法发展过程中的一项重大进步……将法律保护的范围扩大到数百万人，同时也消除了实践中存在的诸多歧视现象"。

劳动法专家芭芭拉·林德曼（Barbara Lindemann）和保罗·格罗斯曼（Paul Grossman）曾撰文写道，1964 年《民权法案》第七章的规定"在联邦法定诉讼事由中，产生了在范围、数量和深度上前所未有的一系列判例法"。提起这些诉讼的一项前提，便是要事先向平等就业机会委员会提出对歧视行为的控诉，法律要求该委员会在诉讼权对所有的主张进行审查。委员会可以建议对案件进行调解，签发起诉权利通知或者在无法解决争端的情况下自己提起诉讼。2014 年，平等就业机会委员会报告称，它已经受理了超过 63500 起针对第七章规定的歧视所提出的控诉，并且，通过修正案的修改，第七章所规定的范围也扩大至因年龄和残障产生的歧视。■

《平等权利修正案》

爱丽丝·保罗（Alice Paul，1885—1977）
菲利斯·施拉弗丽（Phyllis Schlafly，1924—　）

图为菲利斯·施拉弗丽，她是《平等权利修正案》最激烈的反对者之一，图中所示为她带着一枚印有"反平等权利修正案"字样的徽章在白宫外游行。

第十四修正案（1868 年），允许女性成为执业律师（1873 年），妇女的选举权（1919 年）

1972 年

　　尽管法律一直处在发展之中，但它也许很难作出某些改变。要想修改美国宪法，首先必须获得国会两院 2/3 的多数同意，然后必须经过合众国 3/4 以上的州批准。尽管一项修正案在两院均得到通过，但事实表明，有时各州的批准是很难实现的，《平等权利修正案》（Equal Rights Amendment，ERA）就曾遭遇过此种情形。该修正案明确地将第十四修正案平等保护条款的适用延伸至妇女。

　　1923 年，国会开始对《平等权利修正案》的初版进行考量。争取妇女选举权的杰出代表爱丽丝·保罗撰写了相关内容，为 20 世纪 60 年代末的修正案版本提供了雏形。1944 年，《平等权利修正案》获得了民主党的信任投票，并被列入竞选活动的一部分，但直到 1958 年，该修正案才得到总统的支持。尽管艾森豪威尔（Eisenhower）总统表示支持，但该案遭到的反对依然居高不下，其中最突出的便是影响力巨大、由男性主导的工会。对于许多立法者而言，投"赞成"票就要冒着失去工会支持的风险，投"反对"票则会面临失去妇女群体支持的压力。

　　但是，在国会和公众支持面扩大的同时，由政治积极分子菲利斯·施拉弗丽领导的，反对这项修正案的呼声却愈演愈烈。在批判中，施拉弗丽直言不讳地讲，该修正案会取缔妇女所享受的许多性别特权，包括社会保障制度中"受扶养妻子"的福利以及免受义务兵役登记。即便如此，《平等权利修正案》还是获得了国会的充分支持，并于 1972 年最终在参议院和众议院得到通过。

　　然而，就连英国议会都在 1975 年通过《反性别歧视法》（Sex Discrimination Act）——禁止在家庭、教育和工作场所的性别歧视——的时候，美国的修正案却不了了之。截至 1979 年立法最终期限之前，《平等权利修正案》没有在足够数量的州中得到批准，尽管公众仍在继续支持这一修正案。它在国会两院的成功对于妇女权益斗争者而言，是一场振奋人心的、富有象征意义的胜利，也催生了诸多重要的女权主义团体，例如全国妇女组织（National Organization for Women）和全国妇女政治核心小组（National Women's Political Caucus）。■

支离破碎的条约之路

图为 1978 年，美国印第安人组织的成员在华盛顿特区参加一场名为"路有多远"的抗议活动，目的是对反原住民立法进行抗议。

管理原住民（1824 年），殖民主义与战后独立（1947 年）

1890 年 12 月，当拉克塔族聚集在一起抗议他们的土地被掠夺、条约被破坏时，美国第七骑兵团出于紧张，包围了他们在南达科他州伤膝河（Wounded Knee Creek）附近的营地。随之而来的暴力冲突造成 200 多名部落成员死亡，让伤膝谷成为后来本土激进主义的一个大本营。

从 1778 年与德拉瓦族人签订《皮特堡条约》（*Treaty of Fort Pitt*）开始，美国已经和各种部落订立了超过 370 个条约，但围绕着条约权利也引发了无数争端。20 世纪 50 年代末，不同的部落开始团结协作，代表所有的部落主张条约权利。政治学家杰弗里·杜达斯（Jeffrey Dudas）指出，原住民积极分子将不同的部落联合起来，并试图采取政治行动，他们受 20 世纪 60 年代黑人权利运动的启发，不仅追求草根阶层的努力，也采取政治游说策略，以此来强调他们已经无法忍受的生存环境和长期被忽视的条约权利。

在 20 世纪 60—70 年代，出现了诸如美国印第安人全国代表大会和美国印第安人组织（American Indian Morement，AIM）等类似的组织。其中，最激进的一次行动是，美国印第安人组织参与了长达两年的对阿尔卡特拉兹（Alcatraz）的占领，这个地方位于圣弗朗西斯科湾（San Francisco Bay）恶魔岛，是前联邦监狱所在地。这次占领所援引的是 1868 年《罗拉米堡条约》（*Treaty of Fort Laramie*），该条约中承诺将未使用的联邦土地归还给苏族人。此次对阿尔卡特拉兹的占领除了引起全国性的关注外，在其他方面并无什么影响。

1972 年，美国印第安人组织在华盛顿特区举行了一场名为"支离破碎的条约之路"（Trail of Broken Treaties）的游行运动，目的在于让公众聚焦原住民的困境，重申执行条约义务的要求。这次游行持续了整整一周，让印第安人事务管理局一度陷入瘫痪。次年，美国印第安人组织的成员加入 200 名苏族激进分子的队伍，控制了伤膝谷。对伤膝谷长达十周的占领并未换来联邦政府实质性的让步，尽管媒体的关注为他们争取了全国民众的同情。

2000 年，在印第安人事务管理局 175 周年的纪念活动上，副秘书长凯文·戈弗（Kevin Gover）代表管理局发表了道歉演说，他讲道，管理局的做法"深深地伤害了它所服务的群体"。■

1972 年

《濒危物种法》

图为美国的官方标志——秃鹰。1995年，它被列为濒危物种，2007年，它濒临灭绝。但在《濒危物种法》的保护下，该物种又兴旺起来。

《国家环境政策法》（1970年），里约会议（1992年）

1973年

根据《创世纪》第六章第十九节的记载，上帝建议诺亚："在一切有血肉的生物中，你要各带一公一母登上方舟，让它们与你一起活着"。在20世纪初，一种新型的环保主义运动逐渐发展起来，包括全国奥杜邦协会和纽约动物学会在内的一些新组织成立，同时，国会于2000年颁布了美国第一部野生动物保护法——《雷斯法案》（Lacey Act）。但直到1969年，国会才通过《濒危物种保护法》（Endangered Species Conservation Act）让濒危物种开始在法律的保护下，免遭灭绝的命运。这部法律第一次将无脊椎动物和非美国本土的物种纳入保护范围，同时，它也催生了由80个国家签署的《濒危野生动植物种国际贸易公约》（Convention on International Trade in Endangered Species of Wild Fauna and Flora，CITES）。

1973年的《濒危野生动植物种国际贸易公约》使得生态环境保护措施进一步升级，并促使国会通过了1973年《濒危物种法》（Endangered Species Act）。研究濒危物种和生物多样性保护的专家霍里·多里默斯（Holly Doremus）指出，它"过去是并且现在仍然是一个里程碑式的立法，为地球上的生物群提供了最强有力的保护"。这部法律保护野生生物的栖息地和生态系统免受商业发展的侵扰。它要求内政部长发布并维护一份列表，其包含所有"在其全部或者重大类目范围内有灭绝风险"的物种，也包括在可预见的将来可能会濒危的物种。该法禁止猎杀、捕捉或是其他任何伤害濒危物种的行为。重要的是，该法还通过行政管制禁止对物种栖息地进行不利变更或毁坏。此外，这部法律还规定了重大的民事和刑事处罚，作为执行措施。

虽然有批评者认为，这部法律对发展的限制加重了经济和社会的负担，但其所取得的成功是有目共睹的。根据生物多样性研究中心2012年的一项研究显示，有110个物种"得益于这部法律的保护，已经得到了巨大的复苏"，同时，该法所保护的1400个物种中，只有10个物种已经被宣布灭绝（在纳入保护范围前，已有8个物种是处于濒临灭绝的状态）。据科学家们的估计，如果没有出现《濒危物种法》的话，那么至少有227个物种会走向灭绝。■

一个判定淫秽的新标准

波特·斯图尔特（Potter Stewart, 1915—1985）
沃伦·伯格（Warren Burger, 1907—1995）
米勒诉加利福尼亚州案（*Miller v. California*）

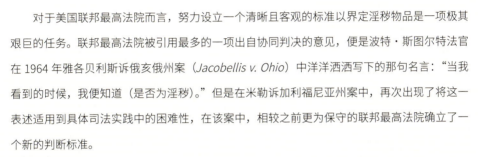

图为美国国会图书馆的一幅壁画，由乔治·R. 巴塞（George R. Barse）所绘（约 1895 年），将色情拟人化。

言论审查和《尤利西斯》（1933 年），淫秽品和《康斯托克法》（1873 年），限制淫秽品（1957 年），联邦通信委员会和污言秽语（1978 年），《通信规范法》（1997 年）

对于美国联邦最高法院而言，努力设立一个清晰且客观的标准以界定淫秽物品是一项极其艰巨的任务。联邦最高法院被引用最多的一项出自协同判决的意见，便是波特·斯图尔特法官在 1964 年雅各贝利斯诉俄亥俄州案（*Jacobellis v. Ohio*）中洋洋洒洒写下的那句名言："当我看到的时候，我便知道（是否为淫秽）。"但是在米勒诉加利福尼亚州案中，再次出现了将这一表述适用到具体司法实践中的困难性，在该案中，相较之前更为保守的联邦最高法院确立了一个新的判断标准。

马文·米勒（Marvin Miller）因触犯加利福尼亚州反淫秽物品法的规定被判决有罪，他批量发送包含清晰色情照片的成人书目。联邦最高法院以 5∶4 的票数肯定了对米勒的有罪认定，判决意见由首席大法官沃伦·伯格执笔。法院清楚地重申了早已确立的原则，即淫秽物品不在第一修正案保护的范围之内。然而，判决中最大的绊脚石在于界定何为"淫秽"。

首席大法官伯格提出了一项由三部分组成的、判定淫秽的新标准，对之前罗斯案中确立的标准进行了修正。在新的判断方法中，一个物品只有在满足以下三个条件时才能被认定为具有淫秽属性：（1）"普通人根据现有的社会标准对作品进行考察时发现，其在整体上会引发淫欲"；（2）该作品"描绘或描述的性行为，明显违背了所在州法律的特殊规定"；（3）整体而言，该作品"缺乏严肃的文学、艺术、政治或者是科学价值"。非常重要的一点是，联邦最高法院取消了之前的要求，控方不用再负担证明一项作品缺乏"可取的社会价值"（redeeming social value）这一举证责任。相反，现在的被告人需要证明，争议作品具备严肃的文学、艺术、政治或是科学价值。同样重要的是，联邦最高法院采用一项社会标准来判断某项作品是否会引起淫欲以及是否赤裸裸地违反法律规定。

这一新标准尽管看起来似乎非常清晰，但联邦最高法院仍未彻底解决被约翰·马歇尔·哈伦（John Marshall Harlan）法官所称的"棘手的淫秽问题"。 ■

1973 年

罗伊诉韦德案

诺玛·麦科薇（Norma McCorvey，1947— ）
亨利·韦德（Henry Wade，1914—2001）

图为 1973 年 7 月，支持妇女有堕胎选择权的人们在纽约进行示威。

 身体和隐私权（1965 年）

美国联邦最高法院受理过的最广为人知、最具争议的一个案件发生在 1970 年，一位名叫诺玛·麦科薇的女子，化名为简·罗伊（Jane Roe）将达拉斯县联邦检察官亨利·韦德告上法庭，目的是挑战得克萨斯州有关堕胎的法律规定，该州法律明确，除"为了挽救母亲生命"的情况外，任何堕胎行为都是非法的。

那时，年仅 21 岁并与丈夫离异的麦科薇怀上了她的第三个孩子。由于无法接受合法的堕胎，麦科薇只有选择继续妊娠。当她将案子打到联邦最高法院的时候，她生下了第三个孩子，这个孩子被匿名收养。

法院面临的最基本问题是在母亲控制自己胎儿的权利和未出生胎儿的生命权之间要如何进行协调。在极具分歧的 5∶4 的票数判决中，法院认为在妊娠的前三个月，妇女的选择权压倒任何州的利益，因此在这一时期，各州不能禁止堕胎行为。妊娠中期，允许各州对堕胎进行规范，但只能是出于确保妇女健康的目的。妊娠晚期时，胎儿被认为是可以独立生存的，即"能够脱离母亲子宫过有意义的生活"，在此阶段，各州对生命的保护变得不可抗拒，因而允许各州通过立法禁止堕胎，除了那些有必要保护妇女生命或健康的情况外。

该判决规则取缔了得克萨斯州的立法规定，为堕胎行为在全国的合法化铺平了道路。20 世纪 90 年代，麦科薇皈依了天主教，并极具讽刺意味地成了一名坚决反堕胎的积极分子。这个里程碑式的判决作出后，四十多年来，人们对这一问题仍然喋喋不休。尽管罗伊案中确立的规则并未被推翻，但评论者们发现，其势头已经有所衰退。人们的后续讨论主要集中在生命始于何时这一问题，以及该问题应该由当局的哪一个分支机构来回答，是法院还是各州立法机关？ ■

《战争权力法》
理查德·尼克松（Richard Nixon，1913—1994）

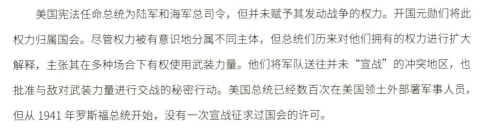

图为越战中，美军在一次凝固汽油弹袭击中巡查。国会通过《战争权力法》在很大程度上就是因为尼克松总统想让美军继续卷入越南战争。

五角大楼文件案（1971 年），总统也要遵守法院传票（1974 年）

1973 年

美国宪法任命总统为陆军和海军总司令，但并未赋予其发动战争的权力。开国元勋们将此权力归属国会。尽管权力被有意识地分属不同主体，但总统们历来对他们拥有的权力进行扩大解释，主张其在多种场合下有权使用武装力量。他们将军队送往并未"宣战"的冲突地区，也批准与敌对武装力量进行交战的秘密行动。美国总统已经数百次在美国领土外部署军事人员，但从 1941 年罗斯福总统开始，没有一次宣战征求过国会的许可。

但自从原子弹出现后，战争的本质就发生了变化。核武装力量之间的直接冲突会导致物理学家、博弈论者约翰·冯·诺伊曼（John von Neumann）所称的同归于尽之结果：这两种势力间爆发的全面战争会造成双方的歼灭和全球毁灭。在这一认知基础上，冷战爆发了。苏联和美国在朝鲜战争（1950—1952 年）中进行了试探性实验。

越南战争爆发，美国基于国会在 1964 年《东京湾决议》（Gulf of Tonkin Resolution）中的授权参战，这让对总统战争权力早就酝酿已久的争端一触即燃。1971 年，国会在意识到《东京湾决议》的授权基础被滥用后，撤销了该项议案。面对权力的平衡被打破，天平向行政机构已经倾斜得太远，以及尼克松总统采取的持续作战行动，国会在 1973 年 11 月颁布了《战争权力法》（War Powers Act），尽管尼克松总统之前对该提案行使了总统否决权。按照历史学家理查德·F. 格里梅特（Richard F. Grimmett）的说法，"自那之后的每一位总统……都将这项法案视为对总统依法享有的总司令权力的违宪性侵犯"。

在发生紧急情况、袭击或者突然性敌对行动的情况下，《战争权力法》灵活性地授权总统可以不经国会批准，采取最长时限为 90 天的军事行动。同时，它要求在采取军事措施之前，美国总统对军队的任何使用都要向国会报告，并鼓励总统"在每个可能的情况下"咨询国会的意见。按照法案中的强制性规定，90 天后，除非经过国会的批准，否则任何军事行动都必须终止。■

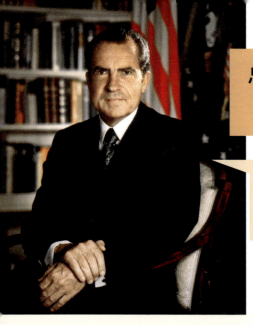

总统也要遵守法院传票

理查德·尼克松（Richard Nixon, 1913—1994）
约翰·西里卡（John Sirica, 1904—1992）
里昂·贾沃斯基（Leon Jaworski, 1905—1982）

图为 1971 年 7 月 8 日的理查德·尼克松总统，三天后，为了避免因水门事件（Watergate scandal）遭到弹劾，他主动提出辞职。

司法审查权（1803 年），总统豁免权（1997 年）

1974 年

西奥多·罗斯福总统曾说过一句名言，"没有人能凌驾于法律之上"。大约七十年后，联邦最高法院就将这句格言直接运用到一名现任总统身上。1972 年，民主党水门办公室遭到入室盗窃，一名特别检察官因此受命调查。在尼克松总统拒绝交出白宫办公室谈话的录音带后，新任命的特别检察官里昂·贾沃斯基获得了法院发出的传票，命令尼克松交出录音带。美国联邦地区法院法官约翰·西里卡拒绝了尼克松要求撤回传票的提议，并驳回其基于行政特权而不受法院传票约束的主张。当尼克松企图将案件上诉至哥伦比亚特区上诉法庭时，贾沃斯基直接采取了不寻常的措施，直接提请联邦最高法院对案件进行审查。

鉴于案件所涉问题的重要性和快速解决的必要性，联邦最高法院同意不经中间上诉法院的裁决而直接受理案件。在案件辩论后不到三周的时间内，联邦最高法院作出一致裁决，认可了西里卡法官作出的决定（法官威廉·伦奎斯特曾是尼克松第一届内阁的助理司法部部长，并且与特别检察官有牵连，因此主动申请回避）。

联邦最高法院驳回了尼克松基于行政豁免权而不受司法审查的诉讼主张，并援引了马伯里诉麦迪逊案中著名的宣言"确定什么是法律，当仁不让应是司法机关的职能和责任"。在该案的实质性问题上，法院首次确认了主张享有行政特权的"宪法性基础"，但也否认此种特权的绝对性。除非总统能够证明，在此特权范围内公开这些信息会产生特定的危险，否则检察官将信息进行特别展示的要求就会胜过此种特权。最后，法院命令尼克松提供录音带，供地区法院审查。

1974 年 7 月 24 日，联邦最高法院对该案作出裁决，不久后，尼克松便交出了涉案磁带。同年 8 月 5 日，录音带的文本被公之于众。三天后，尼克松总统成为唯一一位在任上请辞的美国总统。■

律师费裁决
阿里亚斯卡管道服务公司诉荒野保护协会案
(Alyeska Pipeline Service Co. v. Wilderness Society)

图为跨阿拉斯加管道的一张图片（位于第四泵站附近），该管道由阿里亚斯卡管道服务公司进行维护。

《联邦民事诉讼规则》第 23 条和现代集体诉讼（1938 年），1964 年《民权法案》（1964 年），律师广告（1977 年）

1975 年

在诉讼中，胜诉方可能有权获得广泛的救济。法官裁决的对象可以是损害（对金钱的判决）、一项强制令（一种停止继续侵害的法院命令），在某些案件中，也可以是律师费。在律师费的问题上，对于案件中的胜诉方是否能够要求败诉方承担律师费，存在着两种不同的模式。英国采取的做法是，理所当然地允许胜诉方向败诉方主张律师费赔偿，这也是世界上大部分国家的做法。美国的规则是，不管诉讼结果如何，都强令当事人双方各自承担律师费，这种做法几乎只在美国本土适用。然而，美国规则也的确包含部分例外情形，在阿里亚斯卡管道服务公司诉荒野保护协会案中，联邦最高法院便被请求创设一种为人们广泛支持的例外情形。

在阿里亚斯卡案中，三个环境保护组织成功地起诉并阻止了管道公司修建一条横跨阿拉斯加的输油管道。该诉讼是一个单独个体为保护公共利益提出的诉讼，属于公益诉讼范畴。众所周知，公益诉讼通常缺乏足够的资金支持，这让许多公共利益无法在法庭上得到维护。结果是，阿里亚斯卡案的代理律师主张，在该案中对美国律师费裁决规则设立一项例外情形，虽不合时宜，但也是必要的。这项例外应当允许环保组织从试图修建管道的当事人那里获得律师费，让这些钱能够用于资助将来的公益诉讼。

但是，联邦最高法院拒绝支持这种被它称为对美国律师费分配规则"影响深远的"例外，给公益诉讼带来了毁灭性打击。在法院看来，"律师费裁决的具体情形以及法院在作出这种裁决时的自由裁量权范围，乃是国会分内之事"。然而，这种失利只是暂时的。广泛的舆论轰炸促使有关方面即刻采取行动。次年，国会便通过了 1976 年《民权律师费裁决法》（Civil Rights Attorneys Fees Award Act），该法允许在特定类型的公益诉讼中对律师费进行分配。■

限制强制医疗

肯尼斯·唐纳森（Kenneth Donaldson，1908—1995）
唐纳森诉奥康纳案（*O'Connor v. Donaldson*）

各州对那些于自身或他们都不具危险性的人进行强制医疗的行为，在奥康纳诉唐纳森案的判决中被认定为非法，这使得精神病人的数量大大减少。

麦纳顿规则（1843 年），精神病辩护（1881 年），
精神病治疗和提醒义务（1976 年）

1975 年

当特定精神病治疗方式被证实有悖于现代个人自由的理念时，就会冲突不断，而法律体系仍然要与这些冲突作斗争。1957 年，肯尼斯·唐纳森的父亲由于相信其成年儿子患有妄想症，便提起诉讼把他送到了佛罗里达州精神病院。经审理，肯尼斯被诊断为患有妄想型精神分裂症，需要进行"照顾、维护和治疗"。尽管他在医院里并未获得治疗，也没有对自身或者他人造成危险，还无数次请求释放，但他仍然在医院里待了十五年。

1971 年，唐纳森将精神病院的负责人奥康纳告上法庭，声称其剥夺了自己获得自由的宪法性权利。陪审团支持了唐纳森的请求，并判定他获得补偿性和惩罚性赔偿。第五巡回上诉法庭支持了这项裁决，主张在宪法上，受到非自愿性监管的个人有权获得治疗。

联邦最高法院通过一致性裁决，认定唐纳森有权被释放，主张"对于一个在自由状态下可以靠自身，或是在有意愿和责任的家庭成员或朋友的帮助下，可以安全生活、不具危险性的个人，各州在宪法上没有任何理由对其进行监管"。但有一点需要注意的是，联邦最高法院并未解决获得治疗是否为宪法性权利这一问题。尽管如此，奥康纳案件仍然改变了民事强制医疗程序的宪法性质。在这个十年期结束时，每个州都对其相关法律规定进行了修改，增加了一项危险性审查要求。医生梅甘·泰斯塔（Megan Testa）和萨拉·G. 威斯特（Sara G. West）经2010 年研究发现，"从 1950 年的 55 万人高峰到 1990 年代的 3 万人，精神病住院患者的数量经历了断崖式下跌"。1975 年以前的数量下跌受到其他因素的影响，但奥康纳案件中设立的规则在其中扮演着重要角色。■

图为巴勒斯坦地图，上面标明了 1947 年联合国大会第 181 号决议对一个犹太国家（紫色部分）和一个阿拉伯国家（黄色部分）所建议的国界线。

种族主义与联合国第 3379 号决议

丹尼尔·帕特里克·莫伊尼罕（Daniel Patrick Moynihan，1927—2003）

《日内瓦公约》（1864 年），联合国《防止及惩治灭绝种族罪公约》（1948 年），纽伦堡审判（1945 年）

1975 年

联合国第 3379 号决议中写明，"犹太复国主义（Zionism）是种族主义和种族歧视的一种形式"，该决议的形成始于 1963 年，那时联合国通过其他决议公开斥责所有形式的种族歧视。十年后，联合国大会谴责"南非种族主义和犹太复国主义的邪恶联盟"。此后，在 1975 年，针对一项向联合国提出的谴责反犹太主义的提议，苏联提请了一项对立议案，声讨"犹太复国主义、纳粹主义、新纳粹主义以及同殖民主义、国家和种族仇恨与排他性有关的所有形式的政策和意识形态"。两个提案均未被联合国大会所采纳，但苏联将共产主义阵营与阿拉伯和撒哈拉以南非洲国家联合起来的政治努力取得成效，产生了 1975 年 11 月 10 日联合国大会第 3379 号决议的内容。

在成员国投票结束后，美国驻联合国大使丹尼尔·帕特里克·莫伊尼罕站起来说道："美国在联合国大会和世界人民面前宣布，我们不会承认，也将绝不会遵守和默许这项无耻的决议。"历史学家吉尔·特洛伊（Gil Troy）指出，莫伊尼罕的听众远比坐在联合国大会会堂里的人要多得多，他在发言中强调的是"美国人民，世界媒体，事实上还有历史性的平台"。莫伊尼罕将透露着反犹太主义的第 3379 号决议，称为"一个降临人间的……巨大恶魔"。

在特洛伊看来，第 3379 号决议是"许多美国人觉醒的时刻，预示着世界格局的风云变幻"。《纽约时报》后来也把这项决议形容为联合国的"最低谷"，它"促使许多美国人对联合国这一世界性组织的希望产生全面性幻灭"。

1988 年，巴勒斯坦全国委员会发布了《巴勒斯坦脱离以色列独立宣言》（*Palestinian Declaration of Independence from Israel*）。三年后，以色列在参加涉及以色列、巴勒斯坦和周边国家的马德里和会时，要求撤销第 3379 号决议。在联合国的历史上，只有一项决议，即拒绝法西斯的西班牙加入世界组织曾被撤销。但在 1991 年 12 月 16 日，这种情况再次发生，第 46/86 号决议撤销了第 3379 号决议。2012 年，联合国通过第 67/19 号决议（Resolution 67/19），承认巴勒斯坦是一个非成员观察国。■

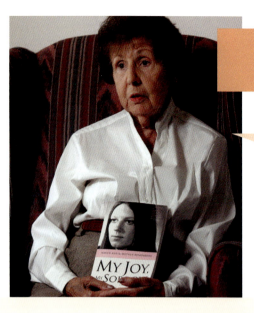

死亡权

卡伦·柯因兰（Karen Quinlan，1954—1985）

图为卡伦·柯因兰的母亲茱莉亚·柯因兰（Julia Quinlan），2005 年她手握回忆录《我的快乐，我的悲伤》（*My Joy, My Sorrow*），在新泽西州万泰城的家中接受采访。

身体和隐私权（1965 年），罗伊诉韦德案（1973 年），医生协助死亡（1997 年）

1976 年

在多年来法院作出的各类重大判决中，很少有比解决生存和死亡问题更重要的判决。这类案件当仁不让地成为当时最具争议性和广为人知的事件。其中就有一个关于柯因兰的案件，让法院第一次面临着判断个人是否具有死亡权利的挑战。

1975 年 4 月，年仅 21 岁的卡伦·柯因兰被送到一家医院的急救室，此时的她已经陷入昏迷状态，无法自主呼吸，因此被戴上了人工呼吸器。经过几个月未见成效的治疗后，柯因兰的家人和医生都放弃了她会康复的希望。柯因兰的父母要求医院移除呼吸器，但她的主治医生拒绝这样做，理由是医学执业和伦理的既定标准不允许出现这样的行为。随后，柯兰因的父亲向法院提出申请，要求法院任命自己作为女儿的监护人，并授权其"中止所有非常规的延续生命的手段"。

一审法院拒绝批准撤离呼吸器。但是，1976 年 3 月，新泽西州高等法院通过一致裁决推翻了这一判决，法院认为，如果医生诊断确认，已经没有"任何合理的可能性显示卡伦会从当前的昏迷状态恢复到一个有意识的、明智的状态"，那么她的家人就可以停止提供生命支持。重要的是，法院明确认定，这种停止提供生命支持的行为不用承担任何民事和刑事责任。

法院论证其判决合理性的基础时，用的是格里斯沃尔德诉康涅狄格州案中明确提出，并在罗伊诉韦德案中得到发展的宪法上的隐私权。法院认为隐私权的范围"足以涵盖一个病人在特定情形下，有权决定拒绝接受医疗"。柯因兰的身体状况妨碍到她作出此种决定的能力，因此法院认定她的监护人，也就是她的父亲能够代表她提出这种要求。这是法院第一次认可死亡权是一项宪法性权利。

1976 年 5 月，柯因兰被移除了呼吸器，但令众人都大吃一惊的是，她依靠自己的自主呼吸又多活了九年。最后，因为一直无法从最初的昏迷状态中苏醒过来，柯因兰死于肺炎并发症。

精神病治疗和提醒义务

特洛索夫诉加利福尼亚大学校委员会案（*Tarasoff v. Regents of the University of California*）

图为日暮中，加利福尼亚大学伯克利分校校园中矗立的萨瑟塔（Sather Tower）。当来自印度孟加拉邦的学生普罗杰森特·波达遇见蒂亚娜·特洛索夫时，他就住在附近的留学生公寓里。

麦纳顿规则（1843 年），精神病辩护（1881 年），限制强制医疗（1975 年）

1976 年

具有里程碑意义的法律判决往往源自那些涉及冲突利益的案件。为了保护其中一种法益，最终必须牺牲另一种法益。这种情况就发生在加利福尼亚州高等法院对于特洛索夫诉加利福尼亚大学校委员会案的判决中。

1968 年，一名加利福尼亚大学伯克利分校的研究生普罗杰森特·波达（Prosenjit Poddar），结识了本科女生蒂亚娜·特洛索夫（Tatiana Tarasoff），对于波达的狂热迷恋，特洛索夫不为所动。在陷入严重的精神疾病后，波达寻求学校的心理咨询，治疗期间，波达威胁说自己要杀了特洛索夫。他的主治医生劳伦斯·莫尔（Lawrence Moore）随即请求学校警务人员，将波达作为危险分子进行控制，以保障他人安全。经过短暂的扣押后，波达因为行为举止并无异常被释放。整个过程中没有人将波达的杀人倾向告诉特洛索夫。1969 年 10 月，波达将特洛索夫捅死。

在审判波达的过程中，特洛索夫的家人才第一次了解到，自己女儿被刺杀之前，已经有治疗精神疾病的专业人士介入其中。对此，他们将学校和所有参与过波达治疗的人告上了法庭。尽管一审法院驳回了他们的诉讼请求，但加利福尼亚州高等法院判决其胜诉，认为如果提供精神病治疗的人有理由确定病人有暴力倾向时，那么他们便负有向第三方的提醒义务。

按照法学专家彼得·舒克（Peter Schuck）和丹尼尔·吉弗贝尔（Daniel Givelber）的说法，这项判决"在精神病诊疗机构中掀起了一场抗议的风暴"，诊疗机构的成员们纷纷请求法院重审该案。案件的重审结果对先前的判决标准作出适当的修正，将对第三方的提醒义务改为：当专业人士基于专业判断标准，知道或者应当知道病人可能会对第三方实施严重的暴力侵犯时，他们应当负有合理的注意义务以保护第三方。针对精神病诊疗机构提出的辩解，即这种提醒义务会有损患者的机密，并导致医生拒绝为有潜在暴力倾向的人治病，法院不予支持。

特洛索夫案中所确立的规则正在逐步发生变化，但在舒克和吉弗贝尔看来，这个案件"已经融入临床实践，成为医务人员的一项执业标准"。■

1976 年《版权法》扩大和澄清了许多版权保护范围。

美国第一部版权法（1790 年），《伯尔尼公约》（1878 年），时间转移与合理使用（1984 年），版权的扩张（2001 年）。

1976 年

1905 年，西奥多·罗斯福总统呼吁国会对现行版权法进行彻底修改，由此诞生了 1909 年《版权法》（*Copyright Act*）。该法取得了重大进步，但远远谈不上完美。随着时代的变迁，科技的快速发展愈加暴露其弊端。电影、留声机、广播与电视的产生，也给法院和权利所有者带来了新的挑战。

1955 年，国会委任美国版权局研究现有法律，并提出修改建议。1961 年，版权局发布了一份详细的报告，并随之进行了立法提案、广泛的听证和多轮修订。1976 年 10 月，总统杰拉尔德·福特（Gerald Ford）将《版权法》正式签署为一项法律。

这部新的《版权法》于 1978 年 1 月 1 日生效，包含许多重大修改。其中最重要的一处修改便是延长了版权保护的期限，从之前的两个二十八年期限变为一个以作者生命为衡量标准的统一时限，将版权保护及于作者死亡后五十年。同时，该法将"合理使用"（fair use）抗辩正式纳入立法规定，这是一个法院早已用于案件裁决的一个普通法改变，尽管其在实践中的适用有时会不尽一致。通过对合理使用原则进行详细列举，新的《版权法》为非营利性、图书馆、教育机构以及公共广播等领域的版权使用者提供有限的保护，让他们对涉及版权材料的特定使用免于承担责任。此外，这部法律还建立了版税法院，负责监督对版权的强制使用许可，即在支付税费、符合法律规范的情况下，允许对版权作品进行特定使用（典型代表就是音乐作品）。

一般情况下，1976 年《版权法》赋予"原始作品"的创造者——包括文学、喜剧、音乐、艺术和特定其他智力作品——独占对其作品进行公开复制、分发、表演和展示的权利。基于创新性对作品进行保护很快作为一种模式被固定下来。作者无须再向版权局注册其作品，并且从 1989 年以后，也不用在作品上标注版权符号 ©，尽管这样做具有法律层面的优势。■

恢复死刑

加里·吉摩尔（Gary Gilmore, 1940—1977）
格雷格诉佐治亚州案（Gregg v. Georgia, Gary Gilmore）

图为密苏里州监狱的毒气室，其位于密苏里州杰弗逊市（Jefferson City）。

美国宪法（1787 年），《权利法案》（1791 年），废除死刑（1972 年）

1976 年

美国联邦最高法院在弗曼诉佐治亚州案（*Furman v. Georgia*）中，有效地废除了当时所有现行的死刑法律规定，判决一出，立即在全国引发了强烈反对的狂潮。民意调查显示，美国民众不仅反对联邦最高法院的这项判决，而且比以往任何时候都支持适用死刑。仅仅四年时间内，就有 35 个州颁布了新的、有先见之明的死刑规定，以谋求与弗曼案中所确立的标准一致。

由于弗曼案的判决中存在着五种不同的判决理由，因此在怎样适用死刑才能与宪法原则保持一致的问题上，联邦最高法院没有给各州立法机关提供明确的指示。一些州针对特定种类的犯罪行为强制适用死刑，以消除死刑适用的任意性。其他州则要求进行定罪和量刑分离式审判，即将法庭审理一分为二，一次解决是否有罪的问题，另一次则决定应当适用何种刑罚。为了让这些措施相互连贯起来，联邦最高法院同意受理格雷格诉佐治亚州案，重新审视死刑的合宪性问题，并将其他类似的四个案件进行合并审理。

法院以 7∶2 票得出判决结果，认为"死刑不一定违反宪法"，佐治亚州修正后的死刑立法体现出一种合乎宪法规定的死刑适用方案。通过这一认定，联邦最高法院为将来评估死刑立法规定，提出了两项宪法所要求的最低标准：第一，陪审团判处死刑的自由裁量权"必须受到适当的指导和限制，从而将任意专断和反复无常的行为风险降到最低"。第二，对于可能判决死刑的案件，必须考虑"犯罪行为发生的环境，以及行为人的品格和习性"。一般而言，满足这两项指导原则的死刑立法，都能够经得住宪法的审查。

1977 年 1 月，犹他州的行刑队因两起谋杀罪对加里·吉摩尔实施枪决，结束了美国死刑适用的四年空档期，也让加里·吉摩尔成为十多年以来第一个被执行死刑的人。自那时起，超过 1300 人被执行死刑，成千上万的人也在等待着同样的命运。■

分居赡养费

李·马文（Lee Marvin，1924—1987）
米歇尔·马文（Michelle Marvin，1932—2009）
马文诉马文案（Marvin v. Marvin）

图为 1966 年奥斯卡颁奖典礼上，李·马文手握最佳演员奖杯，他因出演电影《女贼金丝猫》（Cat Ballou）而获奖。当时，米歇尔·特里奥拉站在他身旁。

 合同损害赔偿的计算（1854 年），
无过错离婚（1969 年）

1977 年

联邦最高法院大法官约瑟夫·斯托尼（Joseph Story）曾说过一句著名的话，"法者，妒妻也，必正意而诚心，不可亵玩焉"。对于奥斯卡获奖演员李·马文来讲，法律并非妒妇，但是与他非婚同居了 7 年的伴侣米歇尔·特里奥拉，其付出的时间和忠贞足以催生新的法律规定，允许未结婚的伴侣提起索要生活费的诉讼。

当已婚夫妻离异或是合法分居时，法院可以做出裁决，要求一方向另一方支付维持生活所必要的费用。一般而言，法院在考虑各种情况后，会基于夫妻关系存续期间的生活水平确认支付的数额和期限。这些钱在法律上被称作赡养费。但是，如果双方之间不存在婚姻关系的话，那么请求支付赡养费或者其他资助便没有法律基础，这种状态一直持续到 1976 年案件的发生。

在演员马文结束和伴侣的同居关系后，特里奥拉——已经合法将其姓氏改为马文——起诉至法院，要求马文履行与自己的合同关系，并主张自己按照马文曾经的许诺，有权获得马文的一半财产和未来的赡养费。加利福尼亚州高等法院认可特里奥拉获得赔偿的权利，并明确，如果能得到证实的话，该案中的明示和默示合同都应得到履行。最终，上级法院支持特里奥拉的诉求，判决其获得 10.4 万美元的补偿。

虽然该案判决在 1981 年的上诉审中被推翻，但这个案件带来了巨大的影响。其他州纷纷效仿加利福亚洲的做法，允许未婚夫妻间提起赡养费的诉讼。此外，这个案件还另有作为：它诞生了新词"分居赡养费"（palimony）。该词语由媒体创造，它从未正式出现在法院的判决中，同时，它本身也是个误称：特里奥拉昙花一现的 10.4 万美元补偿费并非法律上正式规定的赡养费，而是马文违背两人协议的赔偿。

2009 年，特里奥拉死在伴侣迪克·凡·戴克（Dick Van Dyke）的家中，两人已经在一起生活了三十年，但并未结婚。■

律师广告

贝茨诉亚利桑那州律师协会案（*Bates v. State Bar of Arizona*）

在联邦最高法院对贝茨诉亚利桑那州律师协会案作出判决之前，美国律师被禁止在名片、文具和办公室标志上列明特定信息，为其法律服务做广告。

法律援助协会（1876 年），律师费裁决（1975 年），行政机关的决定（1984 年）

2012 年，全世界花在广告上的费用将近 5000 亿美元，其中，美国占据了最大的市场，花费高达 1523 亿美元。在这些花费中，尽管律师和律师事务所的广告只占到很小的一部分，但如果不是联邦最高法院对贝茨诉亚利桑那州律师协会案作出的判决，这部分广告压根就不会存在。

受英国律师业道德观念和传统的影响，18 世纪和 19 世纪的美国律师对用广告来推销自己或是法律服务，完全可以用冷面相待来形容。美国律师协会在 1908 年制定的《职业道德准则》（*Code of Professional Responsibility*）中称，"最有价值和最有效的广告……是凭借专业能力和忠于信任所建立起来的良好声望"。20 世纪时，美国律师协会在 1969 年《职业责任守则》中，禁止在名片、文具、办公室标志和经批准的法律名录上列出特定信息以外的广告，该守则被绝大多数州用来规范律师的执业行为。

1976 年，约翰·贝茨（John Bates）和凡·欧斯汀（Van O'Steen）在《凤凰日报》上刊登了他们律师事务所的广告。广告中称，"提供法律服务，价格公道"，并针对不同服务范围列明收费标准，例如无争议离婚、收养、破产申请和更名。亚利桑那州律师协会随即暂停了两人的执业资格，理由是违反了亚利桑那州律师执业准则中关于禁止做广告的规定。

对此，美国联邦最高法院重申其主张，即商业言论属于第一修正案的保护范围，并废除了亚利桑那州职业准则中禁止律师广告的规定。在联邦最高法院看来，能给消费者带来真实和有价值信息的广告，对个人和社会利益皆有益，因此"不应受到压制"。重要的是，联邦最高法院对此问题的裁决非常谨慎，它对于与提供法律服务质量有关的广告不予评论，而是授权各州自由地根据"时间、地点和方式的合理限制"来规范律师广告（包括错误的、欺骗性或误导性宣传）。■

1977 年

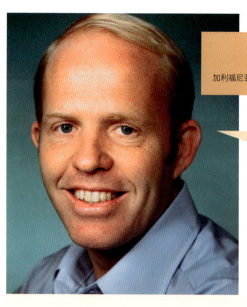

图为阿伦·巴基（1977年），他以"反向歧视"（reverse discrimination）为由，对加利福尼亚大学戴维斯分校医学院的拒绝录取决定，成功地发起了司法挑战。

第十四修正案（1868年），民权案件（1883年），1964年《民权法案》（1964年），就业歧视（1971年）

1978年

1943年，联邦最高法院法官哈兰·斯通（Harlan Stone）在平林诉合众国案（*Hirabayashi v. United States*）的裁决中写道："公民之间基于血统原因产生歧视，这点从本质上讲就是对一个自由民的鄙夷，因为自由民制度是建立在平等原则基础上的"。有人认为，偏爱少数民族有助于消除几个世纪以来歧视所产生的不良影响。但也有人认为，这种偏爱本身就构成一种歧视。与其他有争议的问题一样，对平权运动及其合法性的质疑最终来到了联邦最高法院面前。

1970年，加利福尼亚大学戴维斯分校医学院开始为其招生名额预留16%的满足条件的少数民族学生。这16名学生的分数和成绩往往大大低于通过正常入学程序招收的学生。

两年后，一个名叫阿伦·巴基（Allan Bakke）的白人申请者，他的分数比一些被录取的少数族裔学生高得多，但他的入学申请却遭到了拒绝。1974年，在第二次被拒绝后，巴基提起了诉讼，声称学校的录取政策违反了第十四修正案的平等保护条款，以及1964年《民权法案》第六条的规定，即禁止在联邦资助的项目中进行种族歧视。

一审法院支持了巴基的诉讼请求，但并未要求大学录取巴基。巴基随即将案件上诉至加利福尼亚州高等法院，加利福尼亚州高等法院在维持一审判决的同时，指令加利福尼亚大学戴维斯分校录取巴基。学校将官司一直打到联邦最高法院，让联邦最高法院首次对平权运动的问题作出回应。

1978年6月，联邦最高法院判决戴维斯分校的这种特殊录取政策违法，支持对巴基的录取，将学校的政策描述为是一种非法配额。然而，法院认为，学校在竞争性录取程序中考虑种族因素是被允许的。更确切地讲，在招生录取的决定过程中，学校应当拥有自由权，将种族作为众多考量因素之一。

尽管平权运动所产生的争议并没有因巴基案的判决而终止，但该案中确立的基本原则在2003年格拉茨诉博林杰（*Gratz v. Bollinger*）和格鲁特诉博林杰案（*Grutter v. Bollinger*）中得到了重申。■

联邦通信委员会和污言秽语

乔治·卡林（George Carlin, 1937—2008）
联邦通信委员会诉太平洋电台案（*FCC v. Pacifica Foundation*）

图为 1981 年乔治·卡林登台表演。他的
"7 个脏词"（seven dirty words）节目被
列入全国公共广播电台百强名单。

《权利法案》（1791 年），限制淫秽品（1957 年），
公平原则（1969 年），一个判定淫秽的新标准
（1973 年），《通信规范法》（1997 年）

1972 年，喜剧演员乔治·卡林因其独白"永远不能在电视上说的七个词"，在听众中一炮而红。不出所料，这些独白中充斥着禁忌的咒骂语言，完全不适合儿童接触。在卡林下一张喜剧专辑中，他又录制了一个新版本独白，被纽约城 WBAI 电台以"污言秽语"（Filthy Words）为名在下午进行广播。一个小男孩和他父亲坐在车里的时候，短暂的听到了广播中的脏话。这次意外的接触让联邦通信委员会对电台进行处罚，并产生了影响深远的联邦通信委员会诉太平洋电台案，该案要求对广播者基于第一修正案所享有的言论自由权和联邦通信委员会监管不雅内容的权力进行权衡。

第一修正案禁止法律"剥夺言论自由"，但随着时间的推移，这一禁止延伸出特定的例外情形。例如，法院已经通过判决，认定色情言论——即会引起淫欲、缺乏严肃的价值，并且具有明显冒犯性的言论——不在第一修正案保护的范围之内。卡林的喜剧独白，虽然对于部分人来讲显得震撼，但尚未达到色情的程度。因此，联邦最高法院利用太平洋电台案来提出一种新的、不太受保护的言论：不雅言论。

在太平洋电台案中，法院支持联邦通信委员会有权规范广播电台的不雅言论——一种不能认定为色情，但仍不适合儿童接触的言论——即便这种规范会削弱了广播者的言论自由权。法院在裁决中明确规定，基于广播和电视能够被儿童接触到，以及具有"普遍"性，广播言论只能获得"第一修正案最狭义上的保护"。

太平洋电台案的判决并没有剥夺广播者播放不雅言论的权利，而是对这种播放施加了特定限制。广播电台被允许在节目中涵盖不雅内容，但只能在深夜播放，此时儿童们应该已经入睡，不会听到这些内容。时至今日，对不雅言论的这种播放限制依然存在，2012 年，联邦最高法院在联邦通信委员会诉福克斯电视台案（*FCC v. Fox Television Stations, Inc.*）中，对这一做法表示支持。■

1978 年

"萨姆之子"法案

大卫·贝尔科维茨（David Berkowitz, 1953—　）
亨利·希尔（Henry Hill, 1943—2012）

图为"萨姆之子"大卫·贝尔科维茨，
由泽·凯润绘制。

约翰·彼得·曾格案（1735年），言论审
查和《尤利西斯》（1933年）

1978年

大卫·贝尔科维茨第一次为人们所知，是作为一名使用44口径枪的连环杀手，在一次离奇犯罪现场留下的信中，他给自己起名为"萨姆之子"（Son of Sam），从此臭名昭著。他的臭名传播速度很快，他实施的犯罪行为以及围绕着这些犯罪产生的事件促使立法机关以"萨姆之子"为名，制定了同名的法案，用来剥夺罪犯从其犯罪行为的商业利用中获利的权利。

1978年，对于其从1976年10月至1977年8月间，在纽约城三个行政区域内所实施的六起冷血谋杀案，贝尔科维茨供认不讳，这让他成为纽约城面对的最恐怖的连环杀手之一。由于预见到贝尔科维茨用他毛骨悚然的犯罪故事——这些故事对于纽约市民而言，既刺激又恐怖——作交换，将会从出版商那里获得丰厚的报酬，奥尔巴尼市（Albany）制定了纽约州《行政法》（N.Y. Executive Law）第632条a，也就是著名的"萨姆之子"法案。该法案要求任何以罪犯或者被诉犯罪行为的故事为对象订立合同的实体，都要将此合同以及任何从合同中产生的收益存入纽约犯罪被害人赔偿委员会。委员会随即将这些资金存入托管账户中，用于保障被告人及其家属对罪犯的后续起诉中可能会获得的判决结果。

西蒙与舒斯特国际出版公司针对其在1985年出版的图书《好家伙：在一个黑手党家庭的生活》（Wiseguy: Life in a Mafia Family）提起了诉讼，理由是这本书因为讲述了一个被判决有罪的黑手党成员亨利·希尔的故事，受到了"萨姆之子"法案的限制。出版商已经付给希尔和执笔者尼古拉斯·帕洛基（Nicholas Pileggi）10万美元报酬，对此，纽约犯罪被害人委员会认为违反了法律规定。1991年，西蒙与舒斯特国际出版公司以"萨姆之子"法案违反第一修正案为由，将案件诉至美国联邦最高法院。

联邦最高法院通过一致判决，认定"萨姆之子"法案违宪，因为它只对一种类型的言论实施了基于内容的经济处罚，并且，它处罚的范围过于宽泛。判决后的几个月内，纽约州制定了一项处罚范围更为狭窄的专门性立法，该立法至今仍然有效，并为其他州的法律提供了蓝本。■

诱惑侦查抗辩

图为陪审员正在观看参议员小哈里森·A. 威廉从一名警方密探处收受贿赂的秘密录制磁带。

米兰达警告（1966 年），DNA 首次作为证据使用（1986 年）

诱惑侦查（entrapment defense）的历史由来已久，1864 年纽约州高等法院法官威廉·约翰·培根（William Johnson Bacon）在判决意见中引用《创世纪》第 3 章第 13 行时写道："（诱惑）第一次出现是在伊甸园中：'那蛇引诱我，我就吃了'。"他指出，夏娃的抗辩"被伟大的立法者（耶和华神）所推翻……并且自此之后从未充当过罪犯的避风港，也没有给罪犯提供过保障"。就像长年累月的报道所提示我们的那样，执法过程中对卧底行动的使用让被告人辩称，其被政府这只蛇所诱惑，并企图以宪法学者杰思罗·利伯曼（Jethro Lieberman）所称的'是的—但是'抗辩作为脱罪借口："是的，我的确是做了，但我应当是无罪的，因为我不想犯罪，是警察挖坑让我往里跳。"

政府能够引诱某人实施犯罪，然后以这个原本可以不发生，但是因政府行为而引起的罪行起诉那个人吗？答案是应当视具体情况而定。这些年来，美国联邦最高法院已经通过一系列案件的判决，十分谨慎地划定了诱惑侦查抗辩的清晰界限。1932 年的索雷尔诉合众国案（Sorrells v. United States），十分清楚地阐明了这类积极性抗辩需要具备的 2 个基本要素：一是政府实施了对犯罪行为的诱惑；二是对于被告人而言，其原本不具备实施这种犯罪行为的倾向。

在绝大多数案件中，真正存在的问题是如何判断倾向性，即被告人是否是一个"轻率的无辜者"（unwary innocent）或是一个欣然利用现成犯罪机会的"轻率的犯罪人"（unwary criminal）。最有名的诱惑侦查抗辩——即便没有成功——发生在 1978 年政府一次名为"阿伯斯坎"（Abscam，是阿卜杜勒集团诈骗的缩写）的钓鱼执法行动中，这场侦查行动让法院审理并判决了国会议员迈克尔·迈尔斯（Michael Myers）和其他五名国会议员，参议员小哈里森·A. 威廉（Harrison A. Williams Jr.），三名费城议会成员，一名新泽西州议员和一些其他人员。这些被告从伪装成阿拉伯酋长的警方密探手中收受财物，以换取政治影响力，以及移民问题、政府合同中标和赌场营业执照等相关好处。■

1978 年

麦克马丁猥亵儿童案

弗吉尼亚·麦克马丁（Virginia McMartin，1907—1995）
佩吉·麦克马丁·布基（Peggy McMartin Buckey，1926—2001）

图为 1990 年 1 月，在自己和儿子雷蒙德·布基被宣告无罪后，佩吉·麦克马丁·布基擦去眼角的泪水。

塞勒姆女巫审判案（1692 年），好莱坞十人案（1948 年）

1983 年

历史一次次地告诉我们，法律也会被误用。毕竟，它最终的实现还要依靠制定和援引法律的人。当对法律适用不当或者听之任之，不加以审查时，便会产生不公正，正如一个无辜之人被错误地认定为有罪。但有时，在经过起诉和审判的案件中同样会产生不公正。

弗吉尼亚·麦克马丁和她的女儿佩吉·布基在加利福尼亚州曼哈顿滩经营着一家口碑不错的麦克马丁幼儿园。1983 年 8 月，朱迪·约翰逊（Judy Johnson）向警方控告，自己两岁半的儿子受到 25 岁的雷蒙德·布基（Raymond Buckey）的性骚扰，雷蒙德是佩吉·布基的儿子，在幼儿园做兼职助理。警方逮捕了雷蒙德，但在没有找到指控证据后，将其释放。然而，警察局长哈里·库迈尔（Harry Kuhlmeyer Jr.）随后与许多学生家长进行交流，在交流过程中，他将雷蒙德·布基确立为一名猥亵儿童的犯罪嫌疑人，暗指其实施了特定的犯罪行为，并建议家长向孩子们提出一些特定的、含沙射影的问题。

很快，这个事件让媒体炸开了锅，随之而来的是被社会学家玛丽·德·扬（Mary de Young）称之为文化回应的影响，这种文化回应"具有道德恐慌的……所有特征：它是广泛的、反复无常的、敌对的和过激的反应"。朱迪·约翰逊缺乏证据支撑的控告——雷蒙德是一个有着精神病史的酒鬼，离奇的指控中甚至还口口声声地说幼儿园举行过撒旦仪式——在耸人听闻的媒体和强制性法律体系的煽动下，催生了一场舆论迫害。按照德扬的说法，到 1984 年年底时，"麦克马丁已经成为一个家喻户晓的名字，与邪恶同义"。尽管缺乏可信证据的支撑，雷蒙德和佩吉仍然被起诉对儿童实施了多次性侵害行为。

经过长达 28 个月的审判和 2 个月的评议，陪审团认定佩吉完全无罪，雷蒙德除了 13 起指控外，其他均无罪，但对于这 13 起指控，陪审团的评议陷入了僵局。在仅仅针对雷蒙德的第二场审判中，陪审团仍然无法达成一致意见，此时的雷蒙德已经被收押并 5 年不得保释。最后，检察官选择不再进行第三场审判，并撤销了所有指控。此时距离第一次提出控告已经过去了 7 年，并且已经花费了150 万美元，这也让该案成为美国历史上持续时间最久、花费最高的刑事审判。■

第一部强制系安全带法

在纽约通过第一部强制系安全带的法律后，不到 30 年的时间里，全美安全带的使用率已经达到了 86%。

 扩大消费者权益（1916 年），《州际公路法》（1956 年），《职业安全与卫生法》（1970 年）

美国进入 20 世纪后，汽车在人们的生活中发挥着越来越突出的作用，遗憾的是，它对于死亡率也是如此。截至 1916 年，美国国内汽车产量达到了 160 万辆，有 330 万辆汽车登记在册。到 1929 年时，生产量已经接近 500 万辆，同时登记在册的汽车多达 2300 万辆。汽车越多，路况也越好，速度也会更快，但同时，事故和死亡人数也就更多。

1966 年，国会制定了《国家交通和机动车安全法》（*National Traffic and Motor Vehicles Safety Act*），呼吁发展并执行机动车安全标准。当林登·约翰逊总统将其正式签署为法律时，他发现已经有超过 150 万美国人死于街道和高速路的交通事故，这几乎是美国所有战争中丧生人数的三倍。同时，这部法律中要求所有的新汽车都必须装上安全带。

尽管从 1968 年起，生产商就开始为所有汽车上配备的安全带制定相关标准，但交通事故和死亡率仍然居高不下。正如汽车制造商在反对立法时就已经预见的那样（在面对行业规范时质疑声更甚），大多数美国人不喜欢使用安全带。与此同时，世界上许多国家开始通过立法强制使用安全带。

1984 年，纽约州制定了全国第一部强制使用安全带的法律，规定司机和前排副驾驶座乘客不系安全带的行为是违法行为。成年人不仅会面临自身的罚款，而且要承担任何 16 岁以下没有系安全带乘客的罚款。这一法律规定立法就遭到了司法挑战，但纽约州高等法院一项 1985 年的判决对此表示支持，认为这种立法权的行使合乎宪法规定。该法至今仍然有效。

除新罕布什尔州外，每个州都效仿纽约，纷纷制定了强制使用安全带的法律。1994 年，安全带的使用率仅有 58%，但根据美国交通部国家公路安全管理局的报告显示，到 2012 年时，全国安全带的使用率已经达到了 86%。同时，来自该机构的数据显示，安全带的使用分别以 45% 和 50% 的比例大大降低了司机和前排乘客死亡与重伤的风险。■

1984 年

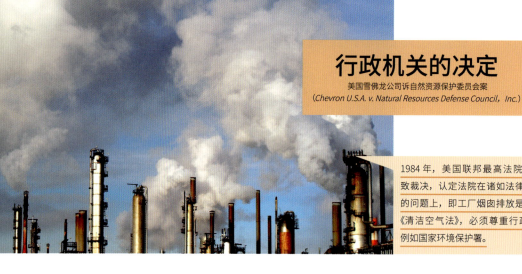

1984 年，美国联邦最高法院通过一致裁决，认定法院在诸如法律依从性的问题上，即工厂烟囱排放是否符合《清洁空气法》，必须尊重行政机关，例如国家环境保护署。

 联邦最高法院的权威性（1803 年），联邦通信委员会和污言秽语（1978 年）

1984 年

在过去 100 年里，英国联邦行政机构在法律中发挥着越来越重要的作用。从定义上讲，这类机构是一个"官方政府机构，有权……对特定法令的实施进行指导和监督"。然而，这项权力并未受到约束。正如司法机关能够决定国会所通过的法律是否合宪一样，法院也有权对这些行政机构的决定进行审查。但是法院是否应当对这些决定进行审查，或者能够进行何种程度的审查？联邦最高法院在美国雪佛龙公司诉自然资源保护委员会案中，对审查标准给出了答案。

在 1977 年《清洁空气法》（*Clean Air Act*）的修正案中，国会使用了含糊不清的措辞。鉴于此，负责执行法律的国家环境保护署宣布对修正案作出解释，但这些解释引发了环境保护组织的不满。这些环保组织随即请求法院对环保署的决定进行审查，最终为联邦最高法院提供机会来决定，行政机关的决策者在负责执行法律的过程中，到底有多大的解释余地。

联邦最高法院通过一致裁决，设立了一个单一的指导性原则：尊重行政机关的决定。该原则最终成了行政机关的护身符。法院认为："如果法律对特定问题没有作出规定，或者规定得模棱两可时，法院所要处理的问题便是行政机关作出的解释是否在该法所允许的范围内。"实际上，法院只需要确定一个行政机关的决定在字面上合乎有关法律的规定即可，不用非得在语言上作出最佳，甚至是好的法律解释。

雪佛龙案件的判决大大扩张了行政机关的权力。在法学家 E. 唐纳德·艾略特（E. Donald Elliott）看来，"在雪佛龙案之前，当一项法律的规定不甚清楚时，主要是由下级联邦法院有权来决定'法律规定的是什么'。在雪佛龙案的判决后，这项解释权中最实质的部分已经从司法机关转移到了行政机构。"■

滑稽模仿与第一修正案

杰瑞·法威尔（Jerry Falwell, 1933—2007）
拉里·弗林特（Larry Flynt, 1942—　）
威廉·伦奎斯特（William Rehnquist, 1924—2005）
《好色客》杂志诉法威尔案（Hustler Magazine Inc. v. Falwell）

图为 1971 年，位于俄亥俄州哥伦比亚同性恋一条街的《好色客》酒吧隆重开业时，拉里·弗林特坐在他的保镖罗杰·奥利·布鲁克（Roger Ollie Brooke）的肩上。站在左边的是他的兄弟兼生意伙伴杰米·弗林特（Jimmy Flynt）。

 在拥挤的剧场大呼"着火了"（1919 年），限制对诽谤的法律认定（1964 年），言论自由与煽动暴力（1969 年），联邦通信委员会和污言秽语（1978 年），《通信规范法》（1997 年）

1983 年 11 月，《好色客》（Hustler）杂志刊登了一则恶搞利口酒的广告，这本杂志是由拉里·弗林特创办的、很有名气的成人杂志。这则广告展示的是名人们回忆他们"第一次"喝开胃酒时的情形，带有性嘲弄的意味。《好色客》在恶搞中贴上了牧师、"道德多数"组织的创始人杰瑞·法威尔的图片，写明了他对杂志直言不讳地批判，滑稽地描述了他在"第一次"品酒后与自己的母亲在户外厕所的乱伦行为。文末有一个简短的免责声明，指出这则广告只是一种嘲弄，纯属虚构。法威尔以诽谤和故意精神伤害为由，对《好色客》杂志和弗林特提起诉讼。

1984 年，法威尔在出庭作证时否认了杂志对自己进行滑稽模仿的过程中，列出的所有行为和语言。弗林特则表示，牧师本身是遵守礼节的典范，杂志模仿法威尔，说他和自己的母亲有乱伦关系，这明显就是荒诞滑稽的笑点，只能被视为一种恶搞，因而不构成起诉书中所称的诽谤。弗林特还表示，如果他是想故意中伤法威尔的话，那么他应该撰写一些具有可信度的内容。在审判结束时，法官对陪审团发出指示：对于故意精神伤害是否能成立，法威尔只需要证明弗林特有造成痛苦的主观故意，以及弗林特所实施的行为"已经超出了公认的得体界限"。

判决中，陪审团否决了对诽谤的指控，认为杂志中的滑稽模仿无法构成事头上的指控。但陪审团支持了法威尔对故意精神伤害的诉求，判决其获得精神损害赔偿。弗林特最终将案件上诉至联邦最高法院，联邦最高法院通过一致性裁决，推翻了原审判决，主张弗林特的滑稽模仿属于第一修正案保护的范围，因而不能以此为基础主张故意伤害赔偿。首席大法官伦奎斯特解释说，迈入公众平台的代价，包括将自己暴露在批评之中。与讽刺政治的漫画家相比，《好色客》杂志对公众人物的滑稽模仿应当获得第一修正案的同等保护。■

1984 年

时间转移与合理使用

索尼诉环球电影制片公司案（*Sony v. Universal City Studios，Inc.*）
杰拉尔德·福特（Gerald Ford，1913—2006）
哈珀与罗出版公司诉《国家》杂志案（*Harper & Row，Publishers，Inc. v. Nation Enterprises*）

美国第一部版权法（1790 年），《伯尔尼公约》（1878 年），《版权法》（1976年），版权的扩张（2001 年），谷歌图书与合理使用（2010 年）

1984 年

对于许多人而言，现代影像技术的一大乐趣就在于能够录制节目供后来观赏，或者在观看另一个节目时，可以保存当前录制的节目。今天的数字录放机让二者皆成为可能。这种录制技术被称为"时间转移"（time-shifting），这个词是一项知识产权合理使用的关键性判决中的核心部分。

1976 年，索尼公司推出了磁带录像机，成功地成为首台家庭数字录放机。这一设备重 40磅，售价 1295 美元，索尼公司在当年便卖出 3 万台。但是磁带录像机不仅仅具有录制功能，它还能够进行预定录制。对此，索尼公司在市场宣传广告中称："任何时候，想看什么，就看什么"以及"索尼磁带录像机，让时间不会擦肩而过。"很快，这项技术就因为侵犯知识产权被众人起诉至加利福尼亚州法院。在 1984 年的上诉审中，联邦最高法院选择站在索尼公司一边，认为时间转移技术构成了合理使用，属于知识产权法所规定的特殊免责情形。

索尼公司在联邦最高法院的胜诉——有人将其称为电子时代的大宪章——为新生的磁带预录制技术成长为一种产业开辟了道路，这一产业的年收入超过 200 亿美元。

次年，联邦最高法院在一个更为传统的知识产权诉讼中，驳回了一项合理使用的抗辩，该诉讼涉及总统杰拉尔德·福特（Gerald Ford）的回忆录：《治愈的时代》（*A Time to Heal*）。哈珀与罗出版公司与《时代》杂志签订合同，约定在这本书正式出版前，后者可以在刊载的一篇文章里摘录书中的部分内容，用来突出福特赦免尼克松总统的细节。但是在这篇文章发表前，《国家》杂志秘密获取了福特的手稿复制件，并就此刊登了一篇文章，其中大约有 300 个单词是直接来源于福特的手稿。联邦最高法院认为，《国家》杂志刊登这篇文章已经远远超过了合理使用的范围，即便公众对其中涉及的话题非常感兴趣。在判决说理的过程中，法院认为，尽管《国家》杂志盗用的内容"微乎其微"，但内容的重要性远远超过其数量，哈珀与罗出版公司通过《时代》杂志首次发表相关内容的合同核心权利，已经被完全剥夺了。■

汤姆斯河水污染案

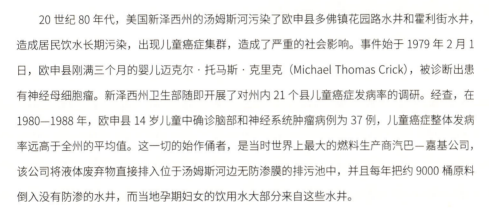

如今的汤姆斯河又恢复了往日的清澈。

20 世纪 80 年代，美国新泽西州的汤姆斯河污染了欧申县多佛镇花园路水井和霍利街水井，造成居民饮水长期污染，出现儿童癌症集群，造成了严重的社会影响。事件始于 1979 年 2 月 1 日，欧申县刚满三个月的婴儿迈克尔·托马斯·克里克（Michael Thomas Crick），被诊断出患有神经母细胞瘤。新泽西州卫生部随即开展了对州内 21 个县儿童癌症发病率的调研。经查，在 1980—1988 年，欧申县 14 岁儿童中确诊脑部和神经系统肿瘤病例为 37 例，儿童癌症整体发病率远高于全州的平均值。这一切的始作俑者，是当时世界上最大的燃料生产商汽巴—嘉基公司，该公司将液体废弃物直接排入位于汤姆斯河边无防渗膜的排污池中，并且每年把约 9000 桶原料倒入没有防渗的水井，而当地孕期妇女的饮用水大部分来自这些水井。

这一消息传出后，在全镇引起巨大恐慌。受害家庭逐渐把健康问题和化工厂排污联系起来，他们在环保组织的协助下，将汽巴—嘉基公司告上法庭。1985 年 10 月 24 日，大陪审团上交了起诉书，认为汽巴—嘉基公司和 3 名经理在长达十余年的实践中违反州和联邦环境法律，为掩盖罪行，经理们修改排污记录，欺骗州环保调查员。经过 6 年的控告，1992 年，汽巴—嘉基公司承认了非法倾倒危险液体和其他违禁废弃物的事实，缴纳了 900 万美元刑事与民事赔偿款，并与州政府和解，向当地环境工程捐赠 250 万美元。此外，根据法庭文件，该公司必须向受害人员支付经济补偿和治疗费用共计约 4000 万美元，为自己的错误行为买单。

这一事件推动了美国环境污染案件的诉讼规范化进程，完善了对环境污染案件从风险评估、风险预防到治理和规划等每个阶段的评估体系。同时，也反映出对环境污染和癌症等特定疾病患病率之间因果关系进行科学论证，一直以来都困难重重。但无论如何，这些都不会阻碍人们通过这起事件提高环境保护意识。汤姆斯河赶走化工厂后，多年来，人们一直在努力治理环境污染。■

1985 年

在负责选任会自觉履行陪审职责的陪审员和有义务不以歧视性的方式，利用无因回避罢免陪审员二者之间，律师必须进行平衡。

在州法院获得律师辩护的权利（1963 年），米兰达警告（1996 年）

1986 年

获得陪审团审判的权利可以追溯至 12 世纪的英国，但要让这项权利真正得到实现的话，陪审团成员的组成——全体候选陪审员名单——以及陪审员的挑选就必须是公平的。无因回避（peremptory challenges）是当事人对某一个特定陪审员席位提出异议，且不需要任何理由或解释的法律制度，它从殖民时代开始，便是陪审员挑选程序中的其中一环。通过这种方式，被告人由无偏见陪审团审判的权利得到保障。但是，随着时间的推移，原被告双方都有权提出无因回避，这种做法一直持续至今。

1879 年，联邦最高法院首次通过判决认定，从候选陪审员名单中系统性地排除少数族裔的做法，违反了被告人依据第十四修正案享有的平等保护权。但是，检察官利用无因回避，在刑事陪审团中排除黑人的现象变得越来越明显。直到 1965 年的斯温诉亚拉巴马州案中，联邦最高法院才惩罚了陪审团选任过程中利用无因回避排除所有黑人陪审员的做法。但是，只有对黑人陪审员进行系统性和反复性排除的做法，才能被认定是违反了宪法。

由于斯温案的判决给成功要求陪审员回避设置了一个几乎无法逾越的障碍，因此遭到了众多批评。美国联邦上诉法庭法官西奥多·麦克米兰（Theodore McMillian）将这个案件称作是接下来 20 年的时间里，"联邦最高法院被批判最多的其中一个判决"。意识到这些批判后，联邦最高法院在巴特森诉肯塔基州案中，重新对无因回避的使用展开讨论，从根本上推翻了斯温案的判决，同时，为保障陪审员选任中的回避公正设立了新的标准。

巴特森案为判断无因回避是否具有歧视性，设定了一个三部曲判断标准。当被告人根据初步印象（prima facie）质疑陪审员因种族被罢免时，控方便负有举证责任，要证明其申请该陪审员回避并非出于种族偏见。然后由审判庭来决定，是否存在着故意歧视的情形。联邦最高法院持续扩大巴特森案的适用范围，将其他保障性群体（性别和种族划分）也纳入其中，并将其约束力扩展至控辩双方和民事诉讼中的所有当事人。■

DNA 首次作为证据使用

亚力克·杰弗里斯（Alec Jeffreys，1950— ）

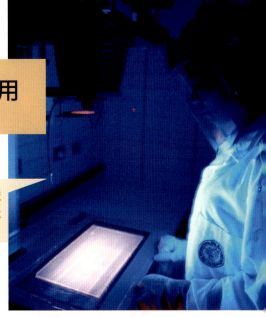

图为来自国际水稻研究所的研究员埃德娜·阿达莱斯（Edna Ardales），正在用紫外线灯查看基因序列。

米兰达警告（1966 年），干细胞与克隆立法（1995 年）

在 1991 年一篇关于将人类基因技术应用到法医 DNA 检测领域的论文中，遗传学专家理查德·莱温丁（Richard Lewontin）和丹尼尔·哈特尔（Daniel Hartl）写道："从适当的结果和正确的解释来看，DNA 分型可能是自 19 世纪末指纹技术发展以来，法医学领域最强劲的创新技术。"

从 20 世纪 50 年代 DNA 被准确发现以来，科学家们一直在对这项技术进行研究，但它在法律领域的首次成功运用是在 1986 年。前一年，即 1985 年，英国遗传学者亚力克·杰弗里斯发现每个机体都有着自己独一无二的 DNA 序列。用他自己的话来讲，他"无意中解决了人类遗传学上的另一个重大问题，即在法医学研究中进行生物学鉴定以及确定家庭关系"。在被他称为第一个"DNA 指纹图谱"的研究结果问世后，杰弗里斯将这项技术用于解决亲子关系纠纷，随后"在 1986 年的恩德比谋杀案中进行了第一次法医学调查"，在他看来，这"推动了 DNA 技术……在全世界犯罪侦查中的应用"。

1988 年，DNA 证据首次出现在美国上诉法院的审理中，当时佛罗里达地区上诉法院采纳了 DNA 证据，认定被告人的性暴力罪成立。1990 年 7 月，国会技术评估办公室的报告显示，法医学 DNA 检测与分析自 1986 年首次引入美国刑事诉讼程序以来，在 38 个州和军队中至少已经有 185 个案件将 DNA 作为证据使用。到 1997 年时，DNA 证据完全被所有的州和所有的联邦法院系统所接受。

在刑事司法系统中使用 DNA 技术，具有双重意义。首先，在对定罪具有强劲说服力的科学证据的帮助下，检察官能够准确地确定或排除嫌疑人。其次，它为澄清错误的判决提供了可能。根据致力于洗刷冤屈的组织——"无辜者计划"（Innocence Project）在 2014 年 12 月的报告，美国已经有 325 起被定罪后借助 DNA 证据获得免责的案件。其中涉及的 325 个无辜者，在监狱中服刑的年限加起来已经超过了四千一百五十年。■

1986 年

怀孕歧视

加利福尼亚联邦储蓄贷款协会诉茱拉案
(California Federal Savings & Loan Association v. Guerra)

联邦最高法院对加利福尼亚联邦储蓄贷款协会诉茱拉案作出的判决，打消了职场女性的顾虑，让她们不用担心自己会因怀孕而对就业产生不利影响。

1964年《民权法案》（1964年），就业歧视（1971年），《公平就业机会法》（1972年），《平等权利修正案》（1972年），《美国残障人士法》（1990年）

1987年

当加利福尼亚州联邦储蓄贷款协会的一名接待员——莉莲·嘉兰（Lillian Garland）怀孕后，她开始训练新人，因为她相信这个新人只是暂时顶替自己的位置，她也打算一生完孩子就回来工作。在八周的无薪假期后，嘉兰告知储蓄贷款协会她准备回来继续工作。储蓄贷款协会答复她，他们已经找人填上了嘉兰的职位空缺，已经没有类似的工作可供其复职。

嘉兰随即向加利福尼亚州公平就业与住房部提出申诉，宣称加利福尼亚州联邦储蓄贷款协会的做法违反了加利福尼亚州《公平就业与住房法》（Fair Employment and Housing）。该法禁止歧视怀孕的劳动者，同时要求给孕期结束的雇员恢复职位。

对此，加利福尼亚州联邦储蓄贷款协会以马克·茱拉（Mark Guerra）为被告向联邦法院提起诉讼，茱拉是加利福尼亚州公平就业与住房部的主管。储蓄贷款协会主张1964年《民权法案》第7条（1978年《怀孕歧视法案》（Pregnancy Discrimination Act）对该条进行了修正，将基于怀孕原因歧视雇员的行为认定为违法）的适用效力"优于"州层面的立法，特别是在后者与前者产生冲突的时候。强制为产假结束的女性员工复职，会因为歧视男性员工而违反1964年《民权法案》第7条的规定，因为法律并未要求要为因病假或者伤残原因等其他形式离职的男员工复职。

联邦地区法院支持了加利福尼亚州联邦储蓄贷款协会的诉求，认定在宪法至上的原则下，应优先适用联邦层面的法律规定，并据此宣布与之相冲突的州立法无效。但是联邦最高法院驳回了这一判决理由。联邦最高法院认为，加利福尼亚州的州立法和《民权法案》第7条之间并不存在冲突，指出二者"有着共同的目标……'追求平等的就业机会，铲除过去用于歧视劳动者的障碍'"。

在支持加利福尼亚州立法的可行性时，联邦最高法院还强调，女性不必在家庭和工作之间左右为难。这一判决也首次向人们展示了，如何将《怀孕歧视法》的保护用作利剑，而不仅仅是避风港。■

图为参议院对大法官提名进行审查期间，罗伯特·波克在白宫简报室答记者问。

提名罗伯特·波克进入联邦最高法院

刘易斯·鲍威尔（Lewis F. Powell Jr., 1907—1998）
罗纳德·里根（Ronald Reagan, 1911—2004）
罗伯特·波克（Robert Bork, 1927—2012）

《司法条例》（1789 年），司法审查权（1803 年），批准任命克拉伦斯·托马斯（1991 年）

1789—1986 年，参议院共批准了总统对联邦最高法院的 109 项提名，否决了 11 名候选人。有 15 项提名，要么被撤回，要么未付诸审查。但是，在参议院否决罗纳德·里根总统对罗伯特·波克的提名后，这一程序的基调便永远被改变了。

1981 年 8 月，里根总统提名桑德拉·戴·奥康纳（Sandra Day O'Connor）出任联邦最高法院大法官，让她成为联邦最高法院历史上首位女性大法官，这一历史性的任命有助于推动法院的多元化。五年后，参议院通过一致决议，批准波克担任联邦上诉法庭法官。但是，当法官刘易斯·鲍威尔，这位温和的中间派在 1987 年 6 月宣布退休后，里根总统便掌握了被《纽约时报》（New York Times）称为"一个改变联邦最高法院未来格局的历史性机会"。里根选择了波克，他是前美国联邦副检察长、耶鲁大学教授，也是一位公认的保守主义者。

"司法部门许多资深人士认为，让波克出任联邦最高法院大法官，是继 1939 年罗斯福总统选择弗利克斯·法兰克福特（Felix Frankfurter）后，最明智的决定"，联邦最高法院研究者亨利·J. 亚伯拉罕（Henry J. Abraham）如此写道，但个人智力并非首要考虑因素。相反，选任审查程序在开始后不到一小时内，便演化为党派政治。波克被记录在册的个人情况（包括个人经历和政治主张）对自由派利益集团而言，不仅是冒犯，更是一种威胁。他们随即掀起了一场前所未有的运动，意图抹黑波克。

1992 年，美国联邦上诉法院法官罗杰·J. 米纳（Roger J. Miner）对波克进行描述，认为他可能是"最后一个坦白正直的人。对于向他提出的所有问题，波克都坦诚、直接、没有丝毫狡诈并且理智地进行了回答"。结果是，波克的提名以 58∶42 的票数被否决。正如米纳指出的那样，波克"准确地预见到，对问题进行直接回答将永远不会是常态"。自此之后，没有人想被"点名"（borked），这是一个新词汇，意思是被诽谤或者被污蔑，特别是在媒体想要阻止某项公共机构的任命时使用。《纽约时报》在波克的讣告中，认为这次对提名的否决是"一场历史性的政治斗争，其影响至今仍未消磨"。■

1987 年

代孕母亲

代孕婴儿梅丽莎案（*In the Matter of Baby M*）

1988年，新泽西州高等法院作出判决，认定在孩子出生前，女性让渡其作为自然母亲权利的行为是无效的，并且以金钱为交换，企图实现这种目的的行为也是违法的。

 罗伊诉韦德案（1973年），怀孕歧视（1987年）

1988年

　　1986年初，报纸上到处都在报道一起不寻常的监护权争夺案件，涉案一方是一对已婚夫妻，另一方是同意为这对夫妇代孕孩子的妇女。该案发生在代孕母亲现象刚刚兴起之时，产生了第一个解决代孕问题的重大上诉审判决。

　　威廉·斯特恩（William Stern）和伊丽莎白·斯特恩（Elizabeth Stern）是一对40多岁的已婚夫妻，他们想要组建一个完整的家庭，但是担心怀孕会对伊丽莎白的身体造成不良影响。鉴于收养孩子程序冗长烦琐，他们决定寻求代孕技术的帮助。通过纽约不孕症中心，斯特恩夫妇遇见了玛丽·贝斯·怀特赫德（Mary Beth Whitehead），怀特赫德同意用威廉的精子通过人工授精技术让自己怀孕，条件是夫妇二人要支付1万美元。代孕协议中明确规定，玛丽要把孩子生下来，交给斯特恩夫妇，然后履行相关手续来结束她作为生母的权利。

　　孩子出生后，怀特赫德拒绝放弃监护权。斯特恩夫妇提起诉讼，请求法院判定怀特赫德履行合同。初审法院支持了斯特恩夫妇的诉讼请求，赋予他们对孩子的监护权，理由是：当怀特赫德同意签订合同时，便放弃了她作为生母的权利。法院结束了她对孩子的亲权，允许斯特恩夫妇立即抚养孩子。

　　然而，新泽西州高等法院推翻了这一判决，认为案件中的代孕合同不具备强制执行力，因为它违反了新泽西州现有法律中对收养的规定。判决中，高等法院认定，女性在孩子出生前就让渡其作为自然母亲的权利，这是无效的，并且以金钱为交换，企图实现这种目的的行为也是违法。但是，法院将斯特恩先生和怀特赫德女士确定为孩子法律意义上的父母，将监护权归属斯特恩夫妇，而怀特赫德女士享有探视权。

　　在宣布所有涉及金钱交易的代孕协议均为无效的同时，法院给未来类似案件的审理确立了一项标准：判定监护权归属要以孩子的最大利益为导向。代孕婴儿梅丽莎案解决了一部分问题，但在今天，随着社会要继续正视并重新评估家庭的定义，以及调整家庭关系的法律，不断发展的生殖技术和方法将重塑各州对生殖和代孕问题进行规范的法律规定。■

213

允许女性进入私人俱乐部

纽约州俱乐部协会诉纽约市案（*New York State Club Association v. City of New York*）
拜伦·怀特（Byron White，1917—2002）

纽约市有大量的私人俱乐部，在传统上，这些俱乐部只接收男性会员。例如图中的耶鲁俱乐部。

 第十四修正案（1868 年），允许女性成为执业律师（1893 年），妇女的选举权（1919 年），
1964 年《民权法案》（1964 年），《平等权利修正案》（1972 年）

曾一度被认为不适合出门工作或者追求更高教育水平的女性，用她们的实际行动强有力地进行了反驳。尽管如此，在男性占据主导的领域，妇女们仍然面临着许多障碍。

1965 年，纽约市颁布了《人权法》（*Human Rights Law*），其中禁止在公共场所进行歧视，除非该场所具有"明显的私人特征"（distinctly private），例如私人男子俱乐部。1984 年，纽约市议会对该项立法进行修改，理由是立法机关发现，允许女性进入这些俱乐部对她们的就业机会而言，至关重要。纽约市地方法律第 63 条将人权法规定的禁止歧视的场所，延伸至超过 400 名会员的俱乐部，这些俱乐部提供定期用餐服务，并且经常从使用俱乐部或者其设施以"促进贸易和生意往来"的非会员手中收取费用。满足这些条件的任何俱乐部都不符合"明显的私人特征"要求，因此也属于法律规定的禁止产生歧视的场所。有些人觉得这种做法很讽刺：俱乐部越是排外，其明显的私人特征就越是明显，因此完全有理由被排除在反歧视法的适用对象之外。

纽约州俱乐部协会很快向州法院提起诉讼，声称纽约地方法律第 63 条的规定侵犯了第一修正案赋予他们的结社自由权。初审法院和两级上诉法院均站在地方立法一边，认为法律消除或预防歧视的重要性大过任何个人的结社权。

在一致性裁决中，联邦最高法院确认了下级法院的判决，支持纽约市地方法律第 63 条的合宪性。在解释这一法律规定为什么没有侵犯社团表达自由时，大法官拜伦·怀特为代表的多数意见认为，"该法只是利用一个更加合法的标准……去防止一个社团基于种族、性别和其他特殊的简易因素选择其会员"。在消除对女性的其他歧视方面，联邦最高法院的这一判决被奉若标杆。■

1988 年

图为 1989 年 8 月 28 日，逃税者、著名的"吝啬女王"走出纽约联邦法院。

 国会有权征收所得税（1909 年），
O.J. 辛普森谋杀案审判（1995 年）

1989 年

在决定起诉何种案件和被告人的问题上，检察官享有广泛的自由裁量权。只有当起诉的提出是基于种族、宗教或其他任意武断的分类，或者是检察官的报复行为时，这种裁量权才会受到限制。但是，检察官能够自由地决定追究一些违法者的责任，同时也可以选择不起诉其他人。至今，我们仍然不是很清楚，在 1988 年 4 月，为什么联邦和州检察官都要对哈里（Harry）和利昂娜·赫尔姆斯利提出逃税的指控，但是他们确实是进行了起诉，并带来了巨大影响。

利昂娜是有名的房产大亨，她坐拥了其丈夫房产帝国中的 26 家酒店。在纽约市，她的名字几乎是家喻户晓，她的形象会常常出现在电视上和酒店的宣传广告中。在铺天盖地的广告中，利昂娜获得了巨大的成功，但她也落下了不太好的个人声誉。由于她为人处世的傲慢和苛刻，人送外号"吝啬女王"（Queen of Mean）。

检方对她提起诉讼，理由是她将花在自己位于康涅狄格州房地产的费用归入其企业经营开支。从 1983 年至 1986 年，共计逃税 170 万美元，这对于她同时期已经缴纳的 2.7 亿美元税金而言，只是很小的一部分。

利昂娜的丈夫因病无法出庭。1989 年 8 月，在历经被媒体大肆宣传的六周审判后，利昂娜·赫尔姆斯利被判决 30 项指控罪名成立。审理过程其中一项令人印象深刻的证据，是证人证言指出，赫尔姆斯利曾说过"只有小人物才纳税"。最终，她被判处四年有期徒刑，并处罚金 700 多万美元。在宣判时，审理法官宣称，"我相信今天的审判结果会十分清楚的说明，不管是多么富有，多么有名望，没有人能够凌驾于法律之上"。上诉法院维持了该判决，赫尔姆斯利从 1992 年 4 月 15 日起，即美国的纳税日，开始服刑。■

第一部同性婚姻法

图为 2012 年伦敦"同性恋自豪大游行"中支持同性婚姻合法化的海报标语。据估计，有 25000 人参加了这次游行活动。

 跨种族通婚（1967 年）

1989 年

婚姻制度作为双方的民事结合而普遍存在，全世界不同文化和法律体系中都有婚姻的身影。同时，婚姻制度也是一种古代遗产，存在于为人们知晓的所有过往社会中。但与之并存的，还有一个广泛的争议，即婚姻制度是否应当适用于同性配偶。

1984 年，丹麦政府委任了一项研究与报告，目的是消除对男女同性恋人的歧视。在丹麦议会的立法过程中，其规定，在官方登记机构登记其关系的男女同性恋人，享有与异性登记伴侣同等的权利。然而，法律中明确禁止这些登记结婚的同性伴侣收养小孩，或是在丹麦的教堂举办婚礼。

1989 年，丹麦颁布了具有开创性的《登记伴侣关系法》（*Registered Partnership Act*），在认可同性婚姻的问题上迈出了最重要的一步，成为世界媒体关注的焦点。同时，它也为后续制定类似法律的许多国家提供了参考样本。剩下的北欧国家，包括挪威、瑞典、冰岛和芬兰在内的每一个国家，都颁布了同样的登记伴侣关系法，其他欧洲国家也纷纷效仿：荷兰在 1998 年立法，法国的立法是 1999 年，德国则是 2001 年。

1999 年，丹麦废除了禁止同性伴侣收养小孩的规定。次年，荷兰成为世界上首个允许同性伴侣结婚的国家，其批准同性结婚而非在国内登记为伴侣关系，这一规定于 2001 年 4 月生效。2001 年 4 月 1 日午夜刚过，时任阿姆斯特丹市的市长乔布·柯恩（Job Cohen）在市政厅为四对同性恋者主持了婚礼：海林·法森（Helene Faasen）和安妮玛丽·瑟丝（Anne-Marie Thus）；多夫·帕斯卡（Dolf Pasker）和吉尔特·卡斯特（Gert Kasteel）；汤·杰森（Ton Jansen）和路易斯·罗格曼斯（Louis Rogmans）；弗兰克·韦塔布鲁克（Frank Wittebrood）和彼得·莱姆克（Peter Lemke）。两年后，比利时通过了同样的立法规定。2005 年，西班牙、加拿大和南非也效仿了这一做法，挪威和瑞典则分别在 2008 年和 2009 年出台类似法律。

然而，这些法律的出台并不是一蹴而就的。其中的每一项立法都源于多年的努力，和争取男女同性恋者权利的渐进式发展。尽管这三十年来已经取得了相当大的进步，但同性婚姻仍然没有普及，因为它牵涉法律和宗教间的复杂关系。■

图为 1990 年 7 月 26 日，乔治·H. W. 布什（George H. W. Bush）在白宫的南草坪上，将《美国残障人士法》正式签署为法律。

平等保护权（1886 年），1964 年《民权法案》（1964 年），PGA 巡回赛中使用高尔夫球车（2001 年）

1990 年

美国是一个根植于自由、平等和包容信仰的国家。这些价值理念是《独立宣言》（Declaration of Independence）的核心——"人人生而平等"——也是《效忠宣誓》（Pledge of Allegiance）中的重要内容——"人人享有自由和正义的权利"。美国许多具有划时代意义的立法最终都是源于这些核心原则。其中一个典型代表便是《美国残障人士法》（Americans With Disabilities Act，ADA），它被来自残疾人权利教育保护基金会的阿林·梅耶森称颂为"历史上颁布的最广泛的残疾人民权立法，也是自 1964 年《民权法案》问世以来，最重要的民权立法"。

整体上，《美国残障人士法》向残疾人士提供了与 1964 年《民权法案》相同的保护，将基于种族、肤色、性别、宗教或民族原因产生的歧视行为认定为非法。同时，《美国残障人士法》也禁止在公共场所，即在旅馆、餐厅、商店、学校、办公场所等类似地方设置物理或建筑物的障碍，反对就业歧视。

《美国残障人士法》在适用过程中面临的最大挑战便是适用对象的问题。对此，法律条文中规定得十分详细，但是在司法实践中却产生了重大混乱。一开始，法律保护只保护"被确定为残疾的个人"。逐渐地，残障人士的定义变为在实际上或是在感觉上存在着身体或精神缺陷，会对一项或者多项主要生活行为，例如听、看、站立、行走或交流，产生实质性限制。在就业背景下，符合法律规定的残障人士是指那些在合理条件下——修改政策、实践操作和程序；移除障碍；使用辅助器具和服务——能够履行工作的基本职能的人。一般而言，除非会产生无法预估的巨大困难，否则雇主都有义务提供这些合理条件。

毋庸置疑，《美国残障人士法》所追求的目标是高尚的，也给成千上万人的生活带来了积极影响，但它仍然是一部争议不止的法律，并且是司法案件的一个重要来源。2008 年，国会对《美国残障人士法》进行修正，以此来推翻联邦最高法院所作出的一系列判决。在国会看来，这些判决都是错误的，因为对于构成残疾的具体要件，法院的理解过于狭隘。■

种族隔离的终结

雷德里克·威廉·德克勒克（F. W. de Klerk, 1936—　）
纳尔逊·曼德拉（Nelson Mandela, 1918—2013）

图为 1990 年 2 月，在南非国民大会的一次集会上，南非索韦托城欢腾的居民正在等待最近被释放的纳尔逊·曼德拉讲话。

 布朗诉教育委员会案（1954 年），审判纳尔逊·曼德拉（1963 年），法院的强制性校车计划（1971 年），南非宪法（1996 年）

1652 年，当扬·范·里贝克（Jan van Riebeeck）在今天的开普敦，为荷兰东印度公司建立起一个休息与补给站后，荷兰设立了第一个欧洲殖民地，也就是现今的南非。当时的南非还是一个种族隔离较为松散的社会。但是到 20 世纪 40 年代中期，南非白人（荷兰人后裔）开始利用种族隔离的意识形态来表示和强化黑人与白人之间的隔离。

1948 年，在一场势均力敌的选举后，南非白人主导的国民党上台，其立即通过立法将种族隔离正式纳入种族法的规定，很快就让南非民众生活的方方面面发生了巨大变化。1950 年的《种族区域法》（Group Areas Act）将不同种族的居住区和商业区划分开来，同时，1954 年和 1955 年的《土地法》（Land Acts）将全国超过 80% 的土地都划拨给白种人。南非国民党也加强了现有的"通行证"规定，要求黑人在种族限制区域活动时要携带旅行证件。

20 世纪 70 年代和 80 年代，国际组织纷纷谴责南非的种族隔离制度，声讨南非国民党想要强化种族隔离规定的无耻企图。在 1984 年和 1985 年，数十家美国公司退出南非，同时，南非政府获得的贷款也一度停止。1986 年，美国对南非实施了经济制裁，包括禁止投资和进口。国内民众反对种族隔离的呼声日益高涨，迫使 P.W. 波塔（P. W. Botha）于 1989 年辞去总统职务。

波塔行政内阁成员、对种族歧视持批评立场的雷德里克·威廉·德克勒克顶替了波塔的职位，并于 1990 年做出一项震惊世界之举：解除对南非国民大会和其他反对党的禁令。一周后，他下令释放纳尔逊·曼德拉，让曼德拉结束了二十七年的政治牢狱。几年之内，德克勒克消除了种族隔离在法律中的最后残余。1994 年，南非实行普选，选出了一个黑人占据主导的政府，也让纳尔逊·曼德拉成为南非第一位黑人总统。■

1990 年

批准任命克拉伦斯·托马斯

克拉伦斯·托马斯（Clarence Thomas, 1948—　）
安妮塔·希尔（Anita Hill, 1956—　）

图为美国联邦最高法院助理大法官克拉伦斯·托马斯的官方肖像，摄于2007年9月24日。

《司法条例》（1789 年），提名罗伯特·波克进入联邦最高法院（1987 年）

1991 年

　　1989—1991 年，美国参议院司法委员会一共对五位联邦最高法院大法官的候选人提名，举行了确认听证会。这五位候选人分别是：罗伯特·波克（Robert Bork）、道格拉斯·金斯伯格（Douglas Ginsburg）、安东尼·肯尼迪（Anthony Kennedy）、戴维·苏特（David Souter）和克拉伦斯·托马斯（Clarence Thomas）。参议院否决了波克的提名。金斯伯格的提名被撤回，因为他承认自己在作为一名法学生和教授期间，吸食大麻。肯尼迪和苏特二人在总体上比较平静的听证会后，顺利任命。托马斯的提名也获得认可，但他的听证会却引起了轩然大波。

　　经过 9 天的听证会，就在参议院最后投票前的两天，曝光出一则新闻：安妮塔·希尔指控托马斯曾对她进行性骚扰。希尔是一名法学教授，也是托马斯在平等就业机会委员会担任主席时的同事。对此司法委员会又举行了三天的听证会，法学教授金·泰勒（Kim A. Taylor）认为，这场额外的听证就像是"一场马戏团的杂耍"（a circus sideshow），也许是联邦最高法院大法官提名确认中最受关注的一次听证会。据通信专家戴安·卢辛斯基（Dianne Rucinski）估计，大约有 2700 万美国家庭通过有线电视、网络电视和收音机关注了这次听证会。

　　在"他说和她说"的证词中，听证会持续了整整三天的党派政治斗争。托马斯自身将其称为"一场国家的耻辱。在我一个黑裔美国人看来，这对于不管怎样都在屈尊为其考虑、为其做事的骄傲黑人而言，简直就是一场高科技的私刑"。最后，参议院以 20 世纪最接近的票数——52 : 48 通过了对托马斯的提名。

　　随着国民意识的增强，性骚扰逐渐成为一个备受争议的话题，激发了人们的行动。根据研究联邦最高法院的学者亨利·亚伯拉罕（Henry J. Abraham）的观察，"在 1992 年的选举中，许多妇女把她们所称的，司法委员会对安妮塔·希尔的冷漠对待作为一个主要的竞选议题……当政治烟雾弹散去后，又有四名女性加入了参议院"。政治传播学专家戴安·比斯特罗姆也指出，在接下来的几年里，向平等就业机会委员会提出的性骚扰调查和指控的数量创下了新纪录。■

审判曼纽尔·诺列加

曼纽尔·诺列加（Manuel Noriega，1934—　）

图为 1990 年 1 月 3 日在巴拿马，诺列加投降后，两名美国缉毒人员将其送上一架美国空军的飞机。

 《日内瓦公约》（1864 年），纽伦堡审判（1945 年），《反诈骗影响和腐败组织法》（1970 年），国际刑事法庭（2002 年）

曼纽尔·诺列加上台掌权始于 1968 年，他参加了一场让奥马尔·托里霍斯（Omar Torrijos）当上巴拿马领导人的政变。1981 年，诺列加担任巴拿马国民警卫队的司令，随后，他将国民警卫队改组为国防军，并任命自己为总司令。托里霍斯在空难中丧生后，诺列加自己统治了巴拿马。整个 20 世纪 80 年代，美国与诺列加密切合作，阻止哥伦比亚可卡因流入美国，但在 1989 年，诺列加涉嫌为哥伦比亚贩毒集团洗钱。

1989 年 12 月 20 日，在联邦大陪审团以敲诈勒索罪、毒品走私罪和洗钱罪起诉诺列加后，25000 名美国士兵入侵巴拿马，展开了被称为历史上最昂贵和最致命的逮捕行动。不到两周，诺列加便缴械投降——严格来讲，应当算作战俘——然后被带往迈阿密接受审判。

美国政府提出了 20 多名证人——这些证人都因毒品犯罪被判刑，其中许多人站出来作证是为了换取更为轻缓的刑罚——为指证诺列加牵扯哥伦比亚贩毒集团提供了压倒性证据。审判于 1992 年 4 月结束。这是美国首次在美国法院，对一个国家的前任领导人提出刑事指控。陪审团认定诺列加的十项罪名中，有八项为有罪。他被判处四十年有期徒刑。

1997 年，彼得·艾斯纳（Peter Eisner）与这位被罢黜的总司令合作，撰写了《美国囚徒：曼纽尔·诺列加回忆录》（America's Prisoner: The Memoirs of Manuel Noriega）一书。艾斯纳是一名记者，也是一名编辑，他已经对拉丁美洲进行了多年的报道。艾斯纳在这本书前沿部分的第一句中写道："20 世纪，很少有人能够像曼纽尔·安东尼奥·诺列加这样，遭受如此重大的污蔑。"

经减刑，这位前巴拿马领导人于 2007 年 9 月被释放，但他只能被引渡到法国，在那里，他已经被缺席判决犯有洗钱罪。随后，法国同意将诺列加引渡回巴拿马，理由是他因谋杀政治对手也被进行了缺席审判。2011 年 12 月，诺列加从法国返回巴拿马，继续服完他三项 20 年有期徒刑的剩余刑期。■

1991 年

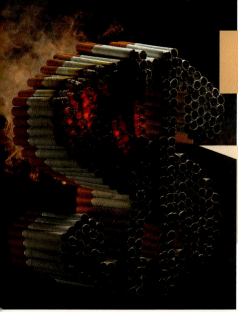

图为高级飞行员内森·利普斯科姆（Nathan Lipscomb）所绘制的《烟雾缭绕》。据美国国防部估计，对于因吸烟带来的疾病保健和生产力下降，其每年要花费约 8.75 亿美元。

 禁止非法麻醉品（1915 年），禁酒令（1918 年），公共卫生和烟草（1970 年），大麻的合法化（1996 年）

1992 年

1866 年，《美国烟草杂志》（*United States Tobacco Journal*）发文称，吸烟"是现今社会的一项恶劣的、最具自杀性的习惯"。从 20 世纪 50 年代中期开始，烟草公司屡屡成为被告，但屡屡获得胜诉。原告们都知道吸烟有害健康，但是他们还是选择抽烟。"人人"都知道身体健康会受损，因此，除了吸烟者本人以外，还有谁能对他们遭受的损害负责？

1984 年开始，诉讼情况发生了改变。新泽西州一个联邦法院没有驳回罗丝·西伯隆（Rose Cipollone）对利格特集团提出的控告，利格特集团是切斯特菲尔德香烟和 L&M 香烟的生产商。西伯隆的医生最近诊断出她患有肺癌，并将其归结于她长达 40 年的吸烟史。林格特集团认为法院应当驳回西伯隆的起诉，理由是其已经遵守 1965 年《联邦香烟标记与广告法》（*Federal Cigarette Labeling and Advertising Act*）和 1969 年《公共卫生吸烟法》（*Public Health Cigarette Smoking Act*）的规定，按要求对吸烟有害健康进行了标示，同时，利格特集团认为，这些联邦法律取代了州立法中与吸烟有关的损害索赔规定。西伯隆于 1984 年死亡，四年后，陪审团作出对她家人有利的裁决，理由是该公司在 1966 年之前没有尽到对吸烟者的提醒义务。陪审团认定利格特集团应当（为西伯隆的死亡）承担 20% 的责任，并赔偿 40 万美元。这是原告起诉烟草公司承担因吸烟带来的损害赔偿责任，第一次获得胜诉的案件。

第三巡回上诉法庭撤销了该判决，并裁定发回重审，但美国联邦最高法院随后同意受理对该案的上诉。1992 年，联邦最高法院经判决认定，《公共卫生吸烟法》确实取代了一些州法律中，因没有尽到提醒义务而导致损害赔偿的规定。但法院同时也强调，联邦法律并没有替代州法律其他方面的规定，包括违反保证义务、虚假性陈述以及欺诈性隐瞒与健康有关的事实。

联邦最高法院的判决对于西伯隆的家人来说，可谓是喜忧参半。尽管他们对利格特集团提出了有效的诉讼请求，但该案需要进行重新审理。然而，长达十年的诉讼拉锯战已经让这个家庭疲惫不堪。他们选择放弃这个案件，而不是再经历一次痛苦的折磨。■

里约会议

图为 1992 年，在里约热内卢召开的地球峰会上，一个小男孩和地球行星手拉着手，这象征着人类未来的希望。

《国家环境政策法》（1970 年），《濒危物种法》（1973 年）

1992 年

1972 年，在斯德哥尔摩（Stockholm）召开了第一个全球环境峰会，即联合国人类环境会议，标志着全球环境问题开始获得政治性关注。环境法学者丹尼尔·博丹斯基（Daniel Bodansky）将斯德哥尔摩会议形容为"也许是出现国际环境法……最主要的催化剂"。

20 年后，包括来自 172 个政府的大使和 2400 名非政府组织代表在内的，前所未有的 35000 名参与者齐聚巴西里约热内卢，继续商讨斯德哥尔摩会议的未尽事宜。此次联合国环境与发展大会［也称"地球峰会"（Earth Summit）或"里约会议"（Rio Conference）］聚集了迄今为止最多的政府首脑。大会产生了《里约环境与发展宣言》（Rio Declaration on Environment and Development）《关于所有类型森林管理、养护和可持续开发全球共识的权威性原则声明》（Authoritative Statement of Principles for a Global Consensus on the Management, Conservation, and Sustainable Development of All Types of Forests），以及为实现会议目标制订具体行动计划的《21 世纪议程》（Agenda 21）。

里约会议产生的这三个文件被视为"软法"（soft law），因为它们不具备强制性法律约束力，但是许多国家至少都在象征性意义上纷纷承诺，会在追求经济发展的过程中考虑环境问题。同时，里约会议还诞生了两个具有法律约束力的公约：《生物多样性公约》（Convention on Biological Diversity），主要解决濒危物种问题；《气候变化框架公约》（Framework Convention on Climate Change），要求各国减少排放温室气体。此外，里约会议也为发达国家和发展中国家之间的交流对话搭建了平台。发展中国家反对那些可能会损害其经济发展的强制性环境措施，并且在某种程度上仍然抵触。

里约会议召开一年后，后来担任外交关系委员会国际事务研究员的丹尼尔·艾斯蒂写道："人们也许会想不起来里约会议产生了哪些文件，但是人们会记得它将环境问题作为全球性问题中的头等大事。"里约会议五年后，与会国家起草了《京都议定书》（Kyoto Protocol），作为减少温室气体排放的国际公约。截至目前，美国都拒绝批准该议定书。■

无辜者计划

图为一名无罪者在无辜者计划的帮助下，获得了法院的无罪判决。

1992 年

面对刑事错案的发生，美国大体上存在着两种救济途径：一种是官方救济，联邦法院和州法院一般都设立了申请重审动议的程序。无辜者被错误定罪后，可基于新证据向法院申请重审。另一种则是民间救济。由于法院对启动重审的要求非常高，且重审需要向原法院申请，因此重审动议一般很难被批准。这就使得美国的刑事错案救济机制呈现出浓重的民间化色彩，其中，以"无辜者计划"的贡献最大。

1992 年，巴里·C. 谢克（Barry C. Scheck）和皮特·J. 诺伊菲尔德（Peter J. Neufeld）在纽约创立了首个无辜者计划。其刚成立之时，并不是一个独立的机构，而是依附于纽约叶史瓦大学本杰明·卡多佐法学院。创始人巴里·谢克是卡多佐法学院教授，皮特·诺伊菲尔德也是卡多佐法学院的兼职教师，当时该计划中的其他律师也大多就职于法学院。无辜者计划自成立之初便是致力于通过 DNA 技术为被错误定罪的无辜者提供无偿的法律和调查服务，从而推翻有罪判决，为他们洗脱罪名。1994 年，美国通过《DNA 鉴定法案》（DNA Identification Act），授权联邦调查局成立国家DNA 数据库，收集犯罪人和犯罪现场的 DNA。随着 DNA 技术的发展，越来越多的刑事错案被发现，许多类似于无辜者计划的组织也相继成立。2002 年，有十个类似于无辜者计划的组织在芝加哥召开交流与合作会议，这次会议被认为是"无辜者计划网站"的首次会议。2004 年，为了让组织摆脱松散状态，"无辜者计划网站"专门成立了一个计划委员会，制定有关的成员标准和组织结构。该计划下设法规部、政策部、诉讼策略部和社会工作部四个主要部门。除了帮助无辜者洗清冤屈外，无辜者计划的成员们还致力于通过和国会、各州立法机构的沟通、交流，促进立法完善，改革司法系统运作机制。同时，帮助那些被释放的无辜者克服重重障碍，重新融入社会生活。

到目前为止，无辜者计划已经帮助 349 名无辜者摆脱冤狱，这些无辜者的平均服刑年限高达 14年。同时，无辜者计划的成员从美国扩展至世界各地，已有来自加拿大、澳大利亚、法国、英国等68 个组织加入该计划。这些成员既包括独立的非营利机构，也包括附属于各大法学院和教育机构、律师事务所的组织。■

欧盟成立

图为位于比利时布鲁塞尔的欧盟委员会大厦，该委员会被视为欧盟的核心。

《威斯特伐利亚合约》（1648 年），殖民主义与战后独立（1947 年），
欧盟与《巴黎条约》（1951 年），欧洲人权法院（1959 年）

1991 年的最后一周，《别洛韦日协定》（*Belavezha Accords*）的签署敲响了苏联解体的丧钟。两年后，曾经被冷战中两个超级大国左右挤压的欧洲国家，正式通过《马斯特里赫特条约》（*Maastricht Treaty*）组成欧盟（E.U.），借助经济和政治上的相互依存，建立一个长期追寻的欧洲统一体，实现渴望已久的稳定。

就像英国是一个联合王国一样，欧盟是一个超国家机构，在概念上被表述为三个支柱，用以支撑共同的机构运行框架。其一是指欧洲委员会（European Community）；其二象征的是共同的安全与外交政策；其三代表着国内事务与司法的协助，包括欧盟范围内与公民活动有关的任何问题。其中最重要的一个变化是，欧盟将欧元变为金融市场和交易活动中的共通货币，尽管欧盟和欧元区仍然是分离的领域，因为并非所有的欧盟国家都使用欧元。

《马斯特里赫特条约》第一条的规定明确了一个首要原则，将 28 个在欧盟形式下具有共同经济和社会政策的主权国家紧密联系起来："本条约标志着在欧洲人民之间建立一个更紧密联盟的进程进入了一个新阶段，联盟作出的一切决定都将尽可能地与公民紧密相连。"这些决定是通过设置发挥不同作用的不同机构来得到实现。这些机构的职能与美国政府行政、立法和司法分离的设置相类似。

欧盟理事会（European Council），由欧盟成员国各国的首脑组成，负责为欧盟制定一般性的政策方向，尽管其并不从事立法活动。欧洲委员会则从整体上代表了欧盟的利益，负责制定法律，然后由欧洲议会（European Parliament，其成员由欧盟公民直接选举产生）和代表成员国政府利益的欧洲理事会（也称部长会议，Council of Ministers）进行审议与表决。■

1993 年

热咖啡案

斯特拉·里贝克（Stella Liebeck, 1913—2004）
里贝克诉麦当劳餐厅案（*Liebeck v. McDonald's Restaurants*）

一杯泼洒的麦当劳热咖啡，意外地带来了一场有名的诉讼。虽然它被许多人误认为是无聊的诉讼，但它迫使企业对如何准备和标示产品进行重新审视。

 扩大消费者权益（1916 年），侵权法上的危险范围（1928 年），产品严格责任（1941 年），限制惩罚性赔偿（1996 年）

1994 年

只要流血，就能上头条。媒体常常喜欢捕捉灾祸与不幸。但即使是善意、公正的报道，对时间的描述也可能是不完整或不准确的。围绕着一杯泼洒的麦当劳咖啡，曾产生过一个声名狼藉的案件，这个案件很好地说明了媒体报道是如何左右公众的看法，误导公众的态度。

1992 年的一个早上，当 72 岁的斯特拉·里贝克在阿尔伯克基市（Albuquerque）一家麦当劳店里购买一杯咖啡的时候，她从来没想过会因此发生什么。随后，她坐在孙子停好的车里，将咖啡放在自己的双腿间。当她打开盖子时，滚烫的咖啡泼在了腿上，造成了皮肤的三级烫伤。

在医院待了一周后，里贝克接受了疼痛的植皮手术和康复治疗。她要求麦当劳餐厅赔偿其近 2 万美元的医疗费用。当麦当劳餐厅只同意支付 800 美元的赔偿后，里贝克将其告上法院，诉称麦当劳的咖啡存在危险性"缺陷"（defective），因为其贩卖时的温度高达 180 华氏度，远远高于行业标准。

经审判，人们发现麦当劳餐厅之前已经发生了 700 多起因咖啡造成伤害的报道。陪审团最后判定里贝克获得 16 万美元的损害性赔偿和 270 万美元的惩罚性赔偿。后来，审判法官将惩罚性赔偿的数额降低至 48 万美元。最终，当事人双方达成了一份秘密的庭外和解协议。

但是新闻界对此进行了嘲笑和批判，将案件改写成一位年长的妇女为赚钱而提起了一个无聊的诉讼。《圣地亚哥联合论坛报》（*San Diego Tribune*）的一个编辑写道："当斯特拉·里贝克蹑手蹑脚地端起咖啡杯时……她就像拿起了一张中奖彩票……这个荒谬的判决结果令人震惊地向人们展示了，美国民事司法系统到底出现了什么问题。"媒体的报道造就了一场侵权法领域的典型改革，同时，民意调查也显示，公众对该判决的结果十分不满。然而，但凡熟悉陪审团判决依据的人都会对这些过度的反应感到大吃一惊，而不是里贝克合理的胜诉结果。即便有媒体的这种反面报道，但这个案件的判决结果仍然对如何让诸如麦当劳一类的公司改变对产品的准备和标示，提供了巨大的推动力，也因此重申了侵权救济的重要性。■

性犯罪者登记与公告

图为惨遭不幸的小女孩梅根·康卡。

1994 年 7 月 29 日，美国新泽西州 7 岁的小女孩梅根·康卡（Megan Kanka）被心怀不轨的邻居杰西，以看看新饲养的宠物为由，带至家中残忍地将其强奸并杀害。事后调查得知，刚搬到此处的杰西系恋童癖患者，有过两次性暴力侵害犯罪记录，而这一切并不为包括梅根父母在内的社区居民所知晓。梅根的父母万分悲痛，他们认为，如果事先知道这一情况，他们将会采取恰当的措施保护自己的孩子，梅根也不会因此丧命。为此，梅根的父母发起了一项旨在公开性犯罪人记录的运动，要求赋予公众对于性犯罪记录进行查询的权利。梅根案件的发生震惊了整个新泽西州，这一运动迅速得到了广大民众的支持。仅仅三个月后，即 1994 年 10 月，新泽西州立法机关便制定和出台了《犯罪登记与社区公告法》（The Registration and Community Notification Laws），这是"梅根法案"的雏形。

1996 年 5 月 17 日，时任美国总统克林顿正式签署了"梅根法案"。这项法案要求所有有性犯罪前科的人都必须到当地警察局报到、注册。社区居民有权上网或者到警察局追踪本地性犯罪人的姓名、居住地点，而且可以将犯罪人的资料公之于众。"梅根法案"得到了美国各州的认同，50 个州迅速通过了各自关于性犯罪者登记和社区公告的法令。例如，在华盛顿州，如果一名刑满释放的性犯罪者乔迁新居，警察便会挨家挨户打电话通知居民，告知该罪犯的姓名和住址。也有的州规定，这些性罪犯必须远离儿童，他们的居住地点必须在距离学校或者孩子集中地 500 英尺以外。"梅根法案"的出台，对震慑、防范这类性侵害犯罪，保护妇女儿童合法权益，效果显著。

作为"梅根法案"的延续，2006 年 7 月 27 日，美国国会通过《亚当·沃什儿童保护与安全法》（Adam Walsh Child Protection and Safety Act），希望在联邦层面重新形成关于性犯罪者登记的统一要求。该法的第一部分，即"性犯罪者登记和公告法"是整部法案的主体部分，要求各州通过立法明确有关性犯罪者登记和社区公告的一系列详细标准。目前，美国大约有 35 个州在网络上设立了性犯罪者名单，将此类罪犯的照片和个人信息公布在网页上。有的州甚至还公布他们的个人信息、住址和所驾驶车辆。如今，尽管做法与模式各有区别，但性犯罪者登记和公告制度在世界各地得到了广泛传播与发展。■

1994 年

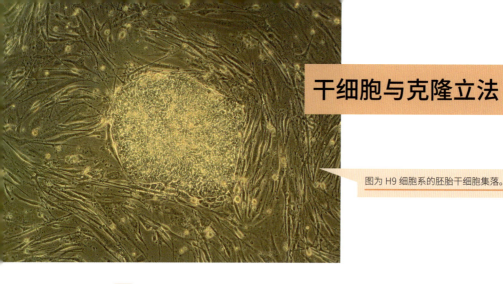

图为 H9 细胞系的胚胎干细胞集落。

 身体和隐私权（1965 年），罗伊诉韦德案（1973 年），《平价医疗法案》（2012 年）

1995 年

哺乳动物的胚胎干细胞具有重大科研价值，用以治疗癌症、糖尿病和其他病症，也用于组织工程和克隆领域。然而，对干细胞进行此类研究仍然遭到宗教界和反堕胎组织的抵制，因为胚胎干细胞源于 4～5 天的胚胎，这就意味着要毁掉胚胎才能获取干细胞。

1995 年，全国卫生研究院胚胎研究小组呼吁总统比尔·克林顿批准对研究体外受精治疗遗留的胚胎和仅供研究目的所创造的胚胎，提供联邦资助。克林顿政府拒绝支持后者，但是同意资助对剩余胚胎的研究。国会遂进行干涉，并出台了《迪基－威克修正案》（*Dickey-Wicker Amendment*），禁止使用联邦资金为任何毁坏胚胎的行为提供经费，无论该胚胎来源为何。1998 年，私人研究者分离出了第一个人类胚胎干细胞。2001 年，布什政府限制可供科研人员使用的干细胞序列数量，该项政策在 2009 年被奥巴马政府推翻。美国现行法律仍然禁止为创造新的干细胞序列提供联邦资助，但允许公共和私人基金为研究干细胞系提供资金。

许多欧洲国家严格控制或是禁止使用胚胎干细胞，但英国率先在此领域成功地克隆了世界上第一只动物——克隆羊多莉（Dolly the sheep，1996—2003），并批准对人畜杂交胚胎，也就是不同物种嵌合体的研究。在新加坡的亚洲干细胞研究中心，有 40 多个干细胞研究团队，这是该国为增强国家在生物医疗研究领域的实力而采取的一部分战略性努力。事实证明，批准将干细胞用于医疗领域具有很大的吸引力。包括比利时、中国、印度、以色列、日本、沙特阿拉伯、南非、韩国和瑞典在内的其他国家，都已经允许基于治疗非生殖目的进行干细胞研究。

目前，尚无联邦层面的法律禁止对人的克隆，但有至少 15 个州已经通过立法，禁止生殖性克隆。2005 年 3 月，联合国对此问题作出回应，联合国大会通过了《联合国人类克隆宣言》（*United Nations Declaration on Human Cloning*），号召所有成员国禁止所有形式的人类克隆。■

O.J. 辛普森谋杀案审判

妮可·布朗·辛普森（Nicole Brown Simpson, 1959—1994）
罗纳德·高曼（Ronald Goldman, 1968—1994）
O.J. 辛普森（O. J. Simpson, 1947—　）

图为 1995 年 6 月 21 日，O.J. 辛普森在其谋杀案审判中，戴上了那双声名狼藉的手套。

法庭上使用照相机（1937 年）

一个黑人，一个南加利福尼亚州超速驾驶者，一场媒体闹剧，以及一项引起众怒和吸引人眼球的判决——这就是发生在 1991 年的罗德尼·金（Rodney Glen King）事件，他被四名洛杉矶警察毒打了一顿。对警察的无罪判决引发了自 19 世纪 80 年代以来，最致命的美国骚乱，也催生了美国的"法庭戏"（courtroom drama）。四年后，同样的事情在 O.J. 辛普森身上上演。媒体的密切关注始于妮可·布朗·辛普森和她的男性友人罗纳德·高曼被谋杀的消息。但在辛普森接受审判前，这个案子就已经引起了无法想象的关注。1994 年 6 月 17 日，辛普森拒绝按照规定向当局投案，驾驶一辆白色福特野马从洛杉矶开往墨西哥，警方沿着高速公路展开了一场史无前例的低速追捕行动。全国上下实时直播了追捕镜头，NBA 总决赛的播放遭到中断，据估计，观看者达到了 9500 万。经过几小时的追捕，辛普森最终在他布伦特伍德家的车道上向警方投降。

随后，对辛普森的审判被搬上了媒体。新闻摄像机每天都在播放案件的证人证言、控辩双方的争辩以及法律规则。任何一个坐在电视机面前的人，都可以实时了解审判的进度，同时，几乎每一个人都会对该案点评一二。法学教授、法律评论家道格拉斯·O. 林德（Douglas O. Linder）引述道，"一种新的'浸入式新闻'开始产生，直到今天仍然十分活跃"。也有其他学者指出，这个案件开启了一个新时代的"电视诉讼"（telelitigation）。

这场刑事审判拥有好莱坞卖座戏码的所有元素：一个橄榄球传奇人物，电影明星，以及一个充满妒意的前夫；一段看似完美的婚姻走向破裂；一个美丽的前妻和她年轻健硕的男性友人被残忍杀害。作家多米尼克·邓恩（Dominick Dunne）将其比喻为"谋杀案审判中的超级杯"。一双带血的手套、鞋印以及从现场获取的其他证据，似乎都指向了辛普森。超过 1.4 亿观众在电视机前观看了这场审判，他们中的许多人都不相信辛普森是无罪的。

刑事诉讼后，紧接着就是一场民事审判，审判中，陪审团认定辛普森要为故意伤害他的前妻和高曼的非正常死亡承担民事责任。对于辛普森的审判有许多值得讨论并已经得到充分讨论的要点，但有一点是毋庸置疑的，那就是这个案件永远改变了"舆论之法庭"（the court of public opinion）的含义。■

在北美宝马公司诉戈尔案中，联邦最高法院首次对惩罚性赔偿进行限制，为评判这类赔偿裁决的宪法正当性提供指导。

《汉谟拉比法典》（约前 1792 年），《十二铜表法》（前 450 年），《塔木德经》（约 180 年），《第十四修正案》（1868 年），《产品严格责任》（1941 年）

1996 年

一直以来，法院都会对实施了违法行为的被告人施加惩罚性或示范性赔偿，这样做的目的在于惩罚被告人，也是为了防止类似行为的重复发生。起初，惩罚性赔偿是作为补偿的一种额外利益和报复的替代性措施出现的。著名的"侵权诉讼之王"、律师梅尔文·贝利（Melvin Belli）说，"现代惩罚性赔偿理念的前身可以一直追溯至人类所知晓的最早的一批法律"，包括《汉谟拉比法典》，罗马法中的《十二铜表法》和《塔木德经》。

整个 20 世纪后半叶，惩罚性赔偿判决的数量和范围都在稳步增加，有时，陪审团的裁决能高达数亿美元。超额的损害赔偿促使侵权法改革运动日益发展起来。司法首次限制惩罚性赔偿是在 1996 年，联邦最高法院对北美宝马公司诉戈尔案作出的判决。该案中，宝马公司卖给戈尔一辆新车，却向他隐瞒了在从工厂运输的过程中，车辆因剐蹭而被重新喷上了一小块油漆，亚拉巴马州的陪审团判决伊拉·戈尔（Ira Gore Jr.）获赔 400 万元（随后被亚拉巴马州高等法院减少至 200 万美元）。戈尔根据亚拉巴马州的法律规定，以欺诈为由获得胜诉，并经裁决得到 4000 美元的损害赔偿金。

联邦最高法院认为，"这个案件中施加的过度惩罚性赔偿，超越了宪法的限制"。同时，法院首次援引第十四修正案中的正当程序条款对惩罚性赔偿作出限制。借此，联邦最高法院为评估这类裁决的宪法正当性提供了具体指导。其中列举了需要考虑的各种因素，包括：被告人行为应受谴责的程度；以原告获得的损害赔偿金为标准，衡量对原告造成实际损害的惩罚性赔偿比例；以及参考同类行为将会面临的刑事或民事惩罚。这项判决为后续案件的办理奠定了基础，预先将损害性和惩罚性赔偿的比例限制在一位数以内。■

南非宪法

纳尔逊·曼德拉（Nelson Mandela，1918—2013）

图为 1993 年纳尔逊·曼德拉在费城。当时他与南非种族隔离时代的最后一任总统雷德里克·威廉·德克勒克一起，获得了美国自由勋章，因为他们实现了南非向黑人多数统治的过渡。

殖民主义与战后独立（1947 年），审判纳尔逊·曼德拉（1963 年），种族隔离的终结（1990 年）

在受种族隔离束缚的 40 多年里，贫穷和不平等，这两个殖民时代的遗留问题，在南非变得更加根深蒂固。1994 年，在纳尔逊·曼德拉当选总统后，他和新选举产生的新议会开始起草一部永久性的宪法，用以代替之前的临时性文件。临时性文件在新的大选活动中赋予黑人选举权，同时列举了政府承诺会认可并依照执行的社会经济权利，为曼德拉政府的上台铺平道路。

1996 年，新宪法诞生，经南非宪法法院的批准，于 1997 年 2 月 4 日正式生效。序言中载明，制订这部宪法的目的在于"在民主价值、社会公正和基本人权的基础上建立起一个社会"，并且"提高所有公民的生活质量，释放每个人的潜能"。

2013 年，南非副首席大法官迪岗·莫森尼克（Dikgang Moseneke）在一次演说中，将这部新宪法形容为"坚决"且"公开"的变革。他还提到，该宪法中权利法案的内容是以 1982 年《加拿大权利与自由宪章》（*Canadian Charter of Rights and Freedoms*）为蓝本，规定国家有义务"直面贫穷、疾病和不平等所带来的制度性不公正"。当公民提起诉讼，声称其一项或多项"社会经济权利"受到侵害时，政府便负有举证责任，证明它为了逐步实现有争议的权利，已经在可获得的资源范围内，采取了立法或者其他措施。

南非宪法法院的存在让这部宪法力争革新的目标得以实现。宪法法院认为，宪法要求国家提供足够的、民众能够负担得起的住房，为孕妇和婴儿提供健康服务，甚至要让民众能够获得基本市政服务，例如用电。这些目标的实现也在一定程度上解释了，为什么南非宪法能够和加拿大、德国和印度的宪法一样，成为包括肯尼亚、津巴布韦、南苏丹以及赞比亚在内的其他国家起草新宪法时的重要参考。■

1996 年

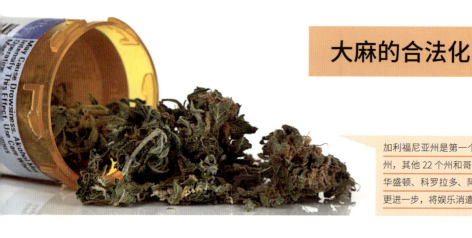

加利福尼亚州是第一个将医用大麻合法化的州，其他 22 个州和哥伦比亚特区紧随其后。华盛顿、科罗拉多、阿拉斯加以及俄勒冈州更进一步，将娱乐消遣用大麻合法化。

 禁止非法麻醉品（1915 年），禁烟令（1918 年），废除禁烟令（1933 年），公共卫生和烟草（1970 年）

1996 年

从历史上看，基于医疗或者娱乐消遣目的使用大麻往往会产生两极分化十分严重的观点。尽管联邦法律仍然将大麻（*Cannabis sativa*）界定为非法物品，但一些州的法律已经对基于医疗或者消遣目的持有大麻进行合法化。

1996 年，加利福尼亚州成为第一个将医用大麻合法化的州，当时，有 56% 的选民投票对第 215 号公民表决提案（Ballot Proposition 215）表示支持，取消对病人使用、持有或者种植大麻的刑事惩罚，这些病人的医生基于各种病症建议他们将大麻作为治疗手段。截至 2015 年 4 月，有 23 个州和哥伦比亚特区通过立法，在州层面的法律中，取消对医用大麻使用者的处罚。其中的 4 个州还将用于娱乐消遣的大麻合法化。这些法律的出台源于医生和说客们的努力，他们提出了令人信服的理由，主张大麻制品能够有效治疗各种病症，包括艾滋病、癌症、癫痫、青光眼、多发性硬化以及其他各种严重疾病。

2012 年 11 月，趁着医用大麻合法化的势头，科罗拉多和华盛顿州通过立法，允许 21 周岁以上的公民为了娱乐消遣，可以合法持有少量大麻。2014 年，阿拉斯加和俄勒冈州也进行了此类规定。

虽然大麻合法化的范围在逐步增加，但根据联邦《管制物品法》（*Controlled Substances Act*）的规定，大麻仍然是一种被禁止的物质，这也给联邦法律执行机关对大麻进行管制提供了法律依据。尽管州和联邦法律的规定不一致，但这些州法律的规定与联邦层面的起诉并无法律相关性。诚然，2012 年初，加利福尼亚州联邦检察官为了执行联邦《管制物品法》，对合法的大麻药房进行了打击。

一年多后，联邦政府到底会不会，以及会在何种程度上继续挑战有关大麻合法化的州立法规定，这一点仍然不明朗，尽管 2012 年 1 月有新闻称，"奥巴马总统表示，联邦政府另有要事，将不会在大麻使用合法化的州对大麻吸食者进行积极起诉"。■

总统豁免权

比尔·克林顿（Bill Clinton，1946— ）
保拉·琼斯（Paula Jones，1966— ）
肯尼斯·斯塔尔（Kenneth Starr，1946— ）

图为两张入场券，其时间和事件是
1999 年 1 月 14 日，参议院要对美国
总统的弹劾进行审判。

 弹劾安德鲁·约翰逊总统（1868 年），总统也要遵守法院传票（1974 年）

1982 年，联邦最高法院认定，在起诉并要求总统对其公务行为负责的案件中，总统享有绝对的豁免权。但是，一位现任总统是否能因任职总统前所发生的非官方行为，而被起诉？1997 年，联邦最高法院在克林顿诉琼斯案（Clinton v. Jones）中，通过一致裁决，认为提起此种类型的诉讼是合法的，因为总统豁免权的适用范围"不能超出以官方身份实施的所有行为"。该案发生在 1993 年克林顿就任总统后不久，起因是一名阿肯色州前政府雇员保拉·琼斯提起诉讼，声称克林顿曾在 1991 年，其执掌阿肯色州期间，对自己进行过性骚扰。

与法院驳回绝对总统豁免权的法律立场相比，同样重要的是，这项裁决对克林顿本人的影响。在对保拉·琼斯的性骚扰案件进行重新审查期间，联邦最高法院又发现了一系列相关的事实，这些最终导致了美国第二次对现任总统的弹劾。

在对 1998 年琼斯案的一次作证中，克林顿总统对于他和白宫实习生莫妮卡·莱温斯基（Monica Lewinsky）性关系的本质撒了谎。肯尼斯·斯塔尔是负责调查克林顿涉嫌白水房地产丑闻的独立检察官，他决定对此提出强迫作伪证和妨碍司法的指控。当克林顿总统在大陪审团面前作证时，他说出了那句有名的话，即"单词'是'是什么意思要视情况而定"，再一次否认他与莱温斯基之间存在性关系。

不到一个月后，斯塔尔向国会提交了他的报告，详细列明了弹劾理由。1998 年 12 月，众议院经投票决定弹劾克林顿。1999 年 1 月，参议院开始对众议院通过的两项弹劾案进行审理。在参议院对有罪认定不能达到宪法规定的 2/3 多数后，克林顿被判决无罪。

2001 年 1 月，克林顿在结束任期之前，为解决琼斯案赔付了 80 多万美元。同时，他也因在该案中作伪证，被判定为藐视法庭并罚款 9 万美元。为了避免在卸任后因伪证和妨碍司法公正被起诉，克林顿承认在宣誓时撒了谎，额外缴付了 25000 美元，并交出他在阿肯色州的法律执照五年。■

事实已经证明，控制和规范互联网内容是一项很难实现的大工程，特别是在涉及言论自由的时候。

《联邦通信法》（1934 年），公平原则（1969 年），一个判定淫秽的新标准（1973 年），联邦通信委员会和污言秽语（1978 年）

1997 年

在 20 世纪后半叶的许多场合，国会和联邦最高法院团结协作，共同确立了政府规范广播电视内容的权利。虽然这样做会损害一小部分节目编排者的言论自由权，但是对于保护儿童远离"低级"（low value）色情内容而言，这种权利侵犯是必要的。1996 年，国会继续进行它的审查运动，将矛头瞄准了一种新的通信媒介——互联网。

《通信规范法》（*Communications Decency Act*，CDA）将通过网络"故意向 18 周岁以下的任何人传输色情或不雅内容，或者向未成年人展示明显不良信息"的行为，认定为犯罪。制定这部法案的初衷与早前规范电视和广播的法律完全相同，但问题也很快出现了：与其他电子通信方式相比，互联网上的内容是否具有显著性差异，以至于需要更强劲的保护。1997 年，这一问题以雷诺诉美国公民自由联盟案的形式来到联邦最高法院面前。

当时，互联网被视为一个"荒蛮的西部"（Wild West），在那里，使用者的言论自由权不受政府控制。然而，《通信规范法》宣称要改变这一局面。对此，反对互联网规制的人纷纷以对言论施加负担违宪为理由，向这部法律提出司法挑战。在雷诺案中，联邦最高法院对这种理由表示认可，取消了《通信规范法》，原因是这部法律的规定太宽泛、太模糊且近乎无法执行。在判决中，法院将互联网与广播电视和电台进行了鲜明对比，认为用来规范这些媒体的正当性理由，不适用于网络。按照法院的立场，互联网不应当受制于政府监管，除非是在极其个别的情况下。

抛开结果不谈，雷诺案的判决当之无愧是一项历史性的判决。但是，其重要性还是在于联邦最高法院确立的指导性原则，这些原则今天依然站得住脚。互联网基本上不受监管，成为现存的言论自由最不受限的平台之一。不论是联邦还是各州政府，都在极力尝试制定规范线上色情内容的法律，争取让法律规定足以符合雷诺案所确立的狭窄标准，但其中能经受住诉讼考验的规定少之又少。■

医生协助死亡

杰克·科沃基恩（Jack Kevorkian, 1928—2011）
威廉·伦奎斯特（William Rehnquist, 1924—2005）
克鲁赞诉密苏里州卫生部主任案（Cruzan v. Director, Missouri Department of Health）
瓦克诉奎尔案（Vacco v. Quill）
华盛顿州诉格鲁克斯伯格案（Washington v. Glucksberg）

图为杰克·科沃基恩出狱后不久，在一场记者会上发言。

第十四修正案（1868 年），身体和隐私权（1965 年），死亡权（1976 年）

1990 年，医生杰克·科沃基恩发明了一种自杀设备，将可以终结病人生命的致命药品和一个按钮键连接在一起。他最终帮助 100 多位临终病人毫无痛苦地结束了自己的生命。他这样做是明知故犯。支持者把他看成仁慈的天使，反对者却认为他是一个不折不扣的连环杀人。但有一点不能否认的是，以科沃基恩为被告提起的各类诉讼总是站不住脚。

包括 1990 年，首席大法官威廉·伦奎斯特在克鲁赞诉密苏里州卫生部主任案中也指出，随着医疗技术的发展，"涉及拒绝续命治疗（life-sustaining treatment）权利的案件"与日俱增。法院未经裁决，就假定了赋予一个适格个人（competent individual）"有权拒绝对维持生命的供养与营养治疗"，但是这项基于第十四修正案正当程序条款所享有的自由保护权并非绝对，还需要与各州利益进行权衡。

7 年后，当医生协助死亡成为一种必要措施时，由此产生的宪法性问题得到了法院的审视。在瓦克诉奎尔案，华盛顿州诉格鲁克斯伯格案中，联邦最高法院驳回了所有依据平等保护和正当程序条款提出的上诉，主张"每个人，不论其身体状况如何，只要其适格，便有权拒绝接受不必要的救生治疗；任何人都不允许协助他人自杀"。

1999 年，一个 60 分钟的节目直播了科沃基恩将一剂致命药物，注射入一位身体残疾但自杀未遂的人身体中。密歇根州检察官对科沃基恩提起诉讼，他被判决犯有二级谋杀罪，并判处 10 ～ 25 年有期徒刑。量刑法官义愤填膺地说道："你胆敢上国家电视台，向全世界展示你所做的一切，还挑战阻止你的法律制度。好吧先生，是时候罢手了。"

俄勒冈州、华盛顿州、佛蒙特州、荷兰、卢森堡以及瑞士等地都已经通过立法将医生协助自杀合法化。2011 年，科沃基恩自然死亡。■

1997 年

单项否决权

比尔·克林顿（Bill Clinton, 1946—　）
雷恩斯诉伯德案（Raines v. Byrd）
克林顿诉纽约市案（Clinton v. City of New York）

图为比尔·克林顿总统在白宫的官方肖像，摄于 1993 年。三年后，他正式签署了《单项否决权法》。在签署后的 2 年，这部法律被联邦最高法院宣告违宪。

 美国宪法（1787 年），总统也要遵守法院传票（1974 年），总统豁免权（1997 年）

1998 年

在 1986 年的国情咨文（State of the Union Address）中，罗纳德·里根（Ronald Reagan）总统提出了以下恳求："给我 43 个州长都有的一项单项否决权（line-item veto）。给我否决浪费的权力，我将承担责任并削减开支。"和许多前任总统一样，里根想要行使否决权，否决某项提案中的一些立法条文，而允许其他剩余条款生效。许多法学研究者将行使单项否决视为一种削减国会开支的有效方法，让总统能够在不妨碍提案整体生效的情况下，否决其中特定的拨款，这些拨款大多涉及政治分肥（pork-barrel）和投票交易（logrolling expenditures）。遗憾的是，对于这一恳求，里根和他的继任者没有获得任何回应。但是，十年后，当克林顿总统再度要求单项否决权时，国会最终同意了。在巨大的争议中，国会于 1996 年制定了《单项否决权法》（Line-Item Veto Act）。

很快，这项法案就遭到了 2 起诉讼的司法挑战：由六名国会议员提起的雷恩斯诉伯德案，以及克林顿诉纽约市案。在雷恩斯案中，原告方最初获得胜诉，原审法院宣告该法案违宪。但是在上诉审理中，联邦最高法院撤销了这一裁决，认为提起诉讼的国会议员缺乏起诉资格，因为他们没有一个人因此受到了人身伤害。但在另一个案件，即克林顿案中，原告方的资助因为总统行使单项否决权而被削减，因而具备起诉资格，这个案件也将《单项否决权法》推向了绝境。

1998 年，联邦最高法院宣布，《单项否决权法》违宪，其触犯了现行美国宪法第 1 条的规定。在撰写多数意见时，大法官史蒂文斯（Stevens）解释说，该法案不当地授予"总统对正式颁布的法规文本，进行单方面变更的权力"。法院的裁决明确指出，一项被国会通过的法案，只能作为整体被签署生效或者否决。

克林顿案裁决后的第二年，要求制定新单项否决权法的呼声仍在继续。就在 2012 年，美国众议院在奥巴马总统的支持下通过了这样一项法案，但是这一努力在参议院环节失败了。■

起诉奥古斯托·皮诺切特

奥古斯托·皮诺切特（Augusto Pinochet，1915—2006）

智利的伤痛纪念馆（Paine Memorial），图为由 930 根木柱组成"森林"，并点缀着 70 处个性化的马赛克图案。用来纪念那些在奥古斯托·皮诺切特进行军事独裁期间，被绑架或是非法逮捕和杀害的人们。

纽伦堡审判（1945 年），联合国《防止及惩治灭绝种族罪公约》（1948 年），审判曼纽尔·诺列加（1991 年），总统豁免权（1997 年），国际刑事法庭（2002 年）

1998 年，一出国际性闹剧开始在南美洲和欧洲上演，起因是智利、西班牙和英国争相决定一名前任军事独裁者的命运，把全世界的注意力集中在有时会显得神秘的法律程序上。

1973 年，在领导一场针对智利总统萨尔瓦多·阿连德（Salvador Allende）的军事政变后，奥古斯托·皮诺切特将军掌权。在他担任总统期间，有 3000 多人被杀害或者"消失"（disappeared）。数千人因其政治活动被羁押。皮诺切特于 1990 年下台，但仍然担任智利军队的总司令，并享有一部 1978 年特赦法案所带来的庇护。该法案禁止因某些犯罪行为而起诉军队和政府官员。

1998 年，皮诺切特担任终身参议员，这个头衔给了他额外的、不受指控的豁免权。同年，一名对智利侵犯人权行为进行调查的西班牙法官，向正在伦敦接受治疗的皮诺切特发出了国际逮捕令。英国一位治安官向皮诺切特签发了临时逮捕令，并声称，1973—1983 年，他在智利谋杀了许多西班牙公民。随后，他被起诉实施了一系列酷刑和谋杀行为。为了确保将其引渡到西班牙的合法性，皮诺切特被逮捕并关押起来。这起事件引起争论的核心在于，一个国家的前任首脑是否享有豁免权，免于因酷刑和谋杀的犯罪行为被起诉。英国上议院（House of Lords）两次驳回了皮诺切特享有豁免权的主张，认为酷刑和种族灭绝行为不再其"作为一国首脑的官方职责"范围内。

智利大使馆说服英国内政大臣，皮诺切特的健康状况日趋下滑，不适合出庭接受审判。皮诺切特被释放并返回智利。两年后，智利最高法院剥夺了他的豁免权，他因绑架和谋杀被起诉，并被羁押在家中。他的身体状况继续下降，尽管怀疑论者频频质疑这些指控的真实性，但他也从未出庭接受过审判。■

1998 年

数字时代的版权

> 版权所有者仍然无法抑制那些对其享有权利的作品进行非法复制和盗版的行为。

美国第一部版权法（1790 年），《伯尔尼公约》（1878 年），《版权法》（1976 年），时间转移与合理使用（1984 年），版权的扩张（2001 年），谷歌图书与合理使用（2010 年）

1999 年

美国的版权法常常建立在双重目标基础上，一则，要为了公共利益促进创新性作品的传播；二则，要激励版权所有者继续进行创新。但是，当世界迈入 21 世纪后，受经济利益驱使的版权所有者和追求内容创新的消费者之间，权利斗争达到了新的高度。

对于版权所有者而言，在 20 世纪 90 年代，他们所获得的保护和作品潜在的收入都在以不同方式增加。例如，1992 年，国会对《版权法》进行修正，自动更新版权的保护期限，使得版权所有者能够在法律保护的情况下持有其作品，并因此获得更长时间的收益。1998 年，国会通过《版权期限延长法案》（*Copyright Term Extension Act*），将版权保护的时间延长至作者去世后 70 年，让版权所有者们获得了力度更强的保护。

然而，在 1999 年，随着诸如纳普斯特网站（Napster）等对等式文件共享平台的兴起，数字盗版开始猖獗，版权所有者遭受了巨大经济损失。据美国唱片行业协会（Recording Insudtry Association of America）的统计，从 1999 年的 146 亿美元到 2013 年的 70 亿美元，美国音乐唱片销售额下降了 53%。即使是 2001 年，纳普斯特网站被一个联邦法院勒令关闭的情况下，创作者和消费者对创新性作品继续进行数字化，以及互联网前所未有的广泛延伸，都让非法复制与传播文件比以往任何时候都容易。

就连电视和电影产业都无法在猖獗的盗版面前独善其身。由于文件储存空间巨大，数字视频都配备了固有的防盗设置。但是随着互联网频带宽度、速度以及储存能力的提升，大范围的盗版行为开始出现。不管怎样，好莱坞还是对此作出回应，将数字内容以合理价格出售，从而发展出一种新的商业模式，在很大程度上消除了对这些数字内容进行非法交易的动机。国会没有采取有力措施来解决这两个领域存在的问题，因此也远远忽视了来自法律团体，要求对《版权法》进行大修的呼声。■

布什诉戈尔案

乔治·W. 布什（George W. Bush，1946—　）
阿尔·戈尔（Al Gore，1948—　）

图为布劳沃德县调查委员会（Broward County Canvassing Board）的罗伯特·罗森贝格（Robert Rosenberg）法官，在佛罗里达州劳德代尔堡（Fort Lauderdale）重新计票期间，在用放大镜检查一张已经被打孔选票的凹槽。

 美国宪法（1787 年），司法审查权（1803 年），第十四修正案（1868 年）

经第十二修正案修改后，美国宪法第 2 条规定，美国总统由各州任命的"若干名选举人"（Number of Electors）选举产生。自 1845 年后，这一设置就逐步演化为总统选举团（electoral college）。但是在 2000 年，不论是选举团中的选举人，还是 1 亿多美国选民，都没能确定总统人选。当年，联邦最高法院以 5∶4 的裁决票数将乔治·W. 布什送进了白宫。

2000 年 11 月 7 日，美国进行大选，选举国家的新任总统。投票结束后，时任美国副总统、民主党候选人阿尔·戈尔获得了大多数的普选投票。但是看起来，其竞争对手、共和党候选人乔治·W. 布什在佛罗里达州赢得了大部分选举人的投票，这将让布什当上总统。在按照佛罗里达州的法律规定，重新计票后，布什仍然领先 327 票。

在接下来的 36 天里，发生了一连串的法律诉讼和法庭审理，全国民众都在等待着谁将最终成为下一任美国总统。12 月 9 日，佛罗里达州高等法院对该案作出裁决后，这出引人入胜公共"闹剧"的最后一幕，在美国联邦最高法院上演，直到联邦最高法院于 12 月 12 日作出最后裁决。案件的争议最终落脚在是否应当在佛罗里达州全州范围内进行重新计票，对此，佛罗里达州高等法院裁决继续进行人工计票，部分原因在于当时的迈阿密－戴德县（Miami-Dade County）因为投票卡穿孔失误（声名败坏的"悬空票"事件），而没有将 9000 张选票录入机器列表。联邦最高法院下令停止重新计票，认为佛罗里达州高等法院在没有程序和规范确保所有选票都能被公平统计并"一视同仁"（uniform treatment）进行对待的情况下，命令重新进行人工计票来判定"投票人意图"（intent of the voter）的做法，违反了第十四修正案中的平等保护条款。12 月 13 日，副总统戈尔承认选举失败，乔治·W. 布什成为第 43 任美国总统。■

美国政府起诉微软公司违反了《谢尔曼反垄断法》的规定，并最终认定其行为构成垄断。同时，微软公司也是大量私人提起反垄断诉讼的对象。

 《谢尔曼反垄断法》（1890 年），反垄断（1911 年），《克莱顿反垄断法》（1914 年），欧盟成立（1993 年）

2000 年

1975 年，比尔·盖茨（Bill Gates）和保罗·艾伦（Paul Allen）在新墨西哥州阿尔伯克基（Albuquerque, New Mexico）创立了微软公司。1988 年，微软成为世界上最大的软件公司。10 年后，它的 Windows 操作系统占据了美国私人电脑 90% 以上的份额，其公司利润近 45 亿美元，是同行业其他公司的两倍。

但巨大的成功总是会吸引人们的眼球。即便格言有云，"成功才是王道"（you can't argue with success），司法部反垄断司（Department of Justice's Antitrust Division）还是从 20 世纪 90 年代早期就开始对微软的商业运营进行调查。这些调查结果最终导致了 1998 年的一场诉讼（另有 20 个州参与其中）和审判，该诉讼被《纽约时报》记者、从头到尾对案件进行了追踪报道的乔尔·布林克利（Joel Brinkley）和史蒂夫·洛尔（Steve Lohr）称作，为"了解世界上最重要、最有影响力以及最有趣公司之一的运作提供了一个非同寻常的窗口，也为那些往往才华横溢，常常是咄咄逼人，雄心勃勃指点江山，有时却显得愚蠢的人提供了不寻常的参考"。

政府起诉微软公司垄断了个人电脑操作系统的市场，并为了保护其垄断地位，非法排挤同行业其他竞争者，这些行为都违反了《谢尔曼反垄断法》的规定。一审法院认定微软的行为构成垄断，并指令将其拆分为两家公司，一部分专营操作系统，另一部分负责软件供应。哥伦比亚特区联邦巡回上诉法院（Court of Appeals for the D.C. Circuit）维持了一审关于垄断行为的认定，但驳回了拆分微软的命令，要求重新考虑一种替代性的补救措施。

布林克利和洛尔提到，这个案件"影响了几乎每一个使用电脑的人"，并且"可能会为新经济制定反垄断的限制规则"。2007 年，反垄断法学者威廉·佩吉（William Page）和约翰·洛帕特卡（John Lopatka）对这一评价表示认同，指出"微软案是我们当代反垄断案件的一个分水岭，也是接下来好几年，学术界对反垄断的适当作用进行讨论的焦点"。尽管微软公司完整无损地保留了下来，但它很快成为私人提起反垄断诉讼的目标，并面临着欧盟监管人员大范围的反垄断调查。在这些地方，微软已经为其运营被要求支付了巨额罚款。■

在一天的比赛开始之前，一排高尔夫球车正在充电位置上蓄势待发。

PGA 巡回赛中使用高尔夫球车

凯西·马丁（Casey Martin，1972— ）
PGA 旅游公司诉马丁案（*PGA Tour，Inc.v. Martin*）

 《美国残障人士法》（1990 年）

2001 年

当高尔夫球员在抱怨他们面临的障碍时，他们通常并不会提及身体上的缺陷。但职业高尔夫球员凯西·马丁永远改变了残疾人参赛的规则，因为他成功地对职业高尔夫协会巡回赛（Professional Golfers' Association，PGA Tour）禁止在参赛时使用机动高尔夫球车的规定提起了司法挑战。

马克·吐温曾讽刺说，打高尔夫球是"一种另类的散步方式"（a good walk spoiled），但有史以来 PGA 巡回赛都要求所有的球员全程步行。在标准的 18 洞回合中，平均每一位参赛者要行走约 6 英里。马丁自出生便患有血管骨肥大综合征（Klippel-Trenaunay-Weber syndrome），血管无法正常成型，造成身体循环受限和剧烈的疼痛，因此他要求在职业锦标赛中允许使用高尔夫球车。但 PGA 拒绝了他的申请，坚持认为步行是比赛的一个基础性环节。

马丁依据《美国残障人士法》提起了诉讼，声称 PGA 巡回赛是一个商业性运营，其中的高尔夫球场构成法律所规定的"公共场所"（public accommodations），PGA 没有对球场的设置进行合理的修正，从而无法为残疾人提供便利。而 PGA 则反驳道，巡回赛高尔夫球场的比赛场地并不属于《美国残障人士法》所规定的"公共场所"，并且，步行是高尔夫球比赛规则中的实质性部分，取消对步行的要求将会从根本上改变比赛的性质。

一审法院和上诉法院都裁决，马丁有权获得合理的便利措施，在球赛中使用高尔夫球车。联邦最高法院也站在马丁这一边，认为禁止在巡回赛中使用高尔夫球车的做法，违反了《美国残障人士法》的规定。同时，驳回了 PGA 关于使用高尔夫球车将会从根本上改变巡回赛性质的主张。法院解释道，只有当某项比赛的核心部分被改变，或者某种改变将会让残疾人参赛者获得比正常参赛者更多的优势时，才称得上是改变了比赛的基础。最后，法院认为，由于高尔夫球比赛的核心在于准确击球（shot-making），步行并非其中的核心环节，同时，原审法院已经正确地认定，使用一辆高尔夫球车不会给马丁参赛带来不公平的优势。■

版权的扩张

《纽约时报》诉塔西尼案 (New York Times Co.v. Tasini)

图为美国联邦最高法院的索尼娅·索托梅尔 (Sonia Sotomayor) 法官。1997 年，当她还是美国纽约南区联邦地方法院的一名法官时，她判决《纽约时报》胜诉。但这一判决在上诉时被推翻，联邦最高法院支持了作者们的诉讼请求。

 美国第一部版权法（1790 年），《伯尔尼公约》（1878 年），《版权法》（1976 年），数字时代的版权（1999 年），谷歌图书与合理使用（2010 年）

2001 年

整个 20 世纪 90 年代，前所未有的科技发展引发了一系列法律问题，已有的法律原则要如何适应信息化时代的要求？个人电脑的普及、互联网的传播以及电子出版平台的发展产生了与版权有关的许多争议。

传统而言，自由撰稿人会授权出版者在刊登的出版物中复制其文章。然而，随着技术的发展，出版商开始试图让人们通过一种新的媒介，即数字化模式去接触这些文章。但是谁拥有对这种电子出版物的版权？在数字版权问题上往往保持沉默的原始自由撰稿人，是否给了出版者在数据库中控制在线出版的权利？或者说，传播媒介的变化是否要求与自由撰稿人重新商议版权归属的问题，并且给予他们额外的补偿？

记者塔西尼（Tasini）是全国作家协会（National Writers' Union）的主席，也是六名原告之一，他们将《纽约时报》以及对该报纸内容进行数字化出版的电子数据库商告上了法庭。对于《纽约时报》和数据库商而言，依据《版权法》第 201 条 c 的规定，法律允许像《纽约时报》这类的集体作品出版者，对涉案作品进行复制（reproduce）和发行（distribute），但仅限于以集体作品的方式进行使用。但由于数据库能让人们单独获得某一个人的文章，而并非只是整版报纸，因而并不适用集体作品使用特权的规定。联邦最高法院在回答权利所有人的问题时，站在了自由撰稿人一边。法院的裁决扩大了版权的适用范围，因为记者现在根据文章的传播媒介，拥有了两项彼此独立的权利，而并非只是单独享有对出版物进行纸质印刷或数字传播的权利。

塔西尼案判决的影响是显而易见的。今天，涉及对版权作品进行出版的所有合同，都会明确将数字化出版和印刷出版单列。与此同时，电子数据库的使用者们有时候会发现，通过数字渠道无法获得已经刊登的文章。在大多数情况下，这些文章的"消失"（missing）是因为某个特定数据库没有获得对电子出版的明确授权。■

美国《爱国者法案》

图为 2012 年 10 月 1 日，被派往 "迈克尔·墨菲" (Michael Murphy) 号导弹驱逐舰的海员向 "9·11" 事件纪念碑敬礼。

 隐私权（1890 年），监听（1928 年）

2001 年 9 月 11 日，在基地组织恐怖分子的劫持下，四架民航客机撞向了世界贸易组织双子塔（World Trade Center Towers）、五角大楼（Pentagon）和宾夕法尼亚州尚克斯维尔镇（Shanksville, Pennsylvania）附近的田野，2977 名受害者因此遇难。这一骇人的悲剧发生后，国会立即通过了《使用适当之手段来阻止和避免恐怖主义以团结并强化美国之法案》（*Uniting and Strengthening America by Providing Appropriate Tools Required to Intercept and Obstruct Terrorism*，简称《爱国者法案》）。多年来，该法案让美国在维护国家安全和保护公民个人隐私的两难困境中苦苦挣扎。

作为 "也许是美国历史上时间最长、涉及面最广、最彻底的一次立法"，爱国者法案反映了美国国会为实现打击恐怖主义的目的，在强化执法机关监管和调查权力方面所付出的一致努力。尽管国会一边倒地通过了该法案（众议院 357∶66 票；参议院 98∶1 票），但公众对其内容非正统性的批评与质疑之声从未间断。从内容来看，该法案几乎没有规定联邦机构的审查，也未涉及公开听证、议案审订、审核委员会报告等内容，对于议员席的讨论也甚少提及。更甚者，国会在投票前，几乎没有对最后的草案进行任何审查。这些都为日后的争议埋下了伏笔。

《爱国者法案》中最具争议的 2 个核心条款赋予了执法部门对任何与恐怖活动有关的电子信息进行控制和拦截的权力。其一，该系列条款进一步强化了在《涉外情报监视法》（*Foreign Intelligence Surveillance Act*）和《电子通信隐私法》（*Electronic Communications Privacy Act*）早已确立的权力。《爱国者法案》允许执行机关基于收集国外情报这一 "重要目的"（而非唯一或主要目的）实施电子监视。其二，该系列条款允许对公民个人进行 "多点" 窃听，而不限于其使用的某一部电话或计算机。

为避免执法部门无限制地行使对公民的监视权，该法案也为有关条款设定了 4 年的有效期限。2005 年，国会通过了《爱国者法修正与再授权法》，其保留了原有法案中的多数条款并延长了这两个最具争议条款的有效期。截止本书出版（原书于 2015 年出版），这些条款将在 2015 年 6 月 1 日面临失效。伴随着美国对公民自由和国家安全二者的权衡，对于该法案的争论也必将持续下去。■

2001 年

《萨班斯–奥克斯利法案》

保罗·萨班斯（Paul Sarbanes，1933— ）
迈克尔·奥克斯利（Michael Oxley，1944— ）

图为安然公司的标志，悬挂在安然公司位于得克萨斯州休斯顿（Houston）的总部大楼前。

泡沫法案（1720 年），公司人格与责任（1897 年），反垄断（1911 年），华尔街监管（1933 年），华尔街的改革（2010 年）

2002 年

自 1933 年和 1934 年《证券法》出台以来，联邦政府便一直要求公司对财务状况进行充分且有效的披露，以此来充分保护投资者和股东免受企业不法行为的侵害。2001 年，在长时间维持不良记录和糟糕的财务状况后，安然公司（Enron Corporation）宣告破产。这是当时最大的公司破产和审计失败案件，美国能源公司（American Energy Company）也因此登上了全世界的新闻头条。

安然公司的管理人员误导审计实务，并给公司审计人员施压，让他们保持沉默，以此来规避他们本应承担的披露义务。这样做，不仅让安然公司深陷破产泥潭，也导致安达信会计师事务所（Arthur Andersen LLP）解散。安达信是当时世界上最大的五家会计和审计公司之一。随之而来的是涉案 400 亿美元的投资者诉讼以及刑事指控，让安然公司的高管们锒铛入狱。

安然遭受大惨败，其他公司也频频传出不规范财务报表的丑闻，事后，联邦政府插手此事。2002 年，国会通过了《萨班斯–奥克斯利法案》，对公司如何保存审计档案，以及如何公开报告财务信息，设定了新的法律规则。这部法律不仅要求强化对公司的会计监管，禁止审计员提供非审计服务（目的是降低潜在的利益冲突），审计委员会的董事成员也仅限于独立董事。同时，该法还要求首席执行官和财务管理人员就财务报告的准确性提供个人证明（personal attestation）。这些规定用以保护股东免受公司董事违反信托义务带来的侵害，以及打消投资者们对于投资美国公司安全性的疑虑。

《萨班斯–奥克斯利法案》已经颁布了十多年，但对于其功过的讨论仍然热度未减。支持者认为这部法律强化了公司的责任和义务。但反对者却指出，如果要完全遵从法律所规定的复杂要求，那么预计每个公司每年要花费 200 万美元，这种巨大的负担最终会通过高售价转嫁给消费者，还会阻碍成功的私营企业上市。■

国际刑事法庭

图为位于荷兰海牙的国际刑事法庭。

《日内瓦公约》（1864 年），纽伦堡审判（1945 年），联合国《防止及惩治灭绝种族罪公约》（1948 年），欧洲人权法院（1959 年）

纽伦堡审判后，联合国国际法委员会（United Nations International Law Commission）拟在未来建立一个常设法庭来处理类似的国际刑事案件。当时，联合国大会正忙于进行相关的谈判，并在此基础上产生了 1948 年《预防和惩治灭绝种族罪的公约》（*Convention on the Prevention and Punishment of the Crime of Genocide*）。这些谈判内容包括讨论国际犯罪的普遍管辖权，但最后的公约在这一点上未能达成共识。随之而来的冷战（Cold War）又阻碍了建立国际刑事法庭的进程。

针对南非的种族隔离犯罪，联合国从 20 世纪 80 年代开始，就尝试进行新的努力，一直持续到 90 年代。1994 年，联合国安全理事会（U.N. Security Council）设立了前南斯拉夫国际刑事特别法庭（International Criminal Tribunal for the Former Yugoslavia，ICTY）和卢旺达国际刑事法庭（International Criminal Tribunal for Rwanda）。1999 年前南斯拉夫独裁者斯洛博丹·米洛塞维奇（Slobodan Milošević）被起诉，并于 2002 年初开始，在前南斯拉夫国际刑事法庭接受审判，这让他成为第一位站在国际刑事法庭接受审判的国家元首。2006 年，审判尚未结束，他便在自己的囚室里死亡。国际法学者威廉·夏巴斯（William Schabas）认为，这些"所谓的特设法庭为国际刑事司法提供了一个实验平台"。

1995 年，联合国大会专门为设立国际刑事法庭组建了一个筹备委员会（Preparatory Committee），因此在罗马召开了 1998 年外交会议。会议结果是，26 个国家签署加入《罗马规约》（*Rome Statute*），决定设立国际刑事法庭。经 60 个成员国批准后，《罗马规约》于 2002 年 7 月 1 日生效。截至 2015 年 1 月，已经有 123 个国家成为《罗马规约》的成员国。

国际刑事法庭是一个独立于联合国而存在的机构，总部设在海牙（The Hague）。它起诉并审理那些被指控犯有种族灭绝罪、反人类罪和战争罪的人，但这仅适用于某成员国没有根据其本国的司法系统进行起诉的案件。国际刑事法庭虽然已经存在了十余年，但却并未达到预期的效果。审判一拖再拖，国家也并不总是充分配合，而美国至今仍拒绝成为签署国。■

2002 年

公共目的和土地征收

苏泽特·凯洛（Susette Kelo，1956— ）
约翰·保罗·斯蒂文斯（John Paul Stevens，1920— ）
凯洛诉新伦敦市案（Kelo v. City of New London）

图为苏泽特·凯洛站在她出名的粉色
小屋前，这座房子位于康涅狄格州的
新伦敦市。

 占有的优先性（1805 年），控制租金（1946 年）

2005 年

1998 年，康涅狄格州的新伦敦市着手实施一个水滨商业区重建项目，用来创造就业机会、增加税收收入，并振兴衰退的城市经济。这一计划需要征收购买私人土地。尽管多数居民都愿意出售自己的土地，但是苏泽特·凯洛和另外 8 名长期拥有自己私人土地的居民对此表示反对，他们找到了一个司法判例，该判例认为城市征用土地的行为在宪法体系下构成了非法"征收"（taking）。

第五修正案规定，"不给予公共赔偿"，私有财产便不得"充作公用"（for public use）。鉴于涉案土地为私人所有，由私人进行运营，并且不在公共使用的范围内，因此联邦最高法院需要进行考察的是，该城市发展计划是否合乎"公共目的"（public purpose）。法院在考虑当地公众需求时，强调了联邦制度和尊重各州立法机关和法院的重要性，并在此基础上认定，新伦敦市的发展计划属于一个传统意义上的"公共目的"范围。

法院作出判决，认为对于地方政府的征用权，各州可以采用立法方式予以限制。对此，宪法学教授乔纳森·L. 恩庭（Jonathan L.Entin）认为，"对于这项提议，各州都求之不得"，其部分原因在于法院作出的判决引起了公愤。在一次 2011 年的演讲中，已退休的法官约翰·保罗·斯蒂文斯承认，凯洛案是"我在任职于联邦最高法院的三十四年中审理并作出的最不受欢迎的判决之一"。法学学者罗伯特·利维（Robert Levy）和威廉·梅勒（William Mellor）指出，"在凯洛案判决后的一年内，有 34 个州纷纷进行立法，来限制先前不受约束的权力。"

2013 年 4 月，苏泽特·凯洛最后一次在众议院司法委员会宪法和民事司法小组委员会（House Judiciary Committee Subcommittee on the Constitution and Civil Justice）面前作证时说道，该区域并未进行任何开发，"至今，这片土地上仍然是光秃秃的，杂草丛生，野猫遍地"。■

枪支管控的合法性

哥伦比亚特区诉赫勒案（*District of Columbia v. Heller*）
麦克唐纳诉芝加哥案（*McDonald v. Chicago*）

针对州法律的严格限制，联邦最高法院在判决中，主张公民享有持枪权。但是，这些判决并未让人们对第二修正案的争论消停下来。

美国宪法（1787 年），《权利法案》（1791 年），民兵和携带武器的权利（1939 年）

在肯尼迪总统、马尔克姆·X（Malcolm X）、马丁·路德·金遇刺后，不到五年的时间，参议员罗伯特·肯尼迪（Robert Kennedy）再次被暗杀，国会于 1968 年通过了《枪支管控法案》（*Gun Control Act*），对购买枪支作出重要限制。这些因素交织在一起，引发了公众对枪支管控持续数年的争论。

在 1988—1992 年间，尽管哥伦比亚特区有着全国最为严格的一部枪支管控法，但其仍被称为美国的谋杀之都，这几年，在每十万居民中，平均每年约有 72 人被谋杀。在 1996 年、1998 年和 1999 年，同样的状况再次上演。迪克·赫勒（Dick Heller），一名被授权可以携带枪支但不允许放置家中的特警，对哥伦比亚特区这一规定的合宪性提出司法挑战。哥伦比亚特区的上诉法院否定了这一法律。联邦最高法院在审理这一案件时发现"在我国历史上，很少有法律像哥伦比亚特区的手枪禁令那样，对枪支进行严格的限制"，而这实际上是违反宪法的，因为其侵犯了"他人固有的自卫权（self-defense）……这一第二修正案的核心权利"。法院通过判决维护了第二修正案中的个人权利立场，即法院主张，基于人身安全考虑，要保障公民个人拥有自己枪支的权利。

两年后，法院在麦克唐纳诉芝加哥案中认定，第二修正案的规定适用于各州，因此要求各州管控枪支的立法规定要与第二修正案中的权利相适应。但是，白赫勒案和麦克唐纳案后，美国发生了一系列无法想象的大规模枪击事件，其攻击对象多为学校和儿童。在康涅狄格州纽顿镇（Newtown）桑迪胡克小学（Sandy Hook Elementary School）27 名学生遭枪击遇难数天后，2012 年 12 月，《ABC 新闻》（*ABC News*）的一篇报道称，自 1999 年在哥伦比亚高中有 13 人被枪杀后，美国已经发生了 31 起校园枪击事件。2013—2014 年，又增加了另外 8 起校园枪击事件，总共造成 13 人死亡。这些事件加大了人们对枪支的讨论，促使新法的颁布，这些新的法律规定将可能会面临新的司法挑战。至于联邦最高法院是否会重新审视第二修正案的意义，我们还要拭目以待。■

2008 年

谷歌图书搜索引擎提供了 3000 多万本图书的扫描内容，但只有征得作者同意或是版权到期的书，才可以看到全文。谷歌图书这样做是否侵犯了版权，取决于美国联邦第二巡回法庭如何界定"合理使用"。

《安妮法令》（1710 年），美国第一部版权法（1790 年），《伯尔尼公约》（1878 年），《版权法》（1976 年），时间转移与合理使用（1984 年），数字时代的版权（1999 年），版权的扩张（2001 年）

2010 年

互联网彻底改变了我们的世界。从通信到商业，从教育到娱乐，网络已经改变并将持续改变着一切，就连我们阅读的内容和方式也不例外。谷歌学术矗立在这一发展的前沿。正如数字时代著名的版权学者詹姆斯·格林明曼（James Grimmelmann）所解释的那样，"我们正在经历的是印刷术发明以来，出版行业的最大变革，也是版权出现后，版权领域发生的最大革新。对于我们如何应对这些变革，法律将发挥巨大的作用。"

2004 年，谷歌公司和高校图书馆合作，将馆内书籍扫描并进行数字化，形成在线电子书库，方便用户通过网络搜索利用。尽管通过谷歌学术可以搜索每本书的全部内容，但可以复制的只有书目、摘要和小部分图书片段。通过谷歌提供的网上链接，搜索者可以选择购买或者从当地图书馆借阅此书。只有征得作者同意或者著作权到期的书籍，即无版权作品，才可以通过谷歌获得全部内容。

2005 年，美国作家协会和美国出版商协会（Association of American Publishers）提起集体诉讼，称谷歌学术侵犯了数千项著作权。谷歌则辩解，其行为构成版权法所规定的"合理使用"，因而并不违法。2008 年，双方宣布已经达成和解协议，但需要法院的认可。2011 年，法院否定了这一协议。

截至 2013 年年中，谷歌扫描的图书数量已经超过了 3000 万。同年晚些时候，美国地区法院法官陈卓光（Denny Chin）驳回原告起诉，裁定谷歌图书项目构成对版权作品的合理使用。2013 年 12 月，美国作家协会就该判决上诉至美国第二巡回法庭，该上诉于 2014 年 12 月 4 日进行审理。至于最后判决结果如何以及何时做出判决，仍是个未知数。但毫无疑问的是，它将对版权法未来的发展产生深远影响。■

华尔街的改革

克里斯多夫·杜德（Christopher Dodd，1944— ）
巴尼·弗兰克（Barney Frank，1940— ）
巴拉克·奥巴马（Barack Obama，1961— ）

图为全副武装的纽约市警察局警员在华尔街附近的纽约证券交易所（New York Stock Exchange）站岗。

《联邦储备法》（1913 年），华尔街监管（1933 年），《证券交易法》（1934 年）

2010 年

在经济大萧条期间，国会颁布了相关法律，旨在调整金融服务行业，防止国家经济稳定性再次遭遇崩溃。近 80 年来，这一调整计划的事实基本令人满意。但在 2008 年秋天发生的一系列金融震荡，将整个调整体系推向了崩溃的边缘。

存在多年的房产价格泡沫刺激了高风险借贷，催生了次级房贷市场，紧随其后的，是无法想象的违约数量。金融公司损失惨重：雷曼兄弟（Lehman Brothers）破产；房利美（Fannie Mae）和房地美（Freddie Mac）由政府接手管理；美林证券（Merrill Lynch）和美国国际集团（AIG）通过贱卖 850 亿美元的美联储贷款逃过一劫，没有破产。原有监管体系已失效，新一轮的经济衰败正在上演。

2009 年 7 月，财政部秘书长蒂莫西·盖特纳（Timothy Geithner）发布了一项监管改革计划，该计划曾被国会作为提供经济新防护的模板。一年后奥巴马总统签署了《多德－弗兰克华尔街改革和消费者保护法》（Dodd-Frank Wall Street Reform and Consumer Protection Act），这是自 20 世纪 30 年代以来最彻底的金融改革法案。与这项 848 页的法案相比，大萧条过后的三次主要立法都黯然失色。更令人生畏的是，该法案要求美国证券交易委员会（SEC）、美国商品期货委员会（CFTC）、联邦存款保险公司（FDIC）、美联储（Federal Reserve），以及金融服务监督委员会（Financial Services Oversight Council，FSOC）和消费者金融保护局（Consumer Financial Protection Bureau，CFPB）这些新机构都要遵守并执行其中的法律规定。

《多德－弗兰克法》创建了金融服务监督委员会，促使"具有系统性重要意义的"（systemically significant）公司接受更为"谨慎"（prudential）的监管，包括限制杠杆经营、提高资本标准，以及检查风险投资形式；创建消费者金融保护局，以监督消费者保护；要求更多的衍生金融产品，在受管制的交易所进行明示和交易；对对冲基金施行新的登记制度和报告要求；要求信用评级机构加大信息披露力度，使它们受法律责任条款的约束；禁止通过美国银行进行自营交易；规范高管薪酬；以及为管理零售客户投资制定新的服务标准。

截至 2013 年中期，监管机构已经发布了近 14000 页的管理规范，但他们仍未完成亟须的监管规范。■

青少年刑罚的未来

约翰·迪鲁里奥（John Dilulio，1958— ）
罗珀诉西蒙斯案（*Roper v. Simmons*）
格雷厄姆诉佛罗里达州案（*Graham v. Florida*）
米勒诉亚拉巴马州案（*Miller v. Alabama*）

心理学研究指出，青少年对其行为后果往往缺乏成熟且充分的认识，这一研究对于未成年人的量刑从惩罚转向矫治，发挥了重要作用。

 废除死刑（1972 年），恢复死刑（1976 年）

20 世纪后半叶，美国见证了青少年暴力犯罪的增长。这一趋势的确值得关注，但有人却将此情形比作一场全面爆发的流行病。1995 年，当时的普林斯顿大学教授约翰·迪鲁里奥创造了"超级恶煞"（superpredator）这一术语来形容"新生代"（new breed）青少年罪犯，他们"对人类生命毫无尊重，对未来也没有任何憧憬"。他的尖锐理论震撼了公众，人们开始寄希望于立法者来提供保护。2011 年，司法部少年司法与犯罪预防办公室（Department of Justice Office of Juvenile Justice and Delinquency Prevention）在一份报告中详细展示，到 20 世纪 90 年代末，"几乎每个州的立法机关都大范围地变更法律规定，允许或要求在成人刑事法庭起诉青少年。"这些法律规定的改变将青少年暴露在终身监禁和死刑的威胁中。

但是，随着新调查研究的开展，超级恶煞理论的神秘感逐渐被削弱，对未成年人犯罪的末日预言被破除，社会上的反对之声也随之而来。各州开始拒绝将青少年视为成人，很多州（包括康涅狄格州、马萨诸塞州、北卡罗来纳州和威斯康星州）都相继颁布立法，提高了少年法庭管辖权的最高刑事责任年龄。甚至连迪鲁里奥自己都承认，对相关问题的研究"茅塞顿开"（epiphany）。在 2001 年《纽约时报》的一篇文章中，他承认他的超级恶煞理论已经不足为信。

紧接着，2005—2012 年，联邦最高法院正式公布了三个具有里程碑意义的判决，这反映了在未成年人量刑上社会心态的变化。2005 年罗珀诉西蒙斯案中，法院认为对未成年人判处死刑，构成了残酷和不寻常的刑罚。在罗珀案的基础上，法院进一步采取措施，在 2010 年的格雷厄姆诉佛罗里达州案和 2012 年的米勒诉亚拉巴马州案中宣布，判决未成年人终身监禁且不得假释的做法，违反了宪法。每一项裁决中，联邦最高法院的说理都会依赖这样一项心理学研究，该研究证实，青少年对其行为会产生的后果往往缺乏成熟的、充分的认识。

现在，迪鲁里奥正努力帮助失足的青少年。并且根据这三个判决，21 世纪青少年犯罪的量刑范式已经从惩罚（punishment）和报应（retribution）转向为矫治（rehabilitation）。■

《平价医疗法案》

巴拉克·奥巴马（Barack Obama, 1961— ）
约翰·罗伯茨（John Roberts, 1955— ）
金诉伯韦尔案（King v. Burwell）

奥巴马总统在连任的竞选活动中，将《平价医疗法案》的益处作为重中之重加以强调。图为2012年北卡罗来纳州（North Carolina）夏洛特市（Charlotte）的民主党全国代表大会现场，在奥巴马演讲后，奥巴马与拜登一家在台上拥抱。

国会对商业的管理权（1824年），国会有权征收所得税（1909年），精神病治疗和提醒义务（1976年），干细胞与克隆立法（1995年）

自1849年美国首席大法官罗杰·托尼（Roger Taney）将控辩各方的口头辩论时间限制为两小时后（1925年减半，1970年又重新恢复两小时），无数案件被提交到美国联邦最高法院。法院只允许在少数例外案件中，延长口头辩论。2012年2月，《患者保护与平价医疗法案》（*Patient Protection and Affordable Care Act*，ACA）的案件辩论持续了近六小时，成为过去五十年里辩论用时最长的案件。

总体而言，《平价医疗法案》旨在增加美国人民享受医疗保险的范围，并扩大医疗补助的覆盖率，事实却证明，这些广为称颂的目标备受争议。2010年3月23日，奥巴马总统在正午前正式将《平价医疗法案》签署为法律。7分钟后，13个州针对这部法律的合宪性提起诉讼。随后，另外13个州也出于各自的商业利益而加入其中。联邦地区法院和联邦第十一巡回上诉法院都基于不同的理由推翻了该案，并认定其违宪，但令专家们感到惊讶且十分困惑的是，联邦最高法院作出了支持该法案的判决。宪法学者纳撒尼尔·佩尔西（Nathaniel Persily）、吉利安·梅茨格（Gillian Metzger）和特雷弗·莫里森（Trevor Morrison）写道："没有人预见到法官们的古怪联合和理论依据，他们对该法中的某些部分表示支持，但推翻了剩余内容，还提供新的解释来论证联邦权力的四种不同宪法渊源。"

首席大法官约翰·罗伯茨代表的多数意见对法案中的强制性规定予以支持，即所有人均应获得医疗保险，且国会对此有征税的权力。然而，涉及贸易条款或必要的合理性条款（necessary and proper clause）时，国会的权力边界则会受到限制。法院不仅发现，这些条款的界限已经被有关的法律规定所打破，通过此类规定，国会并未行使规范商业的权力，而是指令"公民个人去参与其中"。同时，法院也认为，该法案迫使各州扩大医疗保险范围，并以此作为获取联邦资金的条件，这种做法在宪法"开支条款"（spending clause）的规定下，是站不住脚的。

医疗的一个基本原则是"无伤害"（do no harm）原则，其常常被错误地归因于希波克拉底（Hippocrates，一位希腊的名医）。具有讽刺意味的是，《平价医疗法案》遭到的最尖锐的批评竟是来自它可能或已经对医疗体系造成的伤害。或许，废除《平价医疗法案》的尝试将会持续下去，但在2015年，联邦最高法院再次通过判决认定了该法案的有效性，尽管法院认为这部法律中包含了"不少草率的规定"。■

2012年

France

Google Search   I'm Feeling Lucky

Communiqué: la formation restreinte de la Commission nationale de l'informatique et des libertés a condamné la société Google à 150 000 euros d'amende pour manquements à la loi « informatique et libertés ». Décision accessible à l'adresse suivante: http://www.cnil.fr/linstitution/missions/sanctionner/Google/

Google.fr offered in: Français

图为谷歌被迫在法国版主页，对自己违反 GDPR 并遭到罚款一事进行公示。

2016 年

"这是最好的时代，也是最坏的时代。"在信息大爆炸的今天，个人数据以前所未有的方式自由流动，个人的基本信息、行程轨迹甚至是喜怒哀乐，都充分暴露在数据空间中。2013 年，爱德华·斯诺登（Edward Snowden）的棱镜门事件，暴露了美国国家安全局（NSA）对个人数据监督的广度与深度，个人数据的安全问题成为全球焦点。

早在 1995 年，欧盟就通过《个人数据保护指令》（Data Protection Directive）这一原则性规范，为欧盟各国提供了数据保护的最低标准。但由于该指令本身并不具备直接适用的法律效力，而且随着互联网的发展，数据在经济中的价值得到空前的开发与挖掘，加剧了个人数据和隐私被滥用的风险，数据保护立法亟须完善。在历经四年多谈判，并对草案进行 4400 多处修订后，2016 年 4 月 27 日，欧盟正式颁布《一般数据保护条例》（简称 GDPR）。

GDPR 沿袭了《个人数据保护指令》的基本精神和框架，重申了"保护自然人的基本权利和自由"与"促进个人数据自由流动"两项立法宗旨，明确规定处理个人数据要遵循合法性和公平性、目的限制、数据最小化、准确性和存储限制等原则。但 GDPR 搭建了更为严格的数据保护框架，主要体现在：第一，扩大适用范围。除 GDPR 第 2 条中明确列举的基于公共安全、追诉刑事犯罪等目的外，其他处理个人数据的行为都要受到 GDPR 调整。第二，扩大数据主体的权利。GDPR 继续将"数据主体的同意"作为处理个人信息的合法性基础，进一步要求"同意"必须是明确的。同时，增加更正权、被遗忘权、数据携带权、限制处理权等新型权利。第三，加重数据控制者、处理者的责任和义务。要求数据处理者要保存数据处理活动记录、进行数据保护影响评估、任命数据保护官等。第四，强化个人数据的监管和救济机制。GDPR 用专章介绍了监管机构，创设欧洲数据保护委员会作为欧盟的常设机构。值得关注的是，GDPR 对违法行为的行政处罚力度是空前的，如果被罚对象是企业，则可处以其上一财政年度全球营业总额 4% 的罚款。这一力度和欧盟的反垄断处罚已经基本处于同一水平。2019 年 1 月，谷歌因违反数据隐私保护相关规定，被法国监管机构开出了 5000 万欧元的罚单。谷歌成为欧盟 GDPR 实施以来，第一个被处罚的美国科技巨头。■

注释与延伸阅读

在本书的写作过程中，我查阅了大量的书籍、文章、期刊、法院判例、法律文件、网络出版物以及其他资料。下面是其中涉及的最重要、最常用的文献。

一般阅读

Aitken，Robert，and Marilyn Aitken. *Law Makers，Law Breakers and Uncommon Trials. Chicago*: American Bar Association，2007.

Chiasson，Lloyd，ed. *The Press on Trial: Crimes and Trials as Media Events.* Westport: Greenwood Press，1997.

Ciment，James，ed. *Encyclopedia of American Immigration.* Armonk: M.E. Sharpe，2001.

Dickler，Gerald. *Man on Trial: History-Making Trials from Socrates to Oppenheimer.* Garden City: Doubleday，1962.

Encyclopædia Britannica Online; www. britannica.com.

Hall，Kermit，and James W. Ely Jr. *The Oxford Guide to United States Supreme Court Decisions.* New York: Oxford University Press，2009.

Harris，Brian. *Injustice: State Trials from Socrates to Nuremburg.* Stroud: Sutton Publishing，2006.

Hutchinson，Allan. *Is Eating People Wrong? Great Legal Cases and How They Shaped the World.* Cambridge: Cambridge University Press，2011.

Johnson，Dennis. *The Laws That Shaped America: Fifteen Acts of Congress and Their Lasting Impact.* New York: Routledge，2009.

Katz，Stanley，ed. *The Oxford International Encyclopedia of Legal History.* Online edition，2012.

Knappman，Edward，ed. *Great American Trials. 2 vols.* Detroit: Gale Group，2002.

Lieberman，Jethro Koller. *A Practical Companion to the Constitution.* Berkeley，CA: University of California Press，1999.

Linder，Douglas. *Famous Trials.* http://law2. umkc.edu/faculty/projects/ftrials/ftrials.html.

Mikula，Mark，and L. Mpho Mabunda，eds. *Great American Court Cases.* 4 vols. Farmington Hills: Gale Group，1999.

Seagle，William. *Men of Law，From Hammurabi to Holmes.* New York: Macmillan，1947.

Shaffern，Robert. *Law and Justice from Antiquity to Enlightenment.* Lanham: Rowman & Littlefield Publishers，2009.

Tanenhaus，David，ed. *Encyclopedia of the Supreme Court of the United States.* Detroit: Macmillan Reference，2008.

VerSteeg，Russ. *Law in the Ancient World.* Durham: Carolina Academic Press，2002.

White，G. Edward. *Law in American History: Volume 1: From the Colonial Years through the Civil War.* New York: Oxford University Press，2012.

Zane，John Maxcy. *The Story of Law.* 2nd ed. Indianapolis: Liberty Fund，1998.

公元前 2550 年，最古老的书面遗嘱

Harris，Virgil. *Ancient，Curious and Famous Wills.* Boston: Little Brown，1911.

New York Times. "Oldest of Known Wills: Unearthed at Kahun，in Egypt，by Mr. Petrie." February 2，1890，p. 14.

约公元前 2100 年，《乌尔纳姆法典》

Feldbrugge，F. J. M.，ed.，*The Law's Beginnings.* Leiden: Martinus Nijhoff，2003. See p. 137，Veenhof，K.，"Before Hammurabi of Babylon. Law and the Laws in Early Mesopotamia."

Kramer，S. N. "The Ur-Nammu Law Code: Who Was Its Author?" *Orientalia*，vol. 52 (1983): 453–456.

约公元前 1792 年，《汉谟拉比法典》

Harper，Robert Francis. *The Code of Hammurabi King of Babylon*. Chicago: University of Chicago Press，1904.

Miller，William. *Eye for An Eye*. Cambridge: Cambridge University Press，2006.

约公元前 1300 年，十诫

Dershowitz，Alan. *The Genesis of Justice*. New York: Warner Books，2000.

公元前 621 年，《德拉古法典》

Freeman，Morton. *A New Dictionary of Eponyms*. Oxford Reference Online，2012.

von Dornum，Deirdre Dionysia. "The Straight and the Crooked: Legal Accountability in Ancient Greece." *Columbia Law Review*，vol. 97，no. 5 (1997): 1483–1518.

公元前 594 年，梭伦立法

Maine，Henry. *Ancient Law*. New Brunswick, NJ: Transaction Publishers，2002.

Pharr，Ralph. "Solon and the Greek Legal System." *Mercer Law Review*，vol. 20 (1969): 443.

约公元前 480 年，《格尔蒂法典》

Gagarin，Michael. "The Organization of the Gortyn Law Code." *Greek，Roman，and Byzantine Studies*，vol. 23 (1982): 129–146.

Roby，H. J.，"The Twelve Tables of Gortyn." *Law Quarterly Review*，vol. 2 (1886): 135–152.

公元前 450 年，《十二铜表法》

Madden，M. Stuart. "Integrating Comparative Law Concepts into the First Year Curriculum: Torts." *Journal of Legal Education*，vol. 56，no. 4 (2006): 560–577.

Maine，Henry. *Ancient Law*. New Brunswick, NJ: Transaction Publishers，2002.

公元前 399 年，苏格拉底的审判

D'Amato，Anthony. "Obligation to Obey the Law: A Study of the Death of Socrates." *Southern California Law Review* (1976): 1079.

Hermann，Donald. "Socrates on Justice and Legal Obligation." *Seton Hall Law Review*，vol. 11 (1981): 663.

约 180 年，《塔木德经》

Glenn，H. Patrick. *Legal Traditions of the World*. Oxford: Oxford University Press，2000.

Hecht，N. S.，et al.，*An Introduction to the History and Sources of Jewish Law*. Oxford: Oxford University Press，1976.

约 250 年，第一所法学院

Chroust，Anton-Hermann. "Legal Education in Ancient Rome," *Journal of Legal Education*，vol. 7 (1955): 509.

Lawler，Andrew. "Rebuilding Beirut." *Archaeology*，vol. 64，no. 4 (2011).

McNamee，Kathleen. "Another Chapter in the History of Scholia." *The Classical Quarterly*，vol. 48，no. 1 (1998): 269–288.

约 250 年，古爱尔兰法

Ginnell，Laurence. *The Brehon Laws: A Legal Handbook*. London: T. Fisher Unwin，1894.

Gorman，M. J. "The Ancient Brehon Laws of Ireland." *University of Pennsylvania Law Review*，vol. 61，no. 4 (1913): 217–233.

529 年，《查士丁尼法典》

Berman，Harold. "The Origins of Western Legal Science." *Harvard Law Review*，vol. 90 (1976): 894.

Merryman，John，and Rogelio PerezPerdomo. *The Civil Law Tradition: An Introduction to the Legal Systems of Europe and Latin America*. 3rd ed. Stanford: Stanford University Press，2007.

561 年，爱尔兰版权案

Adamnan，St. *The Historians of Scotland*，Vol. VI. Edinburgh: Edmonston and Douglas，1874. See esp. "Life of Saint Columba，Founder of Hy."

Menzies，Lucy. *Saint Columba of Iona*. London: J.M. Dent & Sons，Ltd.，1920.

624 年，唐律

Johnson, Wallace. *The T'ang Code, Vols. I and II*. Princeton: Princeton University Press, 1979.

1140 年，教会法和《格拉提安教令集》

Berman, Harold. "The Origins of Western Legal Science." *Harvard Law Review*, vol. 90 (1976): 894.

Coughlin, John. *Canon Law: A Comparative Study with Anglo-American Legal Theory*. Oxford: Oxford University Press, 2011.

1166 年，《克拉伦登法令》

Helmholz, Richard. "The Early History of the Grand Jury and the Canon Law." *University of Chicago Law Review*, vol. 50 (1983): 613–627.

Schiappa, Susan. "Preserving the Autonomy and Function of the Grand Jury: *United States v. Williams*." *Catholic University Law Review*, vol. 43 (1993): 311.

约 1200 年，商人习惯法

Basile, Mary Elizabeth, ed. and trans., et al., *Lex Mercatoria and Legal Pluralism: A Late Thirteenth-Century Treatise and Its Afterlife*. Cambridge: The Ames Foundation, 1998.

Donahue Jr., Charles. "Medieval and Early Modern *Lex Mercatoria*: An Attempt at the *Probatio Diabolica*." *Chicago Journal of International Law*, vol. 5 (2005): 21.

1215 年，《大宪章》

Howard, A. E. Dick. *Magna Carta, Text and Commentary*. Charlottesville: University Press of Virginia, 1964.

Podgers, James. "The 800-Year Reunion." *ABA Journal*, vol. 98 (2012): 60.

1275 年，《威斯敏斯特法案》

Plucknett, Theodore. *Studies in English Legal History*. London: The Hambledon Press, 1983.

Stubbs, William. *The Constitutional History of England in Its Origin and Development*. 4th ed. Oxford: Clarendon Press, 1896.

约 1350 年，星室法庭

Barnes, Thomas. "Star Chamber Mythology." *The American Journal of Legal History*, vol. 5, no. 1 (1961): 1–11.

Clapp, James, et al., *Lawtalk: The Unknown Stories Behind Familiar Legal Expressions*. New Haven: Yale University Press, 2011.

1431 年，圣女贞德的审判

Frank, John P. "The Trial of Joan of Arc." *Litigation*, vol. 23 (1996): 51.

Tiefenbrun, Susan. "Why the Medieval Trial of Joan of Arc Is of Particular Interest Today." *Journal of Law and Religion*, vol. 21 (2005/2006): 469.

1481 年，利特尔顿的《论占有》

Bracton, Gascoigne, Fortescue, and Littleton. "Notices of Early English Lawyers." *Law Magazine or Quarterly Review of Jurisprudence*, vol. 26 (1841): 267.

Luther, Peter. "Littleton and the Poets, A Literary Footnote to a Legal Text." *Nottingham Legal Journal*, vol. 5 (1996): 21.

1492 年，阿尔罕布拉法令

Ajami, Fouad. "The Other 1492: Jews and Muslims in Columbus's Spain." *The New Republic*, April 6, 1992: 22–25.

Katz, William. "Columbus and the American Holocaust." *The New York Amsterdam News*, October 9–15, 2003.

1527 年，《古法律词汇》

Cowley, J. D. "Some Early Dictionaries of English Law." *Juridical Review*, vol. 36 (1924): 165.

Yates, Sarah. "Black's Law Dictionary: The Making of an American Standard." *Law Library Journal*, vol. 103 (2011): 175–198.

1601 年，《济贫法》

Fowle, T. W. *The Poor Law*. Littleton: F.B. Rothman, 1980.

Rosenheim, Margaret. "Vagrancy Concepts in Welfare Law." *California Law Review*, vol. 54 (1966): 511.

1616 年，义务教育法

Soysal，Yasemine Nuhoglu，and David Strang. "Construction of the First Mass Education Systems in Nineteenth-Century Europe." *Sociology of Education*，vol. 62 (1989): 277–288.

World Heritage Encyclopedia Online，"School Establishment Act 1616."

1625 年，《战争与和平法》

Dugard，John. "Grotius, the Jurist and International Lawyer: Four Hundred Years On." *South African Law Journal*，vol. 100 (1983): 213.

Reeves，Jesse. "The Life and Work of Hugo Grotius." *American Society of International Law Proceedings*，vol. 19 (1925): 48.

1629 年，第一部 "蓝法"

Boswell，Brown Hill. "Note，Sunday Laws." *North Carolina Law Review*，vol. 43 (1964): 123–154.

Clapp，James，et al.，*Lawtalk: The Unknown Stories Behind Familiar Legal Expressions*. New Haven: Yale University Press，2011.

1648 年，《威斯特伐利亚合约》

Croxton，Derek. "The Peace of Westphalia of 1648 and the Origins of Sovereignty，" *International History Review*，vol. 21 (1999): 569.

Gross，Leo. "The Peace of Westphalia，1648–1948." *American Journal of International Law*，vol. 42 (1948): 20–41.

Rowen，Herbert. "The Peace of Westphalia Revisited." *Journal of Modern History*，vol. 33 (1961): 53–56.

1651 年，《利维坦》

Hobbes，Thomas. *Leviathan，or The Matter*，Form and *Power of a Commonwealth，Ecclesiastical and Civil*. 2nd ed. London: George Routledge and Sons，1886.

Medina，Loreta. *The Creation of the U.S. Constitution*. Farmington Hills: Greenhaven Press，2003.

1670 年，布歇尔案

Mason，Wilmer. "The Four Jurors in Bushell's Case." *American Bar Association Journal*，vol. 51，no. 6 (1965): 543–547.

Nager，Barry. "The Jury That Tried William Penn." *American Bar Association Journal*，vol. 50 (1964): 168–170.

1679 年，《人身保护法》

Duker，William F. *A Constitutional History of Habeas Corpus*. Westport: Greenwood Press，1980.

White，Edward G. *Law in American History*，Vol. 1. New York: Oxford University Press，2012.

1685 年，路易十四的《黑人法典》

Palmer，Vernon Valentine. *The Louisiana Civilian Experience*. Durham: Carolina Academic Press，2005.

Rodriguez，Junius P.，ed. *The Historical Encyclopedia of World Slavery*，*Vol. 1*. Santa Barbara: ABC-CLIO，1997. See esp. Chew，W. "Code Noir，" 168–169.

1692 年，塞勒姆女巫审判案

Louis-Jacques，Lyonette. "The Salem Witch Trials: A Legal Bibliography." *University of Chicago Library News Online*，October 29，2012.

1695 年，《许可证法》的失效

Hargreaves，Robert. *The First Freedom: A History of Free Speech*. Gloucestershire: Sutton Publishing Limited，2002.

Siebert，Fredrick. *Freedom of the Press in England 1476–1776: The Rise and Decline of Government Control*. Urbana: University of Illinois Press，1965.

1710 年，《安妮法令》

Bently，Lionel.，et al.，*Global Copyright: Three Hundred Years Since the Statute of Anne，from 1709 to Cyberspace*. Cheltenham，UK: Edward Elgar Publishing Limited，2010.

Patry，William F. *Copyright Law and Practice*. Washington，DC: Bureau of National Affairs，2011.

1720 年，泡沫法案

Patterson，Margaret，and David Reiffen. "The Effect of the Bubble Act on the Market for Joint Stock Shares." *Journal of*

Economic History，vol. 50 (1990): 163.

Watzlaff，R. H. "The Bubble Act of 1720." *Abacus*，vol. 7 (1971): 8–28.

1735 年，约翰·彼得·曾格案

Rutherford，Livingston. *John Peter Zenger: His Press，His Trial，and a Bibliography of Zenger Imprints.* New York: Dodd，Mead & Co.，1904.

1751 年，《禁酒法案》

Johnson，Frederic，and Ruth Kessler. "The Liquor License System: Its Origin and Constitutional Development." *New York University Law Quarterly Review*，vol. 15 (1937/1938): 210.

Randall，H. J. "The Evolution of the 'Pub' —A Sketch of the Earlier History of the Licensing Laws." *Law Quarterly Review*，vol. 20 (1904): 316.

1761 年，搜查令案件

Stephens，Otis，and Richard Glenn. *Unreasonable Searches and Seizures: Rights and Liberties under the Law.* Santa Barbara: ABC-CLIO，Inc.，2006.

Trasewick，E. W. "Search Warrants and Writs of Assistance." *Criminal Law Quarterly*，vol. 5 (1962): 341.

1765 年，布莱克斯通的《英国法释义》

Lee，Duncan Campbell. "Blackstone." *American Bar Association Journal*，vol. 10 (1924): 395.

Lockmiller，David. "Sir William Blackstone." *Brief*，vol. 68 (1972/1973): 26.

1787 年，美国宪法

Beeman，Richard. *Plain，Honest Men: The Making of the Constitution.* New York: Random House，2010.

Medina，Loreta. *The Creation of the U.S. Constitution.* Farmington Hills: Greenhaven Press，2003.

1789 年，《司法条例》

Carp，Robert，and Ronald，Stidham. *The Federal Courts.* 4th ed. Washington，DC: Congressional Quarterly Press，2001.

Marcus，Maeva.，ed.，*Origins of the Federal Judiciary，Esssays on the Judiciary Act of 1789.* New York: Oxford University Press，1992.

1789 年，《人权宣言》

The French Declaration of the Rights of Man and of Citizen and the American Bill of Rights，A Bicentennial Issued Pursuant to S.J. Res. 317 100th Congress. Washington，DC: U.S. Congress，Senate，1989.

Johnson，Vincent Robert. "The Declaration of the Rights of Man and of Citizens of 1789, the Reign of Terror，and the Revolutionary Tribunal of Paris." *Boston College International & Comparative Law Review*，vol. 1 (1990): 1.

1790 年，美国的第一部版权法

Patry，William. *Copyright Law and Practice.* Washington，DC: Bureau of National Affairs，2011.

1791 年，《权利法案》

Powell Jr.，Lewis. "Our Bill of Rights." *Indiana Law Review*，vol. 25 (1992): 937.

1792 年，《铸币法案》

Hepburn，Barton. *History of Coinage in the United States and the Perennial Contest for Sound Money.* New York: Macmilian，1903.

Phillips Jr.，Henry. *The Coinage of The United States of America.* Philadelphia: Horace Wemyss Smith，1883.

1798 年，三级累进税率（个人所得税）

Grossfeld，Bernhard，and James Bryce. "A Brief Comparative History of the Origins of the Income Tax in Great Britain，Germany and the United States." *American Journal of Tax Policy*，vol. 2 (1983): 211.

Seligman，Edwin. *The Income Tax: A Study of the Theory and Practice of Income Taxation at Home and Abroad.* 2nd ed. New York: MacMillan Company，1914.

1803 年，司法审查权

Graber，Mark，and Michael Perhac，eds. Marbury versus

Madison: *Documents and Commentary*. Washington，DC: CQ Press，2002.

Hamilton，Alexander. "The Federalist，No. 78." 1788.

1804 年，《拿破仑法典》

Lobingier，Charles. "Napoleon and His Code." *Harvard Law Review*，vol. 32 (1918): 114–134.

Schwartz，Bernard. *The Code Napoleon and the Common-Law World*. New York: New York University Press，1956.

1805 年，占有的优先性

Pierson v. Post，3 Cai. R. 175，2 Am. Dec. 264 (N.Y. Sup. Ct. 1805).

Popov v. Hayashi，2002 WL 31833731 (Cal. Sup. Crt. San Francisco City.，Dec. 18，2002).

1819 年，联邦法律的权威性 / 1821 年，联邦法院的权威地位

Cohens v. Virginia，19 U.S. 264 (1821).

Johnson，Herbert A. Gibbons v. Ogden: *John Marshall，Steamboats，and the Commerce Clause*. Lawrence: University Press of Kansas，2010.

1824 年，国会对商业的管理权

Gibbons v. Ogden，22 U.S. 1 (1824).

Johnson，Herbert A. Gibbons v. Ogden: *John Marshall，Steamboats，and the Commerce Clause*. Lawrence: University Press of Kansas，2010.

1824 年，管理原住民

Dudas，Jeffrey. *The Cultivation of Resentment: Treaty Rights and the New Right*. Stanford: Stanford University Press，2008.

Smith，Paul，and Robert Allen Warrior. *Like a Hurricane: The Indian Movement from Alcatraz to Wounded Knee*. New York: New Press，1996.

Strickland，Rennard，ed. *Felix S. Cohen's Handbook of Federal Indian Law*. Charlottesville，VA: Michie Bobbs-Merrill，1982.

1839 年，"阿姆斯达"号案件

Davis，David. *Inhuman Bondage: The Rise and Fall of Slavery in the New World*. New York: Oxford University Press，2006.

1842 年，认可工会的合法存在

Commonwealth v. Hunt，45 Mass. 111，4 Metcalf 111 (1842).

Nelles，Walter. *Commonwealth v. Hunt. Columbia Law Review*，vol. 32 (1932): 1128–1169.

1843 年，麦纳顿规则

Aitken，Robert，and Marilyn Aitken. "The M'Naghten Case: The Queen Was Not Amused." *Litigation*，vol. 36 (2010): 53–56.

Townsend，William Charles. *Modern State Trials*. London: Longman，Brown，Green，and Longmans，1850.

1848 年，《菲尔德法》

Field，Henry. *The Life of David Dudley Field*. New York: Charles Scribner's Sons，1898.

LaPiana，William. "Just the Facts: The Field Code and the Case Method," *New York Law School Law Review*，vol. 36 (1991): 287.

Subrin，Stephen. "David Dudley Field and the Field Code: A Historical Analysis of an Earlier Procedural Vision." *Law and History Review*，vol. 6 (1988): 311–373.

1854 年，合同损害赔偿的计算

Conway-Jones，Hugh. "The Historical Setting for Hadley v. Baxendale." *Texas Wesleyan Law Review*，vol. 11 (2004): 243.

Linzer，Peter，"*Hadley v. Baxendale* and the Seamless Web of Law." *Texas Wesleyan Law Review*，vol. 11 (2004): 225.

1857 年，德雷德·斯科特判决

Dred Scott v. Sandford，60 U.S. 393 (1857) Finkelman，Paul. *Dred Scott v. Sandford*. Boston: Bedford Books，1997.

1861 年，美国政府印刷局

Government Printing Office. *100 GPO Years 1861–1961: A History of United States Public Printing*，Sesquicentennial Edition 2010. Washington DC: 2010.

1863 年，《解放黑奴宣言》

Guelzo，Allen. *Lincoln's Emancipation Proclamation: The End of Slavery in America*. New York: Simon & Schuster，2004.

National Archives. "The Meaning and Making of Emancipation." http://www. archives.gov/publications/ebooks/emancipation.html.

1864 年，《日内瓦公约》

Bossy，Sanda. "The International Red Cross." *International Journal*，vol. 7 (1951): 204.

Dunant，Henry. *A Memory of Solferino*. Reprinted by the International Committee of the Red Cross (1959).

1865 年，废除奴隶制

Daily National Republican. "The Official Announcement of the Adoption of the Constitutional Amendment: Opinions of the Leading Press," December 21，1865.

Tsesis，Alexander. *The Thirteenth Amendment and American Freedom*. New York: New York University Press，2004.

1866 年，1866 年《民权法案》

Foner，Eric，and Henry Steele Commager. *Reconstruction: America's Unfinished Revolution 1863–1877*. New York: Harper & Row，1989.

Franklin，John Hope. "The Civil Rights Act of 1866 Revisited." *Hastings Law Journal*，vol. 41 (1989): 1135.

1868 年，弹劾总统安德鲁·约翰逊

Lewis，H. H. Walker. "The Impeachment of Andrew Johnson: A Political Tragedy." *American Bar Association Journal*，vol. 40，no. 1 (1954): 15.

Vicente，Jason. "Impeachment: A Constitutional Primer." *Texas Review of Law & Politics*，vol. 3 (1998): 117.

1868 年，第十四修正案

Foner，Eric. "The Civil War，Reconstruction，and the Origins of Birthright Citizenship." *Marquette Lawyer Magazine*，(Summer 2013): 32–42.

1869 年，禁止对选民的种族歧视

Stephenson，Grier D. "The Supreme Court，the Franchise，and the Fifteenth Amendment: The First Sixty Years." *UMKC Law Review*，vol. 57 (1988): 47.

Wang，Xi. "Black Suffrage and the Redefinition of American Freedom，1860–1870." *Cardozo Law Review*，vol. 17 (1995): 2153.

1870 年，法学院的改革

Alton，Stephen R. "Roll Over Langdell，Tell Llewellyn the News: A Brief History of American Legal Education." *Oklahoma City University Law Review*，vol. 35 (2010): 339.

Spencer，A. Benjamin. "The Law School Critique in Historical Perspective." *Washington and Lee Law Review*，vol. 69 (2012): 1949.

1872 年，判例汇编与法律出版

Brenner，Susan. *Precedent Inflation*. New Brunswick，NJ: Transaction Publishers，1992.

Friedman，Lawrence. *A History of American Law 3rd ed.* New York: Touchstone，2007.

1873 年，淫秽品和《康斯托克法》

Blanchard，Margaret A. "The American Urge to Censor: Freedom of Expression versus the Desire to Sanitize Society—From Anthony Comstock to 2 Live Crew." *William and Mary Law Review*，vol. 33 (1991): 741.

Comstock，Anthony. *Frauds Exposed; or，How the People Are Deceived and Robbed，and Youth Corrupted*. New York: J. Howard Brown，1880.

1873 年，允许女性成为执业律师

Bradwell v. Illinois，83 U.S. 130 (1873).

Gilliam，Nancy. "A Professional Pioneer: Myra Bradwell's Fight to Practice Law." *Law and History Review*，vol. 5 (1987): 105–133.

1876 年，法律援助协会

Rhode，Deborah. *Access to Justice*. New York: Oxford University Press，2004.

Smith, Reginald Heber. *Justice and the Poor*. New York: Charles Scribner's Sons, 1919.

1878 年，《伯尔尼公约》

Bently, Lionel, et al., eds. *Global Copyright: Three Hundred Years since the Statute of Anne, from 1709 to Cyberspace*. Cheltenham, UK: Edward Elgar Publishing Limited, 2010.

Goldstein, Paul, and Bernt Hugenholtz. *International Copyright: Principles, Law, and Practice*. New York: Oxford University Press, 2010.

1881 年，精神病辩护

Rosenberg, Charles. *The Trial of the Assassin Guiteau*. Chicago: University of Chicago Press, 1968.

1882 年，《排华法案》

Daniels, Roger. *Guarding the Golden Door: American Immigration Policy and Immigrants since 1882*. New York: Hill and Wang (2004).

Gyory, Andrew. *Closing the Gate: Race, Politics, and the Chinese Exclusion Act*.

Lee, Erika. *At America's Gates: Chinese Immigration during the Exclusion Era, 1882–1943*. Chapel Hill: University of North Carolina Press, 1998.

1883 年，民权案件

The Civil Rights Cases, 109 U.S. 3 (1883).

Rutherglen, George. *Civil Rights in the Shadow of Slavery*. New York: Oxford University Press, 2013.

1886 年，平等保护权

Yick Wo v. Hopkins, 118 U.S. 356 (1886).

1887 年，《州际贸易法》

Marquette Lawyer Magazine. "125 Years Since the Interstate Commerce Act." Fall 2012: 24.

1888 年，巴西奴隶解放法

Conrad, Robert. *The Destruction of Brazilian Slavery 1850–1888*. Berkeley University of California Press, 1972.

Davis, David. *Inhuman Bondage: The Rise and Fall of Slavery in the New World*. New York: Oxford University Press, 2006.

1890 年，隐私权

Brandeis, Louis, and Samuel Warren. "The Right to Privacy." *Harvard Law Review*, vol. 4 (1890): 193.

Kramer, Irwin R. "The Birth of Privacy Law: A Century Since Warren and Brandeis," *Catholic University Law Review*, vol. 39 (1989): 703.

1890 年，《谢尔曼反垄断法》

Dewey, Donald. *The Antitrust Experiment in America*. New York: Columbia University Press, 1990.

Walker, Albert Henry. *History of the Sherman Law of the United States*. New York: Equity Press, 1910.

1893 年，新西兰妇女的选举权

Daley, Caroline, and Melanie Nolan, eds. *Suffrage and Beyond: International Federal Perspectives*. New York: New York University Press, 1994.

Douglas, Sir Arthur Percy. *The Dominion of New Zealand*. Boston: Little, Brown, & Co., 1909.

1896 年，普莱西诉弗格森案：隔离但平等原则

Medley, Keith. *We as Freemen*. Gretna, LA: Pelican Pub. Co., 2003.

1897 年，公司人格与责任

Butler, Henry. "General Incorporation in Nineteenth Century England: Interaction of Common Law and Legislative Processes." *International Review of Law and Economics*, vol. 6 (1986): 169.

Halpern, Paul, et al., "An Economic Analysis of Limited Liability in Corporation Law." *University of Toronto Law Journal*, vol. 30 (1980): 117.

1900 年，《德国民法典》

Freckmann, Anke, and Thomas Wegerich. *The German Legal System*. London: Sweet & Maxwell, 1999.

Lowey, Walter, trans. *The Civil Code of the German Empire*. Boston: The Boston Book Co., 1909.

1901 年，古巴宪法

D'Zurilla, William. "Cuba's 1976 Socialist Constitution and the Fidelista Interpretation of Cuban Constitutional History." *Tulane Law Review*, vol. 55 (1981): 1223.

Hart, Bushnell, ed. *The American Nation: A History*. New York: Harper & Brothers Publishers, 1907.

1909 年，国会有权征收所得税

Joseph, Richard. *The Origins of the American Income Tax: The Revenue Act of 1894 and Its Aftermath*. Syracuse, New York: Syracuse University Press, 2004.

Waltman, Jerold L. *Political Origins of the U.S. Income Tax*. Jackson: University of Mississippi Press, 1985.

1910 年，《禁止贩卖妇女为娼法》

Langum, David. *Crossing Over the Line: Legislating Morality and the Mann Act*. Chicago: University of Chicago Press, 1994.

Seagle, William. "The Twilight of the Mann Act." *American Bar Association Journal*, vol. 55 (1969): 641.

1910 年，《劳动赔偿法》

Eastman, Crystal. *Work-Accidents and the Law*. New York: Russell Sage Foundation, 1910.

Witt, John Fabian. *The Accidental Republic: Crippled Workingmen, Destitute Widows, and the Remaking of American Law*. Cambridge: Harvard University Press, 2004.

1911 年，反垄断

Meese, Alan. "Standard Oil as Lochner's Trojan Horse." *Southern California Law Review*, vol. 85 (2012): 783–813.

1911 年，三角内衣厂火灾

Martin, Douglas. "Rose Freedman, Last Survivor of Triangle Fire, Dies at 107." *New York Times*, February 17, 2001.

Stein, Leon. *The Triangle Fire*. Ithaca: Cornell University Press, 2001.

1913 年，《联邦储备法》

Meltzer, Allan. *A History of the Federal Reserve*, Vol. I: 1913–1951. Chicago: University of Chicago Press, 2003.

1914 年，非法证据排除规则

Bradley, Gerald. "Present at the Creation? A Critical Guide to *Weeks v. United States* and Its Progeny." *St. Louis University Law Journal*, vol. 30 (1986): 1031.

1914 年，《克莱顿反垄断法》

Kintner, Earl. *An Antitrust Primer*. 2nd ed. New York: Macmillan, 1973.

Terry, Gene. "Clayton Act—Section 7— History and Amendment." *University of Kansas City Law Review*, vol. 24 (1956): 177.

1915 年，禁止非法麻醉品

Belenko, Steven, ed. *Drugs and Drug Policy in America: A Documentary History*. Westport: Greenwood Press, 2000.

Gray, James. *Why Our Drug Laws Have Failed and What We Can Do About It*. Philadelphia: Temple University Press, 2001.

1916 年，《童工法》

Hindman, Hugh D. *Child Labor: An American History*. Armonk, New York: M.E. Sharpe, 2002.

Schmidt, James D. *Industrial Violence and the Legal Origins of Child Labor*. Cambridge: Cambridge University Press, 2010.

1916 年，扩大消费者权益

Clarke, Sally. "Unmanageable Risks: *MacPherson v. Buick* and the Emergence of a Mass Consumer Market." *Law and History Review*, vol. 23 (2005): 1.

Probert, Walter. "Applied Jurisprudence: A Case Study of Interpretive Reasoning in *MacPherson v. Buick* and Its Precedents." *University of California Law Review*, vol. 21 (1988): 789.

Rabin, Robert, and Stephen Sugarman, eds. *Torts Stories*. New York: Foundation Press, 2003. See Henderson Jr., James A. "*MacPherson v. Buick Motor Co.*: Simplifying the Facts While Reshaping the Law."

1918 年，禁酒令

Asbury, Herbert. *The Great Illusion: An Informal History of Prohibition*. Garden City: Doubleday & Company, 1950.

Kyvig, David. *Repealing National Prohibition*. Kent: Kent State University Press, 2000.

1919 年，妇女的选举权

Clift, Eleanor. *Founding Sister and the Nineteenth Amendment*. Hoboken: John Wiley & Sons, 2003.

Pendergast, Tom, et al., *Constitutional Amendments*. Detroit: UXL, 2001.

1919 年，在拥挤的剧场大呼"着火了"

Schenck v. United States, 249 U.S. 47 (1919).

1920 年，纽约州将拳击合法化

Mitchell, Kevin. "Fights, Camera, Action," *The Observer Sport Monthly*, July 3, 2005.

Spivey, Donald, ed. *Sport in America: New Historical Perspectives*. Westport, CT: Greenwood Press, 1985. See 95–128, Riess, Steven A. "In the Ring and Out: Professional Boxing in New York, 1896–1920".

1921 年，芝加哥"黑袜队"审判

Asinof, Eliot. *Eight Men Out: The Black Sox and the 1919 World Series*. New York: Holt, Rinehart, and Winston, 1963.

1921 年，审查和"海斯办公室"

Ayer, Douglas, et al., "Self-Censorship in the Movie Industry: An Historical Perspective on Law and Social Change." *Wisconsin Law Review*, (1970): 791.

Vaughn, Stephen. "Morality and Entertainment: The Origins of the Motion Picture Production Code." *Journal of American History*, vol. 77 (1990): 39.

1921 年，《紧急限额法》

Silber, Rachel. "Eugenics, Family & Immigration Law in the 1920s." *Georgetown Immigration Law Journal*, vol. 11 (1996): 859.

Pula, James. "American Immigration Policy and the Dillingham Commission." *Polish American Studies*, vol. 37 (1980): 5.

1925 年，斯科普斯"猴子案件"

University of Minnesota Law Library, The Clarence Darrow Digital Collection. "The Scopes Trial." http://darrow.law.umn.edu/trials.php?tid=7.

1926 年，《美国法典》

Lee, Frederic, and Middleton Beaman. "Legal Status of the New Federal Code." *American Bar Association Journal*, vol. 12 (1926): 833–836.

Dwan, Ralph, and Ernest Feidler. "The Federal Statutes: Their History and Their Use." *Minnesota Law Review*, vol. 22 (1938): 1008.

1928 年，侵权法上的危险范围

Manz, William. H. *The Palsgraf Case Courts, Law, and Society in 1920s New York*. Newark, NJ: Matthew Bender & Company, 2005.

Prosser, William. "Palsgraf Revisited." *Michigan Law Review*, vol. 52 (1953): 1.

1928 年，监听

Olmstead v. United States, 277 U.S. 438 (1928).

1933 年，希特勒上台

Davidson, Eugene. *The Making of Adolf Hitler: The Birth and Rise of Nazis*, ch. 9. Columbia: University of Missouri Press, 1997.

Muller, Ingo, and Deborah Lucas Schneider, trans. *Hitler's Justice: The Courts of the Third Reich*. Cambridge: Harvard University Press, 1991.

1933 年，华尔街监管

Brinkley, Alan. "When Washington Took On Wall Street." *Vanity Fair*, June 10, 2010.

Perino, Michael. *The Hellhound of Wall Street: How Ferdinand Pecora's Investigation of the Great Crash Forever Changed American Finance*. New York: Penguin Press, 2010.

1933 年，言论审查和《尤利西斯》

Moscato，Michael，and Leslie LeBlanc，eds. *The United States of America v. One Book Entitled Ulysses by James Joyce.* Frederick，MD: University Publications of America，1984.

Younger，Irving. "*Ulysses* in Court." The Irving Younger Collection. Chicago: American Bar Association，2010.

1933 年，废除禁酒令

Asbury，Herbert. *The Great Illusion: An Informal History of Prohibition.* Garden City: Doubleday & Company，1950.

Kyvig，David. *Repealing National Prohibition.* Kent: Kent State University Press，2000.

1934 年，联邦通信法

Figliola，Patricia Moloney. *The Federal Communications Commission: Current Structure and Its Role in the Changing Telecommunications Landscape.* Congressional Research Service Report，RL32589，November 18，2013.

Shooshan Ⅲ，Harry M. "A Modest Proposal for Restructuring the Federal Communications Commission." *Federal Communications Law Journal*，vol. 50 (1998): 637.

1934 年，《证券交易法》

Berle Jr.，A. A. "New Protection for Buyers." *New York Times*，June 4，1933.

Cornell University Law School，Legal Information Institute. "Securities Law History." https://www.law.cornell.edu/wex/securities_law_history.

1935 年，《国家劳动关系法》

Ray，Douglas，et al.，*Understanding Labor Law*，3rd ed. New Providence，NJ: Matthew Bender & Co.，2011.

1935 年，《纽伦堡法案》

Gutman，Israel，ed. *Encyclopedia of the Holocaust*，vol. 3. New York: Macmillan，1990.

Muller，Ingo，and Deborah Lucas Schneider，trans. *Hitler's Justice: The Courts of the Third Reich.* Cambridge: Harvard University Press，1991.

1935 年，《社会保障法》

Dobelstein，Andrew. *Understanding the Social Security Act: The Foundation of Social Welfare for America in the Twenty-First Century.* Oxford: Oxford University Press，2009.

Official Social Security Website. "Historical Background and Development of Social Security." http://www.ssa.gov/history/briefhistory3.html，accessed 09/14/2013.

1936 年，《联邦公报》

Griswold，Erwin. "Government in Ignorance of the Law—A Plea for Better Publication of Executive Legislation." *Harvard Law Review*，vol. 48 (1934): 198.

Newman，Frank. "Government and Ignorance—A Progress Report on Publication of Federal Regulations." *Harvard Law Review*，vol. 63 (1950): 929.

1937 年，罗斯福和"联邦最高法院改组计划"

Casebeer，Kenneth，ed. *American Labor Struggles and Law Histories.* Durham: Carolina Academic Press，2011.

1937 年，法庭上使用照相机

Barber，Susanna. *News Cameras in the Courtroom: A Free Press–Fair Trial Debate.* Norwood: Ablex Publishing Corp.，1987.

Goldfarb，Ronald. *TV or Not TV: Television，Justice，and the Courts.* New York: New York University Press，1998.

1938 年，《联邦民事诉讼规则》第 23 条和现代集体诉讼

Hensler，Deborah，et al.，*Class Action Dilemmas.* Santa Monica: RAND Corporation，2000.

Rubenstein，William. *Newberg on Class Actions.* 5th ed. Eagan，MN: Thomsom Reuters，2011.

1938 年，《食品、药品和化妆品法案》

Curtis，Patricia. *Guide to Food Laws and Regulations.* Ames: Blackwell Publishing，2005.

Hilts，Philip. *Protecting America's Health: The FDA，Business，and One Hundred Years of Regulation.* New York: Alfred A. Knopf，2003.

1938 年，《公平劳动标准法》

Linder，Marc. *The Autocratically Flexible Workplace: A History of Overtime Regulation in the United States.* Iowa City: Fanpihua Press，2002.

Miller，Scott. "Revitalizing the FLSA." *Hofstra Labor and Employment Law Journal*，vol. 19 (2001): 1.

1939 年，民兵和携带武器的权利

Utter，Glenn H. *Encyclopedia of Gun Control and Gun Rights.* Phoenix: Oryx Press，2000.

Winkler，Adam. *Gunfight: The Battle Over the Right to Bear Arms in America.* New York: W.W. Norton & Co.，2011.

1940 年，《外侨登记法》

Finan，Christopher. *From the Palmer Raids to the Patriot Act: A History of the Fight for Free Speech in America.* Boston: Beacon Press，2007.

Oshinsky，David. *A Conspiracy So Immense: The World of Joe McCarthy.* New York: Free Press，1983.

1941 年，产品严格责任

Escola v. Coca Cola Bottling Co.，24 Cal. 2d 453 (1944).

Rabin，Robert，and Stephen Sugarman，eds. *Torts Stories.* New York: Foundation Press，2003. See Geistfeld，Mark. "*Escola v.Coca Cola Bottling Co.*: Strict Products Liability Unbound."

1941 年，加利福尼亚州反农夫移民法

Edwards v. California，314 U.S. 160 (1941).

1942 年，拘留日裔美国人

Greenaway Jr.，Joseph. "Judicial Decision Making and the External Environment." *Rutgers Law Review*，vol. 51 (1998): 181.

Korematsu v. United States，323 U.S. 214 (1944).

1944 年，《退伍军人安置法》

Kiester Jr.，Edwin. "The G.I. Bill May Be the Best Deal Ever Made by Uncle Sam." *Smithsonian*，vol. 25 (Nov. 1994): 131.

United States Department of Veterans Affairs. "The GI Bill's History." http://www.gibill. va.gov/benefits/history_timeline.

1945 年，纽伦堡审判

Knappman，Edward，ed. *Great World Trials.* Detroit: Gale Research，1997. See Golay，Michael. "Nuremberg Trial: 1945–1946," 266–273.

Lewis，Andrew，and Michael Lobban，eds. *Law and History.* Oxford: Oxford University Press，2004. See Douglas，L. "The Holocaust，History，and Legal Memory," 405–412.

1946 年，控制租金

Keating，Dennis W.，et al.，*Rent Control: Regulation and the Housing Market.* New Brunswick，NJ: Center for Urban Policy Research，1998.

Willis，John. "A Short History of Rent Control Laws." *Cornell Law Quarterly*，vol. 36 (1950): 54.

1946 年，保护商标

McCarthy，J. Thomas.，*McCarthy on Trademarks and Unfair Competition* 4th ed.，ch. 5. St. Paul，MN: West Group，1996.

Phleger，D. "The Lanham Act's Contribution to Trademark Rights." *Journal of Contemporary Legal Issues*，vol. 12 (2001): 141.

1947 年，殖民主义与战后独立

"The Atlantic Charter," *Department of State Bulletin*，August 16，1941.

Laing，Edward. "The Contribution of the Atlantic Charter to Human Rights Law and Humanitarian Universalism." *Willamette Law Review*，vol. 26 (1990): 113.

1948 年，《关税与贸易总协定》

Hudec，Robert. *Enforcing International Trade Law: The Evolution of the Modern GATT Legal System.* Salem: Butterworth Legal Publishers，1993.

U.S. Department of State，Office of the Historian. "Bretton Woods–GATT，1941–1947." https://history.state.gov/milestones/1937-1945/bretton-woods.

1948 年，联合国《防止及惩治灭绝种族罪公约》

Gaeta，Paola，ed. *The UN Genocide Convention: A Commentary.* Oxford: Oxford University Press，2009.

Kiernan, Ben. *Blood and Soil: A World History of Genocide and Extermination from Sparta to Darfur*. New Haven: Yale University Press, 2007.

1948 年，好莱坞十人案

Finan, Christopher. *From the Palmer Raids to the Patriot Act: A History of the Fight for Free Speech in America*. Boston: Beacon Press, 2007.

Oshinsky, David. *A Conspiracy So Immense: The World of Joe McCarthy*. New York: Free Press, 1983.

1948 年，《世界人权宣言》

Cheng, Tai-Heng. "The Universal Declaration of Human Rights at Sixty: Is It Still Right for the United States?" *Cornell International Law Journal*, vol. 41 (2008): 251.

Glendon, Mary Ann. "Knowing the Universal Declaration of Human Rights. *Notre Dame Law Review*, vol. 73 (1998): 1153.

1948 年，战时流散人员法

Daniels, Roger. *Guarding the Golden Door: American Immigration Policy and Immigrants Since 1882*. New York: Hill and Wang, 2004.

Presidential Executive Order 10, 003, Oct. 4, 1948, 13 Fed. Reg. 5819 (Oct. 6, 1948).

1951 年，拒绝《外侨登记法》

Oshinsky, David. *A Conspiracy So Immense: The World of Joe McCarthy*. New York: Free Press, 1983.

Sheft, Mark A. "The End of the Smith Act Era: A Legal and Historical Analysis of Scales v. United States," *American Journal of Legal History*, vol. 36 (1992): 164.

1951 年，罗森伯格审判案

Radosh, Ronald, and Joyce Milton. *The Rosenberg File*, 2nd ed. New Haven: Yale University Press, 1997.

1951 年，欧盟与《巴黎条约》

McCormick, Michael. "A Primer on the European Union and Its Legal System." *Army Lawyer*, vol. 1 (2002).

1954 年，布朗诉教育委员会案

Brown v. Board of Education, 347 U.S. 483 (1954).

1954 年，《共产党管制法》

McAuliffe, Mary. "Liberals and the Communist Control Act of 1954." *Journal of American History*, vol. 63 (1976): 351.

1956 年，《州际公路法》

Levin, David. "Federal Aspects of the Interstate Highway Program." *Nebraska Law Review*, vol. 38 (1959): 377.

Lewis, Tom. *Divided Highways: Building the Interstate Highways, Transforming American Life*. Ithaca: Cornell University Press, 2003 e-book edition.

1957 年，限制淫秽品

Ross v. United States, 354 U.S. 476.

Fahringer, Herald Price, and Michael J. Brown. "The Rise and Fall of Roth—A Critique of the Recent Supreme Court Obscenity Decisions," Kentucky Law Journal, vol. 62 (1973): 731.

1959 年，欧洲人权法院

European Court of Human Rights, http:// www.echr.coe.

O'Boyle, Michael. "The Future of the European Court of Human Rights." *German Law Journal*, vol. 12 (2011): 1862.

1959 年，无主之地

British Antarctic Survey. "The Antarctic Treaty Explained." http://www.antarctica. ac.uk/about_antarctica/geopolitical/treaty/explained.php.

Secretariat of the Antarctic Treaty. "The Antarctic Treaty." http://www.ats.aq/e/ats. htm.

1961 年，各州与非法证据排除规则

Mapp v. Ohio, 367 U.S. 495 (1961).

Fitzpatrick, Daniel. "Should the Criminal Go Free Because the Constable Has Blundered?" *Criminal Justice Quarterly*, vol. 2 (1974): 73–87.

1961 年，审判艾希曼

Lipstadt, Deborah. *The Eichmann Trial*. New York: Schocken Books, 2011.

Rogat, Yosal. *The Eichmann Trial and the Rule of Law*. Santa Barbara: Center for the Study of Democratic Institutions, 1961.

1963 年，审判纳尔逊·曼德拉

Joffe, Joel. The State v. *Nelson Mandela: The Trial That Changed South Africa*. Oxford: Oneworld Publications, 2007.

"U.N. Security Council Condemns Apartheid in South Africa; Sets Up Committee to Study Sanctions." *Department of State Bulletin*, vol. 51 (1964): 29–33.

1963 年，在州法院获得律师辩护的权利

Lewis, Anthony. *Gideon's Trumpet*. New York: Random House, 1964.

Gideon v. Wainwright, 372 U.S. 335 (1963).

1964 年，限制对诽谤的法律认定

N.Y. Times v. Sullivan, 376 U.S. 254 (1964).

Hall, Kermit, and Melvin Urofsky. New York Times v. Sullivan: *Civil Rights, Libel Law, and the Free Press*. Lawrence: University Press of Kansas, 2011.

1964 年，1964 年《民权法案》

Lovey, Robert. *The Civil Rights Act of 1964: The Passage of the Law That Ended Racial Segregation*. Albany: State University of New York Press, 1997.

Patterson, Charles. *The Civil Rights Movement*. New York: Facts on File, 1995.

1965 年，《选举权法》

May, Gary. *Bending Toward Justice: The Voting Rights Act and the Transformation of American Democracy*. New York: Basic Books, 2013.

McCrary, Peyton. "How the Voting Rights Act Works: Implementation of a Civil Rights Policy." *South Carolina Law Review*, vol. 57 (2006): 785–825.

1965 年，良心上拒绝服兵役

Fogarty, John. "The Right Not to Kill: A Critical Analysis of Conscientious Objection and the Problem of Registration." *New England Law Review*, vol. 18 (1982): 655.

United States v. Seeger, 380 U.S. 163 (1965).

1965 年，身体和隐私权

Johnson, John. Griswold v. Connecticut: *Birth Control and the Constitutional Right of Privacy*. Lawrence: University Press of Kansas, 2005.

Wawrose, Susan C. Griswold v. Connecticut: *Contraception and the Right of Privacy*. New York: Franklin Watts, 1996.

1966 年，《信息自由法》

Davis, Charles, and Sigman L. Splichal, eds. *Access Denied: Freedom of Information in the Information Age*. Ames: Iowa State University Press, 2000.

Hitchcock, Cornish F. ed., *Guidebook to the Freedom of Information and Privacy Acts*, vol. 1. Thomson Reuters/West, 2013.

1966 年，米兰达警告

Stuart, Gary. Miranda: *The Story of America's Right to Remain Silent*. Tucson: University of Arizona Press, 2004.

Lieberman, Jethro Koller. *Milestones! 200 Years of American Law*. New York: Oxford University Press, 1976.

1967 年，跨种族通婚

Loving v. Virginia, 388 U.S. 1 (1967).

Maillard, Kevin, and Rose Villazor, eds. Loving v. Virginia *in a Post-racial World: Rethinking Race, Sex, and Marriage*. New York: Cambridge University Press, 2012.

1967 年，越战时期的征兵法

Flynn, George. *The Draft*, 1940–1973. Lawrence: University Press of Kansas, 1993.

Hershey, Lewis B. "Changes in the Draft: The Military Selective Service Act of 1967." *Columbia Journal of Law and Social Problems*, vol. 4 (1968): 120.

1969 年，无过错离婚

Halem，Lynne. *Divorce Reform: Changing Legal and Social Perspectives*. New York: Free Press，1980.

Wardle，Lynn D. "No-Fault Divorce and the Divorce Conundrum." *Brigham Young University Law Review* (1991): 79.

1969 年，言论自由与煽动暴力

Brandenburg v. Ohio，395 U.S. 444 (1969).

1969 年，公平原则

Gray，Karen. "Fairness Doctrine Termination: Extinction of an Unenforceable Theory." *Suffolk University Law Review*，vol. 22 (1988): 1057.

Red Lion Broadcasting Co. v. FCC，395 U.S. 367 (1969).

1970 年，《国家环境政策法》

Alm，Alvin. "NEPA: Past，Present，and Future." *Environmental Protection Agency Journal*，vol. 14 (1988): 32.

Clingham，James H. "NEPA: Birth and Infancy." *Catholic University Law Review*，vol. 20 (1971): 184.

1970 年，对威廉·凯利的军事审判

Calley v. Callaway，519 F.2d 184 (5th Cir. 1975).

Taylor，Telford. *Nuremberg and Vietnam: An American Tragedy*. New York: Quadrangle Books，1970.

1970 年，公共卫生和烟草

Jacobson，Peter D.，et al.，"Historical Overview of Tobacco Legislation and Regulation." *Journal of Social Issues*，vol. 53 (1997): 75.

Parker-Pope，Tara，*Cigarettes: Anatomy of an Industry from Seed to Smoke*. New York: New Press，2001.

1970 年，《反诈骗影响和腐败组织法》

Blakey，G. Robert，and Brian Gettings，"RICO: Basic Concepts—Criminal and Civil Remedies，" *Temple Law Quarterly*，vol. 53 (1980): 1009.

Hall，Kermit.，ed. *The Oxford Companion to American Law*. Oxford University Press，2002.

1970 年，棒球队的 "保留条款"

Goldman，Robert. *One Man Out: Curt Flood versus Baseball.* Lawrence: University Press of Kansas，2008.

Minan，John. *The Little White Book of Baseball Law*. Chicago: American Bar Association，2009.

1970 年，《职业安全与卫生法》

Meeds，Lloyd. "A Legislative History of OSHA." *Gonzaga Law Review*，vol. 9 (1973): 327.

Mintz，Bejanmin W. *OSHA: History，Law，and Policy*. Washington，DC: Bureau of National Affairs，Inc.，1984.

1970 年，审判查尔斯·曼森

Gentry，Curt，and Vincent Bugliosi. *Helter Skelter: The True Story of the Manson Murders*. New York: W.W. Norton & Co.，1974.

1971 年，已满 18 周岁的人享有选举权

Karlan，Pamela. "Ballots and Bullets: The Exceptional History of the Right to Vote." *University of Cincinnati Law Review*，vol. 71 (2002): 1345–1372.

Lowering the Voting Age to 18，S. Rep. No. 92-26 (Feb. 17，1971).

1971 年，五角大楼文件案

New York Times Co. v. United States.，403 U.S. 713 (1971).

1971 年，就业歧视

Griggs v. Duke Power Co.，401 U.S. 424 (1971).

1971 年，法院的强制性校车计划

Schwartz，Bernard. *Swann's Way: The School Busing Case and the Supreme Court*. New York: Oxford University Press，1986.

Swann v. Charlotte-Mecklenburg Board of Education，402 U.S. 1 (1971).

1972 年，废除死刑

Furman v. Georgia，408 U.S. 238 (1972).

Blume，John H.，and Jordan M. Steiker. *Death Penalty*

Stories. New York: Foundation Press，2009. See Steiker，Carol. "*Furman v. Georgia*: Not an End，but a Beginning."

1972 年,《平等就业机会法》

EEOC. "35 Years of Ensuring the Promise of Opportunity." http://webharvest.gov/peth04/20041017193448/ http://www.eeoc. gov/abouteeoc/35th/history/index.html.

Lindemann，Barbara，and Paul Grossman，eds. *Employment Discrimination Law*. Arlington: BNA Books，2007.

1972 年,《平等权利修正案》

Lee，Rex E. *A Lawyer Looks at the Equal Rights Amendment*. Provo: Brigham Young University Press，1980.

Schenken，Suzanne O'Dea，and Ann W. Richards. *From Suffrage to Senate: An Encyclopedia of American Women in Politics*. Santa Barbara: ABC-CLIO，1999.

1972 年,支离破碎的条约之路

Bacigal，Ronald J. "Judicial Reflections upon the 1973 Uprising at Wounded Knee." *Journal of Contemporary Legal Issues*，vol. 2 (1989): 1–12.

Smith，Paul，and Robert Allen Warrior. *Like a Hurricane: The Indian Movement from Alcatraz to Wounded Knee*. New York: New Press，1996.

1973 年,《濒危物种法》

Bauer，Donald，and William Irvin，eds. *Endangered Species Act: Law，Policy，and Perspectives* 2nd ed. Chicago: American Bar Association，2010.

Houck，Oliver. "Reflections on the Endangered Species Act." *Natural Resources & Environment*，vol. 10 (1996): 9.

1973 年,一个判定淫秽的新标准

Harrison，Maureen，and Steve Gilbert，eds. *Obscenity and Pornography Decisions of the United States Supreme Court*. Carlsbad，NM: Excellent Books，2000.

Miller v. California，413 U.S. 15 (1973).

1973 年,罗伊诉韦德案

Roe v. Wade，410 U.S. 113 (1973).

1973 年,《战争权力法》

Grimmett，Richard. *The War Powers Resolution*. New York: Novinka Books，2002.

Perkins，Gerald，and Richard Grimmet，eds. *The War Powers Resolution After 30 Years*. New York: Novinka Books，2005.

1974 年,总统也要遵守法院传票

United States v. Nixon，418 U.S. 683 (1974).

1975 年,律师费裁决

Malson，Robert A. "In Response to *Alyeska*— The Civil Rights Attorney's Fees Awards Act of 1976." *St. Louis University Law Journal*，vol. 21 (1978): 430.

1975 年,限制强制医疗

Donaldson，Kenneth. *Insanity Inside Out*. New York: Crown Publishers，1976.

Schopp，Robert. *Competence，Condemnation，and Commitment: An Integrated Theory of Mental Health Law*. Washington，DC: American Psychological Association，2001.

1975 年,种族主义与联合国第 3379 号决议

Troy，Gil. *Moynihan's Moment: America's Fight against Zionism as Racism*. New York: Oxford University Press，2013.

U.S. Department of State Dispatch. "UN Repeals Zionism-Is-Racism Resolution." December 23，1991.

1976 年,死亡权

Cantor，Norman L. "Quinlan，Privacy，and the Handling of Incompetent Dying Patients." *Rutgers Law Review*，vol. 30 (1977): 243–266.

Coburn，Daniel. R. "In Re Quinlan: A Practical Overview." *Arkansas Law Review*，vol. 31 (1978): 59–74.

In re Quinlan，355 A.2d 647 (N.J. 1976).

1976 年，精神病治疗和提醒义务

Rabin，Robert，and Stephen Sugarman，eds. *Torts Stories*. New York: Foundation Press，2003. See Schuck, Peter H.，and Daniel J. Givelber，"*Tarasoff v. Regents of the University of California*: The Therapist's Dilemma."

Tarasoff v. Regents of the Univ. of Cal.，551 P.2d 334 (Cal. 1976).

Thomas，Michael. "Expanded Liability for Psychiatrists: *Tarasoff* Gone Crazy?" *Journal of Mental Health Law* (Spring 2009): 45.

1976 年，《版权法》

"Copyright Basics，" United States Copyright Office Circular 1，http://www.copyright.gov/circs/circ01.pdf.

Samuels，Edward. *The Illustrated Story of Copyright*. New York: St. Martin's Press，2000.

1976 年，恢复死刑

Gregg v. Georgia，428 U.S. 153 (1976).

Mandery，Evan. *A Wild Justice: The Death and Resurrection of Capital Punishment in America*. New York: W.W. Norton & Co.，2013.

1977 年，分居赡养费

Myricks，Noel. "'Palimony: The Impact of *Marvin v. Marvin*." *Family Relations*，vol. 29 (1980): 210.

Marvin v. Marvin，122 Cal. App. 3d 871 (1981).

Marvin v. Marvin，134 Cal. Rptr. 815，577 P.2d 106 (1976).

1977 年，律师广告

Bates v. Arizona，433 U.S. 350 (1977).

Meyer，Tiffany，and Robert Smith. "Attorney Advertising: *Bates* and a Beginning." *Arizona Law Review*，vol. 20 (1978): 427.

Smolla，Rodney. *Law of Lawyer Advertising*. Eagan，MN: Thomson West，2006.

1978 年，平权运动

Kellough，Edward. *Understanding Affirmative Action: Politics，Discrimination，and the Search for Justice*. Washington，DC: Georgetown University Press，2006.

Regents of University of California v. Bakke，438 U.S. 265 (1978).

1978 年，联邦通信委员会和污言秽语

FCC v. Pacifica，438 U.S. 726 (1978).

Harrison，Maureen，and Steve Gilbert，eds. *Obscenity and Pornography Decisions of the United States Supreme Court*. Carlsbad，NM: Excellent Books，2000.

1978 年，"萨姆之子" 法案

Herrera，Tanya. "Dubious Victory for the Right of Free Speech—*Simon & Schuster，Inc. v. Members of the New York State Crime Victims Board*." *Harvard Civil Rights-Civil Liberties Law Review*，vol. 28 (1993): 567.

Simon & Schuster v. Members of the New York State Crime Victims Board，502 U.S. 105 (1991).

Yager，Jessica. "Investigating New York's 2001 Son of Sam Law: Problems with the Recent Extension of Tort Liability for People Convicted of Crimes." *New York Law School Law Review*，vol. 48 (2004): 433.

1978 年，诱惑侦查抗辩

Blecker，Robert. "Beyond 1984: Undercover in America—Serpico to Abscam." *New York Law School Law Review*，vol. 28 (1983): 823.

Roffer，Michael H. "Pleading the Entrapment Defense: The Propriety of Inconsistency." *New York Law School Law Review*，vol. 28 (1983): 1025.

1983 年，麦克马丁猥亵儿童案

Butler，Edgar，et al.，*Anatomy of the McMartin Child Molestation Case*. Lanham: University Press of America，2001.

Eberle，Paul. *The Abuse of Innocence: The McMartin Preschool Trial*. Buffalo: Prometheus Books，1993.

Nathanson，Paul. *Legalizing Misandry: From Public Shame to Systemic Discrimination against Men*. Montreal: McGill-Queens University Press，2006.

1984 年，第一部强制系安全带法

Aronson，Peter. "New York Pioneered Passage of Belt Laws Across the Country." *Sun Sentinel*，June 29，1986.

Clarke，Sally H. "Unmanageable Risks: *MacPherson v. Buick* and the Emergence of a Mass Consumer Market," *Law and History Review*，vol. 23 (2005): 11.

N.Y. Veh. & Traf. L. S 1229-c.

Roberts，Sam. "John D. States Dies at 89; Doctor Helped Create New York's Seatbelt Law." *New York Times*，April 1，2015 (online edition).

1984 年，行政机关的决定

Chevron U.S.A. v. Natural Resources Defense Council，467 U.S. 837 (1984).

Elliott，E. Donald. "Chevron Matters: How the Chevron Doctrine Redefined the Roles of Congress，Courts and Agencies in Environmental Law." *Villanova Environmental Law Journal*，vol. 16 (2005): 1.

1984 年，滑稽模仿与第一修正案

Hustler Magazine Inc. v. Falwell，485 U.S. 46 (1988).

1984 年，时间转移与合理使用

Electronic Frontier Foundation. "The Betamax Case." https://w2.eff.org/legal/ cases/betamax/.

Litman，Jessica. "The Sony Paradox." *Case Western Reserve Law Review*，vol. 55 (2005): 917.

Sony v. Universal City Studios，Inc.，464 U.S. 417 (1984).

1986 年，陪审团选拔中的无因回避

Batson v. Kentucky，476 U.S. 79 (1986).

Gertner，Nancy，and Judy Mizner. *The Law of Juries*. 2nd ed. Eagan，MN: Thomson West，2009.

Sand，Leonard B. "Batson and Jury Selection Revisited." *Litigation*，vol. 22 (1996): 3.

1986 年，DNA 首次作为证据使用

The Innocence Project，http://www. innocenceproject.org/.

Levy，Harlan. *And the Blood Cried Out*. New York: Basic Books，1996.

Lewontin，R. C.，and Daniel L. Hartl. "Population Genetics in Forensic DNA Typing." *Science*，vol. 254 (December 20，1991): 1745–1750.

1987 年，怀孕歧视

California Federal Savings & Loan Ass'n v. Guerra，479 U.S. 272 (1987).

Schneider，Elizabeth，and Stephanie Wildman，eds. *Women and the Law Stories*. New York: Foundation Press，2011. See "Pregnant and Working: The Story of *California Federal Savings & Loan Association v. Guerra*."

1987 年，提名罗伯特·波克进入联邦最高法院

Epstein，Lee，and Jeffrey A. Segal. *Advice and Consent: The Politics of Judicial Appointments*. Oxford: Oxford University Press，2005.

Miner，Roger J. "Advice and Consent in Theory and Practice." *American University Law Review*，vol. 41 (1992): 1075.

Wittes，Benjamin. *Confirmation Wars: Preserving Independent Courts in Angry Times*. Lanham: Rowman & Littlefield Publishers，2006.

1988 年，代孕母亲

Cahn，Naomi. *Test Tube Families*. New York: New York University Press，2009.

Dolgin，Janet. *Defining the Family*. New York: New York University Press，1997.

In Re Baby M.，537 A.2d 1227 (N.J. 1988).

1988 年，允许女性进入私人俱乐部

Lapidus，Lenora，et al.，*The Rights of Women*. New York: New York State Press，2009.

New York State Club Association v. City of New York，487 U.S. 1 (1988).

Speyer，Katherine. "*New York State Club Association v. City of New York*: The Demise of the All-Male Club." *Pace Law Review*，vol. 10 (1990): 273.

1989 年，名人税收诉讼

Dershowitz，Alan. *Taking the Stand: My Life in the Law*. New York: Crown Publishers，2013.

Hammer，Richard. *The Helmsleys: The Rise and Fall of Harry and Leona Helmsley*. New York: NAL Books，1990.

Moss，Michael. *Palace Coup: The Inside Story of Harry and Leona Helmsley*. New York: Doubleday，1989.

1989 年，第一部同性婚姻法

Badgett，M. V. *When Gay People Get Married: What Happens When Societies Legalize Same-Sex Marriage*. New York: New York University Press，2009.

Broberg，Morten. "The Registered Partnership for Same-Sex Couples in Denmark." *Child and Family Law Quarterly*，vol. 8 (1996): 149.

Patterson，Nicholas. "The Repercussions in the European Union of the Netherlands' Same-Sex Marriage Law." *Chicago Journal of International Law*，vol. 2 (2001): 301.

1990 年，《美国残障人士法》

Kidwell，Brent. "The Americans with Disabilities Act of 1990: Overview and Analysis." *Indiana Law Review*，vol. 26 (1993): 707.

Mayerson，Arlene. "The Americans with Disabilities Act—An Historic Overview." *The Labor Lawyer*，vol. 7 (1991): 1–9.

Rothstein，Laura. *Disabilities and the Law*. 4th ed. Eagan: West Publishing，2009.

1990 年，种族隔离的终结

Abel，Richard L.，*Politics by Other Means: Law in the Struggle against Apartheid*，1980–1994，London: Routledge，1995.

Ebrahim，Hassan. *The Soul of a Nation: Constitution-Making in South Africa*. Oxford: Oxford University Press，1998.

Lapierre，Dominique. *A Rainbow in the Night: The Tumultuous Birth of South Africa*. Translated by Kathryn Spink. Cambridge: Da Capo Press，2009.

1991 年，批准任命克拉伦斯·托马斯

Epstein，Lee，and Jeffrey A. Segal. *Advice and Consent: The Politics of Judicial Appointments*. Oxford: Oxford University Press，2005.

Ragan，Sandra，et al.，eds. *The Lynching of Language: Gender，Politics，and Power in the Hill-Thomas Hearings*. Urbana: University of Illinois Press，1996.

Wittes，Benjamin. *Confirmation Wars: Preserving Independent Courts in Angry Times*. Lanham: Rowman & Littlefield Publishers，2006.

1991 年，审判曼纽尔·诺列加

Noriega，Manuel，and Peter Eisner. *The Memoirs of Manuel Noriega*. New York: Random House，1997.

1992 年，烟草诉讼

Cipollone v. Liggett Group，505 U.S. 504 (1992).

Mollenkamp，Carrick，et al.，*The People vs. Big Tobacco: How the States Took on the Cigarette Giants*. Princeton: Bloomberg Press，1998.

Parker-Pope，Tara. *Cigarettes: Anatomy of an Industry from Seed to Smoke*. New York: New Press，2001.

1992 年，里约会议

Baker，Bryan. "Environmental Controversies and Compromises at the Rio Conference." *Currents，International Trade Law Journal*，vol. 2 (1993): 45.

Segger，Marie-Claire Cordonier. "The Role of International Forums in the Advancement of Sustainable Development." *Sustainable Development Law & Policy* (Fall 2009): 5–18.

Silveira，MaryPat Williams. "International Legal Instruments and Sustainable Development: Principles，Requirements，and Restructuring." *Willamette Law Review*，vol. 31 (1995): 239.

1993 年，欧盟成立

Carolan，Bruce. "The Birth of the European Union: US and UK Roles in the Creation of a Unified European Community." *Tulsa Journal of Comparative & International Law*，vol. 16 (2009): 51.

European Union. "The European Union Explained: How the European Union Works," http://europa.eu/index_en.htm.

McCormick，Michael J. "A Primer on the European Union

and Its Legal System." Department of the Army Pamphlet 27-50358 (December 2002).

1994 年，热咖啡案

Bogus，Carl. *Why Lawsuits Are Good for America.* New York: New York University Press，2001.

Diamond，Shari Seidman. "Truth，Justice，and the Jury." *Harvard Journal of Law & Public Policy*，vol. 26 (2003): 143.

Koenig，Thomas，and Michael Rustad. *In Defense of Tort Law.* New York: New York University Press，2001.

1995 年，干细胞与克隆立法

Feder，Jodey. "State Laws on Human Cloning." Congressional Research Service Report RS21517，May 14，2003.

"Stem Cell Research Around the World." Pew Research Center，July 17，2008，http:// www.pewforum.org/2008/07/17/stem-cell-research-around-the-world/.

United Nations Declaration on Human Cloning，A/RES/59/280，March 8，2005.

1995 年，O.J. 辛普森谋杀案审判

Coffey，Kendall. *Spinning the Law: Trying Cases in the Court of Public Opinion.* New York: Prometheus Books，2010.

Linedecker，Clifford. *O.J. A to Z: The Complete Handbook to the Trial of the Century.* New York: St. Martin's Griffin，1995.

Schuetz，Janice，and Lin S. Lilley，eds. *The O.J. Simpson Trials: Rhetoric，Media，and the Law.* Carbondale: Southern Illinois University Press，1999.

1996 年，限制惩罚性赔偿

Belli Sr.，Melvin. "Punitive Damages: Their History，Their Use and Their Worth in Present-Day Society." *UMKC Law Review*，vol. 49 (1981): 1.

BMW of North America，Inc. v. Gore，517 U.S. 559 (1996).

Colby，Thomas. "Clearing the Smoke from *Philip Morris v. Williams*: The Past，Present，and Future of Punitive Damages." *Yale Law Journal*，vol. 118 (2009): 392.

1996 年，南非宪法

Ebrahim，Hassen. *The Soul of a Nation: Constitution-Making in South Africa.* Cape Town: Oxford University Press，1999.

Klug，Heinz. *The Constitution of South Africa: A Contextual Analysis.* Oxford: Hart Publications，2010.

Moseneke，Dikang. "Remarks: The 32nd Annual Philip A. Hart Memorial Lecture: A Journey from the Heart of Apartheid Darkness Towards a Just Society: Salient Features of the Budding Constitutionalism and Jurisprudence of South Africa." *Georgetown Law Journal*，vol. 101 (2013): 749.

1996 年，大麻的合法化

Bronstad，Amanda. "Federal Crackdown Continues against Marijuana Dispensaries." *National Law Journal*，January 19，2012.

Kamin，Sam. "Marijuana at the Crossroads: Keynote Address." *Denver University Law Review*，vol. 89 (2012): 977.

Rabin，Roni Caryn. "Legalizing of Marijuana Raises Health Concerns." *New York Times*，January 7，2013.

1997 年，总统豁免权

Hunter，Nan D. *The Power of Procedure: The Litigation of Jones v. Clinton.* New York: Aspen Law & Business，2002.

Leibowitz，Arnold，and Herman Schwartz. *An Historical-Legal Analysis of the Impeachments of Presidents Andrew Johnson，Richard Nixon，and William Clinton: Why the Process Went Wrong.* Lewiston，NY: The Edwin Mellen Press，2012.

1997 年，《通信规范法》

Harrison，Maureen，and Steve Gilbert，eds. *Obscenity and Pornography Decisions of the United States Supreme Court.* Carlsbad，NM: Excellent Books，2000.

Rappaport，Kim L. "In the Wake of *Reno v. ACLU*: The Continued Struggle in Western Constitutional Democracies with Internet Censorship and Freedom of Speech Online." *American University International Law Review*，vol. 13 (1998): 765.

Reno v. American Civil Liberties Union，512 U.S. 844 (1997).

1997 年，医生协助死亡

Cruzan v. Director, Missouri Department of Health，497 U.S. 261 (1990).

State-by-State Guide to Physician Assisted Suicide，ProCon.org，http:// euthanasia.procon.org/view.resource.php?resourceID=000132.

Vacco v. Quill，521 U.S. 793 (1997).

Washington v. Glucksberg，521 U.S. 702 (1997).

1998 年，单项否决权

Petrilla，Antony. "The Role of the Line-Item Veto in the Federal Balance of Power." *Harvard Journal on Legislation*，vol. 31 (1994): 469.

Rappaport，Michael B. "Veto Burdens and the Line Item Veto Act." *Northwestern University Law Review*，vol. 91 (1997): 771.

1998 年，起诉奥古斯托·皮诺切特

McHale，Laura. "The Case against General Augusto Pinochet." *Litigation*，vol. 27 (2001): 49.

Roht-Arriaza，Naomi. *The Pinochet Effect: Transnational Justice in the Age of Human Rights*. Philadelphia: University of Pennsylvania Press，2005.

1999 年，数字时代的版权

Karjala，Dennis. " 'Copying' and 'Piracy' in the Digital Age." *Washburn Law Journal*，vol. 52 (2013): 245.

Walker，Carson. "A La Carte Television: A Solution to Online Piracy?" *CommLaw Conspectus*，vol. 20 (2012): 471.

2000 年，布什诉戈尔案

Bush v. Gore，531 U.S. 98 (2000).

Wells，Charley. *Inside* Bush v. Gore. Gainesville: University Press of Florida，2013.

2000 年，微软公司的垄断

Brinkley，Joel. U.S. v. Microsoft: *The Inside Story of the Landmark Case*. New York: McGraw-Hill，2001.

Page，William，and John Lopatka. *The Microsoft Case:*

Antitrust，High Technology，and Consumer Welfare. Chicago: University of Chicago Press，2007.

2001 年，PGA 巡回赛中使用高尔夫球车

Johnson，Bradley. "*PGA Tour，Inc. v. Martin*: The U.S. Supreme Court Misses the Cut on the Americans with Disabilities Act." *The Labor Lawyer*，vol. 18 (2003): 47–78.

PGA Tour，Inc. v. Martin，532 U.S. 661 (2001).

2001 年，版权的扩张

Gordon，Wendy. "Fine-Tuning *Tasini*: Privileges of Electronic Distribution and Reproduction." *Brooklyn Law Review*，vol. 66 (2001): 473.

New York Times Co. v. Tasini，533 U.S. 483 (2001).

2001 年，美国《爱国者法案》

Foerstel，Herbert N. *The Patriot Act: A Documentary and Reference Guide*. Westport: Greenwood Press，2008.

Gonzalez，Tracy Topper. "Individual Rights Versus Collective Security: Assessing the Constitutionality of the USA Patriot Act." *University of Miami International and Comparative Law Review*，vol. 11 (2003): 75.

Liu，Edward C. "Reauthorization of the FISA Amendments Act." *Congressional Research Service Report* R42725 (April 8，2013).

2002 年，《萨班斯 - 奥克斯利法案》

Dunn，Catherine. "Still Debating the Merits of Sarbanes-Oxley，10 Years Later." *Corporate Counsel Online* (October 4，2012).

Fanto，James. "A Social Defense of Sarbanes Oxley." *New York Law School Law Review*，vol. 52 (2007/2008):517.

Keneally，Kathryn. "The Sarbanes-Oxley Act: A Primer." *Tax Practice & Procedure* (December 2002/January 2003).

2002 年，国际刑事法庭

Bellelli，Roberto，ed. *International Criminal Justice: Law and Practice from the Rome Statute to Its Review*. Surrey: Ashgate Publishing Limited，2010.

Schabas，William. *The International Criminal Court: A*

Commentary on the Rome Statute. Oxford: Oxford University Press，2010.

2005 年，公共目的和土地征收

Kelo v. City of New London，545 U.S. 469 (2005).

Levy，Robert，and William Mellor. *The Dirty Dozen: How Twelve Supreme Court Cases Radically Expanded Government and Eroded Freedom.* New York: Penguin Group，2008.

Robson，Gregory. "Kelo v. City of New London: Its Ironic Impact on Takings Authority." *Urban Lawyer*，vol. 44 (2012): 865.

2008 年，枪支管控的合法性

Utter，Glenn H. *Encyclopedia of Gun Control and Gun Rights.* Phoenix: Oryx Press，2000.

Urbina，Ian. "Washington Officials Try to Ease Crime Fear." *New York Times* (online)，July 13，2006.

Winkler，Adam. *Gunfight: The Battle Over the Right to Bear Arms in America.* New York: W. W. Norton & Co.，2011.

2010 年，谷歌图书与合理使用

Band，Jonathan. "The Long and Winding Road to the Google Books Settlement." *John Marshall Review of Intellectual Property Law*，vol. 9 (2009): 227.

Grimmelmann，James. "The Elephantine Google Books Settlement." *Journal of the Copyright Society*，vol. 58 (2010): 497.

2010 年，华尔街的改革

"The Dodd-Frank Act: Too Big Not to Fail." *The Economist*，February 18，2012.

Dodd-Frank Wall Street Reform and Consumer Protection Act，Public Law No. 111–203，July 21，2010.

Webel，Baird. "The Dodd-Frank Wall Street Reform and Consumer Protection Act: Issues and Summary." *Congressional Research Service Report* R41350，July 29，2010.

2012 年，青少年刑罚的未来

Becker，Elizabeth. "As Ex-Theorist on Young 'Superpredators,' Bush Aide Has Regrets." *New York Times* (online)，February 9，2001.

Howell，James. *Preventing and Reducing Juvenile Delinquency: A Comprehensive Framework* 2nd ed. Thousand Oaks，CA: SAGE Publications，2009.

2012 年，《平价医疗法案》

National Federation of Independent Business v. Sebelius，132 S. Ct. 2566 (June 28，2012).

Shapiro，Ilya. "Like Eastwood Talking to a Chair: The Good, the Bad，and the Ugly of the Obamacare Ruling." *Texas Review of Law & Politics*，vol. 17 (2013): 1.

Persily，Nathaniel，et al.，eds. The Health Care Case: *The Supreme Court's Decision and Its Implications.* New York: Oxford University Press，2013.

Redhead，C. Stephen，et al.，"ACA: A Brief Overview of the Law，Implementation，and Legal Challenges." *Congressional Research Service Report* R41664，July 3，2012.

The original U.S. edition was published in 2015 by Sterling, an imprint of Sterling Publishing Co., Inc. as *The Law Book: From Hammurabi to the International Criminal Court, 250 Milestones in the History of Law* © 2015 by Michael H. Roffer

The Chinese edition has been published by arrangement with Sterling Publishing Co., Inc., 1166 Avenue of the Americas, New York, NY, USA, 10036.

版贸核渝字（2018）第 011 号

图书在版编目（CIP）数据

法学之书 / （美）迈克尔·H. 罗弗
(Michael H. Roffer) 著；李章仙译. —— 重庆：
重庆大学出版社，2021.12
（里程碑书系）
书名原文：The Law Book
ISBN 978-7-5689-2341-5

Ⅰ.①法⋯　Ⅱ.①迈⋯②李⋯　Ⅲ.①法律—世界—通俗读物
Ⅳ.① D9-49

中国版本图书馆 CIP 数据核字 (2020) 第 129408 号

法学之书
FAXUE ZHI SHU

［美］迈克尔·H. 罗弗（Michael H. Roffer）　著
李章仙　译

策划编辑　王思楠
责任编辑　夏　宇　张洁心
责任校对　关德强
装帧设计　鲁明静
责任印制　张　策
内文制作　常　亭

重庆大学出版社出版发行
出版人：饶帮华
社址：（401331）重庆市沙坪坝区大学城西路 21 号
网址：http://www.cqup.com.cn
印刷：北京利丰雅高长城印刷有限公司

开本：787mm×1092mm　1/16　印张：18.5　字数：432 千
2021 年 12 月第 1 版　2021 年 12 月第 1 次印刷
ISBN 978-7-5689-2341-5　定价：88.00 元